汇添富·世界资本经典译丛

信贷实操

信用分析和信用风险指南

特伦斯·M. 伊普
（Terence M. Yhip）
毕扬·M. D. 阿拉哈邦德　著
（Bijan M. D. Alagheband）

郑佩芸　译

上海财经大学出版社
SHANGHAI UNIVERSITY OF FINANCE & ECONOMICS PRESS

上海学术·经济学出版中心

图书在版编目(CIP)数据

信贷实操：信用分析和信用风险指南 /（加）特伦斯·M. 伊普（Terence M. Yhip），（加）毕扬·M. D. 阿拉哈邦德（Bijan M. D. Alagheband）著；郑佩芸译. 上海：上海财经大学出版社，2025.8. --（汇添富·世界资本经典译丛）. -- ISBN 978 - 7 - 5642 - 4690 - 7

Ⅰ. F830.5

中国国家版本馆 CIP 数据核字第 20253SR189 号

□ 责任编辑 温　涌
□ 封面设计 贺加贝

信贷实操
信用分析和信用风险指南

特伦斯·M. 伊普（Terence M. Yhip）
毕扬·M. D. 阿拉哈邦德（Bijan M. D. Alagheband）　著
郑佩芸　译

上海财经大学出版社出版发行
（上海市中山北一路369号　邮编200083）
网　　址：http://www.sufep.com
电子邮箱：webmaster @ sufep.com
全国新华书店经销
上海叶大印务发展有限公司印刷装订
2025年8月第1版　2025年8月第1次印刷

787mm×1092mm　1/16　28.75印张（插页：2）　469千字
定价：146.00元

图字：09-2025-0509 号

First published in English under the title
The Practice of Lending: A Guide to Credit Analysis and Credit Risk
by Terence M. Yhip and Bijan Alagheband
Copyright © Terence M. Yhip and Bijan Alagheband，2020
This edition has been translated and published under licence from Springer Nature Switzerland AG.
Springer Nature Switzerland AG takes no responsibility and shall not be made liable for the accuracy of the translation.
All Rights Reserved.

CHINESE SIMPLIFIED language edition published by SHANGHAI UNIVERSITY OF FINANCE AND ECONOMICS PRESS，copyright © 2025.

2025 年中文版专有出版权属上海财经大学出版社
版权所有　翻版必究

总　序

书犹药也,善读之可以医愚。投资行业从不乏聪敏之人,但是增智开慧乃至明心见性才是成长为优秀投资人的不二法门,读书无疑是学习提升的最佳方式。

常有人说投资是终身职业,但我认为投资更需要终身学习。很多人投资入门多年,依然不得其道;终日逡巡于"牛拉车不动,是打车还是打牛"的困境,不得要领。从业多年,我接触过太多这样的投资人士,个中缘由不尽相同,但有一点却非常普遍:或是长期疏于学习,或是踏入"学而不思则罔"的陷阱。

我认为,学习大致有三个层次,亦是三重境界:

第一重是增加知识,拓展基础的能力圈。着眼点是扩大个人对于客观世界的认知积累,这是大多数人的学习常态,这一重固然重要却不是学习的本质。

第二重是提高逻辑,改进个人的认知框架。达到这一境界,已经可以将刻板知识灵活运用,但仍然仅可解释过去却无法指向未来。

第三重是强化洞见,思考从个人出发,无视繁复的信息噪声干扰,穿透过去、现在和未来,最终开始正确地指导现实世界。在这一境界,学习已不只是追求知识,更是追求"知识的知识"。这是无数积累之后的茅塞顿开,更是质量互变之际的醍醐灌顶,不断思考感悟尤为重要。

书籍浩如烟海,书中智慧灿若繁星,而若能由自己抽丝剥茧得到"知识的知识",将会终身受益。二十多年前,我还是一名上海财经大学的普通学生,对投资有着浓厚的兴趣,可惜国内的投资业刚刚起步,相关资料远没有今天互联网时代这样发达,此时财大的图书馆像是一个巨大的宝库,收藏着大量有关投资的英文原版书籍。我一头扎进了书丛，如饥似渴地阅读了许多经典，通过这一扇扇大门，我对西方资本市场发展窥斑见豹，其中提炼出的有关投资理念、流程、方法的内容潜移默化地影响并塑造了日后的我。时至今日，常有关心汇添富的朋友问起，为什么根植于国内市场的汇添富，投资原则和方法与外资机构如此类似？我想多少应该与我当年的这段经历有关。

今天，我依然非常感恩这段时光，也深深地明白：那些看过的书、走过的路对一个人的人生轨迹会产生多大的影响，特别是在以人才为核心的基金投资行业。今年恰逢中国基金行业二十周年，二十年斗转星移，正是各路英杰风雨兼程、夙兴夜寐才有了今天的局面，汇添富基金是见证者，也有幸参与其中。这些年，我总试图在汇添富重现当年我学生时的氛围，鼓励同事们有空多读书、读好书、好读书。在此，奉上"汇添富·世界资本经典译丛"以飨读者，希望大家能够如当年懵懂的我一般幸运：无论外界如何变化，我们都可以不断提升进化自己。

是以为序。

张　晖

汇添富基金管理股份有限公司总经理

2018 年 12 月

前 言

本书旨在全面指导读者如何进行信用度的评估、信用风险的量化和评级，以及违约可能性的建模,重点放在实操上,即技术与工具。信用是一个高度跨学科的学科,商学、会计学、经济学、统计学和数学背景固然有用,但本书尽可能以非技术性的方式为少许接触过这些学科的人,或正在学习相关课程的人士提供素材。我们关注"如何做",也关注"为什么这样做"。本书另一个独特之处是结构凝练且面面俱到,节省了在展示多样素材时所需的辅助阅读材料。

本书既介绍了原则,也介绍了实际应用。因此,如果初学者想要从事信贷工作,但缺乏分析财务报表、编制预估财务报表、预测现金流、分析经济数据、设计记分卡和模拟贷款违约等综合技能,那么本书将是初学者的宝贵资源。对于职业银行家来说,如果他们正在寻找开发《巴塞尔协议 II》中概述的高级内部评级法的技术,本书可以成为银行专业人士的复习资料和新素材的来源。而对于从事经济和金融研究的人来说,本书应该是开发和测试概率模型的有用指南。

把钱借出去,不论钱是属于你还是属于你的工作单位,都需要仔细考量财务与非财务因素。对于信用分析师和信用风险管理者来说,区分可接受和不可接受的信用风险的能力是对其专业素养的大考。此外,打款方必须能够对借款方的风险进行标准统一的排序,以便能够对风险进行定价和资本化。上述第二点引出了风险评估员的分析工具箱中有哪些工具的问题。

首先让我们介绍一下基于标准的信用风险评级方法。它符合二维信用评级系统的 AIRB 方法。基于标准的方法属于一类叫做专家判断的模型，它相当于构建了一个借款方风险状况的记分卡。与纯粹的统计模型（我们也将讨论这个问题）相比，这种混合模型的优势在于，它能够以结构化的形式处理大量的定量和定性信息，即记分卡。本书为读者提供了从头开始建立这种记分卡的原则和技术，这些信息在目前流通的书籍和文章中是没有的。我们提供了一个对一家（虚构的）客运航空公司进行评级的实际应用案例。基于标准的方法的重要特征总结如下：

- 增加客观性。我们不能回避这样一个事实，即信用风险评估和风险评级是主观意见。许多信息是定性的，如管理质量，因此，主观性是无法避免的。信用分析师面临的挑战是如何将偏见降到最低。我们声称，风险标准方法不会消除主观性，但它会降低主观性，因为最终选定的标准是要经过验证的。

- 风险评级的一致性和可复制性。在一个投资组合中，通过分析同一组借款方信息所给予的评级应该是相同的，无论谁在进行风险评估。在整个投资组合中，所有被评级的对象都要遵守一个单一或标准的评级标准。

- 灵活性和透明度。一个模型是对现实的简化，所以不能抓住每一个细节。但是，风险评级的准确性必须优先考虑，因为风险评级是信用决策、定价和风险资本化的主要组成部分。因此，需要有足够的灵活性，允许用户利用额外的材料信息来覆盖或修改模型结果。在本书中，我们讨论了覆盖功能和风险评级完整性的保障措施。

- 定制化。每个行业都有自己的一套风险，我们可以证明基于标准的方法完全适合定制。

另一套工具，即概率单位、对数单位和判别模型，涉及更多的形式化和量化以及更少的主观性，它们很适合于违约风险建模。关于这些方法，有很好的统计学教科书，但挑战在于，如何找到一本书，能够分步说明在公司和国家的真实数据的基础上测试理论、改进拟合方程，以及解释和应用回归结果的方法。本书试图弥补这一知识空白。本书的第二部分提供了一些素材，使初学者更容易熟练地使用这些工具。

本书分为三个部分。第一部分——"基于标准的信用评估和信用评级方法"，介绍了方法、技术和具体的专家判断模型。我们的目标是，在第一部分结束时,通过所有的实际例子,人们能够应用这些工具和技术为任何行业设计借款方风险评级记分卡。

第1章——"信用分析和信用管理",是对本书中读者可以期待的宏观主题的概述。本章首先讨论了信用度问题,包含对信息不对称以及它们在贷款和信用评级中所引发问题的讨论。我们介绍了贷款承销过程,回顾了信用分析的"5C"方法,并介绍了"基于标准的信用分析方法"。本章在管理信用风险的背景下讨论了贷款管理。

第2章——"财务报表分析",介绍了财务比率分析并回顾了信用分析中使用的重要比率。本章是对如何阅读财务报表、计算和解释财务比率的复习,详细讨论了资产负债表外的负债,并在"资产负债表外的债务"一节中介绍了将这些债务资本化的方法。本章还探讨了准确的财务披露的重要性。财务比率本身并不是一个完美的工具,所以我们在"比率分析的用途和局限性"中研究了它的局限性。

第3章——"基于标准的信用风险方法评估和信用风险评级",介绍了设计一个一致透明的、可复制的风险评级系统的方法。在"信用风险评估的框架"一节中,我们引导读者完成每个步骤,从而为特定行业的记分卡奠定理论基础。"在电子表格中构建风险标准"一节中,介绍了基于标准的方法的框架,以及由风险标准、风险因素、权重和描述符组成的构建模块。我们展示了如何在电子表格中应用这些原则和概念。

第4章——"信用分析的构建块和信用风险评级",带领读者进入信用风险记分卡的实际细节。我们通过将第3章中概述的一般原则应用于每个构建块来实现这一结果。我们研究了国家和主权风险、行业风险评估、商业风险评估、管理风险评估和财务风险评估。本章给出了许多例子。

第5章——"如何整合",呈现了一个"案例研究"。我们选择了航空运输业,分析了一家(虚构的)航空公司——AY洲际航空公司。案例研究的目的不仅是探讨应用技术,也是展示建模过程中的思考。这一点不容易解释,但通过实践学习可以绕过抽象的问题,并有助于实现这一目的。

第6章——"商业地产的信用风险分析和评级",在"基于标准的方法在CRE中的应用"的标题下,扩大了基于标准的方法在商业地产中的应用。我们开发了一个记分卡来评估由抵押贷款资助的各种类型的房地产。本章比较了评估商业地产资产和准备必要的财务预测的技术,即净营业收入(NOI)表和资产负债表。本章研究了资本化率,并量化了估值对资本化率和收入增长率的假设的敏感性。

第 7 章——"银行信用风险分析和银行信用评级",重点是商业银行。我们展示了如何使基于标准的方法适用于银行业。银行分析在许多层面上与非银行企业的分析完全不同:对资本实力或偿付能力、资产质量、管理、盈利能力和流动性的评估——通常称为 CAMELS 分析。本章对 CAMELS 分析进行了全面的处理,包括《巴塞尔协议Ⅲ》的资本化规则。与前几章一样,本章的主要目的是为银行业制定一个 BRR 记分卡,并对银行进行评级。

第二部分——"信用评分的统计方法",通过介绍预测违约的回归模型,加强了信用风险分析的公式化。在第二部分结束时,读者应该具备将这些模型应用于公司和国家等借款方的能力。

第 8 章——"信用风险分析的统计方法",介绍了线性概率、概率单位和对数单位模型以及贷款违约的财务预判的使用。本章在"概率模型""案例研究:Probit 模型预测违约"和"线性概率和 Logit 模型示例"等节中解释了如何将回归方程与实际的公司数据相结合。"对数赔率的分级"一节将概率模型的处理扩展到应用记分卡的开发。我们研究了个人贷款中使用的统计模型和信用评级记分卡的局限性。

第 9 章——"预测国家债务危机的统计方法",重点是国家风险评估。我们简要回顾了专家意见、混合模型,如基于标准的方法,以及对数单位和判别模型。这一章对判别分析做了严密但易于理解的介绍。在"应用判别分析预测主权债务危机"一节中,我们着重介绍了一个实际应用案例,即使用实际的国家数据来进行估计。

最后,第三部分——"信用管理",将焦点从信用评级转移到信贷管理,从而完成了信贷流程。第三部分的目的是讨论贷款管理,并表明虽然它不像贷款发放那样引人注目,但它是一项重要的后台职能,支持前台(销售)和中台(风险管理)的信贷交付,以确保贷款的全面偿还。

第 10 章——"信用监控与合规",研究了这个过程对贷款如此重要的原因,并研究了银行业的最佳实践。我们讨论了信用监控过程自动化的好处。

第 11 章——"问题贷款管理",重点是问题贷款及其在整个企业框架内的管理结构。我们解释了贷款损失准备,以及银行用来收回受损贷款和被注销的逾期贷款的策略。本章研究了每种回收策略的优点和缺点。

加拿大安大略省密西沙加市　特伦斯·M. 伊普

加拿大安大略省多伦多市　毕扬·M. D. 阿拉哈邦德

致　谢

撰写一本书只是漫长而苛刻的出版过程的一部分，本书也不例外，因此我们要感谢许多帮助我们到达终点的人。布莱恩·阿拉格班德、肯尼斯·克拉克、丹尼尔·伊普、西莉亚·吉布、大卫·麦金托什和王兵阅读了初稿，提供了咨询，来自他们的反馈令人惊喜，在此我们深表感谢。为了制定实际的案例，数据是至关重要的，为此，我们感谢标普全球公司（S&P Global）的萨拉木·达亚、蒂姆·罗浮和赫华德·伯恩海姆。感谢杨·凯尔教授、库尔特·冯·德姆·哈根、沙姆·马利克、加尔比斯·伊拉迪安、迪恩·蒙特、维克多·余星教授和玛拉·杜卡兰，他们允许我们引用他们的名字作为潜在的评估者。同样重要的是，深深感谢我们的家人，玛莎、吉娜、坎和布莱恩，他们在整个过程中给予我很多支持和鼓励。尽管有上述人员的帮助，但仍可能存在错误，我们对此承担全部责任。我们欢迎大家提出意见，并请大家将意见寄给帕尔格雷夫—麦克米伦公司（Palgrave Macmillan）。

目 录

第一部分 基于标准的信用评估和信用评级方法

第 1 章 信用分析和信用管理 / 3
1.1 引言 / 3
1.2 信用操作框架 / 7
1.3 信贷审批过程 / 8
1.4 信贷文化 / 31
1.5 基于标准的信用分析方法 / 33
1.6 信息不对称 / 34
1.7 监管环境：金融和法律环境 / 38

第 2 章 财务报表分析 / 42
2.1 引言 / 42
2.2 财务报表和报告：快速概览 / 44
2.3 审计师的作用 / 50
2.4 比率和财务分析 / 52
2.5 比率的种类 / 55
2.6 表外债务 / 79
2.7 比率分析的用途和局限性 / 87

第 3 章　基于标准的信用风险方法评估和信用风险评级 / 89

3.1　引言 / 89

3.2　信用风险评估(CRA)的框架 / 92

3.3　在电子表格中构建风险标准 / 108

3.4　模型验证 / 112

3.5　小结 / 112

附录 3.1　函数、变量以及分组和非分组数据 / 114

附录 3.2　作为预测指标的财务变量定义 / 116

第 4 章　信用分析的构建块和信用风险评级 / 118

4.1　引言 / 118

4.2　国家风险和主权风险 / 119

4.3　行业风险评估 / 122

4.4　行业风险评分 / 143

4.5　商业风险评估 / 151

4.6　商业风险评分 / 154

4.7　管理风险评估 / 168

4.8　管理风险评分 / 170

4.9　财务风险评估 / 171

4.10　财务风险评分 / 175

4.11　计算综合 BRR / 178

第 5 章　如何整合 / 179

5.1　引言 / 179

5.2　AY 洲际航空公司的案例分析 / 180

5.3　综合得分和敏感度测试 / 212

5.4　AY 洲际航空公司的现金流预测 / 217

5.5　财务预测概要 / 229

第 6 章　商业地产的信用风险分析和评级 / 232

6.1　引言 / 232

6.2　基于标准的方法在 CRE 中的应用 / 235

6.3　风险评估因素 / 236

6.4　商业风险评估 / 238

6.5　财务风险评估 / 247

6.6　为 DSC 和 LTV 创建描述符 / 266

6.7　计算 ABC 购物广场的综合 BRR / 275

6.8　要点总结 / 278

第 7 章　银行信用风险分析与银行信用评级 / 280

7.1　引言：银行及银行系统 / 280

7.2　商业环境的质量 / 283

7.3　基于标准的银行信用风险分析方法 / 285

7.4　风险标准：定性分析 / 287

7.5　风险标准：定量财务分析 / 298

7.6　创建描述符 / 312

7.7　综合全部内容 / 342

附录 7.1　关于银行规模的说明 / 346

附录 7.2　均值三个标准差的贝尔曲线 / 349

第二部分　信用评分的统计方法

第 8 章　信用风险分析的统计方法 / 353

8.1　引言 / 353

8.2　概率模型 / 354

8.3　案例研究：Probit 模型预测违约 / 360

8.4　线性概率(LP)和 Logit 模型示例 / 373

8.5　Probit 与 Logit 模型的选择 / 375

8.6　估计系数的解释 / 376

8.7　Logit 函数的实际应用 / 382

第 9 章　预测国家债务危机的统计方法 / 386

9.1　引言 / 386

9.2　国家与主权风险 / 390

9.3　国家风险评级和主权风险评级提供者 / 393

9.4　应用 Logit 分析预测主权债务危机 / 395

9.5　判别分析简介 / 405

9.6　应用判别分析预测主权债务危机 / 417

9.7　在 Probit、Logit 和判别分析之间选择 / 420

附录　国家和债务危机事件 / 421

第三部分　信　用　管　理

第 10 章　信用监控与合规 / 427

10.1　引言 / 427

10.2　贷款监控的原因 / 428

10.3　贷款监控的最佳实践 / 429

10.4　合规状态 / 434

10.5　有效监控系统的要求 / 434

第 11 章　问题贷款管理 / 436

11.1　引言 / 436

11.2　管理结构 / 438

11.3　为问题贷款创建准备金 / 439

11.4　问题贷款管理流程和政策 / 441

第一部分
基于标准的信用评估和信用评级方法

第 1 章　信用分析和信用管理

章节目标

1. 大致了解放贷和信用分析的各种流程。
2. 回顾信用分析的"5C"方法。
3. 介绍基于标准的风险评级方法。
4. 探究信息不对称对放贷和风险评级造成严重问题的原因。
5. 讨论信用文化及其对信用分析和放贷的影响。
6. 审视银行法规及其与信用分析和放贷的关系。

1.1　引　　言

信用分析的历史和哲学基础

　　本章对放贷进行广泛的讨论,包括两项相互关联的活动：信贷发放和信贷管理。对围绕它们的问题具有基本的了解之后,可以更深入地理解信贷专业人员的工作,以及信贷分析师对评估信用度的任务所采取的哲学方法。信贷和信贷市场对现代经济的有效运作至关重要,而现代经济的内在特点是生产、消费和金融中介的复杂性。以发达的信贷市场为特征的这第三种活动是现代经济的内在要求。例如,当我们看到商业银行、信用社或投资银行时,我们会本能地想到贷款,这是一些提供全套信贷的主要机构,包括复杂的融资产品,如证券化。无论信贷机构多么复杂,最简单的放贷形式与文明一样古老,可以追溯到几千年前的农业社会。现存最古老的管理放贷的法规可以追溯到公元前2000年的美索不达米亚。[1] 不足为奇的是,几千年来,放贷的基本原理并没有改变。放款方仍然会问同样的老问题:我是否应该贷款给这个人或这家公司?因此,就操作方式而言,公元前2000年的放款方和你当地银行的经理之间没有本质区别,你可以去那里申请个人贷款或商业贷款。

"信用"一词来自拉丁文creditum,即委托给他人的东西;或者有人会说,credere的意思是信任或相信。在西方世界,信贷涉及一份合同,在一份名为《贷款协议》或《信贷协议》的法律文件中明确规定,借款方现在收到一笔钱或任何有价值的东西,并承诺在未来的某个日期偿还贷款人,通常支付利息。根据定义,信贷协议是可以依法执行的。在伊斯兰教法统治[2]的伊斯兰国家,银行贷款不是基于利息,而是基于损益分享的原则,通过这一原则,交易双方同意按照商定的比例分配利润,并按照每个合作方投资的资本比例承担损失。无论在放贷或广义的投资方式上有什么文化差异,基本通用原则体现了两个概念:还款的意愿和能力。伊斯兰国家的商业放贷做法并不能消除风险,因此,像传统的西方银行业一样,对信用度的财务评估仍然是必要的。我们将在后面章节中介绍的模型试图直接量化第二个概念。在后面的章节中你会发现,我们并没有忽视意愿,因为我们在商业风险和国家/主权风险分析中关注了它。

信用风险分析既是艺术也是科学,两者占比多少取决于所涉问题。它一部分是艺术,因为它涉及经验、实践、技巧和想象力;但它也是狭义的科学,即信用风险分析采用自然科学的基本方法,其中包括理论化、测试和修改新信息的程序及做法。所有这些都是在意识到即便是统治者的理论也总是暂时的情况下进行的。

由于多种原因,经济模型(金融和会计模型是其中的一个子集)的预测永远不会精确,这是其自身的一个命题。在科学之王——物理学中,100%的模型精确度是一个不现实的期望。常见的说法"这种或那种方法不是精确的科学"是基

---

[1] 被称为《汉穆拉比法典》,由考古学家在1901年发现。汉穆拉比是古巴比伦的第六位国王,在公元前1792—前1750年间进行统治。

[2] 伊斯兰教法是伊斯兰教的法律,是一个全面的法律体系,严格依据《古兰经》。

于这样的谬论,即科学是绝对精确或准确的——这种信念在很久以前被19世纪的英国经济学家和逻辑学家威尔·斯坦利·杰文斯推翻了。[1]想一下万有引力。艾萨克·牛顿用反平方定律描述了这一重力,该定律为所有的实际目的"准确"地解释和预测了行星体的轨迹,但一个半世纪后,阿尔伯特·爱因斯坦的广义相对论(1915年)出现了,并证明更为准确。许多人有一个错误的概念,认为科学是"精确"和"确定"的,而没有停下来思考,科学本质上是一系列无止境的改进,答案从来都是100%确定的。想一下物理学中的运动定律:经典或牛顿力学中定律的确定性或决定性已被量子力学中的不确定性所取代,它告诉人们,物理学定律只允许人们计算各种未来结果的相对可能性。[2]

一个相关的谬误是,认为信贷分析的数学化使其更加准确和客观。数学和统计学充其量只是检测、测试和量化大型数据集模式的工具,尽管是不可或缺的。思考一下我们将在后面的章节中研究的资产评估模型。首先,用于估值的输入或假设为个人偏见留下了大量空间,但这并不意味着估值模型不值一提。如果使用得当,它们是做出明智投资决策的强大而有用的工具。无论数学模型多么复杂或精心构建,它在信贷分析中仍然是一个有限但重要的工具,因为大部分的信息输入是定性的。

还有一个常见的谬误是,将主观性等同于从猜测到个人偏见的一切。在第4章和第5章中,我们将讨论基于标准的信用风险分析方法。这是一种混合模型,结合了定性/启发式模型和数学/因果模型的特点,其中包括统计模型。在基于标准的模型中,我们以判断的方式为标准和预测因素分配权重。这些权重

---

[1] Jevons, W. S. (1871). *The Theory of Political Economy*. 在第一章中,作者在"数学和精确科学之间的混淆"标题下写道:

许多人对数学语言有偏见,这是由于混淆了数学科学和精确科学的概念而产生的。他们认为,除非我们有精确的数据,能使我们的计算得到精确的答案,否则我们不能假装计算;但实际上,除了在比较的意义上,并没有精确的科学。天文学比其他科学更精确,因为各种往往是未知的海洋轮廓不允许用数字来验证。在这种情况和其他许多情况下,我们有数学理论,但没有精确计算所需的数据。

[2] 在量子力学中,薛定谔的波函数告诉你关于量子系统(任何基于量子物理学的系统)的一切你可能知道的东西。该函数告诉你一个粒子(如电子)可能会在哪里,但不是它将在哪里。只有当你实际测量它时,你才会100%确切知道它的位置。此外,在测量之前,电子同时处于所有可能位置的叠加状态。因此,著名的"薛定谔猫"在实验者打开密封的放射性盒子检查之前,既是死的又是活的。只有在打开盒子时,你才知道这只猫是死是活。与牛顿力学相比,对于大型可见物体,第二定律同时给出了物体在任何时刻从初始位置到最终位置的位置和动量,就像高尔夫球从发球台上到它被击中后的落点。经典力学是量子力学的一个特例。

来自专家的判断,而不是统计程序。也就是说,将判断等同于猜测或偏见是一个错误。[1] 主观性应该建立在观察的基础上,意指实证数据和通过经验产生的解释(根据定义,这并非不切实际)。随着更多信息的出现,对问题的整体理解度也会提高,从而迫使信贷从业者对思维以及当前的模式、方法和手段进行审查。

像贝叶斯分析中那样更新"先验",是接近客观性和做出更准确决策的自然和必要的方式,这意味着无法避免模型仍然无法达到理想状态。[2] 专家的判断是不可避免的,也是必要的。基于标准的方法的好处是,主观性不会深埋在分析中,而是暴露在人们对风险标准和子因素的权重以及对预测模型的选择中。这样一来,人们就可以根据更好的信息修改权重和重新进行分析;同时也可以进行其他维度的调整,如增加或替换变量。

流程

在这本书中,你会看到"流程"这个词被用了无数次。这个词经常出现在所有的活动中,这些活动需要一系列的步骤来将输入转化为输出。贷款承保、信贷结构设计、信贷分析、贷款监测、信贷审查、问题贷款管理、观察清单等,都是具有明确目标(产出)的典型流程。在贷款承保的情况下,最终目的是使贷款在账面上具有合理结构的所有特征。与流程相关的是流程图,这是一个重要工具,不仅适用于业务,也适用于风险管理。

---

[1] 我们经常读到和听到警察根据嫌疑人的种族来描述他们。举一个例子:鉴于一个人是毒贩,他是黑人的可能性很高。这种偏见认为,如果一个人是黑人,那么他就有可能是一个毒贩。然后,偏见可以被表述为两个条件概率的等式:

$$P(毒贩/黑人) = P(黑人/毒贩)$$

上述说法是一个谬误,因为 $P(黑人) > P(毒贩)$,所以我们需要谨慎对待条件概率,因为一般来说,$P(A|B) = P(B|A)$ 不是真的。贝叶斯定理的规则是这样的:

$$P(H|E) = \frac{P(H)P(E|H)}{P(E)}$$

该规则说,如果我们想知道某个假设 H 的概率,考虑到我们刚刚观察到的一些证据 E,我们首先要问,在获取数据之前,假设的先验概率 $P(H)$ 是多少。然后我们问,如果假设 H 是真的,我们会看到我们所看到的证据,那么 $P(E|H)$ 的可能性是多少。我们将这两个数字相乘,然后将结果除以观察到证据 E 的概率 $P(E)$。这是一个修正操作,以确保概率加起来都是 1。

[2] 请看《互联网哲学百科全书》(IEP)在"客观性"标题下的讨论。IEP 指出,"客观的判断或信念"是指基于客观上强有力的支持性证据的判断或信念,这种证据对任何理性人来说都是有说服力的。那么,主观判断似乎是一种由证据支持的判断或信念,对某些理性人(主体)来说是有说服力的,但对其他人来说则没有说服力。它也可以指基于只有某些主体才能获得的证据的判断。

1.2 信用操作框架

我们可以把放贷流程看作一个更大的系统的一部分,其特点是在一个机构的决策部门、其内部信贷政策和 ERM(企业风险管理)框架以及该机构所处的宏观经济和法律环境之间形成纽带。图 1.1 解释了这个系统。中间的椭圆是发起和管理单个借款方及贷款组合风险敞口的信贷过程。该中心是贷款承保和审批过程发生的地方,也是贷款被记录、服务和管理的地方。嵌套在椭圆上的矩形描述了机构的放贷政策、企业风险管理框架和董事会的相关监督。信贷政策决定了单名限额、组合限额和领域限额。银行的企业风险管理框架包括:(a) 按业务类型确定风险容忍度和自我设定的风险限额;(b) 管理和监测风险类别、限额和目标;(c) 编制定期报告,至少记录和处理与(a)和(b)相关的进展。举个例子,业务部门(如抵押贷款部)可能想在账面上放更多的住宅房地产贷款(因为需求很高),但由于风险偏好,整个机构的总额不能突破限制,否则就必须遵循正式的批准程序来超过目标。

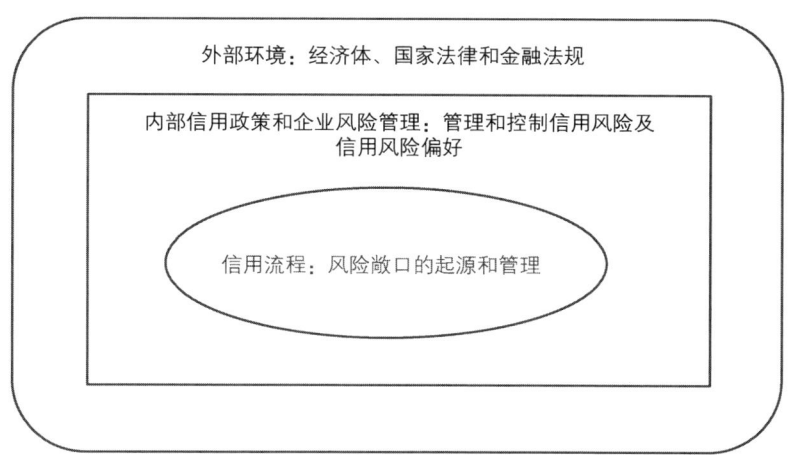

图 1.1 信用操作框架

外部环境包括经济体、国家法律和金融法规。经济体包括商业条件、行业风险和商业周期。这些限制了借款方的潜在风险等级。在任何特定的经济周期中,一些行业会有很高的风险,贷款方忽视这种趋势是不明智的。在经济衰退的时候,贷款方在借贷方面会更加谨慎。国家法律是不言自明的:一个国家的法律规定了金融机构可以做什么和不能做什么的参数。金融法规来自管理国内和国际银行业的各种法案或法律。在相对发达的金融市场,许多监管机构负责监督金融机构。表1.1列出了美国、英国和加拿大的独立监管机构。

表1.1　美国、英国和加拿大金融系统的国家监管机构

美　国	英　国	加　拿　大
联邦储备系统("联储")	英格兰银行(BoE)	加拿大银行(BoC)
货币监理署(OCC)	审慎监管局(PRA)	金融机构监管局(OSFI)
联邦存款保险公司(FDIC)	金融服务赔偿计划	加拿大存款保险公司
证券交易委员会(SEC)	金融服务赔偿计划	加拿大证券管理局(CSA)
金融犯罪执法网络(FinCEN)	金融行为监管局	加拿大金融交易与报告分析中心(FINTRAC)
金融行业监管局(FINRA)		

但在新兴金融市场,日常监管的责任通常是由拥有监管权的中央银行执行。无论经济体是发达的还是发展中的,监管机构都因其权限而被认为是独立的机构。例如,它们监督规定的遵守情况以及执行审慎的法规和放贷行为。金融机构如果不遵守规定,就会面临巨额罚款和处罚。监管环境有助于形成银行的放贷政策和评级体系。

1.3　信贷审批过程

对于个人借款方来说,主要的融资渠道是向金融机构(银行和信用合作社)贷款。企业或商业公司通过各种渠道进行融资:

(1) 向一家银行或银行集团进行双边借款;

(2) 租赁(资本租赁和经营租赁);

(3) 直接在固定收益资本市场发行有担保和无担保的债券(分别为票据和债券);

(4) 发行普通股/私人配售(股票市场);

(5) 发行具有债券和股票特征的混合票据;

(6) 证券化和保理/福费廷。

在本书中,我们重点讨论信贷,或者更狭义的资产负债表债务和资产负债表外债务。这种类型的债务在西方银行业的传统中被称为资金债务,因为债务的资金来自利息的支付。我们要研究的信用评级系统是根据《巴塞尔协议》提出的一个二维系统,由监管机构监督。这种系统的基本要求是,借款方风险是独立的,有别于融资风险。然而,它们共同决定了被归类为"减值"的贷款的预期信用损失。

融资性债务和非融资性债务之间的区别

负债包括融资性债务和非融资性债务。融资性债务是指以实际现金为资金来源并有利息的信贷。它包括透支、贷款和债券,所以无论它是在资产负债表上还是在资产负债表外被报告,在信用分析中都是无关紧要的。债务的资金来源是给贷方支付的利息。相比之下,非融资性债务是对未来贷款的合同义务,如担保和信用证。对于这种贷款,金融机构(FI)并不预付实际现金,只是承担不付款的风险。作为回报,金融机构收取佣金(但不是利息)。这些都是取决于未来不确定事件的潜在负债。

确定 BRR(借款方风险评级)和反担保物风险评级(FRR)基本上是贷款承保中涉及的工作。特别地,贷款承保是指贷方确定义务人的贷款申请是否是一种安全风险的过程;其依据是,一家实体主要通过业务,其次通过抵押品获得现金来偿还贷款的能力。贷款可以是购买汽车的资金,供个人使用,而不是商业用途,这使它成为个人信贷;或者贷款可以是定期贷款,为企业购买厂房和设备,因而是商业贷款。对于企业或商业贷款,广义上的承保包括对企业主和企业的评估。因此,商业和企业贷款的承保过程将比个人贷款和住宅抵押贷款更加复杂和漫长。

一个企业通常需要一个以上的信贷机构(或贷款产品),金额会比个人贷款大,而且总体上有更多的文件需要完成。客户提供一些文件,但贷方完成大部分的"文件工作"来支持贷款申请。它们是完成交易所需的法律文件。其中一个重要的文件是约束义务人和贷方的合同,称为贷款协议或信贷协议。其他重要文件包括:营业执照和注册、公司章程,以及各种担保贷款的担保协议。无论哪种

类型的信贷,贷款承保从开始到结束都涉及相同的流程,包括以下步骤:

(1) 信贷启动;

(2) 信用分析;

(3) 贷款结构设计;

(4) 信贷提交和审批;

(5) 贷款文件;

(6) 贷款结算和发放;

(7) 贷款监测;

(8) 问题贷款管理。

虽然本书的重点是信用分析和信用风险评级,但对于信用分析师来说,对贷方的信用政策和流程有一个基本的了解是很重要的。它们是使放贷过程系统化和有条不紊的控制措施,但最重要的是,将信贷损失降到最低(例如,由于文件执行不力),并提高全额偿还的可能性。放贷是一个风险非常大的业务,债权方面临着统计学上的确定性,即它们的贷款组合中有一部分会有坏账,就像销售产品的公司预期它们的应收账款不会全部被支付一样。信贷过程的一个重要部分是识别和管理问题贷款,以防止和挽回损失。我们对上面列出的每一个承保环节进行了概述。

1.3.1 信贷启动

要么是借款方找放款方贷款,要么是公关经理(或客户经理)在销售工作中找到一个潜在的贷款客户。信贷启动和信用分析过程确保放款机构提供的贷款符合放贷款方全机构的信贷政策、准则、信贷流程和信贷标准。信贷政策规定了可接受的贷款类型、贷款目的、期限、抵押品、结构和可接受的担保。此外,信贷政策规定,政策的例外情况必须得到贷款审批部门的明确批准,该部门负责裁定信贷交易申请。

在银行中,权力属于风险管理部门,该部门对整个机构进行独立的风险监督。信贷政策规定了潜在借款方必须满足的标准。我们假设初步的客户筛选已经完成,客户符合入围要求,公关经理已经确定了客户的信贷需求,在此基础上,客户提交了一份贷款申请。在承保过程中,接下来是对借款方的信用度进行彻底分析,也就是偿还贷款的能力和意愿。

1.3.2 信用分析

贷款审批是确定一项贷款申请是否为可接受风险的过程。这个过程的一个重要目标是评估信用风险,它有两个组成部分:借款方的还款能力和支持贷款的抵押品。传统的"5C"方法是深入研究信用风险评级方法的一个很好的起跳点。信用分析过程始于收集、分析和评估与"5C"有关的信息:偿还能力、资本、抵押品、外部条件、品德。

(1) 偿还能力。偿还贷款的能力是指借款方按期偿还贷款及利息的财务能力。为了评估能力,需要可靠和及时的财务报表。在后面的章节中,你将学习如何解释和使用财务报表来计算财务比率和进行现金流的预测。

(2) 资本。[1] 资本是指企业的股东权益。它是公司所有者的投资,也是他们在企业失败时的风险所在。此外,我们将在信用分析中研究另外两种类型的资本:监管资本和经济资本。监管资本,顾名思义,是银行当局为监管目的而定义的资本,定义中的项目是资产负债表。银行的经济资本是由经济资本模型得出的,不需要资产作为输入项。它是损失分布的某个给定百分点与从违约概率(PD)和违约损失(LGD)相结合得出的预期损失之间的差异。资本,作为一种生产要素,是指企业用来生产商品和提供服务的实物资产。

(3) 抵押品。偿还的主要来源是现金流。第二还款来源是抵押品,以防借款方无法通过现金流偿还贷款。个人资产、纸面资产、实物资产,甚至未来的收入(如客户的订单)都被视为抵押品。借款方会以这些资产作为贷款抵押,因此出现担保贷款这一说法。在发生违约的情况下,担保贷款的放款方关注的核心问题是,抵押品的可变现价值是否足以弥补预期损失? 由于资产的质量很重要,因此放款方通常对抵押品的可变现价值保持最新和准确的记录。更新抵押品价值的部分工作是,获得资产的最新评估,如财产、库存和应收账款。贷款管理的一个重要职能是,确保贷方持有的抵押品文件符合(法律)规定,以促进资产的有序出售和损失的有序挽回。

(4) 外部条件。发放贷款的意愿取决于借款方的某些外部条件。公关经理

---

[1] 资本通常指的是实物资本(如厂房和设备)。在本书中,资本是在融资意义上使用的,它指的是资产负债表的债务和股权。因此,资本结构是指公司运营和增长的融资构成。债务包括贷款和债券;股权包括普通股、优先股和留存收益。夹层融资是这两者的混合体。

和信贷分析师必须了解借款方工作领域最近的趋势、借款方的行业、影响销售的商业条件，以及可能影响贷款的经济因素，如通货膨胀和利率。此外，放款方的某些内部条件对贷款也很重要。因此，信贷员需要了解该机构的贷款政策和指导原则。例如，思考三种不同交易的贷款目的：买房、买车，以及个人需求。抵押贷款的利率将是最低的，因为如果借款方违约，放款方就有更好的机会收回贷款。在个人需求的情况下，由于不具有特殊性，有更大的风险或还款的不确定性，因此利率将是这三种贷款中最高的。

（5）品德。对债务方的信用历史进行评估是必要的，以确定偿还贷款的意愿。糟糕的信用记录可以有效预测未来会出现的还款问题。因此，偿还债务的声誉是品德评估的一个重要部分。还有一种名义贷款，即基于借款方的社会地位而不是偿还能力的贷款。这种做法存在于成熟市场中，但在新兴市场中却很普遍。这并不是要否认以下事实：在新兴市场，社会地位高的借款方通常有更强的偿还能力。对于一个公司借款方来说，品德评估将包括对竞争力、能力以及管理的完整性或诚实性的评估。对领导力和声誉的分析是定性的和主观的，但分析的定性性质使得它的可靠性和严谨性不亚于更加定量和客观的财务分析。

品德在风险评估中有多重要？

鉴于最近一些涉及安然公司、世通公司、卡里昂公司和北电网络公司等公司的财务丑闻成为世界头条新闻，品德评估受到了更严格的审查。[1] 21世纪第一个10年期间被报道的账目丑闻清单是最长的，使这一时期成为20世纪以来最糟糕的丑闻。

---

〔1〕 安然公司是一家总部位于得克萨斯州休斯敦的美国公司。《财富》杂志连续六年将安然公司评为"美国最具创新力的公司"。到目前为止，它是美国最大的公司之一。它的审计师是安达信。2001年底，该公司被披露（不是由审计员）多年来一直从事欺诈性的会计行为。这一丑闻导致2002年《萨班斯—奥克斯利法案》的颁布和安达信的解散。安然公司于2001年底申请破产。世通公司曾一度是美国第二大长途电话公司。世界通信公司主要通过收购其他电信公司来发展。其首席执行官(Chief Executive Officer)伯纳德·埃伯斯(Bernard Ebbers)因其持有的世通公司普通股的价值增加而变得非常富有，因为其价格在虚假的资产会计和盈利能力的支持下飙升。2002年7月21日，世通公司申请破产。Carillion Plc.是英国第二大建筑公司。2018年1月，由于未能得到政府的纾困，它被迫申请破产。北电网络公司是一家加拿大电信公司。2005年3月，"该公司表示将不得不推迟提交2003年经审计的财务报表，并可能不得不重述其更多的收益报告。四天后，北电公司让其首席财务官和财务主管带薪休假，等待对公司财务结果的独立审查的完成(CBC新闻，2004年4月5日)"。2004年4月初，美国证券交易委员会对北电网络的盈利重述进行了正式调查。

获得品德相关信息的难易程度部分取决于借款方的类型。对于个人借款方来说，贷方更加容易从各种来源获得信息，包括信用报告、收款机构和媒体报道。对于公营公司或私营公司来说，品德评估需要评估管理层的行为和道德规范。如果借款方是现有客户或新客户，银行的信用分析师会从电话报告、与公司负责人的面对面访谈、与较低级别的员工会面和现场访问中获得部分信息。但是，如果没有这些收集信息的手段，分析师就必须依靠媒体报道和当地市场信息。对于在证券交易所上市的公营公司，可以从当事国的证券委员会那里获得品德类信息。例如，在美国，证券交易委员会(SEC)的举报人办公室对符合条件的个人进行奖励，因为他们分享的原始信息将促成成功的执法行动。

管理可能是一种模糊的活动，许多信息是有限的、定性的、难以量化的，这使得管理风险成为借款方风险评级(BRR)记分卡上所有风险标准中最难评估的一种风险。人们经常听到的一句话是："评估管理是一项吃力不讨好的工作。"然而，**管理风险**不能被掩盖，因为它随后会浮现在记分卡的**财务风险中**，但这时已经太晚了，因为贷方一直在根据虚高的财务风险评级和虚高的 BRR 做出信贷决定。这两种风险的共同点是信息不足的问题，特别是在信贷关系中，当借款方比贷方拥有更全的信息时，就会出现信息不对称。因此，管理可能是模糊的这一事实并不是在记分卡中忽略它的理由。本书试图将信息不对称明确地纳入 BRR 中。贷方面临的信息不对称问题源于难以对借款方的信用度进行准确评估。如果银行在接受贷款申请时有能力获得全部信息，那么指定的 BRR 将是对违约风险的更准确衡量，贷方将能够最大限度地减少违约风险。在本章的后面，我们将研究信息不对称及其带来的问题。

信用风险

我们所说的信用风险是什么？它是指借款方或对手方不能全额并及时支付利息和本金的可能性。信用风险包括以下两个部分：

(1) 违约风险。通过评估借款方根据贷款协议的条款偿还债务的能力和意愿来衡量。

(2) 贷款损失挽回预期。贷方根据违约风险(作为一个单独的因素)和贷款结构以及所持抵押品的价值(作为一个单独的因素)来确定预期损失。

预期的信贷损失是违约的概率乘以违约时的风险，再乘以违约时的损失部分。预期损失对经济资本有直接的影响，我们将在第 7 章进行研究。为了将预

期损失以百分位数转换为美元数额,需要对风险敞口进行估计。因此,就有了以下方程式:

$$预期损失 = EAD \times LGD \times PD$$

其中,EAD 为违约时的风险敞口;LGD 为违约时损失的贷款金额比例(%);PD 为违约概率(%)。

EAD 是对已提取金额的估计,或者说是借款方在违约时预计所欠的金额;换一种说法,EAD 的估计是基于过去未提取信贷的使用情况,以及在违约前由于信贷承诺的性质而导致的该风险未来可能发生的变化。反担保物风险评级(FRR)反映了交易的具体信息,因此它包括每项交易或信贷融通的抵押品、担保、优先权和期限,如短期循环贷款、定期贷款和租赁。每个 FRR 都有一个相互校准的 LGD 比率。BRR 反映了借款方的信用信誉,并考虑到了债务方(有时是借款方的担保人)的特定属性。PD 风险和 LGD 风险的组合给出了贷款质量风险。图 1.2 说明了低 PD 风险与低 LGD 风险相结合,转化为可接受的贷款质量风险,在第三象限;反之亦然。第二象限和第四象限涉及 PD 和 LGD 之间的权衡。当 PD 风险>LGD 风险时,如第二象限(这种情况经常发生,因为 BRR 随着时间的推移而恶化),审慎的银行要确保抵押品保持稳固,具有低 LGD 和法律可执行性。对于被列入观察名单的借款方或不良的借款方,放款方会遇到这种情况。当 LGD 风险>PD 风险时,如第四象限,审慎的贷方将确保 BRR 是准确的,这样隐含的 PD 也是准确的。银行不能避免第三象限,它们有一个专门的小组,只管理不良贷款。

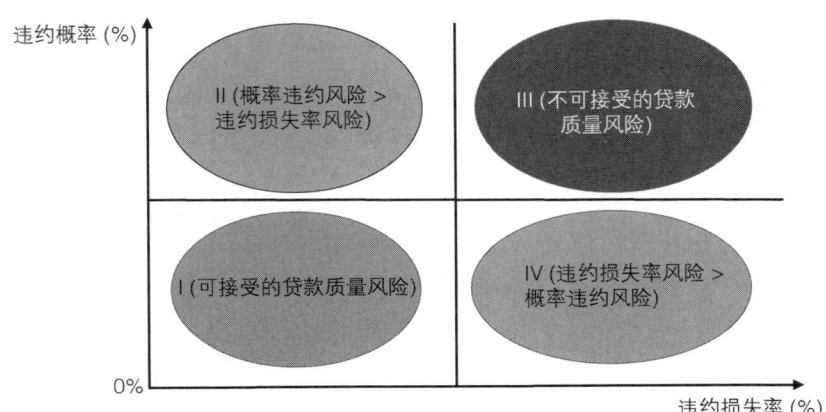

图 1.2　结合违约概率和违约损失率的贷款质量风险

有许多关于信用评级和违约概率之间的负面关系的研究,也被称为 PD 曲线。[1] 研究结果显示,BRR 和 PD 之间有相当密切的关联性。在《巴塞尔协议》之后,实施 AIRB(高级内部评级法)的银行机构将 BRR 和 PD 相互校准——这一统计程序既需要艺术也需要科学。[2] 总的来说,这种映射描述了一种常见的模式:风险最小的等级的违约率开始时很低,然后随着等级的恶化迅速上升。这意味着,随着评级等级从高到低的恶化,PD 会以非线性和单调的方式增加。例如,"AAA"(投资级)的一年平均违约率可能是 0%,而"CC"(非投资级)则是 20%。

许多银行在其年度报告中给出了它们的 PD-BRR 映射。表 1.2 显示的是加拿大最大的银行——加拿大皇家银行(RBC)——的 22 分评级表的 PD-BRR 校准。这是一个详细的映射。因此,它是对非线性和单调性的完美说明。评级越好,PD 越低;评级越差,PD 越高。PD 值的范围从最高等级的 0% 到最低等级的 100%,这个范围细分为不连续的区间,一一对应时就该这样。银行将其规模与评级机构所使用的评级相一致。加拿大皇家银行的内部评级图就是这样一个例子,该银行使用标准普尔和穆迪的评级。它们将内部评级与外部评级进行比

---

[1] 在过去的 20 年中,有许多研究,如巴塞尔银行监管委员会(2000 年 8 月)的《信用评级和信用质量信息的补充资料》。该研究指出:"本节探讨了外部信用评级预测违约的能力。它借鉴了各种资料,包括评级机构的报告以及对违约的学术研究。所引用的一些研究是相当新的,包括穆迪和标普在 1999 年发表的文章。从广义上讲,所有这些研究的结果都表明,信用评级在不同的时间范围内构成了有用的违约预测因素,特别是对于美国的非金融公司,这些数据是最广泛的。"穆迪和标普定期公布他们自己对信用评级预测能力的研究,发现信用评级和违约往往高度相关:评级越好,PD 越低;评级越差,PD 越高。

[2] 银行已经开发了基于逻辑和线性回归技术的模型(专利),以估计 PD 和 LGD。显然,他们的数据库是他们自己按行业(用于 PD 估计)和按银行(用于 PD 估计)的违约记录,以及违约前未提取的信贷限额的利用情况(用于 LGD 率)。对于大多数银行来说,这些数据只能追溯到 21 世纪初。之前,银行并没有保留这些数据。这些模型中使用的其他预测因素包括经济变量,如利率和失业率,以及其他反映商业周期中经济下行的宏观经济变量。银行根据行业和债务方的情况,使用不同的 FRR 模型。同样地,银行根据行业和借款方的情况,使用不同的 BRR 模型或记分卡。EAD 估计反映了历史上观察到的违约前未提取的信用额度的使用情况。

一个评级系统的最低要求是,它的排名应该是单调性的或一致的,这意味着估计的 PD 应该随着评级从高到低而增加。这个条件的反面是违约率的反转,这意味着观察到的较好的评级等级的违约率要高于相邻的较差的评级等级的违约率。在任何特定年份,通常都能找到反转的例子。见标普,《2018 年全球企业违约和评级转换研究报告(1993—2018 年)》。这并不意味着风险评级系统的顺序排名能力有问题。对于它们的 PD 映射程序,银行假设估计的 PD 曲线具有单调性,这是基于长期的平均证据,标普文章在表 9 中报告了这一点。否则,单调性的假设是无效的,PD 将是不一致的,对于审慎的、风险管理的或定价的应用是不可靠的。该程序涉及对观察到的违约率进行平滑处理,以创建一个正的、单调的 PD 曲线。

较的主要目的,是确定它们的放贷政策是否过于保守或过于自由。如果一家银行太保守,它有可能失去安全的客户;如果它太自由,就有可能向更有可能违约的弱势借款方提供贷款。

表 1.2　RBC 内部评级表

评级	企业和银行	主权独立体	BRR	标准普尔	穆迪的描述	
	PD 区间					
1	0.000 0%—0.030 0%	0.000 0%—0.015 5%	1+	AAA	Aaa	投资级
2	0.000 0%—0.030 0%	0.015 6%—0.026 5%	1H	AA+	Aa1	
3	0.030 1%—0.037 5%	0.026 6%—0.037 5%	1M	AA	Aa2	
4	0.037 6%—0.049 0%		1L	AA−	Aa3	
5	0.049 1%—0.065 0%		2+H	A+	A1	
6	0.065 1%—0.081 0%		2+M	A	A2	
7	0.081 1%—0.112 0%		2+L	A−	A3	
8	0.112 1%—0.180 0%		2H	BBB+	Baa1	
9	0.180 1%—0.262 0%		2M	BBB	Baa2	
10	0.262 1%—0.384 5%		2L	BBB−	Baa3	
11	0.384 6%—0.648 0%		2-H	BB+	Ba1	非投资级
12	0.648 1%—0.962 5%		2-M	BB	Ba2	
13	0.962 6%—1.407 0%		2-L	BB−	Ba3	
14	1.407 1%—2.178 5%		3+H	B+	B1	
15	2.178 6%—3.421 0%		3+M	B	B2	
16	3.421 1%—5.277 5%		3+L	B−	B3	
17	5.277 6%—7.941 0%		3H	CCC+	Caa1	
18	7.941 1%—11.447 5%		3M	CCC	Caa2	
19	11.447 6%—19.653 5%		3L	CCC−	Caa3	
20	19.653 6%—99.999 90%		4	CC	Ca	
21	100%		5	C	C	受损的
22	100%		6	D	C	

资料来源:2018 Annual Report。

下面是对某项交易的 EL 方程式的说明。举个例子：弱 BRR(例如,"CC")、75%PD 和 40%LGD,后者代表一段时间内的平均百分比损失率。PD 和 LGD 的乘积是统计学上或预期的 30% 损失,转化为 30 美分／1 美元的 EAD。预期损失是这三个变量中每个变量的递增函数。正如你在这个例子中所看到的,LGD 或 LIED(违约事件中的损失)总是针对交易的;而 PD 是针对银行的,与 LGD 率无关。这就是 AIRB 方法的二维评级系统的本质,它将借款方和信贷机构分开评级,而不是将它们混在一起。

在本书中,我们关注的是信用风险的 PD 部分,所以我们的重点是信用分析师分配 BRR 的方法。我们看一下四种类型的借款方:

(1) 企业／商业。商业或企业信贷被用来资助资本支出和公司的日常运作。商业借贷方是在非金融领域经营的公司,如农业、渔业、采矿业、矿物勘探、制造业和服务业。

(2) 银行。简单地说,银行以贷款的形式借钱来赚钱。因此,银行风险评估采用的方法与对非金融类公司的分析不同,尽管得出评级的基本机制对所有借款方都是一样的。花几分钟看一下银行的财务报表,你会发现这些项目明细与非金融公司的项目明细有多大不同,尽管采用的共同语言是会计,术语也是一样的,如收入、支出、资产、负债和资本。它们的风险不同。银行接受存款(基本上是向储户借款)或在批发资本市场上借款,并循环利用资金来赚钱(贷款和垫款),银行希望在其资金成本之上获得利润率。这种操作涉及许多风险(我们将在后面详细讨论)。

(3) 商业地产(CRE)。商业地产包括仅用于商业目的的创收型的地产(IPRE)资产,如购物中心、办公楼、公寓、汽车旅馆和酒店。这些资产的融资是 CRE 抵押贷款,即以地产留置权为担保的贷款。因此,贷款的偿还和回收主要取决于 IPRE 的现金流,其次是资产所有者或抵押贷款担保人。

(4) 主权独立体。跨境放贷一直是银行的一项主要业务活动。公司的直接外国投资本质上是跨境放贷。国家风险分析被用来评估主权独立体或国家债务方的信用度,并为在同一管辖区经营的私人实体获得更准确的 BRR。公司经审计的财务报表的国家层面的对等物是国民账户统计数据(国内生产总值、国民收入总额、价格、生产、国际收支和政府财政)。

单调性

《巴塞尔协议Ⅱ》使内部评级成为一个关键区块。根据AIRB(高级内部评级法),内部评级和分数都应该映射到每个评级或分数所附的违约概率的主量表上。这种映射意味着主量表的违约概率是等级的单调函数。一般来说,一个单调函数是一个持续增加而价值从不减少,或持续减少而价值永远不会增加的函数。在风险评级业务中,我们把对等级违约率的预测称为PD(违约概率)曲线。预测的可靠性需要单调性,这使得评级系统具有等级排序的能力。否则,我们的系统就会预测出较低的PD值,因为BRR提高了,并在更高的评级下出现复归。

一旦完成了对借款方的信用分析,评级模型就会根据信用评级系统分配一个BRR。一个信用评级系统[1]必须能够有效区分违约风险,这一结果是通过评级表的颗粒度来实现的(见表1.2)。如果评级表的等级不够,就会严重限制贷方区分违约风险、量化贷款的盈利能力以及确定风险敞口的资本额的能力(见第1.6节中有关BRR的应用)。也就是说,追求更精细的评级等级并没有什么好处,因为数据无法获得,而且众多的评级等级和违约概率之间的关系更有可能无法通过单调性的检验(关于这一点,将在第3章详述)。标准普尔、穆迪、惠誉集团和DBRS的评级表由20个或更多的等级组成。正如我们前面指出的,银行将其内部的BRR与评级机构对外部评级的公司的贷款组合的信用评级相一致。风险管理部门和业务部门都使用这些信息来确定银行是否正在失去有信用的借款方,或鼓励和保留信用较差的借款方,或承担过多的风险。对评级比较的一个主要批评是,作为某种标准的外部评级在事前或前瞻性的意义上可能非常不可靠。最明显的例子是2008年的金融危机,在实际结果与评级机构的预期相悖的

---

[1] AIRB方法的另一个要求是评级系统的二维性:一个等级反映PD,另一个等级反映LGD。这一程序通过对借款方(PD)和融资或交易(LGD)分别进行评级,而不是将它们混在一起,从而提高了精确性和一致性。一个有效的评级系统可以促进BRR的一致性,确保在拥有相同的借款方信息并对特定行业使用相同的记分卡的情况下,无论由谁进行评估,BRR都是相同的。例如,使用航空运输业的记分卡和相同的财务及其他数据对航空公司进行评级,应该产生相同的BRR。此外,一个有效的评级系统可以促进整个投资组合的一致性,因为一个共同的企业范围的评级表适用于所有的债务方。

情况下,处于高端评级(甚至是"AAA")的借款方在短时间内被降级为非投资级别。

1.3.3 贷款结构

我们认为,贷款结构设计是一个实现两个主要目标(产出)的过程。第一个目标是,保持借款方从可盈利的经营中偿还债务的能力。偿还主要来自现金流,其次来自抵押品担保。第二个目标是,在清算的情况下,让贷方比其他债权方更接近借款方的资产。银行更倾向于只在第一顺位放贷,这样它们对借款方的资产有第一权利。银行确保或试图确保各种付款(应计开支)排在银行债务的后面。因此,贷方必须了解借款方的资本结构——指资产负债表的资产和负债方面,以确定公司在哪里和如何为其运营提供资金,以及其他债权方对公司现金流和资产的权利。贷款结构化最好被理解为一个过程,它涉及以下所有问题,首先是一些关键问题:

- 确定贷款目的。
- 确定贷款数额。
- 将还款时间表与借款方的现金流相匹配。(注:利润不是现金流,现金流是偿还贷款的主要来源。)
- 贷款期限与被融资的资产相匹配。(例如,短期资金用于营运资金;长期贷款用于工厂和设备。)
- 制定与信用风险相适应的利率,并制定费用。
- 起草贷款协议,即主要贷款文件。
- 确定契约,其目的是确保贷款得到偿还,并保护贷方。
- 决定是否需要担保人作为第二甚至第三还款方。(这意味着贷方还必须对担保人进行信用风险评估,以指定担保人 BRR。)
- 决定是否接受抵押品:如果接受,什么抵押品是合适的。(注:抵押品是偿还贷款的次要来源。)
- 确定结构从属关系。它是指在破产的情况下,各债权方对集团资产的顺位。特别是在向控股公司(HoldCo.)提供贷款时,了解控股公司的结构是至关重要的。贷方希望确保在发生违约的情况下,能够通过上游担保获得经营中的子公司的现金流和资产。在没有这种担保的情况下,控股公司贷方的债权在结构上从属于集团内运营公司(OPCOS)的债权方的债权。这是因为,控股公司作为子公司的股东,其债权从属于运营公司的其他债权方的债权。在破产的情况下,贷方更愿意排在第一位,或者至少与其他债权方处于平等的排位(平起平坐)进行偿付。为了确保控股公司的贷方与运营公司的贷方享有同等排位,后者为控股公司的债务提供担保。上游担保抵消了结构性的次级排序。(注:在下游担保中,控股公司为运营公司的债务提供担保。)还有一些其他的从属关系缓解措施,如公司间贷款,但是这个问题不在本书的讨论范围内。

结构性次级化:在信用分析中不要忘记运营公司

银行不喜欢运营公司的债权方先于控股公司的债权方获得偿还的思路。虽然从运营公司到控股公司的上游担保使贷款结构更加紧凑,但贷款的主要还款来源是现金流,而抵押品是次要的,只有在违约的情况下才会发挥作用。此外,如果运营公司申请破产保护,银行就不能对抵押品进行变现。信用分析师必须始终检查控股公司的资产及其所有权结构,以确保他们在信用分析中纳入运营公司而忽略上游担保。建议:获得一份最新的组织结构图,作为尽职调查的一部分。

"正确的"信用敞口

贷方如何知道贷款规模过大或过小?贷方会考虑许多因素,但主要考虑借款方是否有偿还能力。这就需要分析借款方的资本结构和杠杆比率,如债务/资本和偿债率。我们把这个讨论细节留到后面的章节。

贷款定价

贷款利率反映了信用度。考虑一个等价交换的情况:两个借款方的贷款金额和期限都相同。在这个例子中,信用良好的借款方不太可能违约,所以他的贷款利率预计会更低。贷款定价涉及确定贷款的利率,而银行确定利率的方式远非公式化。由于这个原因,贷款定价对公众来说是一个谜。以下是通常被问到的一些问题:为什么有这么多利率?为什么有些客户的利率较高,有些客户的利率较低?为什么有些利率对某些类型的信贷较高,而对其他类型的信贷较低?

银行使用各种贷款定价模式和做法来确定贷款利率。虽然宏观经济环境决定了利率的总体水平和方向,但银行有障碍利率或目标RAROC(风险调整后的资本回报率)[1]作为逐案处理的指导方针。目标利率有助于决定哪些贷款符合可供考虑的门槛。也就是说,银行间的竞争常常迫使贷方收取低于障碍利率的利息。在这种情况下,为获取未来更高回报,该利率成为亏本利率。我们通过以下三个定价模型,来基本了解决定贷款利率的因素:成本加成的贷款定价模型;价格领先模型;基于风险的贷款定价模型。

我们首先考虑一些决定贷款定价的常见因素:

- 关系型贷款。银行看重的是整个客户关系的价值。当长期且有价值的客户在一家银行进行大部分或全部交易时,他们往往能得到优惠的贷款利率和费用。如前所述,银行的普遍做法是将贷款利率作为一种甜头,以确保关系业务的长期续约。

- 借款方的规模。有证据表明,商业银行对小企业收取的利息与贷款规模成反比,因此也与借款方的规模成反比。然而,这种关系可能反映了不同的信用风险溢价,以及不同的贷款服务成本。

- 贷款类型和用途。有不同类型的信贷产品:定期贷款、活期贷款、循环信贷、备用信用证(LC)、租赁等。这些贷款的利率是不同的,体现了银行和借款方可以选择提取、支付、预付和再提取。还有许多贷款目的,包括营运资金、收购、债务偿还、股票回购、支持商业票据(CP)的保兑信用证(LC)、杠杆收购等。费率的差异反映了违约风险。例如,用于杠杆收购的贷款提高了债务/股权比率,使借款方的风险更大,尽管只是在一段时间内,直到比率恢复到"正常"。另一方面,保兑信用证并不增加借款方的债务/股权比率,直到除非借款方提取额度,如果公司不能发行新的商业票据,就会发生这种情况。

- 借款方的地理位置。借款方的总部或大部分业务的所在地是一个重要因素。这种风险通常被计入信用风险(例如,国家和主权独立体风险)。

[1] *RAROC*=预期收益/经济资本。银行的经济资本是一种利用**概率**模型在内部计算的风险措施,其输出值是充分支持特定风险或吸收意外损失所需的货币资本水平。例如,对于给定的贷款、利率、贷款期限和年度还款额,以及借款方风险评级,银行的盈利能力模型计算出支持贷款风险的经济资本。预期收益是一个净数字。它包括贷款的利息收入减去银行的借贷成本。通常情况下,银行对总的关系更感兴趣,所以它将加入客户存款的投资收入、费用和服务费,并减去客户存款的利息支出和服务客户的活动成本。贷方将计算出的*RAROC*与目标或障碍*RAROC*进行比较,以确定该贷款是否值得开展。

显然,众多因素的相互作用决定了贷款定价。了解这一现实的借款方能更好地"选购"最佳利率。让我们研究一下这些定价模式,看看有哪些主要的决定性因素。

成本加成的贷款定价

成本加成定价包括四个步骤。第一,银行确定吸引存款和借款的平均成本。这些资金可以是零售存款(如个人储蓄账户和定期存款、支票账户)和整笔交易存款,即由大型企业、另一家银行和机构投资者提供的非常大额的存款。第二,银行计算服务贷款的平均成本,其中包括我们前面讨论的固定的行政成本。管理成本以贷款的百分比表示。第三,在覆盖成本后,银行增加一个代表风险承担补偿的百分比数字。第四,银行应用某个利润率。以百分比计算的定价公式是:

$$贷款利率 = 平均存款利率 + 平均服务成本 + 违约金 + 利润率$$

价格领先

回顾一下,银行不仅要实现利润最大化,而且要实现增长,为了增长,它们必须竞争市场主导地位;因此,在实现当前利润最大化和实现未来增长最大化之间存在着权衡。银行业的竞争一直都很激烈,随着非银行实体对传统银行业地盘的蚕食,竞争愈发激烈。激烈的竞争导致银行使用一种价格领先的形式来确定信贷成本。在许多国家,最优惠利率或基准利率是由主要银行制定的,是向银行最有信用的客户收取的用于营运资金的短期贷款的利率。基准利率是其他类型贷款的锚定值。一家大银行宣布其最优惠贷款利率是很常见的,其他银行往往也会跟随。各种贷款的利率都基于这一利率,包括可变利率抵押贷款、汽车贷款、信贷额度和信用卡。

基于风险的贷款定价

基于风险的贷款定价模型着重于信用风险,使贷款定价与借款方的违约概率保持一致。信用等级是确定风险溢价的众多输入数据之一。信用评级越高,风险溢价越低。基于风险的模型使用贷款的各种特征作为输入数据,如规模和期限。期限越短,借款方偿还贷款的能力就越不可能改变。使用基于风险的定价模型的银行(它们可以在内部开发或从供应商那里购买)能够为最强的信贷设定有竞争力的贷款利率,并拒绝那些代表最高风险的贷款或以溢价定价。

在基于风险的定价下,信用等级高的借款方将获得比信用等级低的借款方更低的贷款利率;反之亦然。因此,低风险借款方最终不会补贴高风险借款方的信贷成本。简单地说,基于风险的定价使一个高风险借款方高度集中的银行能够保留低风险的借款方。如果没有基于风险的定价,银行必须提高平均利率,但随着利率的上涨,将挤掉信用良好的借款方,增加风险借款方在银行贷款组合中的比例,并导致违约的概率上升,导致债权方即使在新的较高利率下也不愿意放贷。在 1.6 节中,我们将更多地讨论由信息不对称引起的逆向选择问题如何通过利率上涨导致信贷配给。

影响风险溢价的其他因素包括所抵押的担保品。一般来说,担保贷款的利率比无担保贷款低。例如,抵押贷款(以商业地产为担保)的利率低于无担保的信用卡债务。担保贷款的贷款价值比(LTV)越低,在其他条件不变的情况下,利率就越低。

鉴于贷款结构的多重考虑以及贷款方和借款方有不同的利益,定义一个好的贷款结构是没有意义的。有利于贷款方的东西可能不利于借款方,反之亦然。然而,如果认真遵守流程,结果可能是一个令双方都满意的好的贷款结构。

1.3.4 信用提交和审批

业务部门准备并向风险管理部门提交一份交易申请(TR)以进行裁决。这份文件将"交易"概括为若干部分。一份典型的 TR 可能包括表 1.3 所示的部分。

表 1.3 商业银行的交易申请模板

I: 一般信息			
BRR／风险评估日期	交易申请日期	银行单位	
27-09-19 BRR:"BBB+"	27-09-19	地址 客户经理的姓名/身份证号码	
编　　码	申请类型	TR 修订日期	
	借款方参考号 SIC 代码(3523) 其他	年度审查	27-09-20

续表

借款方/地址	主营业务	所有权						
安大略省北湾市东大街200号 格林农机公司	生产犁和耙	公营						

II: 信贷额度和交易风险

额度	FRR	C/U	贷款类型和期限	利率	风险溢价	贷款保费	前期认证	净收益率
(1) 1亿美元	BBB+	U	经营 确认：日期 到期：日期	优惠	1.75%	无	1亿美元	无
(2) 3亿美元	BBB+	C	期限 确认：日期 到期：日期	优惠	2.75%	无	3亿美元	无
4亿美元			总的信用风险				4亿美元	无

金额：   **交易风险：**
5亿美元   结算
费用： 列出所有费用——金额和收取频率。
还款期限和来源：
(1) 从收取的应收账款中循环使用。
(2) 5年期限，按月付息，从(确认日期)开始等额支付本金500万美元，直到最后一笔支付(确认日期)。请说明最初支付的金额，如果定期贷款是续贷，则说明日期。

III: 交易概述
申请原因：
交易目的。例如，续贷，要求对信贷政策进行特殊处理、增加额度。
概述提出该交易的原因。如果是续期，则包括拟议的修改。
贷款目的：
(1) 为应收账款和购买存货提供营运资金。
(2) 为位于加拿大安大略省北湾市东大街200号的格林农机公司购买机器和设备。
交易建议：
概述交易：细节涉及续期、结构、定价、资金承诺、还款和豁免等。
例如，建议直接更新贷款。对业务、契约、BRR和FRR进行评价，因为这可能对续期申请起到支撑作用。
信用政策和特殊情况：
说明适用的特殊情况以及申请批准的理由。

IV: 风险评估
交易优势：
指出优势。
交易劣势：
指出劣势。
如何缓解风险及预警信号：
概述如何缓解和管理已确定的风险。
V: 政策和准则的例外情况
列出特殊情况并提供批准理由。

续表

VI: 交易监测				
	频率	诱因	契约	责任
早期预警信号 　逐项列出预警信号。	月/季/年	数值	数值	部门/职位
契约 　逐项列出契约并定义所有的计算公式。				
保证金要求 　定义保证金要求和所有的计算公式。				
付款前的条件 　列出条件。				
财务报告 　列出所有需要的报告。				

VII: 合规状况			
	合规(是/否/非)	细节和数额	整改日期
契约 利润率 担保 环境 目前的利息 最新的本金支付 非应计项目 拨备 注销的逾期债务			
监管 银行官员姓名	日期 填写日期	签收 首字母(手写或电子)	

VIII: 抵押担保表

担保品	Hdd/TBO	账面价值	调整后	EMV	保证金	优先索偿权	可变现价值
完整列出担保品,包括金额、日期、名称、地址、第一/第二/第三留置权等。 (1) 一般担保协议: − 应收账款	持有	2亿美元	−2 000万美元	1.8亿美元	75%	3 500万美元	1亿美元
− 库存	TBO	3.05亿美元	−3 500万美元	2.7亿美元	50%	无	1.35亿美元

(2) 第一笔 100 万美元的贷款抵押是 2019 年 9 月 27 日估值为 150 万美元的位于(地址)的房产;财产和物品的火灾保险 250 万美元	持有			5 亿美元	80%	无	4 亿美元
担保总额							6.35 亿美元

注：C 表示"已承诺"，U 表示"未承诺"，TBO 表示"有待获得"。

交易细节

这部分记录了重要的客户信息：

① 更新风险评估日期(基本上是 BRR)。

② 更新交易申请日期。该申请记录了借款方名下的总风险、申请额度、贷款类型、贷款风险评级(FRR)、贷款期限、定价(使用 BRR)，以及用于投资组合监测的各种代码。更新一项信贷可以达到确保数据完整性的目的。

③ 结构设计。申请的贷款额度、资金发放时间，以及资金未偿付期限。结构化涉及资金是否得到承诺。在承诺贷款中，贷方承诺，一旦借款方满足了贷款协议中的具体要求，就会在对手方提出申请时向借款方预付资金。对于非承诺性贷款，没有义务提供资金。贷款结构设计的一项基本原则是将贷款期限与资产寿命相匹配。例如，长期贷款用于资助长期资产，如工厂和设备；短期贷款用于资助应收账款和库存。

交易概要

这部分描述了贷款理由、信贷政策的特例和豁免请求、交易的优势和劣势，以及贷方将通过哪些手段来减缓已确定的风险。交易概要的结尾是总结性建议，包括进行交易的理由，回顾主要的优势和劣势，以及借款方将采取的缓解下行风险的关键措施。在大多数情况下，风险的缓解将反映在贷款协议和采取的抵押担保中。

交易监测和报告

这部分提供了关于如何监控账户的说明，以发现和减少风险，并保护贷方的利益。该说明将包括以下细节：

① 早期预警信号、责任和责任方；

② 财务契约和计算方法；

③ 报告财务报表、证书、环境报告和许多其他适用的契约；

④ 报告的频率和时间、责任和责任方，如业务单位(前台)和贷款服务单位(后台)；

⑤ 放贷前的条件；

⑥ 利润率的计算。

抵押担保

这部分列出并描述了贷方为支撑贷款而采取的每一项抵押担保(以表格编号标识)，并显示了所有担保的总可变现价值，从而确保总的信用风险得到完全覆盖。抵押担保包括许多东西，如房地产、债券、股票、贵金属、应收账款和存货。在银行业，区分放款价值和可变现价值是很重要的。银行对抵押担保品的放贷价值(LV)的计算公式如下：

$$LV = (资产的可变现价值 － 调整数) \times 保证金(\%) － 优先债权$$

银行通常以抵押品的放贷价值或授信限额中较低的金额进行放贷。

可变现价值被理解为一个净值概念。例如，财务报表中的应收账款是指资产账户的借方余额减去逆向资产账户中的不可收回账款的贷方余额。库存是指成本或可变现净值(NRV)的较低值，是"账面价值"的替代术语。上述公式中的"调整数"包括折旧(从可变现净值中扣除)，以及可变现净值的升级。优先索偿权也会减少放贷价值。保证金是抵押品的百分比，贷方可以根据自己的目的定义。例如，对于应收账款，只有那些60天的账龄才符合条件；对于存货，只有那些没有债权或留置权的无担保存货才符合条件。因此，应收账款的账龄是保证金公式中的关键信息。保证金给了贷方一个缓冲。

正如你可能已经注意到的那样，抵押担保的可变现价值本质上就是估值或评估。由于资产的现金流特征各不相同，因此没有单一的估值公式。然而，需要掌握的要点是，NRV是所有者期望得到的现金数额。如果是房产，NRV是售价减去出售或处置房产的成本。对于存货，NRV是市场价值减去记录的成本，再减去处置该资产的其他成本。会计师使用成本或NRV的较低值(这意味着如果记录的成本超过NRV，就会减记)。请注意，银行计算可变现价值的方法与会计核算中使用的做法不同。例如，根据表1.3的抵押担保表，保证金和优先权要求会减少可变现价值;但在会计核算中,这些因素没有影响。

1.3.5 贷款文件

恰当的贷款文件是承保过程的一个重要组成部分,因为贷款文件是贷方支付贷款后的主要保障。如果文件不完善,就有可能造成贷款损失。银行的法律部门或外部律师准备必要的文件,供协议的所有各方签署。这些签名证明了所有各方都同意协议的条款。这些文件通常包括本票、贷款协议、所有权、契约、GSA(一般担保协议)和其他。交易的文件有三个重要的功能:

(1) 支持完成一个交易的生命周期。

(2) 有助于确保正确记录交易和交易的后续变化。

(3) 减少由于文件,特别是贷款文件和抵押品的缺陷而导致的信用损失风险。准确的文件可以增强贷方收回债务的能力,或清算担保外债的抵押品。

贷款协议是约束贷方和借款方的合同的法律文件。它是贷方的主要监测工具,因为它包含了借款方必须履行的所有要求(包括契约),直到贷款完全偿还为止。贷方使用贷款契约的原因包括以下几点:

- 保护贷方的利益,同时为贷方提供有效管理业务的灵活性;
- 通过识别关键的运营风险,保持借款方的质量;
- 及时提出借款方可能遇到的潜在问题的红色预警;
- 如果借款方违反了具体的义务,将其带回谈判桌,以重组贷款。

然而,无论贷款契约制定得多么好,只有来自业务的现金才能偿还贷款。出于这个原因,信用分析的核心问题是,确定一个公司是否能从经营中产生足够的现金流。

债务契约可以是正面的,也可以是负面的。负约限制了借款方采取某些行动。这方面的例子包括:

- 补偿或增加某些雇员的工资;
- 承担额外的债务(或将额外的借贷从属于原始贷款协议);
- 出售某些资产;
- 与另一家公司合并或参与任何伙伴关系。

正约要求一方当事人遵守合同的某些条款。这方面的例子包括:

- 每隔一定时间提供财务报表;

● 在财政年度的特定时期,满足明确界定的财务指标,如利息保障倍数、最低有形净资产、债务与有形净资产的比率和流动性比率。

在一个典型的贷款结构中,契约为贷方的许多目标服务。表 1.4 列出了契约保护的部分清单。

表 1.4　保护贷方利益的契约清单

目　　的	契　　约
保护现金流	● 偿债范围 ● 对资本支出和经营性租赁的限制 ● 对投资的限制 ● 对官员工资的限制 ● 维持最低水平的现金流
保护资产质量	● 对资产出售的限制 ● 维持财产保险 ● 维持营运资金和流动资金
保护净资产	● 维持最低有形净值(TNW) ● 对额外借贷的限制 ● 当期结清所欠税款和其他应计负债
提供充分的信息披露	● 及时报告财务信息 ● 遵守会计标准
控制增长	● 保持最低有形净值(TNW) ● 限制额外的借款 ● 限制兼并和收购或业务转型
保证合法的业务	● 维持企业的存在 ● 对资产出售的限制 ● 对管理层或所有权变化的限制

1.3.6　贷款结算和信贷发放

结算是指贷款成为最终结果和贷方支付贷款的日期和时间。以抵押贷款为例,贷款的截止日期和购房的截止日期通常是一致的。在结算时,贷方和借款方都签署了许多法律文件,对双方的贷款协议具有约束力。贷款结算意味着借款方在法律上必须偿还贷款,而贷方则在法律上承诺根据贷款条件预付资金(或分批预付)。在贷方将资金支付到借款方的账户之前,金融机构的放贷服务部门会确保批准的 TR 中的预支付要求得到满足。此外,一旦文件全部到位,并有所有规定的签名,而且贷方或放贷机构的律师事务所持有上述文件,就可以支付贷款。

1.3.7 贷款监控和报告

一旦贷方发放贷款,监控过程就开始了,包括报告类型和报告频率的监测要求都在贷款协议中一一列出。银行有实时监测系统,借款方被要求定期提交财务和其他信息,如每月、每季度和每年。违反贷款契约会引发贷款违约。然而,通常情况下,贷方会批准豁免违约,并收取一定的费用。贷方还监控 EWS,其反映的是 TR 中列出的借款方的优势和劣势。EWS 可以是财务和非财务措施,措施信息是相对最新的,或持续可用。债权方的监控还包括定期的现场访问和客户会议,以了解业务的经营状况,并了解管理质量。

1.3.8 问题贷款管理

一般来说,问题贷款是指根据贷款协议的原始条款无法偿还的贷款。在巴塞尔银行监管委员会(BCBS)的框架中[1],问题贷款属于不良贷款的范畴。巴塞尔委员会将这些贷款定义为"银行认为债务方不可能全额支付其对银行集团的信贷义务,而银行又不能采取诸如变现担保(如果持有)的行动"。该定义包括逾期 90 天的贷款(商业贷款)和逾期 180 天以内的贷款(零售/消费贷款)。银行在管理问题贷款方面有不同的流程或体系。在许多银行,问题贷款的管理是由风险管理体系中的一个特殊的处置部门负责。

无论采用哪种方法,成功解决贷款问题的关键是,及早发现 BRR 中的信贷漏洞和负面信贷趋势。早期发现机制是早期预警系统及其"观察名单"。根据《巴塞尔协议》,BRR 必须每年至少更新一次,并持续监测恶化趋势。几乎在所有情况下,贷方放在观察名单上的借款方的 BRR 都低于某个阈值。一旦银行决定将借款方列入观察名单,最佳做法是制订计划和具体时限,以规范信贷行为。

---

[1]《巴塞尔银行监管委员会协商文件指南(2016 年)》——《问题资产的审慎处理——不良风险暴露和宽容界定》,2016 年 7 月 15 日前发布征求意见。另见巴塞尔银行监管委员会:《巴塞尔协议Ⅱ》——《资本计量和资本标准的国际趋同:修订框架(综合版)》,2006 年 6 月。请参考评级系统设计下的段落。

该计划通常包括恢复战略或退出战略以及抵押品的变现,但要经过问题贷款管理小组的全面成本效益评估。

银行被要求为贷款损失或核销提取准备金。这三种类型的准备金是：

(1) 一般准备金。这一损失在损益表中注销。

(2) 特殊准备金。该项目在损益表中注销。

(3) 坏账核销。这是一个被注销的资产负债表项目(该金额被借入一个名为"不良贷款/债务准备金"的资产抵销账户,并贷记在贷款项下)。

我们将关于贷款拨备和会计核算的讨论推迟到第 11 章,该章涉及问题贷款管理。

1.4 信贷文化

银行的信贷文化是一种隐性的理解,是银行的政策、实践和经验所产生的预期行为。信贷文化使银行业务部门和风险管理部门的人员能够承受压力,承保风险越来越大的交易,以牺牲长期增长和稳定为代价,实现收入和利润率目标。银行家们在履行健全、保守的承保以及开发和促进业务以推动收入的双重角色中,平衡风险与收益。每个贷款机构都有一种信贷文化,这种文化可能随着时间的推移非正式地演变,也可能是由管理层正式确定的。

信贷决策本质上既是理性的也是本能的。约翰·梅纳德·凯恩斯(John Maynard Keynes)[1]创造了"动物精神"这一短语来描述人类行为的特征——影响经济活动的倾向、自发的本能和情绪。那么,银行是如何在保守主义和激进主义这两个放贷极端之间调整自己的行为的? 信贷文化是一个始于领导层的自上而下的过程,这就是典型的"高层的语气"。鉴于最近的金融丑闻,领导因素在信用风险评估中得到了更多的关注。

2008 年爱尔兰金融危机

2008 年系统性危机的核心是信贷文化中健全政策和做法的崩溃。因盲目

---

[1] Keynes, John Maynard (1936). *The General Theory of Employment, Interest and Money*. London: Macmillan (reprinted 2007). 见第十二章：长期预期的状况。

放贷导致灭亡的最典型的银行是盎格鲁爱尔兰银行(AIB),其主营业务是房地产贷款。在 AIB 清算的时候,该银行拥有超过 220 亿欧元的资产。2010 年,爱尔兰政府要求一个芬兰监管机构(彼得·尼伯格)带领一个委员会,对爱尔兰的银行危机开展全面彻底的调查。该委员会调查了 2003 年 1 月至 2009 年 1 月爱尔兰政府将盎格鲁爱尔兰银行进行国有化的那段时期。从尼伯格的调查报告中得出的结论既适用于爱尔兰的银行法规,也适用于爱尔兰银行的治理。[见尼伯格报告全文,Report of the Commission of Investigation into the Banking Sector in Ireland(2011)]。[1]

在执行方面,对管理信用风险目标的承诺包括以下所有属性:

- 一个有效的风险偏好框架,其能够:定义风险能力;确定风险偏好;将风险偏好转化为限额和容忍度;根据限额和容忍度来衡量风险状况,以实现有效的风险监测;在业务单位违反其限制和容忍度之前采取行动。
- 一套连贯的书面内部控制流程——实现机构目标和目的的政策和程序。(注:"书面"是指印刷文件或数字文件。)
- 书面准则和正式的审查和更新流程。
- 一个专门的(内部)网络文献库,其储存了整个机构的政策和程序(P&P),并通知用户对 P&P 文档进行修订。
- 风险评级和信贷审批独立于信贷营销。
- 风险管理部门和业务部门有明确的授权审批权限。
- 通过适当的文件证明信贷裁决的问责制。
- 涉及董事会、业务、风险管理和内部审计/合规的综合企业风险管理(ERM)。
- 风险管理部门对贷款组合的信贷质量和风险集中度(按行业部门)的监测。
- 贷款组合的压力测试。
- 定期测试风险评级系统的预测准确性,这一程序称为验证。
- 内部 BRR 和外部评级的比较分析。

---

[1] Report of the Commission of Investigation into the Banking Sector in Ireland (2011). *Misjudging Risk: Causes of the Systemic Banking Crisis in Ireland*.

- 一份企业范围内的观察清单流程,以记录和跟踪问题贷款。
- 基于执行具体职责的晋升和补偿政策,包括信用风险管理(如适用)。

1.5 基于标准的信用分析方法

信用风险[1]评级的方法涵盖了广泛的方法或工具,其正式化和量化的程度各不相同。在 1.3.2 节中,我们研究了一种称为"5C"的传统工具。这种方法是最不正规化和最不量化的。在风险评级方面,"5C"方法的缺点是,它把借款方风险和机构或交易风险混在一起;然而,越来越多的银行正在采用巴塞尔 AIRB 方法的"双重风险评级"步骤。正如我们在本节所看到的,在一个二维的评级系统中,违约概率(PD)与违约损失(LGD)是分开估计的。由于这个原因,越来越多的银行使用我们称为"基于标准的方法"来确定借款方的信用度。基于标准的方法可被视为"5C"的正式或结构化版本,无"抵押品"一说。因此,重点只放在借款方身上。

在分析信用风险时须考虑许多因素,但为了简单起见,可将它们归纳为五大类:

(1) 国家和主权独立体风险分析。评估与一个国家的法律和监管体系,以及与政治、金融和经济条件相关的风险。

(2) 行业风险分析。评估与行业领域特征相关的风险,包括进入壁垒、监管、资本强度、行业成熟度和环境问题等。

(3) 商业风险分析。评估与竞争压力和市场份额有关的盈利能力风险。

(4) 管理风险分析。评估与管理战略、管理决策和管理行为不符合公司及股东利益有关的风险。管理失败导致财务崩溃的著名例子包括安然公司(2001年)和世通公司(2008 年)。

---

[1] Ganguin, Blaise & Bilardello, John (2005). *Standard & Poor's Fundamentals of Corporate Credit Analysis*, McGraw-Hill. 这本书对五个风险因素进行了详细的探讨。也可参见银行年报。例如,见 2015 年新斯科舍银行的年度报告第 75 页。该页指出:全球风险管理的信贷裁决部门分析并评估所有重要的公司和商业信用风险的信贷申请,以确保风险得到充分评估、合理批准、持续监测和积极管理。决策过程首先是对个体借款方或对手方的信用风险进行评估。评估中考虑的关键因素包括:借款方的管理;借款方目前和预计的财务业绩和信用统计;借款方所处的行业;经济趋势;地缘政治风险。

根据这一评估,利用银行的风险评级系统,对个体借款方或对手方进行风险评级。

（5）金融风险分析。通过分析财务报表评估借款方的财务健康状况，以确定公司的盈利能力、效率、流动性和偿付能力。这些措施有助于了解公司是否有能力偿还其债务。财务风险分析构成了信用分析的核心，因此，在基于标准的模型中，它比任何其他风险因素更有分量。除了财务表现之外，资金渠道是借款方财务实力的一部分。信用分析师评估的是借款方获得银行贷款、发行债券和筹集资金的潜力或能力。如果获得这些融资来源的机会有限，一个缺乏现金的公司就无法支付其账单，包括其未偿付贷款的利息。

这些风险类别不是相互排斥的，而是相互关联的，你可能已经正确地想到了这一点。请注意，管理风险会影响财务风险，因此，"5C"中的品德会对一个企业的成功产生重要影响。你还会注意到，分配给每个因素及其子因素的权重是主观的，尽管它们在同一行业的借款方中必须是一致的。这些都是专家判断模型的一些显著特征，尽管从某种哲学或认识论意义上来说，它们可能并不具有吸引力，但它们确实比纯粹的统计模型有实际优势。因此，这就把我们带到了我们一直在引导的问题上：信用分析是艺术还是科学，或者两者都是？我们说两者都是。在下面的维恩图中，如果 A 代表艺术及其属性，B 代表科学及其属性，那么信用分析就属于阴影区域，即 A 和 B 相交的区域（写成 $A \cap B$）。对信用分析的基本问题"你会借钱给这个人或公司吗？"的答案，必须来自艺术（经验和实践）和科学（演绎过程而不是试图发现普遍规律）的审慎应用（见图1.3）。

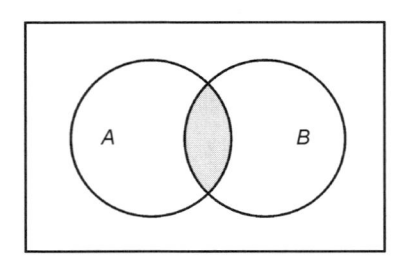

图 1.3　交叉示意图

1.6　信息不对称

到目前为止，我们的介绍在很大程度上忽略了委托—代理问题及其原因，即信息不对称。[1]在所有的市场或交易中,如果一方比另一方拥有更健全的信息,从而拥有更多的交易权力,那么委托—代理问题就会不同程度地存在。委托—代理问题可以被定义为一方(代理人)的行动与另一方(委托人)的利益之间的冲突。一个广泛存在的解释或问题的原因是信息的不对称。在本节中,我们将解释这些总体概念是如何与借款和放贷具体联系的。具体来说,在信贷市场上,信息不对称引发了两个典型的问题:"逆向选择"和"道德风险"。

经济资本或风险资本

它是一种风险的衡量标准(一个概率值),计算资产负债表上和表外的所有资产,用于确定一个金融机构所需的资本数额,以确保在其风险状况下保持其偿付能力。

信贷市场上的逆向选择是指在所有各方签署贷款合同或贷款协议之前,以及在钱被借出去之前就存在的风险敞口。问题产生于这样一个事实:"借款方"(广义上包括公司首席财务官和首席执行官)比贷方更了解其财务状况和公司的未来前景,但在信用评估过程中却隐瞒甚至欺骗了贷方。安然公司是代理—委托问题臭名昭著的例子,该公司的高级管理人员(统称为代理人)没有为贷方和投资者(统称为委托人)的最佳利益服务。

如果金融机构不确定他们的借款方的信用度,他们会收取更高的利率来补偿风险。如果低风险和高风险的潜在借款方事先无法区分,也就是说,在签订合同之前,低风险的借款方可能退出贷款市场,留下不安全的借款方,即使在较高的利率下,后者也会很乐意签署贷款。由此产生的问题是,安全的借款方自我选择退出市场,导致贷款组合的平均风险度恶化,这就是逆向选择问题的例证。为了缓解逆向选择问题,降低贷款组合的平均违约风险,贷方将对信贷供应进行配

---

[1] 2001年,乔治·阿克洛夫、迈克尔·斯彭斯和约瑟夫·E. 斯蒂格利茨因其"对具有非对称信息的市场的分析"而分享了诺贝尔经济学奖。这与新古典经济学的一个关键假设——"完全信息"——形成对比。见 George A. Akerlof (1970). The Market for "Lemons": Quality Uncertainty and the Market Mechanism. *Quarterly Journal of Economics*, 84(3): 488-500; Michael Spence (1973). Job Market Signaling. *Quarterly Journal of Economics*, 87(3): 355-374; and Joseph Stiglitz & Andrew Weiss, (1981). Credit Rationing in Markets with Imperfect Information. *American Economic Review*, 71: 393-410。

给(Stiglitz and Weiss, 1981)。

此外,信息不对称导致信用风险评级不准确,评级机构的信用评级和BRR将变成不可靠的违约风险指标。简言之,尽管贷款方检查了"5C"中的方框或采用了更多的结构化和经验性的方法,但仍可能对借款方的信用度或违约风险不够确定。在第3章中,我们将研究一种解释不对称信息的方法。BRR是信贷过程中的一个关键输入数据。这四种BRR的应用强调了BRR在银行运营中的重要作用:

(1) 批准或拒绝贷款申请;

(2) 为信用贷款定价;

(3) 要求抵押担保;

(4) 确定经济或风险资本。

与逆向选择问题相反,信息不对称导致的道德风险是在各方签署贷款协议后出现的。其结果是过度承担风险。让我们研究一下这种情况是如何产生的。

首先,代表股东行事的经理人(代理人)的行为可能对贷方有害,这种情况在杠杆公司中很可能发生。这类公司的特点是高债务/股权比率。因为股权的下行风险是有限的,所以这类公司的管理者有动力用风险资产去代替安全资产,以实现股东价值的最大化,尽管牺牲的是贷方的利益。如果风险投资成功,上行的利润潜力是无限的;而如果失败,下行的损失是有限的。[1]

其次,在贷款发放后,借款方的行为可能是无法观察到的或隐藏的。例如,股东和贷方可能很难将疲软的经营业绩归因于不称职的管理层(事实上,他们可能是不称职和不道德的),而不是公司控制之外的因素,如经济衰退。道德风险是指借款方将承担过度风险的风险。一个突出的例子是美国国际集团(AIG)[2],它在2008年破产并同意"大到不能倒"的政府救助计划。AIG在没有

---

[1] 股东对使用债务为其投资融资的公司(称为杠杆公司)的债权可以看作对公司资产价值的看涨期权。所以在杠杆公司的情况下,其经理人(代表股东)拥有无限的上升空间,但下降空间有限。在看涨期权中,期权买方(投资者)拥有股票价格超过执行价格的无限潜力,赋予潜在的无限利润(以行权价格买入股票,以较高的现货价格卖出)。同样,股票价格也可能跌破行权价格,在这种情况下,买方行使期权没有经济意义(高买低卖)。然而,值得说明的一点是,投资者的损失仅限于他为期权支付的金额。

[2] AIG被指定为"大到不能倒"。它于2008年9月在美国金融危机的高峰期破产,并同意美国政府以1 800亿美元的代价进行救助。这是美国历史上政府对一家私营公司最大的救援。经过几年的重组和资产出售,AIG重新开始了销售保险的业务。2017年,在最初救助9年后,美国金融稳定监督委员会将AIG从其"大到不能倒"的机构名单中删除。现在,AIG被S&P评为"BBB+"(投资级),但展望评级为"负"。

承担任何风险的情况下,出售了价值数千亿美元的抵押债务债券(CDO)的信贷保障,如提供抵押品或增加其资本基础。随着2008年美国房地产泡沫的崩溃,随后CDO的信用评级迅速恶化,AIG的信用评级急剧下降,该公司被要求向对手方提供额外的抵押品。这导致了该公司的流动性危机,甚至在2008年9月宣布破产。

信息不对称

信息不对称存在于所有市场中,即交易的一方(代理人)比另一方(委托人)拥有更多的信息。在放贷中,这会产生严重的后果,其中之一就是债权方根据不完整的、往往是虚假的财务信息,对借款方评级过高。设计合理的BRR记分卡包括BRR覆盖的规定,以减轻这种始终存在的风险。安然公司的案例被广泛报道,但在最近一段时期还有许多其他的例子。

1.6.1 逆向选择和道德危害风险最小化

正如我们上面所讨论的,逆向选择和道德危害风险是由于缺乏信息而导致的市场失灵,使一方处于交易的不利地位。显然,治愈的方法是关于借款方的更多信息,但在任何交易发生之前,及时披露全部信息几乎是不可能的。减少信息不对称的最佳做法包括以下几点:

(1) 报告财务报表。

(2) 强化法律披露要求。在美国,2002年的《萨班斯—奥克斯利法案》[1]是对10年前重大公司财务丑闻(如安然和世通)的回应。该法案对会计师、审计师和公司高管制定了更严格的规则,并加强了对上市公司记录的要求。

(3) 审计。

(4) 监测。

(5) 检查贷款申请人的信用记录。对于个人贷款,贷方经常检查信用评分、贷款申请人的信用档案、就业历史和纳税申报单(由申请贷款的个人自愿提供);

---

[1] 在财务信息的准确性方面,该法案的两个主要规定如下:

第一,首席执行官和首席财务官负责签署他们公司的财务报表,并表明这些报表没有遗漏重大信息。虚报公司的财务报告可能意味着要坐很多年牢。

第二,首席执行官和首席财务官必须表明他们对公司的财务报告内部控制体系负责;公司的审计师必须证明管理层对内部控制的评估。良好的内部控制有助于确保财务记录准确公平地反映交易。

对于企业，贷方查询信用评级，以及由评级机构、监督证券交易的政府机构和谷歌等各种搜索引擎发布的报告。

（6）要求抵押担保。Miskin(2005)[1]指出："抵押品缓和了逆向选择的后果，因为即使借款方证明不具备良好的信用风险并拖欠贷款，贷方可以出售抵押品并使用收益来弥补贷款的损失。抵押品还通过减少借款方承担过多风险的动机来减少道德风险。当借款方为其贷款提供抵押品时，如果他不能偿还贷款，他会有更大的损失，因此他自然更不愿意从事风险活动，因为这使他更有可能违约并失去抵押品。有了抵押品，即使借款方违约，贷方也可以通过出售抵押品挽回损失。因此，关于借款方违约概率的不对称信息就变得不太重要。"

为了减轻道德风险，贷方采用了各种方法，包括以下几种：

（1）抵押品（如前所述）；

（2）鼓励理想的借款方行为的限制性和肯定性契约，如保持高净值、提供财务信息、报告公司经营和所有权结构的任何变化（包括公司的合并或出售）。

1.7　监管环境：金融和法律环境

金融业是所有国家中受监管最严格的行业之一。政府监管金融市场有两个主要原因：增加投资者和消费者可获得的信息，以及确保金融系统的健全和稳定。一个健全的金融行业的特点之一是有独立的政府机构，其职责是确保金融机构遵守法规。[2]监管体系影响到银行业的所有关键方面：盈利能力、所有权结构、增长、资产质量、流动性和资本充足率。金融法规的效力取决于一个国家的法律体系和执法能力。

值得注意的是，银行法规并不局限于有关国内司法管辖区的法规。在美国做生意的外国银行或在其本国与美国公民做生意的外国银行也无法逃脱美国某些银行法规的"长臂"。例如，《外国账户税收遵从法案》(FACTA)要求外国金融机构和某些其他非金融的外国实体向美国国内税收署(IRS)报告其美国账户持

---

[1] Mishkin, Frederic. S. (2005). Is Financial Globalization Beneficial? National Bureau of Economic Research, Working Paper, 11891.

[2] Basel Committee on Banking Supervision (2011). Basel Ⅲ: A Global Regulatory Framework for More Resilient Banks and Banking Systems.

有人持有的外国资产,否则将被扣留应扣款项。

1.7.1 银行法规

一个健全和安全的银行系统对经济的健康发展至关重要。一般来说,银行监管的目的是促进一个健康的银行业,通过金融中介使经济受益,并保护消费者。概括地说,有三种类型的银行法规:

审慎监管

广义上讲,它们制约着被允许的银行的行为,其唯一目的是确保银行的健全。《巴塞尔协议Ⅲ》适用于在最低资本比率、流动性和贷款损失准备方面定义的资本充足率阈值。

① CET1 资本比率＝一级普通股本/信用风险调整后的资产价值≥4.5%。

② 一级资本比率＝一级资本/信用风险调整后的资产值≥6%。

③ 总资本(一级和二级)比率＝总资本(一级＋二级)/信用风险调整后的资产≥8。

④ 杠杆比率＝一级资本/平均合并资产总值≥4%的一级和二级资本。其中包括一般(而非特殊)贷款损失准备。《巴塞尔协议Ⅲ》规定了两个流动性比率:(a) 流动性覆盖率(*LCR*)已经分阶段实施并稳步上升——70%(2016 年)、80%(2017 年)、90%(2018 年)和 100%(2019 年);(b) 净稳定资金比率(*NSFR*)≥100%。

$$LCR = \frac{高质量流动资产数额(HQLA)}{总净现金流金额}$$

$$NSFR = \frac{可用的稳定资金数额}{所需稳定资金金额}$$

⑤ 贷款损失准备(LLP)。在 2008 年金融危机之后,监管者和监督者更加关注贷款损失准备,危机突出了银行和其他贷方对信贷损失反应不够迅速而产生的系统性成本。根据《巴塞尔协议Ⅲ》的资本协议,从贷款发放开始,银行就应该根据预期损失法(EL)进行前瞻性的、"贯穿整个周期"的贷款损失准备。[1] 预

---

[1] Gea-Carrasco, Cayetano (2015). IFRS 9 Will Significantly Impact Banks' Provisions and Financial Statements, *Moody's Analytics*, May 2015.

期损失法的顺周期性较低,并认识到:(a)信用风险不是静态的,而是随商业周期变化;(b)银行不能等待"触发事件"发生后再计提信贷损失准备。与 EL 方法一致,关于贷款准备的 IFRS(《国际财务报告准则》)9 取代了 IFRS 39,其要求旨在促使银行在违约发生前增加准备金。[1]

结构性法规

它们是关于银行如何开展业务的规则。这些规则的目的之一是确保竞争。因此,它们包括银行可销售的产品、所有权结构以及银行的合并和收购。

政策法规

它们包括鼓励或要求银行为了社会福利和国家安全目标以某种方式行事的法规。例如,银行可能被要求向某些行业的公司和个人提供贷款(如学生贷款)。为了监测,政府可能要求贷方在贷款组合中达到此类贷款的一些最低比例。银行必须有可靠的 MIS(管理信息系统)来报告按标准行业分类(SIC)编码的贷款。其他例子还有关于洗钱和资助恐怖主义的法律,即所谓的 AML/CFT。

《巴塞尔协议Ⅲ》的主要原则

《巴塞尔协议》是由巴塞尔银行监管委员会(BCBS)制定的一系列法规。根据《巴塞尔协议Ⅲ》,可知:

(1) 最低资本要求。一级资本要求提高到 6%。

(2) 杠杆率。杠杆率超过 3%(一级资本占平均合并资产总额的百分比)。

(3) 两个新的流动性比率。流动性覆盖率和净稳定资金比率。

1.7.2　反洗钱(AML)和反恐怖主义

国际监管机构要求商业银行打击洗钱和打击恐怖主义融资,否则将受到处罚。在过去 15 年中,许多在美国经营的国内和国外大型银行因违反反洗钱和反恐法规而被处以重罚。银行因未能遵守金融法规而面临合规风险。巴塞尔委员会对合规风险的定义如下:

---

[1] Basel Committee on Banking Supervision (June 2006). Sound Credit Risk Assessment and Valuation for Loans.

本文将"合规风险"定义为银行因未能遵守适用于其银行活动的法律、法规、规则、相关自我监管组织标准和行为准则(合称"合规法律、规则和标准")而可能遭受法律或监管制裁、重大财务损失或声誉损失的风险。[1]

根据巴塞尔委员会的建议,商业银行必须能够管理合规风险,在其组织中设立一个正式的合规职能部门或一个在董事会监督下履行合规职责的部门。银行监管部门确保银行遵守规定。银行非常重视KYC(了解你的客户)的内部控制,以确保它们不会成为洗钱和资助恐怖主义的渠道。

巴塞尔治理研究所[2]是一个反对腐败、洗钱和资助恐怖主义的国际组织。在其网站上,它将自己定义为"一个独立的非营利性的能力建设中心,专门从事预防腐败和公共治理、公司治理和合规、集体行动、反洗钱、刑法执行和追回被盗资产"。该组织通过其国际资产追回中心(ICAR)开发了巴塞尔反洗钱(AML)指数,可在同一网站上查阅。反洗钱指数系列从2012年开始。该组织在四大领域为政府和私营公司提供支持、技术援助和建议:资产追回、公共治理、公司治理和合规性以及反腐败集体行动。

1.7.3 监管环境对信贷风险评估的重要性

银行监管的质量、法规的充分性和执行能力都会影响到在相关司法管辖区运行的银行的信用质量。在评估银行的BRR时,对监管框架的低评级是一个负面因素。监管环境的评级与贷款机构的总体BRR之间的这种正相关关系,从逻辑上讲,源于银行监管的目的,特别是在银行安全和健全方面。不难看出,如果一个国家的法律框架存在缺陷,其金融体系也会存在缺陷。

---

[1] Basel Committee on Banking Supervision (April 2005). Compliance and the Compliance Function in Banks.

[2] 见 https://index.baselgovernance.org/about_us。

第 2 章　财务报表分析

章节目标

1. 讨论财务披露和公司财务报告使用者批判性解释的重要性。
2. 计算和分析选定的财务报表。
3. 确定并讨论衡量、比较和解释财务比率中的一些关键问题。
4. 区分资产负债表上的负债和资产负债表外的负债(OBS)。
5. 解释经营性租赁的资本化方法。
6. 考察 OBS 调整对偿付能力和流动性比率的影响。
7. 回顾财务比率的有效应用和局限性。

2.1　引　言

为了进行完整的财务分析,比率分析是必不可少的。在本章中,我们通过定义和研究一小部分常用的财务比率,为财务报表分析奠定基础。然而,还有许多财务比率,财务分析的质量并不一定随着比率数量的增加而提高,但熟悉这些比率是很有帮助的。对于那些希望进一步探索这一领域的人来说,有许多专业书籍可供参考,其中包括 Bernstein, Leopold and Wild (1998)和 White, Sondhi and

Fried (1997)。[1] 在本章中,我们重点讨论销售产品的公司的财务比率。对于服务公司和商业银行,信用分析师使用不同的比率来讲述同一个故事——公司的盈利能力、运营效率、流动性和偿付能力的综合情况。我们将有很多机会为那些不从事产品制造或商品销售的实体使用各种比率。在第 5 章,我们为一家客运航空公司进行了信用分析。第 6 章分析的是一个商业房地产的借款方。在第 7 章,我们转向对商业银行的分析。

比率本身是无用的指标,但如果有正确的解释和对其局限性的理解,它们是解释公司当前财务业绩和预测财务业绩的有力工具。这是比率分析的首要目标,而不是仅仅传播财务报表,并根据一些公式机械地计算出比率。因此,这实际上归结为信用分析员的工作方式。Fridson and Alvarez(2011)对财务分析的这个方面进行了更全面的讨论。[2] 这里有一段话为本章的财务报表分析定下了基调:

> 财务报表分析是各种职业的基本技能,包括投资管理、公司财务、商业借贷和信贷发放。对于从事这些活动的个人,或在个人投资决策中分析财务数据的个人,有两种不同的方法来完成这项任务。
>
> 首先是遵循规定的程序,在方框内填写标准的财务比率,根据精确和不灵活的定义进行计算。要满足财务分析领域许多职位的正式要求,可能不需要更多的努力或精神付出。不过,纯粹的机械式操作并不会带来什么职业挑战。死记硬背地完成所有适当的标准分析步骤也不能确保甚至是无害的结果。然而,有些人将此类问题仅视为小缺点。
>
> 本书针对的是将采用第二种更有价值的方法的分析师,即不懈地追求被分析实体的准确财务状况。坚韧不拔的品质是必不可少的,因为财务报表掩盖的东西往往比揭示的东西更多。对于采用这种积极方法的分析师来说,制

---

[1] 参见:Bernstein, Leopold and Wild, John(1998). *Financial Statement Analysis*, *Theory*, *Application*, *and Interpretation*, 6th edition, Irwin McGraw-Hill; White, Gerald, Sondhi, Ashwinpaul, and Fried, Dov(1997). *The Analysis and Use of Financial Statements*, 2nd edition, John Wiley and Sons; Kimmel, Weygandt, Kieso, and Trenholm(2009). *Financial Accounting*, *Tools for Business and Decision Making*, 4th Canadian ed., John Wiley and Sons。

[2] Fridson, Martin, and Alvarez, Fernando(2011). *Financial Statement Analysis*, *A Practitioner's Guide*, 4th ed., John Wiley & Sons Inc. 在该书第一章,作者讨论了"持怀疑态度的重要性"。这一主题贯穿了该书的其余部分,该书是信用分析师和首次使用财务报表的人不可或缺的资源。该书探讨了近期一些最大的金融丑闻,如安然公司、世通公司和北电网络公司。

作一家公司的标准电子表格是一种手段,而不是目的。在投资者获悉一个不合时宜的股票购买建议是由软件包中最长的一排数字所支撑之后,他们得到的满足感并不多。真正有价值的分析始于所有常见问题都被回答之后。事实上,一个优秀的分析师通过提出甚至不在核对清单上的问题来增加价值。

以这些警句为背景,让我们回顾一下财务报表和一些基本的会计概念。

2.2　财务报表和报告:快速概览

财务报表是个人、一个家庭、一家企业或其他实体的财务活动和状况的记录。它可以是正式的或非正式的记录。贷方更喜欢经过独立第三方(通常是注册会计师或会计师事务所)审查或审计的正式记录。本节的目的不是关于准备财务报表,也不是关于会计本身。相反,其目的是让你熟悉财务报表的表述,以便你能够阅读和理解报表,并寻找对分析至关重要的项目。

信用分析师的财务报告有以下两大类型。我们的重点是企业借款方,所以我们将分析企业的财务报表。

个人借贷的财务报表

消费者信用分析和很大一部分商业信用分析是基于借款方和担保人的个人收入税申报表(如适用)。无论是自营职业还是为公司工作,法律都要求个人报告所有来源的国内和国际收入。个人被允许进行某些扣减,以得出净收入数字。自营职业者,像企业一样,报告所有的费用,以得出净收入或利润数字。贷方经常要求提供个人事务声明(PSOA)。

商业/公司借贷的财务报表

提交给信用分析师的典型商业贷款将包括以下这些财务报表:

- 过去三个财政年度的经审计的年度财务报表[1],当前(未经审计的财务

---

[1] 特许专业会计师提供三种类型的财务报表:(1)审计业务。它提供了最高等级的保证,即财务报表没有重大误报,并根据公认的会计原则(GAAP)公平展示。这种保证由在汇编数字时执行的测试程序所支撑。(2)审查业务。它只对公司的财务报表提供有限或合理的保证。(3)汇编业务。它们对公司的财务报表不提供任何保证。会计师只是将其汇编成符合公认会计原则的财务报表格式,而不进行任何测试。

报表,如最后一个季度)以及预估财务报表,这些是假设性的报表,如果某些事件发生,比如合并、收购或经济衰退,它们就会出现。它们是一种财务预测或映射——一套基于初始条件和假设的假设性结果。

- 用于商业房地产(CRE)信贷分析的租金券。
- CRE 现金流。
- 任何其他对完整分析借款方当前和预期财务状况所必需的财务记录。

2.2.1 企业的主要财务报表

一个公司的财务报表由四条记录组成:收入(或损益)表、资产负债表、现金流量表、股东权益表。

警惕对预估财务报表的滥用

信用分析师和投资者需要对虚假和误导性的预估财务报表保持警惕。2002年1月16日,美国证券交易委员会对特朗普酒店和赌场度假村提起了一项具有里程碑意义的诉讼。这是美国证券交易委员会的第一次执法行动,涉及滥用所谓的预估会计来误导股东。在1999年第三季度的新闻发布中,特朗普酒店和赌场排除了一项8 140万美元的一次性费用,但包括1 700万美元的一次性收益。该机构指责特朗普酒店利用"欺诈性"报告来"吹捧所谓的积极成果"。美国证券交易委员会认为,特朗普酒店集团违反了《交易法》第10(b)条反欺诈条款和第10b-5条规定,该规定禁止使用任何"欺诈的手段、计划或诡计"。特朗普酒店和赌场同意美国证券交易委员会的停止令,承认其调查结果,但既不接受也不否认。(见 https://www.sec.gov/litigation/admin/34-45287.htm; report by Steve Lohr. "Trump Hotels Settles Case Accusing It of Misleading Investors", *The New York Times*, January 17, 2002。)

巨额利润和回报可能具有欺骗性

根据权责发生制会计,利润几乎不等于现金流。一个公司可以显示巨大的利润,而现金流却是负数。例如,高利润的房地产公司发现它们不能为自己的债务再融资,因为市场预期租金和现金流会下降。

本书中，我们从贷方而不是股权投资者的角度来处理财务报表。在信用分析中，财务报表分析的首要目的是很好地确定对象的信用价值。在进行实际的比率计算之前，我们先检查一下这四份报表，以了解每份报表所报告的内容、信用分析师在传播财务报表时应注意的一些特征，以及这些报表是如何相互关联的。信用分析师可以自由地定义他或她自己的衡量标准，以获得最可靠的财务业绩的衡量标准。因此，分析师主要关注的是信息价值或内容，而不是一个指标是否符合会计原则本身。

2.2.2 损益表和综合收入表

综合收入包括净收入和未实现的收入，如衍生金融工具的未实现的收益或损失，以及在会计期间导致股东权益变化的外汇交易收益或损失。利润表报告了一个公司的整体业绩，这些业绩来自经营活动和常规活动，以及某些收益和损失，如处置非流动资产或长期资产(如财产、厂房和设备以及无形资产)所实现的收益。《国际财务报告准则》(IFRS)要求编制和报告另一份收益表，称为综合收益表。[1] 该报表包括用于套期保值的衍生品的未实现收益或损失、养老金和退休后负债的未实现收益或损失，以及外币兑换调整。上市交易的公司可以在一份单独的报表中报告综合收入(就像大多数公司那样)，或者将其与损益表合并。常规的经营业绩是由企业在中心业务中生产和交付产品(定义为商品和服务)所产生的收入和支出来衡量的。说得更清楚点，风险分析师不是通过机械地从电子表格中得出比率来增加价值，而是通过确保这些变量衡量它们应该衡量的东西，至少不会产生误导。正如我们之前指出的，非经常性交易可以掩盖公司的真实盈利能力。

损益表以应计制会计为基础报告收入和支出，这意味着公司在收入和支出发生时进行记录，而不考虑现金何时易手。赚取收入时的记录往往不同于收到现金时的记录，而费用发生或到期时的记录也往往不同于支付现金时的记录。

---

[1] 《国际财务报告准则》(IFRS)是指使公司账目在国际范围内可以理解和比较的报告规则，由国际会计准则委员会(IASC)的国际会计准则理事会(IASB)颁布。IASC无权要求国际社会遵守，但包括澳大利亚、巴西、加拿大和欧盟在内的许多国家和地区已经采用了该会计准则。在这些地区公开交易的公司的财务报表是按照国际会计准则编制的。美国财务会计准则委员会(FASB)制定并传达财务会计和报告的标准，被称为公认的会计原则(GAAP)。美国还没有采用国际财务报告准则，但美国财务会计准则委员会也要求报告全面收益。

因此,底线利润/亏损将很少与业务的现金流入/流出相匹配。另一个需要注意的要点是,利润和盈利能力的衡量标准对非常规和非经常性项目、会计方法的选择、基本假设(例如,设备的估计使用寿命)和其他因素都很敏感。正如我们前面所说,信用分析师需要特别注意那些试图误导投资者和贷方的预估财务新闻发布。

2.2.3 资产负债表

资产负债表又称财务状况表,它报告了资产(公司拥有和控制的资源)、负债(对资产的外部债权)和股东权益(所有者的资本贡献和内部产生的资本来源)。资产负债表呈现了一家公司的财务状况或财政年度特定时期结束时的快照,如2015年10月31日和2015年12月31日。下面的会计方程式或特征构成了财务报告中记录所有交易的基础。

$$资产(A) = 负债(L) + 所有者股权(E)$$

资产负债表必须始终保持平衡,这一点很重要,因为虽然看起来很简单,但它意味着 A 的变化伴随着 L、E 或两者的变化,或者 L 的变化伴随着 A 或 E 的变化,使双方达到平衡。公司每季度、每半年和每年发布一次财务报表。它们还在其新闻稿中发布预估财务报表。

资产是一个公司拥有的东西。它们是公司通过交易获得的资源,如厂房和设备、库存、应收账款、证券和贷款。这些资产产生收入和现金流。会计传统是按照流动性的递减顺序列出资产(从现金开始),并将它们归类为流动或非流动资产。流动资产预计将在资产负债表日期的一年内被出售并转化为现金;否则,它就是一种长期资产,如无形资产(专利、版权、商誉),以及各行业(银行、航空旅行、娱乐、零售、酒店和制造业等)类型不同的固定资产。流动资产是计算流动性强度的重要项目。库存和应收账款等流动资产的账面价值往往具有误导性,因为公司没有完全确认减值;否则,减记会减少账面金额和股东权益。抵销资产是指有贷方余额的资产账户,如贷款损失准备金,这一点我们将在第7章和第11章讨论。根据定义,逆向资产账户与资产账户的通常借方余额相反。

未对减值资产进行调整，意味着：

1. 资产的账面价值被夸大（公司甚至可能破产）。
2. 债务/权益较低，而本来应该更高。
3. 报告利润和报告亏损之间的差异。在损益表中，减记是一种损失。

负债是公司对债权方所欠的东西。债务和股东权益是公司资产的资金来源。非金融企业的负债通常是应付账款、应付工资、应付税款和银行贷款，仅举几例。对于银行来说，负债是客户的存款和为贷款提供资金的批量借款。负债账户通常会有贷方余额，但像应付债券贴现这样的负债账户除外。负债账户不像逆向资产账户那样经常使用。出于信用分析的目的，并非所有的负债或债务都是债务。债务是一种特殊类型的负债，有偿还计划、固定的利息流、强制性的本金支付。有资金的债务基本上是有息负债。分析师要尽可能准确地确定和估算公司所欠的有息债务的总额。因此，从关注准确测量杠杆率的信用分析师的角度来看，披露先于会计分类。分析师可以自由地定义债务，以便为分析目的获得一个可靠的措施。

当一家公司冲销商誉时会发生什么？

尽管冲销是一项非现金交易，不会影响现金流和流动性，但它会减少股东权益，这可能触发贷款协议中的契约。在许多公司的资产负债表中，商誉可能是重要的。通用电气在2018年下半年减记了221亿美元。商誉占该公司资产负债表的四分之一以上。

与债务相比，股权没有偿还时间表，没有到期日，也没有强制性支付。股东权益经常与现金相混淆。因此，"ABC公司可以从股东权益中提取现金来支付其账单"的说法是不正确的。要注意两点：一是股东权益是在资产负债表的负债方，而现金是在资产方；二是股东权益是所有者对公司资产的索赔，这意味着（收购资产）的钱已经花完了。

那么，作为一个信用分析师，你在资产负债表中寻找什么？让我们回顾一下一些总体原则。首先，贷方想知道借钱给借款方是否安全、放贷金额，以及适用的利率和条款。因此，贷方评估资产负债表的整体情况。一种有用的思维方式是在两个时间范围内对借款方进行衡量：短期和长期。在资产方面,放贷方寻找强大的流动资产(现金、现金等价物和流动资产)来支持借款方履行短期义务的能力。就长期而言,贷方希望了解公司的资产周转率,以及公司是否能通过其运营有效地产生现金。在负债方面,贷方感兴趣的是借款方的总负债和对其财务杠杆的准确解读。因此,资产负债表外的债务必须加入资产负债表内的债务中。财务杠杆是相对于借款方的资本或权益来衡量的。贷方也对股东权益或账面价值感兴趣。

2.2.4　现金流量表

现金流量表(CFS)是公司财务报告的一个强制性部分。现金流量表报告了在三类活动期间产生和使用的现金:

(1) 经营活动。经营活动的现金流(CFO)将利润表中的项目从应计制转换为现金制;也就是说,利润表中的交易并非都是现金交易。CFO 对各种非现金项目进行调整,如折旧。

(2) 投资活动。来自投资的现金流(CFI)报告了长期资产的购置和处置,如财产、厂房和设备。

(3) 融资活动。融资的现金流(CFF)报告了公司自身债券和普通股的发行和购买、长期债务的偿还,以及股息的支付。

这三个余额的总和是某一时期由于 CFO、CFI 和 CFF 导致的现金流净变化。在任何特定时期,总数字可以是正数(净流入)或负数(净流出)。

从信用分析师的角度来看,现金流量表(CFS)有四个主要目的。第一,它是对损益表和资产负债表的补充,特别是在其他两个报表价值有限的情况下。现金可用于偿还债务,所以了解现金流入和流出对评估信用风险至关重要。第二,当人们观察到利润始终比财务总监高得多时,就会竖起红旗,这表明该公司在将利润转化为现金方面效率不高。第三,CFS 有助于确定一个公司在行业生命周期中的位置。初创期或刚起步的公司利润很高,但它们需要大量的外部融资;成熟期的公司往往是现金流的净产生者(尽管利润较低),因为它们对投资的需求随着自筹资金的增加而减少;衰退期的公司由于 CFO 和 CFI 的恶化而成为净使用者。第四,CFS 被用来模拟借款方在合理的"假设"条件下达到某些特定目标的表现。在第 5 章,我们提出了这样一个模型。

2.3　审计师的作用

审计师是一名注册会计师,负责确保公司的财务报表符合该国公认的会计原则(GAAP)或符合国际会计财务标准。方框 2.1 是安达信会计师事务所(Arthur Anderson LLP)的独立审计报告的一个例子。[1] 审计师按照美国普遍接受的标准进行审计。这些标准要求审计师执行某些程序,这取决于审计师对风险的实质性的判断,无论是由于欺诈还是错误。重要的是,这意味着尽管管理层编写了报告,但审计师进行了独立审查。审计师检查公司与编制财务报表有关的内部控制,并评估所使用的会计政策是否恰当,以及管理层所做的会计估算是否合理。经审计的财务状况附有审计师的意见。

年度报告中的报告部分通常不会引起公众的注意,因为它读起来像一个模板(见方框 2.1)。但是,事实上,这段文字包含了审计师的重要声明和保证。如果你是安然公司、全球通公司、泰科国际公司、世通公司和北电网络公司的股东,这些公司都被认定长期欺诈股东,那么审计师的声明应该让你暂停。[2] 这些欺诈行为已经持续了多年而未被发现。2001 年 12 月 2 日,当安然公司申请破产时,它的资产有 634 亿美元。2002 年 7 月 19 日,当世通公司申请破产时,它拥有的 1 070 亿美元的资产使安然公司相形见绌。这些公司的资产比许多国家的国内生产总值的总和还要大很多倍,这让你知道股东和贷方所承担的损失大到难以想象。

方框 2.1　安达信会计师事务所的声明摘录

- "致安然公司的股东和董事会。"
- "我们已经审查了管理层的陈述,安然公司(俄勒冈州的一家公司)及

---

〔1〕 安达信会计师事务所(Arthur Andersen LLP)是审计安然公司的公共会计师事务所。该公司于 1913 年由 Arthur E. Andersen 共同创立,名为 Andersen, DeLany & Co.,现已不复存在。2002 年 6 月 15 日,安达信被认定在安然丑闻中妨碍司法(粉碎证据),并失去了从事公共会计的执照。

〔2〕 这种数据可以从各种商业服务公司获得,来源包括风险管理协会(RMA)。银行使用 RMA 年度报告研究作为评估申请融资的企业的标准来源。另一个来源是在网上查阅邓白氏的《关键商业比率》的基准数据。第三个来源是 Wolters Kluwer 的《商业和工业财务比率年鉴》,涉及整个北美地区(加拿大、美国和墨西哥)199 个行业。

其子公司截至1999年、1998年和1997年12月31日的内部控制制度足以为财务报表的可靠性和保护资产不被未经授权的获取、使用或处置提供合理保证,这些在随附的《管理层对财务报告的责任》报告中都列出了。管理层负责维持有效的内部控制,以保证财务报表的可靠性……我们的责任是对管理层的陈述发表意见。"

- "我们的检查是按照美国注册会计师协会制定的核证标准进行的,因此,我们的检查包括获取和了解内部控制制度、测试和评估内部控制制度的设计和运行的有效性,以及我们认为在这种情况下必要的其他程序。我们相信,我们的检查为我们的意见提供了一个合理的依据。"

- "我们认为,管理层的陈述'安然公司(俄勒冈州的一家公司)及其子公司在1999年、1998年和1997年12月31日的内部控制制度足以为财务报表提供可靠性和保护资产……',在所有的重大事项上都是依据现行的控制标准。"

- "我们审计了所附的截至1999年、1998年和1997年12月31日的安然公司(俄勒冈州的一家公司)及其子公司的合并资产负债表,以及相关的合并收益表、合并收入、现金流和股东权益变化表,包括1999年12月31日之前三年期间的每一个年份。这些财务报表是安然公司管理层的责任。我们的责任是根据我们的审计对这些财务报表发表意见。"

- "我们按照美国公认的审计标准进行审计。这些标准要求我们计划和实施审计,以合理判断财务报表是否不存在重大错报。审计工作包括在测试的基础上检查支撑财务报表中的金额和披露的证据。此外,还包括评估管理层使用的会计原则和作出的重大估算,以及评价整体财务报表的编制。我们相信,我们的审计工作为我们的意见提供了合理的依据。"

- "我们认为,上述财务报表在所有重大事项上公正地反映了安然公司及其子公司在1999年和1998年12月31日的财务状况,以及在截至1999年12月31日的三年中公司每年的运营结果、现金流量和股东权益的变化,这一切均符合美国普遍接受的会计原则。"

资料来源:Enron Annual Report, 1999。

2.4 比率和财务分析

2.4.1 一些初步的警示说明

财务比率是一种有用的标准化,它们能够对任何特定时期或许多时期不同规模的公司进行比较分析。在一份普通规模的公司的财务报表中,细项可以表示为一个共同的基数或比例系数的百分比,这样百分比加起来就是100%。例如,资产负债表的组成部分显示为总资产的百分比;利润表的组成部分显示为总销售额的百分比(见表2.1);而现金流细项则表示为一个总现金流百分比(或运营现金流的组成部分的总运营现金流)。为了获得有意义的比较,信用分析师需要了解关于使用普通规模公司的财务报表和其他比率进行公司间比较的几个要点。

表2.1 Loblaw有限公司收益表和共同比利润表　　　　　单位:百万美元

	2010年	2011年	2012年	2013年	2014年	2015年
收入	30 836	31 250	31 604	32 371	42 611	45 394
售出商品库存的成本	23 534	23 894	24 185	24 701	32 063	32 846
毛利率	7 302	7 356	7 419	7 670	10 548	12 548
其他运营费用						
SG&A费用	5 154	5 088	5 309	5 369	8 258	8 741
租金支出[a]	173	185	137	156	156	614
折旧及摊销(D&A)[b]	628	699	777	824	1 472	1 592
业务收入	1 347	1 384	1 196	1 321	662	1 601
利息支出[a]	452	442	437	516	625	674
利息收入[a]	−99	−115	−106	−48	−41	−30
所得税前收益	994	1 057	865	853	78	957
所得税	319	288	215	226	25	334
净收益	675	769	650	627	53	623

续表

	2010年	2011年	2012年	2013年	2014年	2015年
占收入的百分比(%)						
收入	100	100	100	100	100	100
售出商品库存的成本	76.3	76.5	76.5	76.3	75.2	72.4
毛利率	23.7	23.5	23.5	23.7	24.8	27.6
其他运营费用	0.0	0.0	0.0	0.0	0.0	0.0
SG&A费用(不包括D&A)	16.7	16.3	16.8	16.6	19.4	19.3
租金支出	0.6	0.6	0.4	0.5	0.4	1.4
折旧及摊销(D&A)	2	2.2	2.5	2.5	3.5	3.5
业务收入	4.4	4.4	3.8	4.1	1.6	3.5
利息支出[a]	1.5	1.4	1.4	1.6	1.5	1.5
利息收入和其他融资费用(净额)	−0.3	−0.4	−0.3	−0.1	−0.1	−0.1
所得税前收益	3.2	3.4	2.7	2.6	0.2	2.1
所得税	1.0	0.9	0.7	0.7	0.1	0.7
净收益	2.2	2.5	2.1	1.9	0.1	1.4

注：[a]数字来自收益表附注；[b]数字来自现金流量表。
截至最接近12月31日的星期六为财政年度。
资料来源：Loblaw年度报告。

2.4.2 会计系统和方法

信用分析师应该在流转财务报表之前确定该公司使用的会计系统,如美国公认会计原则或国际会计准则,因为存在重大差异。在给定的系统中,许可的会计方法的选择直接影响到财务报表的细项价值,从而影响到由这些细项得出的比率。在使用不同会计方法的公司之间,或者一个公司在采用新的会计方法时,比率是不可比较的。

2.4.3 基准和比率比较分析

除非知道公司相对于其行业的表现如何,否则公司的比率本身提供的洞察力有限。当一个公司的产品线没有跨越一系列的行业时,这种比较很有效。基准化对于评估一个公司的表现是必要的,它表明了以下信息:一个公司是否积累了太多的债务?是否有足够的现金来偿还债务?或者是否没有足够快地收回应收款项?与基准的巨大偏差可能是不诚实的财务报告的一条线索。例如,一个有意识地不积极注销逾期账款的公司的财务报表会显示,其销售与应收账款的比率低于行业平均水平。但是,通过将无法收回的应收账款保留在账面上,而不是计提损失并将其注销,企业看起来是盈利的,资产负债表看起来是健康的。

虽然作为一般的做法,推荐使用基准化,但如果某个行业正在衰退或该行业的大公司经营不善,那么它作为比较分析的工具就没有价值。基准化还有其他局限性。对于一个产品线横跨多个行业的公司来说,找到合适的行业平均水平可能是个问题。最后,基准化是针对特定行业的,因此,使用行业平均值在不同行业的公司之间进行比较是没有用的。

比较分析的另一个工具是同行分组,它可以对规模和业务范围相似的公司进行更仔细的分析。例如,在评估利润率和效率方面,超市领域的公司与飞机制造领域的公司相比,利润率低、营业额高。与基准化一样,建立一个同质化的公司群体是一项挑战,因为样本量随着异质性的增加而减少。与一两家公司的比较不会像与 20 家或更多公司的比较那样具有信息量。

2.4.4 负账面价值:表象可以玩花招

需要特别注意的是,要解释从细项得出的负比率和绝对数字。

[例 1] 会计意义上的负资产并不等同于无力偿还或破产

股票回购可以减少股东的权益。如果 ABC 公司从公开市场上以每股 10 美元的价格回购 100 股股票,它将在现金账户中贷记 1 000 美元,并在国库券账户中借记 1 000 美元。因此,股票回购减少了股东的权益总额。例如,Domino's Pizza 在 2011 年开始回购股票,近年来股东权益的账面价值和股权回报率(ROE)变成了负数。然而,这些负数并不是破产的标志,因为该公司是盈利的,而且股票回购的资金来自经营产生的现金。

[例 2] 净收入和股东权益均为负导致正的股权回报率(ROE)

与例 1 相比,XYZ 公司报告的净收入为负数,股东权益为负数。该比率的正值具有误导性。此外,如果股权回报率的数字是由计算机生成的,在这种情况下,信用分析师会被正值误导。

[例3] 股票回购——改善业绩指标的案例

在股票回购中,公司借记现金,从而减少了公司的现金持有量,并因此减少了总资产,减少的金额为所花费的现金。回购同时会使负债方的股东权益减少相同的数额。因此,资产回报率(ROA)和股权回报率等业绩指标在股票回购后通常会得到改善。

2.5 比率的种类

对于信用分析,我们将讨论四组比率:盈利能力、资产利用和效率、流动性、债务和偿债能力。

需要记住的一点是,比率的分组有些随意,因为财务比率是相互关联的,因此不是独立的类别。举几个例子就够了。例如,资产利用率和效率与盈利能力是重叠的。一个有效利用其资产的公司比一个不能充分利用其资源的公司更有可能获得更多的利润。生产效率意味着公司以一定数量的投入,以尽可能低的平均成本生产最大数量的产品和服务。因此,效率与盈利能力是重叠的。同样,流动性与效率也是重叠的。一个公司将库存转化为销售,将销售转化为现金的能力决定了现金流。流动性和偿付能力是相辅相成的。

有许多财务比率,但信用分析师只需看少数几个,因为许多比率是多余的,或者它们具有高相关性和高线性度。因此,信息价值并不一定随着所采用的比率的数量而增加。[1] 本章的重点是一组比率,随着时间的推移,这些比率已被证明是相当可靠的信用指标和预测因素。[2] 尽管一小部分比率适用于大多数行业,但信用分析师通常会用比通用比率更能衡量行业特征的指标来替代或补充它们。完美的例子是银行业、农业、商业房地产和能源。我们将在第6章和第

---

[1] 广泛使用的变量减少技术是主成分分析和因子分析。这些程序从较大的多变量数据集中分割出较少的指标。其结果是一个子集,其比率相互之间的相关性为零,但与被排除的比率有很强的相关性。零或低相关性确保实现最大的信息或解释能力。强相关性确保子集的比率能够捕捉到被排除的比率中的信息。伯恩斯坦和威尔德在封面列出了48个财务比率,而White, Sondhi, and Fried 在第192页列出的财务比率多达100个。

[2] Sathye, M. V. James, and B. Raymond (2013). *Credit Analysis and Lending Management*, 3rd Edition, Tilde University Press. 参考第二章,第81页。作者列出了贷款经理认为重要的10个比率。

7章看到这方面的例子,这两章的重点是对商业房地产和银行业的交易方进行信用评估。

最后要说明的是,分析师必须经常调整各种指标,以提高其准确性,并在不同时期和不同公司之间保持一致性。例如,如果你正在衡量一家公司的核心业务的盈利能力,你将排除来自终止业务的一次性收益和出售资产的收益。在计算总债务时,通常有必要将资产负债表外的债务加回来,以便更准确地了解杠杆率和偿债能力。

纯粹为了说明问题,我们使用 Loblaw 有限公司公开的年度报告中的历史财务信息,该公司是一家在多伦多证券交易所(TSE)上市的加拿大公司。该公司的子公司包括 Loblaws Inc.、Shoppers Drug Mart Inc.、Choice Properties Limited Partnership、Choice Properties Real Estate Investment Trust 和 President's Choice Bank。公司通过其子公司销售与食品、普通商品、药品、健康和美容以及服装有关的产品和服务。公司通过三个部分运营:零售、金融服务和选择地产。折扣超市业务在零售部分中占主导地位,近年来占合并收入的近98%。

我们开始讨论时,只使用资产负债表和合并财务报表中报告的细项。我们在随后的章节中考虑资产负债表以外(OBS)的项目,特别是资产负债表以外(OBS)的债务。我们提出了将这些债务资本化的方法,以获得对总债务的准确描述。

2.5.1 利润和盈利能力

利润是以绝对货币单位来衡量的,而盈利能力是以比率来衡量的。企业追求许多战略或目标,如最大限度地提高利润、增加市场份额、行业领导地位,或通过兼并和收购在其他业务领域增长和多样化。盈利能力比率衡量管理层有效利用资源以实现利润最大化的能力。[1] 有许多方法来衡量盈利能力。会计系统

---

[1] 赫伯特·A. 西蒙(Herbert A. Simon)将"满足"和"足够"结合起来,创造了"满意度"一词,以解释决策者在有限信息下的行为。在这种情况下,他认为一个最佳的解决方案是不确定的。他把他的企业满意度理论称为有界理性,与支撑经典理论的无界理性形成对比,后者假设企业确切地知道其需求和成本函数,因此可以实现利润最大化。赫伯特·西蒙于1978年获得诺贝尔经济学奖,"以表彰他对经济组织内决策过程的开创性研究"。

和方法的不同导致了盈利能力比率的扩散。

销售或收入数字的可靠性是至关重要的,信用分析员需要注意积极的收入确认,这将导致欺诈和不道德的报告。后者的一个例子是,在会计期(季度或年度)结束时,为了将公司描绘得更有利而进行的橱窗装饰。利润表提供了许多美化的机会。例如,通过提前发货的折扣,将未来时期的销售加速到当前时期,从而节省运输成本,并吸引买家进行当前的购买。当期的销售将看起来很强劲,所以盈利能力比率和偿付能力比率也将使用收入指标作为分子。

有了这些限定的评论,让我们看看四个常用的利润能力比率:毛利润率、经营利润率、税前利润率、净收入利润率。

毛利润率

毛利润率是一个关键的业绩衡量标准,因为所有其他成本都必须从毛利中收回,而任何赚取的收入都是剩余部分。毛利润率的衡量标准是销售额减去已售货品成本,或成本或销售额,再除以收入或销售额:

$$\text{毛利润率} = \frac{\text{销售额} - \text{销售成本}}{\text{总收入}}$$

将这一定义应用于 Loblaw 的收益表(见表 2.1),2015 年的毛利润率为 27.6%,即:

$$\text{毛利润率}_{2015} = \frac{45\,394 - 32\,846}{45\,394} = 27.6\%。$$

[分析] 毛利润率代表公司每一美元收入中作为毛利保留的部分。27.6%意味着每一美元的销售额中,有近 28 美分的毛收入用于支付营业和非营业费用。

经营利润率

经营利润率的计算公式是:

$$\text{经营利润率} = \frac{\text{营业收入}}{\text{总收入}}$$

这个指标不包括利息支出(融资)、来自关联公司和资产销售(投资)的收入以及税收的影响。根据公认会计原则(GAAP),营业收入被认为是一个正式的财务指标。它来自核心业务的收入,不包括来自关联公司和资产销售的收入、融资和税收状况的影响。衡量营业收入的标准是息税前利润(EBIT),它来自从最高销售额或总收入中减去营业成本和费用——已售货品成本、营业费用、折旧和摊销之和;也可以使用净销售额的数字。

营业收入＝销售额－（已售货品成本＋其他营业费用）

营业费用大致包括销售成本和SG&A(销售、一般和管理费用)。SG&A费用包括租金费用,以及折旧(有形资产)和摊销(无形资产)。与公司的核心业务无关的项目不包括在内。

将这一定义应用于Loblaw有限公司的收益表(见表2.1),2015年的经营利润率为3.5%,即:

$$经营利润率_{2015} = \frac{45\,394 - 32\,846 - 10\,947}{45\,394} = 3.5\%。$$

[分析] 解释经营利润率的变化需要研究基本因素,并了解因素变化的原因。经营利润率表明公司如何支持其业务。财务实力的一个良好指标是,公司从其业务中赚取足够的钱来支持业务。2015年的3.5%意味着对于每一美元的营业收入,在支付了营业费用后还剩下近4美分,用于支付非营业费用,如利息。较高的经营利润率显然比较低的比率更有利,因为它意味着公司从其核心业务中产生足够的现金来支付可变和固定成本。我们注意到,在零售杂货和食品行业,低利润率是普遍现象。[1] 从全球来看,3.5%似乎是平均表现。

息税折旧/摊销前利润率

EBITDA有很多弱点,或者,有些人可能会说是滥用[2];然而,像许多财务比率一样,如果使用得当,EBITDA可提供有用的信息。在信用分析中,它被广泛用于代表经营活动所产生的现金流,因为折旧和摊销是从收入中扣除的非现金支出。它是比较具有不同折旧政策的公司的一个有用指标。其他优点包括:它是一个独立于利息支出和税收的利润率,类似于EBIT(或经营利润率),因此它是一个衡量偿债能力的有用指标。EBITDA是基于营业收入和必要的日常经营费用,因此,不受资本投资和融资的现金流的干扰。它的计算方法很简单。但

---

[1] 见纽约大学斯特恩商学院Aswath Damodaran编制的在线数据,按行业领域划分的营业利润和净利润。数据最后更新的时间为2017年1月5日。http://people.stern.nyu.edu/adamodar/New_Home_Page/datacurrent.html。另见《CSI市场》的杂货店行业盈利能力,http://csimarket.com。

[2] 见Ganguin, B., J. Bilardello (2005),第99页,作者研究了使用EBITDA的优点和缺点;以及Martin Fridson & Fernando Alvarez (2011),第八章。

同样的优点也是它的弱点。例如，EBITDA 不考虑资本支出的变化，在营运资金需求（库存和应收账款）快速增长的时期，它可能夸大现金流。EBITDA 是在 EBIT 上加上折旧和摊销得出的；或者说，它是税前净收入、利息支出、折旧和摊销的总和。EBITDA 利润率定义如下：

$$\text{EBITDA 利润率} = \frac{\text{EBITDA}}{\text{总收入}}$$

$$\text{EBITDA} = \text{净收入} + \text{利息支出} + \text{税} + \text{折旧／摊销}$$

将这些定义应用于 Loblaw 有限公司的损益表，可计算出：

$$\text{EBITDA}_{2015} = 623 + 674 + 334 + 1\,593 = 3\,223;$$

$$\text{息税前利润率} = \frac{3\,223}{45\,394} = 7.1\%。$$

[分析] EBITDA 利润率显示，每赚取一美元的销售额，就有近 7 美分的现金利润可用于支付税收和利息。因此，这一比率的解释类似于经营利润率。

净利润／收入利润率

总的利润率是扣除所有费用后得出，其出现在利润表的底部。净利润率显示了一家公司在将销售额转化为可供股东使用的利润方面的能力。该比率定义为：

$$\text{净利润率} = \frac{\text{净收入}}{\text{总收入}}$$

将这一定义应用于 Loblaw 有限公司的利润表，2015 年的经营利润率为 1.4%，即：

$$\text{净利润率}_{2015} = \frac{623}{45\,394} = 1.4\%。$$

[分析] 1.4% 表明，每一美元的销售额，在支付所有费用后，有 1.4 美分可供股东使用。我们注意到，这样低的数字与杂货和食品零售业公司的平均表现是一致的。[1] 解释净利润率的变化需要研究基本因素并了解因素变化的原因。

---

[1] 参见 Aswath Damodaran, op. cit.。截至 2017 年 1 月，该行业 163 家全球企业的平均水平为 1.92%。来自《CSI 市场》的数据显示，2016 年美国企业的平均净利润率为 2.35%，2015 年为 2.13%。

注意事项

自由裁量项目可以在衡量利润的方式上产生很大的差异。对于家族企业或紧密型企业来说,一小部分股东控制着公司的经营和管理政策,净收入数字可能是一个误导性的利润衡量标准,因为有各种自行决定的开支。最大的开支是对在公司担任高级职务的家族成员的管理报酬。为了更准确地衡量这种形式的商业组织的利润,分析师们会加上补税、管理报酬和折旧,这是一项重要的非现金支出。

$$利润 = 税前净利润 + 管理报酬 + 折旧$$

2.5.2 投资回报率

投资回报率(ROI)衡量的是回报与投资金额之间的关系。投资金额被称为财务基础,包括股权和债务。投资回报率评估一个公司的盈利能力,是在税前或税后进行计算。

资产回报率(税前)

税前资产回报率(ROA)定义如下:

$$资产回报率 = \frac{EBIT}{\frac{期初总资产 + 期末总资产}{2}}$$

其中,EBIT(营业收入的衡量标准)在前面已经定义过。2015年计算出的比率为:

$$资产回报率_{2015} = \frac{957 + 674}{\frac{33\ 759 + 33\ 939}{2}} = 4.8\%$$

[分析] 对于每一美元的资产,Loblaw有限公司在2015年赚了近5美分。在杂货和食品零售业中,资产回报率通常较低,但Loblaw有限公司的4.8%的投资回报率与加拿大主要竞争对手麦德龙公司的13.8%相比,相形见绌。信用分析师寻找投资回报率变化的根本原因,它是由销售额与资产的比率乘以息税前利润与销售的比率组成。

$$投资回报率 = \frac{销售额}{资产} \times \frac{息税前利润}{销售额}$$

该分析需要深入探究这两个部分变化的原因。销售额与资产比率的变化(在第2.5.3节中讨论的效率或活动比率)是由于资产管理不善造成的,而由息税前利润与销售比率所反映的低利润率可能是由于成本管理和营销方面的缺陷造成的,或者只是服务和产品质量差。请注意,息税前利润／销售额比率是独立于公司的资本结构(因为它不包括利息支出)和税收状况(因为它不包括税收支出)来衡量盈利能力的。

股权回报率

股权回报率(ROE)衡量的是公司从其股东对公司的投资中获得收入的能力。股权回报率是一个税后的投资回报率的衡量标准,其定义如下:

$$股权回报率 = \frac{净收入}{\frac{期初总股权 + 期末总股权}{2}}$$

将此定义应用于Loblaw有限公司的利润表和资产负债表,2015年的股权回报率是4.8%,即:

$$股权回报率_{2015} = \frac{623}{\frac{12\ 787 + 13\ 164}{2}} = 4.8\%。$$

[分析] 股权回报率衡量Loblaw有限公司如何有效地利用股东的钱来赚取利润和发展公司。每一美元的普通股股东权益产生近5美分的回报。公司喜欢报告股权回报率,因为它们知道,投资者正在寻找盈利的公司。股权回报率也是一个综合比率:

$$股权回报率 = \frac{收入}{销售额} \times \frac{销售额}{资产} \times \frac{资产}{股权}$$

因此,要想更清楚地了解股权回报率的变化,需要研究Loblaw有限公司的盈利能力(收入与销售比率)、活动(销售与资产比率)及其偿付能力或杠杆作用(资产与股权比率)的变化。如果增加杠杆率产生的影响最大,那么上升的股权回报率可能是可持续业绩的一个误导性指标。

2.5.3 资产利用和效率

我们在前面说过,效率和盈利能力是相辅相成的。为了清楚起见,我们在非常有限的意义上使用效率一词,而不是在最广泛的意义上使用,因为它包含了一个商业过程中三种类型的效率:技术效率、分配效率和规模效率。我们在本章中提出的衡量标准并不包括 Charles Koopmans(1951)所提出的技术或帕累托型效率。[1] 我们将使用的效率比率有其他名称,如活动比率或周转率,因为它们表明一个公司如何最好地利用其资产来获得收入。我们可以通过计算一个公司将应收账款和库存转化为现金所需的时间来衡量一个公司对其资源的最佳利用。现金转换周期的一个完美例子是零售业。例如,好市多和沃尔玛都非常善于流转库存,因此能够大量销售低利润产品。如果销售有利可图,那么资产周转率越高,利润水平越高,股权回报率也就越高。在货架或零售空间有限的情况下,提高资产周转率可能是提高股权回报率的最佳方法。

在制造业和销售业领域的公司的两个重要的效率比是:应收账款周转率和库存周转率。

对于提供服务而不是制造产品的企业,如客运航空公司,库存周转率仍然是贴切的,但必须用不同的定义来表达相同的意思。我们在第 6 章讨论了这一点,在该章我们分析了一个虚构的航空公司。

应收账款周转率

应收账款周转率衡量一个公司在一个时期内将其应收账款变成现金的次数。该指标显示了一个公司从客户那里收回其赊销的效率。如果时间是一年(365 天),应收账款周转率定义为:

$$应收账款周转率 = \frac{净赊销}{\frac{年初应收账款 + 年末应收账款}{2}}$$

$$应收账款天数 = \frac{365}{应收账款周转率}$$

我们使用赊销,因为现金销售不产生应收账款,但是,并不是所有的公司都会分别报告现金和赊销,通常只有总销售额或净销售额会在利润表中报告。在

---

[1] Koopmans, Tjalling C., ed. (1951). *Activity Analysis of Production and Allocation*, Wiley. Koopmans 的技术效率概念是指,当且仅当增加任何输出或减少任何输入只能通过减少其他一些输出或增加其他一些输入来实现时,一个输入—输出向量在技术上是有效的。

这种情况下,常规做法是使用总销售额或净销售额,这里隐含了一个假设,即所有的销售都是以信用方式进行的。如果这个假设是错误的,销售的很大一部分是现金,那么这个比率在任何特定的年份都是不太有用的。如果现金比例随着时间的推移趋于稳定,那么这个比率对于逐年比较仍然是有用的,因为现金部分的变化并不明显。

应收账款周转率还可以被定义为:

$$应收账款周转率 = \frac{平均应收账款}{总收入} \times 365$$

Loblaw 有限公司的利润表没有报告赊销,所以我们用总收入代替。将该定义应用于利润表和资产负债表,2015 年的应收账款周转率几乎为 36 次,即:

$$应收账款周转率_{2015} = \frac{45\ 394}{\frac{1\ 209 + 1\ 325}{2}} = 35.8(次);$$

$$应收账款周转率(天数)_{2015} = \frac{365}{35.8} = 10.2(天)。$$

[分析] 2015 年,Loblaw 有限公司一年收回应收账款 36 次,这意味着该公司每 10 天收回一次应收账款。人们可以把应收账款周转率解释为流动性比率,因为周转率越高,将应收账款转化为现金的时间就越短(记得我们说过比率类别重叠的问题)。

库存周转率(采用销售成本法)

库存周转率被定义为:

$$库存周转率 = \frac{已售货品成本}{\frac{年初库存 + 年末库存}{2}}$$

库存周转率是衡量一个公司控制其商品以避免过度持有库存的效率。公司通过采用及时库存的方法来实现成本效益——节省库存的利息成本。如果公司不通过经营性信用额度为其库存提供资金,它仍然会使公司在放弃的利息收入方面付出代价,这是一种机会成本。会计师使用销售成本作为分子,因为库存是按成本计算的,不是按销售价格或市场价格估价的,而销售价格通常比已售货品单位成本的利润加成要高。周转率指标显示了一个公司将其库存变成现金的容易程度。正如我们在应收账款周转率中所看到的那样,库存周转率也是衡量流动性的一个指标。对于好市多和沃尔玛这样的大型零售商来说,库存是资产负债表上流动资产的最大项目。例如,2014年和2015年,沃尔玛的库存在流动资产中的份额分别为73%和71%。持有无法出售的库存会耗费周转资金,这是很昂贵的。

将这一定义应用于Loblaw有限公司的资产负债表(见表2.2)和现金流量表(见表2.3),2015年的库存周转率几乎为8次,即:

$$库存周转率_{2015} = \frac{32\,846}{\frac{4\,309+4\,322}{2}} = 7.6(次)。$$

表2.2　Loblaw有限公司资产负债表　　　　　　　　　　单位:百万美元

	2011年	2012年	2013年	2014年	2015年
资产					
流动资产					
现金和现金等价物	966	1 079	2 260	999	1 018
短期投资	754	716	290	21	64
应收账款	467	456	618	1 209	1 325
库存	2 025	2 007	2 084	4 309	4 322
信用卡应收账款	2 101	2 305	2 538	2 630	2 790
预付费用和其他资产	117	74	75	214	265
待售资产	32	30	22	23	71
流动资产总额	6 462	6 667	7 887	9 405	9 855
固定资产	8 725	8 973	9 105	10 296	10 480
投资性房地产	82	100	99	185	160
商誉和无形资产	1 029	1 057	1 054	12 993	12 526
递延所得税资产	232	260	253	193	132
保证金	266	252	1 701	7	2
应收特许经营贷款	331	363	375	399	329

续 表

	2011年	2012年	2013年	2014年	2015年
其他资产	301	289	285	281	455
总资产	17 428	17 961	20 759	33 759	33 939
负债					
流动负债					
银行债务	0	0	0	162	143
贸易应付款和其他负债	3 677	3 720	3 797	4 774	5 106
拨款	35	78	66	84	127
应付所得税	14	21	37	34	82
短期债务	905	905	1 008	605	550
一年内到期的长期债务	87	672	605	420	998
联营企业利息	0	0	0	193	216
资本证券	0	0	0	225	0
流动负债总额	4 718	5 396	5 513	6 497	7 222
拨款	50	59	56	76	131
长期债务	5 493	4 997	6 672	11 042	10 013
信托单位负债	21	18	688	722	821
递延所得税负债	222	223	34	1 853	1 834
其他负债	917	851	778	782	754
其负债总额	11 421	11 544	13 741	20 972	20 775
股权					
优先股资本	0	0	0	0	221
普通股资本	1 540	1 567	1 642	7 857	7 851
留存收益	4 414	4 790	5 289	4 810	4 954
捐款盈余	48	55	87	104	102

续 表

	2011 年	2012 年	2013 年	2014 年	2015 年
累积的其他综合收入	5	5	0	8	23
归属于本公司股东的股权总额	6 007	6 417	7 018	12 779	13 151
非控制性利益	0	0	0	8	13
股权总额	6 007	6 417	7 018	12 787	13 164
负债和股权总额	17 428	17 961	20 759	33 759	33 939

注：截至最接近 12 月 31 日的星期六为财政年度。
资料来源：Loblaw 年度报告。

表 2.3　Loblaw 有限公司现金流量表　　单位：百万美元

	2011 年	2012 年	2013 年	2014 年	2015 年
经营活动					
净收益	769	650	627	53	623
调整内容					
所得税	288	215	226	25	334
净利息支出和其他融资费用	327	331	468	584	644
折旧和摊销	699	777	824	1 472	1 592
未来所得税	0	0	0	0	0
支付的所得税	−216	−232	−272	−293	−296
收到的所得税	60	52	49	29	7
股权远期合约的结算	−7	0	−16	0	0
交叉货币掉期的结算	0	0	94	0	0
信用卡应收账款的变化	−104	−204	0	−92	−160
非现金营运资本的变化	8	55	−224	−321	235

续　表

	2011年	2012年	2013年	2014年	2015年
固定资产及其他相关减值净额	5	19	−32	16	73
资产处置的(收益)损失	−18	−12	−1	3	−5
已售库存的公允价值增量确认	0	0	0	798	0
与库存计量和其他转换差异有关的费用	0	0	0	190	4
固定福利计划修订的收益	0	0	−51	0	0
其他	3	−14	32	105	28
经营活动现金流	1 814	1 637	1 724	2 569	3 079
投资活动					
固定资产购买	−987	−1 017	−865	−996	−1 008
无形资产添置	18	20	−12	−90	−233
收购Shoppers Drug Mart公司,扣除收购的现金	0	0	0	−6 619	0
最初合并特许权时承担的现金	0	0	0	0	33
短期投资的变化	0	0	451	269	−43
资产处置的收益	57	62	26	129	36
特许权投资和其他应收款项的变化	−18	−22	5	−25	0
商誉和无形资产增加	−14	−43	0	0	0
保证金变化	92	11	−1 444	1 694	5
对合资企业的投资	0	0	0	−6	0
其他	−4	0	0	−40	−28

续 表

	2011年	2012年	2013年	2014年	2015年
用于投资活动的现金流	−856	−989	−1 839	−5 684	−1 238
融资活动					
银行负债的变化	−10	0	0	−133	−19
短期债务的变化	370	0	−300	19	−55
长期债务					
已发行	287	111	2 770	5 865	1 186
已偿还	−909	−115	−871	−3 336	−1 783
赎回资本证券	0	0	0	0	−225
递延债务融资成本	0	0	−21	−28	0
信托单位发行(注30)	0	0	660	1	0
信托单位发行费用	0	0	−44	0	0
支付的利息	−380	−356	−370	−506	−491
支付的普通股和优先股股息	−193	−177	−259	−496	−416
普通股资本					
已发行	0	0	75	629	63
购买并持有的信托	21	22	−46	0	−63
购买并撤销	−39	−16	−73	−178	−280
发行优先股资本	0	0	0	0	221
非控制性权益的贡献	0	0	0	8	0
其他	0	0	0	0	23
融资活动(使用)的现金流	−853	−531	1 521	1 845	−1 839
外币汇率的变化对现金及现金等价物的影响	4	−4	8	9	17

续 表

	2011年	2012年	2013年	2014年	2015年
现金和现金等价物的变化	109	113	1 414	−1 261	19
现金及现金等价物（期初）	857	966	1 079	2 260	999
现金及现金等价物（期末）	966	1 079	2 493	999	1 018

资料来源：Loblaw年度报告。

$$库存周转率(天数)_{2015} = \frac{365}{7.6} = 48(天)。$$

[分析] 2015年，Loblaw有限公司的库存周转率接近8次，这意味着该公司花了48天的时间来出售全部库存。周转率越高，将库存转化为现金的时间就越短。对于低利润产品的零售商来说，对其盈利能力的一大贡献是快速转移库存或产品。不妨看看美国零售业巨头沃尔玛的例子。在2012—2015年间，它的库存周转率平均为8.2次，这意味着该公司花了45天时间来出售其全部库存，或完成一次周转。该行业的平均水平是11次或33天。

库存周转率（采用销售额或净销售额）

我们在前面说过，销售成本被用作分子，因为存货是按成本计算的。库存周转率的另一种衡量方法是用销售额作为分子。

$$库存周转率 = \frac{总收入}{\frac{期初库存 + 期末库存}{2}}$$

将这一定义应用于Loblaw有限公司的资产负债表（见表2.2）和现金流量表（见表2.3），库存周转率为10.5次，而2015年使用COGS为7.6次。

$$库存周转率_{2015} = \frac{总收入}{\frac{期初库存 + 期末库存}{2}}$$

[分析] 按照销售方法，库存在2015年周转了10.5次。从概念和准确性上来说，销售成本法是首选，因为销售包含比成本更高的加价，所以它给周转率带来了向上的偏差。使用销售成本法，2015年的周转率为10.5次。无论你决

定使用哪种方法进行趋势或公司间分析,都要保持一致,只对使用相同方法的库存周转率进行比较。

应付账款周转率

这个周转率指标适用于资产负债表的负债方,其定义如下:

$$应付账款周转率 = \frac{平均应付账款}{采购} \times 365$$

$$采购 = 调整后的COGS + (期末库存 - 期初库存)$$

采购通常不在财务报表中单独报告,所以对于商品公司来说,它是通过调整折旧和其他非现金项目的 COGS 来估计的,并将所得数字加到库存变化中。折旧费用通常包含在运营费用和销售成本中。折旧是包含在 COGS 中还是运营费用中,取决于被折旧的资产。如果资产直接用于生产库存,那么它将被计入COGS。如果折旧与用于 SG&A(销售、总务和行政)的固定资产有关,则该成本被列入运营费用。

Loblaw 有限公司的财务报表并没有将用于库存生产的固定资产和 SG&A 的折旧分开,而折旧被列入营业成本。根据报告的数字,2015 年的应付款周转率是近两个月。

$$应付账款周转率(天数)_{2015} = \frac{4\,940}{32\,846} \times 365 = 54.9(天)。$$

[分析] 这个数字意味着 Loblaw 有限公司平均每 55 天就向其供应商支付一次。营业额越高,公司偿还供应商的速度就越快。向供应商付款和收到付款之间的时间间隔对零售和批发公司来说至关重要,因为它代表了经营活动的一个重要的资金来源。周转率数字应该总是与该行业的基准相比较,以确定它是高还是低。在这个案例中,其比较对象是超市和杂货店。

后进先出与先进先出的比较

我们在前面说过,会计方法的选择影响着计算的结果。在评估库存周转率时,分析师必须了解企业采用哪种会计方法进行库存评估。美国 GAAP(公认的会计原则)允许两种方法:后进先出法(LIFO)和先进先出法(FIFO)。会计方法的变化会影响到年与年之间的比较。根据《国际财务报告准则》(IFRS),LIFO 被禁止,而 FIFO 或加权平均被允许。根据后进先出法,当价格上涨时,资产负债表上的库存数字会被低估,因为它是基于最古老的成本核算。由于少报了库存,计算出来的比率就夸大了周转率。

2.5.4 流动性

流动性和偿付能力意味着不同的事情。如果一个公司能够筹集足够的现金(通过借贷或出售资产)来支付当前的债务或合同付款,那么它就是有流动性的。如果一个公司的收入(从贴现现值的角度来看)超过了它的支出,那么它就是有偿付能力的。流动性是一个短期概念,指的是企业将资产转化为现金或为当前债务获得现金的能力。然而,流动资金也可以与偿付能力有关,一个不能履行其当前或短期债务的公司不会在更长时间内生存和盈利。

让我们看以下三个流动性指标:流动比率、酸性测试(速动)比率、运营活动产生的资金比率。

我们说过,财务比率的分组从某种意义上来看是人为的,而且,并不令人惊讶的是,人们确实发现库存周转率和应收账款周转率被列在流动性和活动措施之下。

流动比率

流动比率的计算方法是:

$$流动比率 = \frac{流动资产}{流动债务}$$

流动性的衡量标准是以绝对货币价值(以人民币、日元、卢比为单位)计算的流动资本,它是公司流动资产与流动负债之间的差额。负的流动资本意味着流动资产少于流动负债,公司必须借钱或出售非流动资产(这不是通常的做法),以偿还账单。然而,货币价值对于规模不同的公司的比较分析是没有意义的;相反,用到的是流动资产与流动负债的比率。1∶1的流动比率意味着公司的流动资产正好与流动负债相匹配,没有留下任何缓冲。因此,一个大于1∶1的比率是可取的。它保证后者不仅能在未来12个月内得到偿还,而且公司还有额外的流动资金。缓冲区越大,公司清算非现金流动资产甚至是产生收入的长期资产的风险就越低。如果流动比率低于1∶1,则表明公司在履行其短期债务方面可能存在问题。如果没有紧急现金的外部来源,如银行贷款或所有者的现金注入,公司可能被迫破产。

然而,高流动比率本身并不总是一个积极的指标,信用分析师需要看一下流动资产的构成。例如,一家公司的流动资产中可能有很高比例的库存和无法收回的应收账款。在这种情况下,信用分析师应该评估周转率,以便更好地评估流动比率的实际强度。然而,分析员遇到的一个问题是,财务报表没有提供关于资产和负债质量的信息。

高的流动比率和低的周转率可能预示着流动缓慢的库存和无法收回的应收账款。高流动比率可能是由于高比例的现金,它是一种非盈利性资产,在利息收入方面是一种机会成本。一家有效管理流动资本的公司将其持有现金的需求降到最低。持有现金是为了预防暂时的现金短缺。在正常的业务过程中,公司通过提取循环银行信贷额度来满足其流动资本需求。它允许公司提取一定数额的资金,一旦偿还了未偿还的金额,就可以再次借款。

利用表 2.3 中的信息,2015 年的流动比率计算为:

$$流动比率_{2015} = \frac{9\,855}{7\,222} = 1.4。$$

使用同样的定义,2011—2015 年间的 5 年趋势分别是 1.37、1.24、1.43、1.45 和 1.36。

[分析] 公司有足够的资产来支付未来 12 个月的所有短期负债,并且还有一点剩余作为缓冲。请注意,预付费用是流动资产的一部分,相对于其他资产,如现金、库存和应收账款,这个项目通常很小。大量的预付款项不一定是一个好兆头,因为这个数字可以通过增加递延费用和其他可疑的短期流动资金的形式而膨胀起来。需要进行尽职调查,以确定在财务报表的脚注中是否有足够的解释。

在存在季节性和周期性模式的情况下,需要对流动比率的变化进行仔细的解释。在经济衰退中,库存和应收账款累积,而公司正在设法支付其短期债务。这就导致了在经济衰退时比率的上扬。零售业的公司在夏季积累库存,为秋季和冬季的销售增长做准备。因此,流动比率在夏季会趋于上升。另一个时间效应与粉饰有关,它使期末的流动比率看起来不错。例如,一家公司使用现金来减少应付款。即使流动资产没有变化,流动比率也会提高。

使用流动比率是假设公司在流动资金紧张的情况下会出售其流动资产。事实上,这很少发生,因为公司需要一些最低水平的库存和应收账款来维持运营。另一种考虑是,在这样的销售中,公司可能不得不以折扣价出售其库存,因此,市场价格下的有效比率会更低。

酸性测试(速动)比率

一个更保守的流动性指标是酸性测试(速动)比率:

$$速动比率 = \frac{现金 + 现金等价物 + 有价证券 + ARs}{流动负债}$$

这个比率的分子使用90天内可转换为现金的速动资产。有价证券是在公开市场上进行交易和定价的。这类金融工具可以在任何交易日以已知的价格轻松出售。库存需要更长的时间来转换为现金,可实现的市场价值可能低于账面价值。("酸性测试"这个名字可以追溯到黄金矿工用酸来区分纯金和其他金属或合金的时代。纯金不会被腐蚀,因为它不会与酸反应。如果金属被腐蚀了,它就不能通过纯金的测试。)

利用资产负债表的信息,2015年的流动比率的计算方法是选择适当的明细项:

$$速动比率_{2015} = \frac{1\,018 + 64 + 1\,325}{7\,222} = 0.33。$$

[分析] 一般来说,酸性测试比率应该是1:1或更高,但是,不同的行业有很大的差异。与流动比率一样,比率越高,公司的流动资金就越多。但在食品零售业,低于1:1的比率是正常的。Loblaw有限公司的0.33与沃尔玛(美国)和Tesco PLC(英国)的比率处于同一范围。消费品行业的商业环境是相对稳定的,因为对消费品的需求对价格和可支配收入的变化基本上没有反应。而且,零售业的公司往往扩张缓慢,可以保持较低的酸性测试比率,而不至于暴露在流动性短缺中。使用速动比率的前提是,公司将出售其应收账款。前面提到的关于流动比率的观点也适用于这种情况。

经营活动产生的资金(FFO)

流动比率和速动比率是静态的,因为它们衡量的是某个时间点的流动性。一个不那么静态的衡量标准在分子中使用了经营性现金流,它是在一段时间内衡量的,因此包含了定义时间段内的变化。经营活动产生的资金是一个现金流指标,本质上是将应计制损益表的经营部分转换为以现金为基础的报表。

经营活动产生的资金＝净收入＋／－变化的营运资金＋非现金支出

该比率的分母是总固定债务,包括银行贷款、债券和金融/资本租赁等计息负债,以及经营性租赁等 OBS(资产负债表外)债务,其利息被计算在内。它被称为融资性债务,因为它是由明确的和推算的利息支付提供资金。对于信用风险评估来说,延期的债务不是一种负债,因为没有对该金额收取利息,所以被排除在固定债务的定义之外。资产负债表外(OBS)负债在脚注中报告,就 Loblaw 有限公司而言,在资产负债表外专门安排一块内容进行报告。现在,为了简化讨论和计算,我们忽略了资产负债表外的债务,我们将在本章后面再讨论这个问题。

使用表 2.3 和表 2.4 的数字,2015 年的运营资金(FFO)/总资金债务比率为:

$$\frac{经营活动产生的资金}{总固定债务_{2015}} = \frac{3\,079}{143＋550＋998＋10\,013} = 26.3\%。$$

表 2.4　使用财务杠杆的对称效应

投资者	股　权	借　款	投资成本	1 年后投资价值	股权回报
价格上涨 50%					
唐纳德	1 000 美元	0 美元	1 000 美元	1 500 美元	50%
苏珊	1 000 美元	2 000 美元	3 000 美元	4 500 美元	150%
价格下跌 50%					
唐纳德	1 000 美元	0 美元	1 000 美元	500 美元	－50%
苏珊	1 000 美元	2 000 美元	3 000 美元	1 500 美元	－150%

注:(1) 投资 100 棵圣诞树;(2) 每棵树的成本为 10 美元。

[分析]　这个比率可以在负值(对于停止经营的破产公司)和债务不多的公司的 75% 以上之间变化。因此,来自运营的资金可以覆盖总债务的 26.3%。比率高的借款方比比率低的借款方更容易偿还债务和产生更多债务。比率低于 15%～20% 的区间可被认为是弱的。

自由经营性现金流(FOCF)比率

自由经营性现金流/总债务比率是另一个有用的流动性衡量标准,通常用于分析有大量经常性资本支出(资本开支)需求的公司。我们将在第6章使用这一衡量标准来分析客运航空业的一家公司,该行业是高度资本密集型的。自由经营性现金流比率定义如下:

$$自由经营性现金流比率 = \frac{经营性现金流 - 资本支出 - 股息}{固定债务总额}$$

$$自由经营性现金流比率_{2015} = \frac{3\ 079 - 1\ 008 - 416}{11\ 704} = 14.1\%。$$

这是一个比来自运营的资金更保守的衡量标准,正如你所看到的,如果在定义中包括对不可取消的融资租赁付款和租金付款的扣除,它可以变得更加保守。

2.5.5 债务和偿付能力

一家公司通过股权融资和债务融资为其运营和长期增长提供资金。债务的形式是银行贷款和债券;股权的形式是普通股、优先股和留存收益。财务杠杆(或资本杠杆)是指使用借来的钱(债务)而不是自己积累的储蓄(股权)来获得资产(记住:资产产生收入或回报)。杠杆是债务和股权之间的关系。债务与股权比越高,投资者的杠杆率就越高。杠杆的概念来自物理学。杠杆,正如你从日常经验中知道的那样,是一种工具,为移动或举起重物提供机械杠杆。同样,使用债务提供了金融杠杆,只需用少量的钱就能获得超额回报。但是,杠杆也可以放大损失,就像我们将看到的那样。这个简单的例子说明了这两个观点。唐纳德用自己的钱买了100棵在农场栽培的松树,每棵10美元,期望一年后以更高的价格出售这些树。苏珊也有同样的投资,她动用了自己的1 000美元,但与唐纳德不同的是,她同时借2 000美元买了300棵树,每棵10美元。一年后的12月,这些树的价值增加了50%,它们在圣诞节被出售。

唐纳德的1 000美元实现了50%的回报,而苏珊以同样的投资获得了唐纳德的3倍的回报。借款或金融杠杆放大了成功。话又说回来,杠杆作用是双向的。如果12月份活的圣诞树供应过剩,价格下降50%,会怎么样?那么问题就变成了偿付能力的问题。苏珊不能偿还贷款,因为她的1 000美元的投资将损失150%。她将失去1 000美元的资本,并且需要500美元才能还清本金。这个例子表明,金融杠杆的好处也伴随着巨大的下行风险。相比之下,唐纳德设法持有他一半的投资。

如果一个公司的收入超过了支出,那么它就是有偿付能力的。偿付能力是指一个公司支付到期的利息和本金并偿还债务的能力。因此,一个有偿付能力的企业比一个难以支撑其融资或有息债务偿还的企业更有可能长期生存。我们讨论一些主要比率:

- 杠杆率:固定债务总额/资本;固定债务总额/EBITDA。
- 偿债率:EBITDA/利息+本金。
- 利息保障倍数:EBIT 或 EBITDA/利息。

显然,分析杠杆率的第一个要求是准确掌握固定债务的总量。

在资产负债表的负债页,列出了各种债务。债务术语有两种含义。从广义上讲,债务是指所有的负债。从狭义上讲,如在此应用到的债务指的是书面的融资协议,是可依法执行的合同。借款方有义务在某些固定时期支付利息和本金。债务工具可以采取传统的银行贷款(短期和长期)和债券的形式。在银行贷款中,债务方每期偿还本金和一定数额的利息;在债券中,借款方或发行方定期向持有人支付固定利息,并在债券到期时偿还本金。资产负债表报告了四个符合狭义定义的细项:银行债务、短期债务、一年内到期的长期债务、长期债务。

杠杆

杠杆率定义如下:

$$\frac{负债表债务总额 + 负债表外的债务总额}{资本}$$

债务与资本比率显示了债务在公司总融资中的百分比,包括总债务、股权(包括少数股东权益)和延期债务。分子和分母都是按账面价值计算的。较高的债务与资本比率表明,更多的债权方融资(银行贷款和债券)被用来资助公司的运营和增长,而不是投资者融资(普通股票)。

负债表外的债务总额下降了,因为我们暂时假设它是零。将该公式应用于

2015 年,计算出的比率为:

$$\frac{债务总额}{资本_{2015}} = \frac{143+550+998+10\,013}{11\,704+13\,164} = 0.47。$$

[分析] 债务总额/资本比率在以下两种情况之间变化:如果公司没有利息或推算的有息债务,则为零;如果是欠银行和其他债权方的破产公司,则超过 100%,甚至是负数。中等杠杆率的公司往往有 50% 左右的债务/资本比率。Loblaw 有限公司的比率低于 50%,这使该公司处于一个稍好的状况,表明其杠杆率不高。较低的债务/资本比率通常意味着企业的财务状况比较稳定,特别是在销售下降的时期。对债权方和投资者来说,债务/资本比率较高的公司被认为比比率较低的公司风险更大。债权方认为较高的债务/资本比率是有风险的,因为它表明投资者没有像债权方那样为业务提供资金。

杠杆率以两种方式衡量,这取决于公司是否有资产负债表外(OBS)的负债:$\dfrac{债务总额}{EBITDA}$ 或 $\dfrac{债务总额}{EBITDAR}$。

如果公司没有 OBS 债务,该比率的计算就很简单,因为所有输入的数据都直接来自利润表和资产负债表。但是,如果借款方有 OBS 负债,如经营性租赁、养老金负债等,信用分析师需要估计 OBS 负债的债务等值,并使用第二个衡量标准。债务总额包括资产负债表和表外报告的债务,因此,现在对现金流(EBITDAR)的估算必须把经营性租赁的租金支付加回来。目前,为了说明问题,我们避免这种复杂的情况,因而使用第一种措施。但在本章后面,我们将介绍各种近似于 OBS 负债的债务当量的方法。应用两个公式中的第一个,2015 年的计算比率为:

$$\frac{债务总额}{EBITDA_{2015}} = \frac{143+550+998+10\,013}{957+674+1\,592} = 3.63。$$

[分析] 债务与 EBITDA 的比率越高,债务支付占现金收入(近似于 EBITDA)的比例就越高。在其他条件相同的情况下,不断上升的高债务与收入比率表明,公司可能没有能力偿还其债务。高的债务收入比限制了额外的借款,因为要么债权方不愿意贷款,要么利率太高。

偿债覆盖率(DSC)

这个比率衡量现金流(近似于 EBITDA)可用于支付债务的程度。该比率定义为：

$$总偿债率（TDSR）= \frac{EBITDA}{利息支出+本金偿还}$$

利息支出在利润表中报告，而长期债务的本金则作为长期债务的流动部分报告，即在资产负债表日期后一年内到期的本金数额。使用利润表和资产负债表的信息，该比率计算如下：

$$总偿债率_{2015} = \frac{957+974+1\,592}{974+998} = \frac{3\,223}{1\,672} = 1.9。$$

利息保障倍数是 EBITDA 或 EBIT 与利息支出的比率，计算如下：

$$利息保障倍数 = \frac{EBITDA}{利息} = \frac{3\,223}{674} = 4.8。$$

$$利息保障倍数_{2015} = \frac{EBIT}{利息} = \frac{957+674}{674} = \frac{1\,631}{674} = 2.4。$$

由于收入的应计制会计并不总是能很好地衡量业务所提供的现金，EBITDA 比 EBIT 更适合作为现金流的代表。

[分析] 请注意，这些比率是以倍数或比率的形式而不是百分比来表示的。比率越高，承载更多债务的能力就越强，因此，违约风险就越低。1.9 的总偿债率意味着 Loblaw 有限公司创造了足够的 EBITDA（代表现金）来支付其利息支出和本金的 1.9 倍以上。同样，EBIT 覆盖率为 2.4，意味着公司的营业收入可以支付其 2.4 倍的利息支出。2.4 是个好比率吗？关于最佳的利息保障倍数，没有一个标准，因为它在不同的行业和同一行业的公司中是不同的。也就是说，利息保障倍数为 1 被认为是最低的。利息保障倍数低于 1 意味着，一个公司不能满足其当前的利息支付债务。正如你所看到的，当该比率上升到 1 以上时，吸收 EBIT（息税前利润）下降的缓冲区就会增加。例如，1.5 的利息保障倍数意味着 EBIT 可以下降 33.3%（0.5/1.5），公司仍然能够支付利息。在 Loblaw 有限公司的案例中，EBIT 必须下降 60% 以上（1.5/2.5），公司才有能力支付。

使用哪种覆盖率

我们研究了五种覆盖率：$\frac{EBIT}{利息}$、$\frac{EBIT}{利息+本金}$、$\frac{EBITDA}{利息}$、$\frac{EBITDA}{利息+本金}$、

$$\frac{EBITDAR}{利息+本金}。$$

问题是,哪一种最有意义?考虑到无论借款方是否未能按时只支付利息或只支付本金,借款方都违约了。答案是,以上几种都很重要,在决定使用哪一种时,背景很重要。关键是要确定公司是否可以一直滚动其到期的债务,或者可以通过借款来弥补长期债务到期的当前部分。因此,债务的净负担只是利息支出。有些公司很少或没有定期债务,但有大量的运营信贷额度来满足其运营资金的需求。信贷额度是循环的,只需要对从该额度提取的金额支付利息。

考虑一下分子。正如我们前面所指出的,EBITDA 比 EBIT 更受欢迎,因为它是对现金流的一种衡量。因此,在到期债务自动滚动的情况下,或者几乎所有的债务都是循环信用额度,适用于 EBITDA/利息。然而,如果到期债务不能自动展期(这是在资本市场不稳定的情况下可能出现的结果),本金支付成为借款方现金流的一个重要的固定要求。在这种情况下,适用于 EBITDA/(利息+本金)。如果经营性租赁是重要的,那么适用于 EBITDAR/(利息+本金)。

2.6 表外债务

为了评估信用度,对由资产负债表上的债务和资产负债表外的债务组成的总固定债务进行准确核算是必要的。

在前面的章节中,我们采取了简单化的观点,即 Loblaw 有限公司没有资产负债表外的债务。但该公司报告了大量的 OBS 债务,所以信用分析师在计算覆盖率和偿债率时不能忽视这一点。在本节中,我们将讨论调整 OBS 债务及其对比率的影响。作为一个例子,我们将展示如何将经营性租赁资本化。你会看到经营性租赁的资本化如何使公司的业绩看起来更糟,因为它增加了公司的资产和负债。因此,资产回报率、杠杆/负债率和覆盖率都会受到负面影响。企业往往以这样的方式构建租赁,以便将其报告为经营性租赁。

OBS 债务产生于各种融资交易,其中一些是行业内常规性交易,比如航空业的经营性设备租赁,以及商业房地产业的经营性土地租赁。综观公司的财务

报表,你可能遇到以下一种或多种类型的 OBS 债务[1]:

- 经营性租赁;
- 担保;
- 退休金负债;
- 出售应收账款;
- 先收后付和吞吐量安排;
- 金融子公司;
- 合资企业和对联营企业的投资。

上述每一种都有债务的共同特点,即借款方不按时付款就是违约事件,贷方可以采取法律程序来收回贷款,这在很多情况下可能引发破产。我们专注于经营性租赁,因为公司通常通过经营性租赁为其资本支出提供资金,而不是在资产负债表上报告的资本租赁。无论结构如何,两者都涉及固定的还款方式,这是信用分析师评估信用度必须掌握的重要信息。

根据《国际财务报告准则》第 16 号(租赁),Loblaw 有限公司报告了在资产负债表日根据不可撤销的经营性租赁在未来五年内每年的最低租赁付款额(MLP)、第五年后的总额,以及截至本财政年度末剩余最低租赁付款额的现值。表 2.5 显示了该公司在 2016 年 1 月 2 日资产负债表日的资本和经营性租赁的 MPL。MPL 是一系列的未来现金流。有两种方法来估算本期的债务当量:现值、租金支出倍数。

表 2.5 资本和经营性租赁　　　　　　　　　　　单位:百万美元

年　　份	资本租赁	经营性租赁
2016	89	682
2017	82	658
2018	69	617

---

[1] White, Sondhi, and Fried, op. cit. 关于调整杠杆率以包括各种资产负债表外负债的方法。特别是,这一章显示了如何将经营性租赁资本化。此外,穆迪的 *Guideline Rent Expense Multiples for Use with Moody's Global Standard Adjustment to Capitalize Operating Leases*, Revised March 2006,请参考第十一章。

续 表

年 份	资本租赁	经营性租赁
2019	62	571
2020	58	504
2021 年及以后	700	2 606
	1 060	5 638
减去未来的财务费用	431	
最低租赁付款的现值	629	

资料来源：Loblaw 2015 年年报。

2.6.1 现值法

在离散期的未来现金支付流的现值是以下的求和记号：

$$PV_{\text{Perpetuity}} = \sum_{n=1}^{N} \frac{CF_n}{(1+r)^n}$$

其中，CF 为现金流；N 为租赁期限（折现期数）；n 为时间 n，从 $n=1$ 开始，在 $n=N$ 结束；r 为贴现率。

净现值（NPV）为：

$$NPV_{\text{Perpetuity}} = \sum_{n=1}^{N} \frac{CF_n}{(1+r)^n} - C_0$$

其中，C_0 为初始投资。

这个公式的输入数据是周期性的现金流、贴现率和折现期的数量。

第 1 步：估算最低租赁付款额（MLP）和租赁期限。

对于年度支付概况，我们使用两个假设：恒定比率为 504 美元/年；或递减率。

考虑表 2.6 中的经营性租赁付款。在恒定比率的假设下，我们使用第 5 年的 MPL 来计算第 6 年及以后的费用。这意味着 2020 年及以后各年为 504 美元，这表明租期还剩 5.1 年（2 606 美元／504 美元），N 为 10 年（最初的 5 年加上剩余的 5 年，四舍五入到最近的一年）。最后支付的 590 美元是残值，与 5 638 美元的 MLP 总额相一致。

在递减率假设下,我们假设 7.2% 的递减率,这是 2016—2020 年期间递减率的平均值。最终的 MLP 为 175 美元,与恒定比率情况下的残值含义相同。两种假设下的 MLP 估算见表 2.6。

表 2.6 估算经营性租赁付款的现值

年 份	恒定比率	递减率(7.2%)
2016	682	633
2017	658	587
2018	617	545
2019	571	506
2020	504	469
2021	504	436
2022	504	404
2023	504	375
2024	504	348
2025	590	323
2026	—	300
2027	—	278
2028	—	258
2029	—	175
共计	5 638	5 638
现值	4 406	4 235

资料来源:基于公司数据的估算(见表 2.5)。

第 2 步:估算贴现率。

比率(r)是通过求解使资本租赁付款的净现值为零的隐含比率来估算的。它是将 MPL 等同于初始成本的内部收益率,由财务报表说明中披露的现值代表。这个价值是 629 美元(见表 2.7)。将剩余的 700 美元除以 2020 年的 58 美元,我们得到 12 年,意味着租赁期为 17 年(5+12)。假设支付率恒定,并应用步骤 1 的程序,我们得出年度 MPL。隐含比率是 7%,这是使净现值为零的 IRR(内部收益率)。注意,我们可以假设一个递减的支付率,如表 2.7 所示,但差异不大。

表 2.7 从资本租赁中寻找内部收益率

年 份	MLP
PV	629
2016	89
2017	82
2018	69
2019	62
2020	58
2021—2032	58
2033	4
MPL 总量	1 060
隐含比率	7%

由股权和债务组成的加权平均资本成本(WACC)是对公司预期向其所有证券持有人支付的费用的广义衡量。与内含比率相比,它是贴现率的一个更好的代表。[1] 加权平均资本成本虽然计算简单,但不容易获得,因为年度报告中不包含基本信息。内含比率很容易计算(见表 2.8)。五年的平均值为 5%。

---

[1] 加权平均资本成本(WACC)的一般公式为:$WACC = \dfrac{\sum_{j=1}^{N} r_j V_j}{\sum_{j=1}^{N} V_j}$。其中,$N$ 是资本来源的数量,r 是证券 j 的要求回报率,V 是所有流通证券 j 的市值。将该公式应用于两种证券,即股权和债权,$WACC = \dfrac{E}{E+D} r_e + \dfrac{D}{E+D}(1-t) r_d$。其中,$E$ 是股权的市值,D 是债务的市值,t 是边际税率。

表 2.8 L-T 债务的隐含利率

	2011 年	2012 年	2013 年	2014 年	2015 年
利息	282	285	287	644	583
L-T 债务	5 580	5 669	7 277	11 462	11 011
隐含利率	0.051	0.050	0.039	0.056	0.053

第 3 步：计算 MPL 的现值。

由于我们没有加权平均资本成本的估算,对于折现率的估算,我们使用 6%,通过平均隐含比率(5%)和内部收益率(7%)来计算。使用 6% 作为折现率,截至 2016 年 1 月 2 日(2015 财年末),恒定比率和递减率假设下的经营性租赁的资本化价值分别为 4 406 美元和 4 235 美元(见表 2.6)。

2.6.2 租金支付倍数法

与现值法相比,另一种方法是基于租金倍数的经验法则。穆迪对年租金的支付采用行业倍数。资产的经济寿命越长,其倍数就越高。例如,航空公司、航运和公共事业的倍数最高。穆迪采用一种保守的现值调整方法。

根据更新的方法,穆迪将继续通过计算每个公司的现值来调整债务。评级机构将使用这一数额或通过使用行业倍数适用于年租金而得出的数额。然而,现值将成为更多公司资本化债务数额的基础,因为在几乎所有情况下,行业倍数将比以前低。从 3 倍到 6 倍,而不是从 5 倍到 8 倍,新的倍数将作为现值计算的底线,因为穆迪预计租期很短的公司将续签大部分租约。[1]

在其 2015 年的年度报告中,Loblaw 有限公司报告了当年(2015 年)的租金支出为 686 美元。假设穆迪对零售业的倍数为 5 倍,经营性租赁的债务等值为 3 430 美元,低于 4 406 美元的现值(见表 2.6)。信用分析师应该使用这两个数值中的哪一个? 由于两者都是可能低估真实价值的近似值,我们选择较高的现值估计。

---

〔1〕 Moody's Investors Services (2015). Announcement: Moody's Updates Its Global Methodology for Financial Statement Adjustments. 在 2015 年 6 月出版的文章"Financial Statement Adjustments in the Analysis of Non-Financial Corporations"中,提供了该方法。在最近的修订之前,行业倍数在 5~8 倍不等。

2.6.3 财务报表的影响

该调整涉及以下内容：

- 经营性租赁的债务估算当量被添加到资产负债表的债务中，并认定为财产、厂房和设备等资产的增加。
- 租金支出被分配到利息和本金的偿还上，作为折旧费用。
- 利息金额是通过将经营性租赁的现值乘以 6% 的隐含利率得出的。由于租金支出是一项经营性支出，将租赁资本化所产生的较低数字具有增加经营收入的作用。

表 2.9 报告了这些调整的效果。资本化租赁增加了资产负债表上的资产总值，但是，债务总额也增加了同样的数额，在本例中增加了 45 亿美元，债务/权益比率从 0.9 倍增加到 1.2 倍，这是一个明显的增加，尽管比率保持在 2 倍以下。请注意，我们仍在使用股权的账面价值术语，而不是一些股权的市场或公平价值。营业收入通过分配 2015 年 6.14 亿美元的租金支出而增加：2.67 亿美元用于利息（不属于营业支出），3.47 亿美元用于折旧费用（属于营业支出）。因此，EBIT 增加了利息支出；EBITDA 增加了利息和租赁折旧支出。CFO(来自运营的现金流)因隐性折旧而增加，CFI(来自投资的现金流)中的固定资产采购也减少了同样的数额。虽然营业收入增加了，但净收入却没有变化，因为这些分配并没有带来任何净增加或减少。简言之，经营性租赁的资本化使公司的业绩看起来更糟，所以企业经常以这样的方式构建租赁，以便它们可以将其作为经营性租赁报告。

表 2.9 经营性租赁调整的影响(2015 年)　　　　单位：百万美元

	报 告 时	调 整 后	调整的影响
资产负债表			
经营性租赁的债务等价物	—	4 456	增加
债务总额	11 704	16 160	增加
平均资产	33 849	38 255	增加
财务报表			
总收入	45 394	45 394	无影响

续　表

	报告时	调整后	调整的影响
净收入	623	623	无影响
营业收入	1 601	1 868	增加
租金支出	614	—	—
利息支出[a]	674	941	增加
折旧及摊销费用[b]	1 592	1 939	增加
本金支付[c]	998	1 345	增加
EBIT	1 631	1 898	增加
EBITDA	3 223	3 837	增加
现金流量表			
来自运营的现金流	3 079	3 426	增加
投资产生的现金流	−1 238	−1 585	减少
比率：债务、偿债能力和盈利能力			
债务/股权	0.89	1.23	增加
EBIT/利息支出	2.42	2.02	减少
EBITDA/利息支出	4.78	4.08	减少
经营活动产生的现金流/债务总额	26.31%	21.20%	减少
平均资产回报率（ROAA）	1.84%	1.63%	下降
净收入/总收入	1.37%	1.37%	无影响
营业收入/总收入	3.53%	4.12%	增加

注：[a] 利息＝利率×租约的现值＝0.06×4 456 百万美元＝267 百万美元。

[b] 折旧＝租金支出－利息＝614 百万美元－267 百万美元＝347 百万美元。这就是"本金"部分作为折旧。

[c] 包括资本化租赁的当前部分＝租赁/租赁期的现值＝4 456 百万美元/10＝446 百万美元。

2.7 比率分析的用途和局限性

财务报表分析是对公司的损益表、资产负债表、现金流量表和权益变动表进行审查和分析,以便深入了解公司的业绩和财务状况。尽管比率分析是全面分析的主要工具,但它并非没有局限性。例如,财务操纵[1]是很难发现的。以下是一些需要注意的重要问题。

粉饰和财务报表操纵

粉饰伎俩是为了使经营业绩和资产与权益表比它们在报告时显示的更有利。虽然所有的欺诈性财务报告都是非法的,但并非所有的粉饰都是非法的,尽管它们都具有误导性(不道德)。在某些情况下,粉饰账目可能是非法的。一些著名的例子是安然公司、世通公司和北电公司。关于什么是技术上的准确性和实质上的误导性,存在着政治辩论。例如,雷曼公司(已不复存在)在每个季度的最后一天将500亿美元从其资产负债表中移除,这种会计手法被称为"Repo 105"。证券交易委员会认为不应该采取任何行动,隐含地承认"粉饰"不是欺诈。

(1) 回顾性与前瞻性分析。比率分析的批评者认为,根据历史数据或过去的业绩来预测未来是一种徒劳的做法。比率分析的捍卫者认为,人们必须从某个地方开始,即便是当前和过去的数据,也比没有数据要好。此外,信用分析师的工作是评估历史数据的可靠性。如果它们不可靠,那么分析师就会根据预估的财务数据进行比率分析,无论如何,这都是以对公司过去和现在的业绩的了解为起点。在第5章,我们提供了一个使用财务预测的例子。

(2) 行业基准并不总是"规范"。比率分析的一个常见做法是将一个公司的比率与行业基准进行比较,以确定业绩的强度。但这种分析隐含着一个假设,即

---

[1] 有许多关于金融操纵的读物。读者可能希望查阅这些资料:(1) Martin Fridson and Fernando Alvarez. ibid., Chapter 9, The Reliability of Disclosure and Audits; (2) Roman Weil and Michael Mahler. *Handbook of Cost Management*, 2nd Edition, John Wiley & Sons, 2005, Chapter 31, Section 41.4, Specific Methods to Manipulate Financial reports; (3) Al Rosen and Mark Rosen. *Financial Shenanigans: How to Detect Accounting Gimmicks & Fraud in Financial Reports*, Third Edition Hardcover, May 5, 2010。

该行业是健康的。然而,如果该行业表现不佳,那么这些基准对于公司的表现来说就是无用的信息。有几十个行业正处于衰退或转型期。

(3)财务操纵比人们想象的更频繁。一些相对轻微的红色警示包括会计准则和方法的变化,这些变化会扭曲逐期的业绩计量。会计师利用时间上的花招来粉饰公司,或以更有利的姿态来描绘公司。例如,高额的应收账款(ARs)和库存使财务状况看起来不错,但深入调查后,你可能发现应收账款的可收回性是值得怀疑的,因为许多库存可能因减值而变得毫无价值。这意味着公司的净资产被夸大了,在按规定注销后,公司很可能无力偿还(净资产为负)。在严重的情况下,看似轻微的黄色和红色警示可能预示着"确凿证据",如安然公司和世通公司的案例。

(4)业务变化会扭曲趋势。公司"重塑"自己,它们的运作方式随着时间而改变。因此,即便是两个不同时间点的相同比率,也可能对财务实力或弱点有不同的解释。

第 3 章　基于标准的信用风险方法评估和信用风险评级

章节目标

1. 介绍风险评级系统的关键因素。
2. 介绍基于标准的信用风险评估和信用风险评级方法。
3. 解释借款方风险评级(BRR)记分卡及其组成部分。
4. 理解覆盖的目的。
5. 讨论信息不对称对风险评级影响的方法。

3.1　引　　言

在本章中,我们将继续讨论贷方如何根据一些预先确定的评级表来评估信用度和对借款方进行评级。商业银行和评级机构使用字母和数字,或字母数字等级,如"AA"和"Baa2",以及加/减修饰,如"BBB-"和"BBB+"。风险评级在银行运营的许多日常程序或决策中至关重要。以下 7 种 BRR(借款方风险评级)的应用涵盖了放贷业务的方方面面:

(1) 批准或拒绝贷款申请;
(2) 为贷款定价或设定利率;
(3) 评估客户或关系方的盈利能力;

（4）设定客户或关系方的风险限制；

（5）通过财务担保转移信贷风险；

（6）确定 RAROC（风险调整后的资本回报率）；

（7）估算贷款损失和计提风险资本。

从这些应用可以看出，一个有效的风险评级系统的发展与银行的盈利能力有很大关系，同时也与资本准备金和分配对手方风险等监管规定有关。

有各种方法来评估和分类信用质量。我们可以把它们看作一个方法谱系，从最低水平的形式化（高度的主观性）到最高水平的形式化（低水平的主观性）。所有这些方法都有其应有的地位，因为评估信用风险没有首选的方法（回顾第 1 章：信用风险评估既是艺术又是科学）。事实上，信用风险评估的形式化程度是不同的。按形式化程度从低到高排列，有以下三种常用方法：

（1）纯粹的判断（比如基于专家知识的定性分析）；

（2）折中或混合方法（比如基于标准的方法），结合纯判断和纯模型特点；

（3）纯粹的模型（比如线性和非线性概率模型）。

纯粹判断的主要缺陷是，分析和结论几乎完全来自风险评估师的专业知识，来自实际经验和观察。由于这个原因，该方法不仅容易在投资组合的各个行业领域出现风险评级不一致的情况，也容易在某一行业内出现评级不一致的情况。此外，一个纯粹的判断模型在分析和违约概率之间缺乏联系。

在谱系的另一端是纯粹的统计和数学模型，我们将在第 8 章和第 9 章介绍这些模型。一些基本工具包括线性回归、判别分析和对数分析。统计模型的最大优点是，对预测指标的选择和加权是客观的，在有限的意义上，是数据而不是判断决定了预测指标的选择和它们的相对重要性。我们对客观性进行了限定，因为仍有一些判断在起作用，比如在决定最终模型时。由于数据是决定性因素，数据的质量在统计模型中至关重要。在建立这样的模型时，预测指标的选择和它们的权重都是为了评估最佳模型，准确地将有偿付能力和无偿付能力的借款方分类，或者预测出违约的可能性。此外，一个统计学模型的输出可以被校准为违约概率。

放贷机构使用各种方法来评估信用度。结合定性模型和数学模型特点的混合模型就是其中之一。顾名思义，它是一种折中的方法，其优势在于规避了纯判断模型和纯模型的缺点。基于标准的方法[1]是启发式的（根据定义），但有许多

---

[1] 标准方法是信用风险评估的主力，在文献中被广泛讨论。例如，见标准普尔的《企业信用分析的基本原理》（*Fundamentals of Corporate Credit Analysis*），同前。

优点，这使它成为放贷机构信用评估结构中的一种基本方法。

（1）它促进了风险评级的一致性。

（2）它在一个形式化的结构中容纳了专家知识，能够处理定性信息以产生BRR。因此，它补充了不能直接或间接处理定性信息的统计模型。

（3）它可以处理大量的定量和相关的变量，尽管在实践中，由于相关的冗余性，使用的数量有限。

（4）混合方法不涉及参数估计，所以预测指标之间的高关联性不是问题。

图3.1描述了基于标准方法的信用风险分析的步骤。正如你所看到的，对

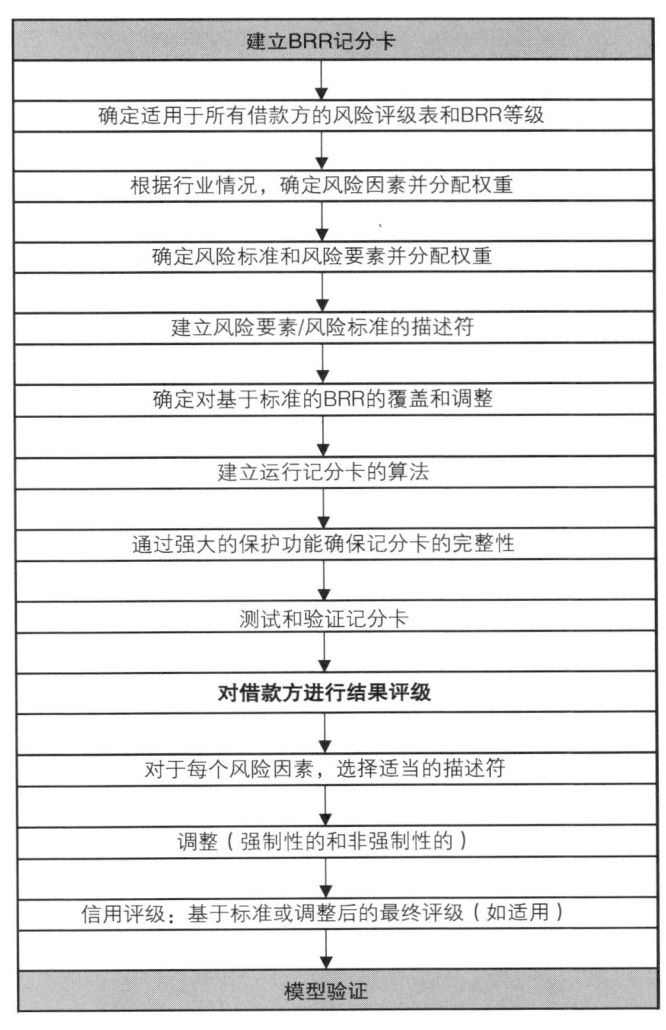

```
建立BRR记分卡
   ↓
确定适用于所有借款方的风险评级表和BRR等级
   ↓
根据行业情况，确定风险因素并分配权重
   ↓
确定风险标准和风险要素并分配权重
   ↓
建立风险要素/风险标准的描述符
   ↓
确定对基于标准的BRR的覆盖和调整
   ↓
建立运行记分卡的算法
   ↓
通过强大的保护功能确保记分卡的完整性
   ↓
测试和验证记分卡
   ↓
对借款方进行结果评级
   ↓
对于每个风险因素，选择适当的描述符
   ↓
调整（强制性的和非强制性的）
   ↓
信用评级：基于标准或调整后的最终评级（如适用）
   ↓
模型验证
```

图3.1　构建和部署混合模型方法

于一个混合模型来说,最终信用等级的决定权在风险评估师手中。覆盖功能允许信用分析师覆盖基于标准的输出。相反,在一个纯粹的统计模型中,覆盖功能只针对例外情况。图3.1中的最后一步是验证。正如我们前面所说的,当时,一个模型必须在有数据时进行定期验证,以确认它的表现是否符合预期。根据验证结果,用户可以决定该模型的预测是否不再可靠,因此需要重新评估或修改以吸纳新的预测因素。在本章的其余部分,我们开展图3.1中报告的步骤。

3.2 信用风险评估(CRA)的框架

信用风险评级是被称为信用评级系统[1]的更大框架的一部分,所以我们需要触及这个主题,以填补必要的背景。我们可以先问一个问题:这样一个系统必须具备哪些最基本的特征才能有效?这个清单将包括下列关键因素:

- 二维性。债务方的信用评级独立于融资或交易评级。
- 一个确定的时间范围。风险评级必须有前瞻性。这意味着评级要贯穿整个周期(TTC),而不是在某个时间点(PIT)。
- 评级的一致性。不同行业借款方的信用评级,或者在一个行业内不同区域的借款方的信用评级,应该是一致的。
- 评级的可复制性。无论由谁来进行评级,记分卡都应根据相同的数据产生相同的对手方风险评级。
- 评级颗粒度。风险评级中适当程度的颗粒度对于区分债务方的风险性至关重要。
- 模型验证。在《模型风险管理指南》(SR 11-7)中,美国联邦储备局把模型验证定义为"一组旨在验证模型是否按照预期的设计目标和业务用途运行的程序和活动(9)"。因此,做测试的人不能是模型开发者,而是一个独立的团队,可以是组织内部的,也可以是外部第三方。银行的实际贷款损失经历和BRR概况之间的不一致表明,违约概率的校准是不准确的。

---

[1] 见《资本计量和资本标准国际趋同》(*International Convergence of Capital Measurement and Capital Standards*)评级系统设计下的第394段,同前。"评级系统"这一术语包括支持信用风险评估、内部风险评级分配、量化违约和损失估算的所有方法、程序、控制以及数据收集和信息技术系统。

根据《巴塞尔协议Ⅱ》，金融机构的评级系统设计必须基于两个方面：一是专门处理表明借款方违约倾向的借款方特征；二是专门处理具体的交易特征，如抵押品、还款期限和融资或贷款产品的性质。一个二维的评级系统能够确保，与借款方有关的违约风险同与信贷风险有关的违约风险是分开的。

一个有效的风险评级系统会在确定的时间范围内区分信用度。通过一个相对的评级系统，人们可以根据隐含的违约可能性来排列评级。一个重要的考虑是，这些评级在多远的未来都会适用。答案部分显著取决于行业的周期性程度和行业在周期中的位置(见第4章的表4.2，我们讨论行业风险)。如果该行业是高度周期性的，并且分析采用了当前或时间点的数据，那么对手方风险评级将是顺周期的。这意味着在整个周期的年度审查中，BRR会出现波动。在复苏和扩张阶段，BRR会随着财务业绩数据的改善而提高；但在衰退阶段，BRR会随着业绩数据的恶化而减弱。显然，这种频繁的升级和降级是不能令人满意的。

许多金融机构将其信用评级的时间范围定义为1~3年，有些在项目贷款的情况下甚至长达5年或7年。评级机构声称，在授予企业信用评级时，要进行全周期的评级。为了抑制或消除对风险评级的周期性影响，信用分析师有两个选择。一个选择是构建预估的财务报表。对于大多数对手方风险评级，时间范围通常是3年。对于专门的放贷，如项目融资，如前所述，一个较长的时期是合适的。另一个程序称为贯穿周期法，是指记分卡根据行业在商业周期中的位置来调整反周期的偏差。我们将在第4章的理论和第5章的案例研究中更详细地重温这些考虑因素。

我们将在基于标准的模型中引入一个重要的功能，叫做覆盖(overrides)(见图3.1)。覆盖是一项必要的功能，因为没有一个模型可以捕捉到一个系统的全部复杂性或极端特殊性。出于这个原因，信用分析师必须有选择权，尽管要遵守严格的标准，用一个替代的评级来覆盖结果。其中一个标准是，覆盖必须基于信用风险因素，而不是客户关系问题。正如你将在后面看到的，国家风险和主权风险因素是对基于标准的总体评级的一些重要的覆盖，但也可能有其他对组成部分评级的覆盖。也就是说，覆盖必须保持在最低限度。首先，过度使用覆盖意味着记分卡在很多方面是不够的。例如，它可能需要更多的风险标准、对权重的审查、更好的预测指标以及更多的颗粒度。银行定期审查其评级模型/记分卡。我们将在后面的测试和验证部分讨论这些缺陷。其次，过度或任意使用覆盖会破坏评级的一致性。

我们广泛使用评级"模型"一词,包括专家判断、问卷调查、混合方法、神经网络和数学模型。我们还将"打分"与"评级"互换使用。因此,记分卡是评级方法的一部分,不能与应用记分卡和行为记分卡相混淆,后者是贷方用来评估贷款申请的工具,如信用卡和消费贷款。以下是基于标准的方法的大体轮廓。我们把细节留给第 4 章。

3.2.1　BRR 记分卡

基于标准的评级

本章介绍的基于标准的方法是基于对四类风险的基本信用分析来评估信用度。BRR 记分卡的四个组成部分或标准是以下风险标准:

(1) 行业风险;

(2) 商业风险;

(3) 管理风险;

(4) 金融风险。

风险标准细分为风险因素,而风险因素又进一步细分为风险要素。每个风险要素都由描述符来定义,以区分表 3.1 中报告的 16 个等级。记分卡是将定量和定性变量一致地处理成一个综合评级的工具,我们称之为 BRR。在附录 3.1 中,我们回顾了将在本书中出现的变量类型。从分析上看,记分卡分为两部分。第一部分处理大多数借款方的典型信息,包括我们所说的正常情况或条件。第二部分是对基于标准的评级的强制性覆盖,因为有特殊或不正常的情况。这些调整是强制性的。记住,信用评估是为了获得准确的 BRR。

以风险标准之一的财务风险为例来说明这些分项之间的关系。它可以由许多风险因素来定义,如盈利能力、流动性、资产质量、现金流等。我们可以通过各种风险要素进一步定义其中的每一项。例如,我们可以通过净收入/销售额、股权回报率(ROE)、资产回报率(ROA)等来定量描述盈利能力。那么,问题来了:我们如何将一个 ROA 的特定值分配给违约风险? 答案就在描述符中(见附录 3.2 中的例子)。由于我们有 16 个风险等级,因此我们需要拿出 16 套描述符。实际上,由于缺乏历史数据来验证定义,这是不可能的。评级系统越细化,就越难为尺度的每个点找到描述符。

表 3.1　评级类别、字母等级和综合数字分数之间的映射关系

评级类别	分　　数	字母等级	综合数字得分
非常低	16	AA+	$15.1<x\leqslant16.0$
	15	AA	$14.1<x\leqslant15.0$
	14	AA−	$13.1<x\leqslant14.0$
低	13	A+	$12.1<x\leqslant13.0$
	12	A	$11.1<x\leqslant12.0$
	11	A−	$10.1<x\leqslant11.0$
中等水平	10	BBB+	$9.1<x\leqslant10.0$
	9	BBB	$8.1<x\leqslant9.0$
	8	BBB−	$7.1<x\leqslant8.0$
高	7	BB+	$6.1<x\leqslant7.0$
	6	BB	$5.1<x\leqslant6.0$
	5	BB−	$4.1<x\leqslant5.0$
非常高	4	B+	$3.1<x\leqslant4.0$
	3	B	$2.1<x\leqslant3.0$
	2	B−	$1.1<x\leqslant2.0$
违约	1	D	$x\leqslant1.0$

一个描述符必须满足两个重要条件：

(1) 预测指标必须与 BRR 等级有单调的关系——总是增加或总是减少，而不是两者都有。在一个非单调的函数中，预测指标和违约可能性之间的关系是模糊的。例如，考虑一下总债务／利息、税款、折旧和摊销前利润 (EBITDA)。如果在大量的借款方样本中，平均而言，BRR 有时会增加，有时会减少，或者对比率值的增加没有变化，那么该比率就不能作为违约的可靠预测指标。

(2) 数字和定性描述符都必须是离散的，或者说是特定的风险等级。简单地说，节段不能重叠。

调整：包括信息不对称的强制性覆盖

覆盖功能是基于专家判断模型的一个组成部分，它指的是，尽管[1]有基于标准的 BRR，但记分卡的第一部分无法捕捉到的重要信息可能需要一个不同的评级。我们之前提到的一个常覆盖因素是主权风险，其作用是限制基于标准的 BRR，其理由是借款方不可能比其经营所在的国家或政府更强大，因为政府有征税的权力并控制外汇储备和硬通货离开该国。例如，考虑这样一种情况：一家印度尼西亚银行基于标准的 BRR 高于国家和政府的风险评级。应用覆盖，风险评估师选择 SSR/CRR（主权风险评级/国家风险评级）中较低的一个。

另一项重要的调整是与信息不对称有关。它给 BRR 的评估带来了一个重大问题。在本书中，我们提出了一种新的方法来解决有关被操纵的财务记录的问题。欺诈性财务报告是指故意歪曲或遗漏财务信息，旨在改善财务状况的外观，目的是欺骗投资者和贷方以获得融资。欺诈性财务报告可能导致民事诉讼和昂贵的和解，因此，诉讼风险可能严重影响风险评级。最近几个月，美国针对制药公司的阿片类药物相关诉讼案件激增，这种情况让人想起美国 46 个州对烟草公司提起的民事诉讼，以及 2015 年达成的 25 年内金额达 2 060 亿美元的大规模和解。[2]

问题是：记分卡的哪个部分是纳入信息不对称风险的最佳位置？鉴于最近一段时间内众多的金融丑闻，信息不对称可以被视为管理风险中的一个风险因素。另外，它也可以被放在财务风险中，因为不披露全部信息所带来的影响是财务方面的。虽然这两种说法都有可取之处，但我们更倾向于将信息不对称作为综合 BRR 的覆盖，就像记分卡中的 SRR/CRR 覆盖一样，只不过它不是强制性的。我们将其命名为"信息不对称覆盖"，以解决信用分析师能够证明对 BRR 评估具有重要意义的定量或定性信息不透明或被隐瞒的问题。为了支持这种情况，分析师必须能够量化数据遗漏对损益表和资产负债表的影响，并运行第二张记分卡以显示 BRR 的对比。

---

[1] 覆盖相当于"尽管条款"，该条款赋予政府推翻国家宪章中某些保护措施的权力。

[2] Tobacco Control Legal Consortium（2015）. *The Master Settlement Agreement: An Overview*. 除了 2015 年与 46 个州的和解（2 060 亿美元）之外，还有 1998 年与佛罗里达州、明尼苏达州、密西西比州和得克萨斯州的和解（400 亿美元）。

贷方能故意加剧信息不对称问题吗？

始终存在的风险是，高级管理层可能干扰信用分析师和内部审计师的独立评估。风险分析师可能因为不了解风险，或者害怕高级管理层的反击，而未能进行适当的尽职调查。

风险评估师在经过全面的决策过程后，做出了她/他的决定，即应用覆盖：

- 首先，收集信息。是否存在欺诈性财务报告（包括隐瞒信息）的黄色和红色预警信号？
- 如果答案为"是"，就得记录发现的情况：需要回答的活动，但其本身可能不是坏事，而是黄色预警。例如，安然公司业务的很大一部分是按模型标记的高风险衍生品头寸，这些合同的价值在很大程度上取决于假设。但是，安然公司的管理层并没有提供足够的信息。
- 尽一切努力获得信息，首先从借款方那里（如果可能的话）。如果管理层没有尝试提供信息，而是对应该提供信息的建议做出愤怒的反应，那么就把这一点记下来，作为一个预警信号。否则，请向外部评级机构和媒体（纸质和数字）了解情况。
- 评估由此产生的错报或缺乏足够的信息是否对财务报表具有重要性。如果具备重要性的话，信息差距必须大到足以影响风险评级。我们不准备涉足会计违规行为领域，因为太多，但可参见第2章中涉及这个主题和检测方法的书籍清单。
- 使用替代信息运行BRR记分卡，其中包括合理的估算，然后比较BRR，以检查信用评级中的重大差异。
- 两个及以上的档次产生重要性。内部政策将规定这种情况下的BRR。

覆盖将产生预期的效果，即提高贷款利率以补偿较高的感知风险，或拒绝交易，因为其RAROC未能通过障碍率测试。请注意，在存在强制性覆盖的情况下，如SRR和CRR，这些仍然适用，但最后的BRR将是最低的。

3.2.2 设计风险评级尺度和评级粒度

人们可以在Excel或Visual Basic中以记分卡的形式建立基于标准的模型，

并配以算法来自动进行计算。风险评级表是在相对基础上评估对手方信用度的标准。一个共同的标准可以确保一个特定行业或领域内以及不同行业或领域之间的 BRR 的一致性。让我们称其为每个评级或分数所附的违约概率的主尺度。为了说明问题,我们使用一套可管理的 BRR 等级,并带有"＋"和"－"符号的修饰符。表 3.1 显示了 6 个类别,即等级的中间点,代表了从最小到最大的信用风险：AA、A、BBB、BB、B 和 D。加上修饰符,BRR 评级表由 16 个等级组成。违约类别(D)包括不太可能按原条款全额偿还债务的借款方,拖欠至少 90 天,以及处于破产保护之下。

这些带有修饰符的字母等级被映射为数字分数,范围从 0(违约)到 16(风险最小)。正如我们在第 1 章中的表 1.1 所示,一家商业银行会有多达 20 个风险等级或档次,这使得它可以将其 BRR 评级系统与评级机构的评级系统交叉分析,确保内部评级与外部评级一致。然而,许多银行的这种做法并非没有严重的后果,而且需要英雄式的假设。首先,它假设外部评级的违约概率是单调的,但在任何一年并不总是如此。其次,它假设外部机构评级公司的历史违约频率代表了银行的总投资组合,而大面积的银行投资组合是由未评级公司组成的。

商业银行冒着危险依赖外部信用评级机构

约瑟夫·斯蒂格利茨于 2009 年[1]因其在经济学中信息不对称的成就而获得诺贝尔经济学奖。他写道:"评级机构(在 2008 年的金融危机中)发挥了核心作用。他们相信金融炼金术,并将 F 级的次级抵押贷款转换成 A 级的证券,这些证券足够安全,可由养老基金持有。"

虽然没有颗粒度的等级,但显然如果等级太少,评级系统作为一种工具就会很钝(见第 3.2 节),它将不能有效地区分风险,以支持信贷决策。反过来说,太细的评级表也不是一个无条件的优点,因为它增加了非单调性问题的可能性。BRR 代表违约的概率(PD)。商业银行[2]根据其内部违约频率的记录来估计概

---

[1] Stiglitz, Joseph (2009). The Anatomy of a Murder: Who Killed America's Economy? *Critical Review*, June 2009, Vol. 21, Issues 2 & 3.

[2] 关于商业银行评级系统的实际例子,见 Royal Bank of Canada Annual Report 2017, page 9, Table 46。有 22 个 BRR 等级,每个等级都有一个 PD 与之校准。

率。例如,在我们的例子中,我们系统中的最高等级"AA+"将是一些非零的数字,如0.04%,而"D"可能是100%。

表3.1给出了风险评级尺度,它是一个由1到16等距的分数组成的线性连续体,每个数字分数都附有一个字母等级。这种映射使记分卡能够通过BRR记分卡中描述符的位置来量化各种风险。描述符是记分卡的核心。它们定义了预测指标并区分了等级。从理论上说,每个预测指标可以有同等级数量一样多的预测指标集或分类。例如,息税前利润(EBIT)/利息的历史值可以分为16个不连续的区间。对于定性的预测指标,如管理质量,理论上可以有16个离散的属性集,尽管在实践中不太可能。如果数据可用,每个预测指标都会有每个等级的离散描述符集,但在实践中,验证数据可能不存在。另一个原因是,信用度的定性预测指标很难在细微的层面上进行定义。所有这些因素都导致记分卡的等级不明确。然而,这并不意味着记分卡将无法分配综合BRR,我们将在后面的章节中展示。

很明显,对数字变量进行分类要容易得多。再看一下EBIT/利息支出比率。它是一个连续的变量,所以它适合于不同的分组。不论(独立)变量是定性还是定量的,然而,为了使它们具有任何预测和解释能力,它们与违约频率(因变量)之间的关系必须是单调的,并以公认的理论和证据为基础。同样,考虑一下预测偿付能力的EBIT/利息支出比率。违约的可能性预计会在该比率的特定值域内与该比率呈反比变化。

对于债务/股权,我们期望在一个确定的数值范围内出现相反的模式。单调性排除了在确定的数值范围(或领域)内关系的逆转,在BRR记分卡中,它包括数字和定性信息。让我们来看看表3.1中的风险评级表,看看它们是如何匹配这个模型的。考虑一下字母等级栏。在第3.2.1节,我们说过风险分析师不直接分配等级,而是通过描述符的位置间接地分配。你可以从表3.1的映射中看到,选择"A+"的描述符意味着同时选择13分。在记分卡上做完所有的选择后,它将计算出综合得分并授予风险等级。比方说,综合得分是5.686。记分卡将这个数字四舍五入到5.7(假设选择的规则是小数点后1位),并查找风险评级表。它找到了[$5.1 < x \leqslant 6.0$]的区间,这个区间与"BB"相连。回顾一下,每个等级都附有违约概率。在设计记分卡时,只显示等级,而不是同时显示两个等级,是很合适的。

3.2.3 时间范围：权衡 BRR 的及时性和稳定性

一个风险评级必须有一个预测的范围，才能有任何有意义的政策应用。在商业银行中，典型的时间范围是 3 年，但可以延长到 5 年。在任何给定的时间点(PIT)，授予的评级(称为 PIT 评级)表示基于对借款方当前和未来状况的评估的信用违约风险，因此，结合了周期性和永久性因素。PIT 评级倾向于骑乘周期，在扩张期改善，在衰退期恶化。贯穿周期(TTC)的评级具有稳定性，但这种稳定是有代价的：TTC 评级调整缓慢，甚至在借款方走向违约时也是如此。

~~~~~~

何时对行业周期性进行调整？

让我们从这样一个前提开始：BRR 是对违约风险的前瞻性或贯穿周期的评估。对于许多银行来说，时间跨度通常是 3 年。同时，该行业正在经历常规的起伏，所以问题就变成了：在这种不稳定的情况下，信用分析师如何衡量一家公司的财务实力？如果时间点上的财务表现是决定 BRR 的主要因素，那么使用当前的财务信息就会有偏差，在短期内有利于高的 BRR，但在 12 个月后，如果行业处于衰退期，BRR 就会被降级。如果该行业处于上升期，则相反的情况会在 1 年后的下一次 BRR 年度审查中出现。但这样的评级行动与基本前提不一致。这就需要抑制周期点对评级的影响，以尽量减少主要基于与行业周期相关的当前财务业绩的降级和升级。

~~~~~~

然而，TTC 的降级来得太晚了，会产生一个巨大的陡峭调整，被称为悬崖效应。因此，就及时性而言，PIT 评级的形式更好，因为它对商业周期更敏感。缺点是，频繁的降级和升级在管理上是很麻烦的，而且在一个完整的周期或几个周期内对资本回报的影响可能是中性的或最多是微利的。如果评级系统非常敏感，那么随着经济上升期商业条件的改善，风险评级的升级将变得普遍，更多的借款方将符合条件，贷款账面将扩大，但随着商业条件的逆转，将出现相反的情况：信用风险将恶化，评级下降将增加，而贷款组合也将缩减。

贷方希望评级敏感度能达到准确的程度，但他们也希望评级稳定，因为频繁调整各领域的 BRR 涉及管理和机会成本。另一个支持较长预测期的理由是，根据 BRR 校准的 PD 反映了贷方在整个经济周期的贷款损失经验。因此，基于 PIT 的评级系统与基于 TTC 的评级系统的预测方式不同。从图形上看，PIT 和 TTC 曲线(PD 绘制在纵轴上，时间绘制在横轴上)将模仿平均商业周期的正弦波形状，比如 20 个季度，但 PIT 将有最高的振幅。TTC 将更加平缓。

信贷从业人员接受了这样一个事实，即没有完全令人满意的折中解决方案。在第 4 章，我们将详细讨论这一主题，但我们先在此稍微讲一下调整需要什么。对于高度周期性的行业，最佳做法是对 6～9 个月后的 BRR 行为进行反周期调整，甚至更长。基于标准方法的模型在很大程度上实现了评级的及时性和稳定性这两个理想的特点。[1]

一种方法是，在当期财务报表和预估财务报表上评估财务风险，这些报表来自在各种最坏的假设条件下对借款方的压力测试。预估财务报表的使用只取决于一个标准：最近和当前的历史是否可靠。在这种情况下，周期性使得历史数据(包括当前)不可靠。也可能有其他原因。另一种方法是，通过增加反周期调整，将商业周期纳入商业风险。为了实现对 BRR 的这一效果，我们将增加另一个风险因素，我们称之为周期调整因素。按照通常的方式，它将被赋予一个权重，并由行业在周期中的位置的描述符来定义。我们将在第 4 章讨论这些描述符所依据的经济学原理，并说明该程序如何应用。

让我们看一下图 3.2 所示的一个完整的商业周期。我们衡量一个商业周期从高峰到高峰的长度，或从低谷到低谷的长度。我们看到，PIT 调整抑制了对整体风险评级的周期性影响。在周期顶部的时间或接近时间 t_1 时，企业报告了它们最强的业绩，但与此同时，衰退的风险也是最高的。按照设计，记分卡的财务风险评估通过对财务指标的当前测量来获得财务业绩，但这种对风险等级的积极影响同时被商业风险评估中的 PIT 调整所抵消，因为时间 t_1 之后的违约风险更高。正如你所看到的，当行业接近周期底部的时间 t_2 时，情况正好相反。为

---

[1] John Kiff., Kisser M., and Schumacher L. (2013). Rating Through-the-Cycle: What does the Concept Imply for Rating Stability and Accuracy?, I. M. F. Working Paper. Also Rebekka Topp and Robert Perl (2010). Through the Cycle Ratings versus Point in Time Ratings and Implications of the Mapping between Both Rating Types, *Financial Markets*, *Institutions and Instruments*, 19: 47-61, 2010. Topp 和 Perl 对标准普尔的公司评级进行了调查，结果显示，尽管信用评级机构声称只关注永久性风险因素，但评级的行为是顺周期的。

了预测我们打算做什么,我们希望能够定位行业在商业周期中的位置,但要做到这一点,我们首先需要了解周期的每个阶段的动态,这将使我们能够确定某些差异化的特征或模式。这一决定是创建风险评级的描述符的关键。在第4章,我们将研究当前和领先经济指标的使用,以帮助定位商业风险中的 PIT 调整的位置和定义其特征。在第5章,我们通过将 PIT 调整应用于商业风险和金融风险的案例研究来进一步分析周期性调整,并比较结果。

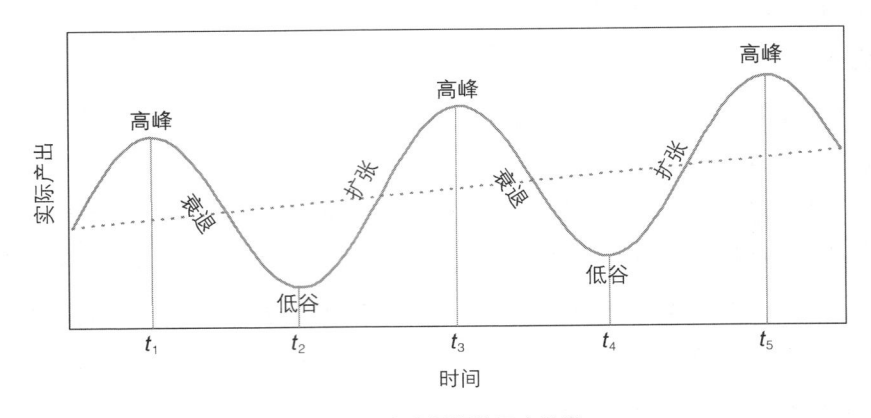

图 3.2 商业周期的四个阶段

3.2.4　BRR 记分卡的结构:风险标准、风险因素、风险要素和权重

现在我们来谈谈设计记分卡的理论部分,讨论的主要内容是确定风险标准、风险因素、风险要素以及它们的相对重要性。选择变量的主要标准是其解释和预测能力。为了获得指导,风险分析师依靠所有相关的金融和经济理论、统计研究、观察和专家的知识。例如,根据理论和观察,债务/总资本比率被认为是一个合理的预测破产和违约的好指标。表 3.2 中的模板抽象地说明了风险标准、风险因素以及典型的 BRR 记分卡中用"d"表示的描述符所描述的风险要素的安排。这些描述符通常既是定性的,也是定量的。稍后我们将详细介绍描述符,但现在,你可以把描述符看作预测变量的独特特征或一组特征。例如,流动资产与流动负债的比率是金融风险中流动性强度的一个预测指标,其描述符是实数线上所有正值的集合,或者,通常是数线上的离散范围。显然,从定义上看是无法量化的定性描述符,在定义上更具挑战性。附录 3.2 给出了财务比率的定义。

第 3 章 基于标准的信用风险方法评估和信用风险评级

表 3.2 BRR 记分卡模板

BRR 组件	权重	AA+	AA	AA−	A+	A	A−	BBB+	BBB	BBB−	BB+	BB	BB−	B+	B	B−	D	评分	BRR
		16	15	14	13	12	11	10	9	8	7	6	5	4	3	2	1		
1. 行业风险	10.0%									描述符									
1-A 收入和盈利能力的稳定性	50.0%										d								
经济衰退期间的盈利能力的周期性和季节性波动	100.0%					d													B+
1-B 成长和盈利能力的前景	50.0%																		
1. 进入和退出壁垒	100.0%	d	d	d	d	d	d	d	d	d	d	d	d	d	d	d	d	4	B+
基于标准的行业风险 BRR																		11	A−
覆盖																		7.5	BBB−
2. 企业风险	30.0%																		
2-A 竞争地位	33.3%	d	d	d	d	d	d	d	d	d	d	d	d	d	d	d	d	12.0	BBB+
2-B 市场地位	33.3%	d	d	d	d	d	d	d	d	d	d	d	d	d	d	d	d	11.0	BBB+
2-C 周期性地位（周期性调整因素）	33.3%	d	d	d	d	d	d	d	d	d	d	d	d	d	d	d	d	4.0	B+
基于标准的企业风险 BRR																		9.0	BBB−

续表

BRR组件	权重	AA+	AA	AA−	A+	A	A−	BBB+	BBB	BBB−	BB+	BB	BB−	B+	B	B−	D	评分	BRR
		16	15	14	13	12	11	10	9	8	7	6	5	4	3	2	1		
		描述符																	
3. 管理风险	20.0%																		
3-A 管理质量	33.0%	d	d	d	d	d	d	d	d	d	d	d	d	**d**	d	d	d	10.0	B+
3-B 商业策略	33.0%	d	d	d	d	d	d	d	d	d	d	d	d	**d**	d	d	d	10.0	B+
3-C 财务策略	34.0%	d	d	d	d	d	d	d	d	**d**	d	d	d	d	d	d	d	8.0	B
基于标准的管理风险BRR 覆盖																		9.3	BBB+
4. 金融风险	40.0%																		
4-A 财务表现	80.0%																	11.5	
4-A-1 盈利能力	25%																		
1. EBITDA利润率	50%	d	d	d	d	**d**	d	d	d	d	d	d	d	d	d	d	d	12.0	A
2. ROA	50%	d	d	d	d	d	**d**	d	d	d	d	d	d	d	d	d	d	11.0	A−
4-A-2 流动性	25%																	13.0	
1. 流动比率	50%	d	d	d	d	**d**	d	d	d	d	d	d	d	d	d	d	d	12.0	A
2. 自由现金流/调整后债务	50%	d	d	**d**	d	d	d	d	d	d	d	d	d	d	d	d	d	14.0	AA−
4-A-3 杠杆作用	25%																	11.5	
1. 资金债务/EBITDA	50%	d	d	d	d	d	d	**d**	d	d	d	d	d	d	d	d	d	10.0	BBB+

续表

BRR组件	权重	AA+	AA	AA-	A+	A	A-	BBB+	BBB	BBB-	BB+	BB	BB-	B+	B	B-	D	评分	BRR
		16	15	14	13	12	11	10	9	8	7	6	5	4	3	2	1		
								描述符											
2. 总负债/有形净值	50%	d	d	d	d	d	d	d	d	d	d	d	d	d	d	d	d	13.0	A+
4-A-4 债务覆盖	25%																	10.5	BBB+
1. 债务服务覆盖率	50%	d	d	d	d	d	d	d	d	d	d	d	d	d	d	d	d	10.0	BBB+
2. 固定费用覆盖比率	50%	d	d	d	d	d	d	d	d	d	d	d	d	d	d	d	d	11.0	A-
4-B 财务灵活性	20%																	11.0	
1. 筹集债务和股权融资的能力	100%	d	d	d	d	d	d	d	d	d	d	d	d	d	d	d	d	11.0	A-
基于标准的金融风险 BRR																		11.5	A

* 如果周期性调整因子是合理的,那么所有风险因素都被赋予预定的权重;否则,周期性调整因子是不加权的。

A. 基于标准的综合 BRR
B. 信息不对称覆盖(是/否)
C. CRR评级覆盖(是/否)
D. 主权风险评级覆盖(是/否)

最终综合 BRR-A,B,C和D中的最低值																			BBB+
																			否
																			A+
																			A+
																			BBB+

权重是记分卡的一个重要组成部分。在大多数情况下，它们是主观分配的，但回归和相关性分析被用来提供关于预测因素的相对重要性的信息。然而，权重的分布比绝对值更重要。例如，如果我们判断金融风险是信用度中最重要的因素，我们就赋予它最大的权重，这样综合BRR就会对金融BRR较小的变化变得敏感。这使得综合评级对财务信息的变化很敏感。金融风险的权重，比如从50%减少到45%，只是减少了10%，并不足以使金融风险在整个BRR中的摆动因素减少。但是，从50%到20%的变化是60%的减少，所以综合评级将对金融风险的变化不太敏感。

3.2.5 预测因子和违约频率之间的功能关系

在第3.2.2节中，我们介绍了描述符及其功能特性，以及它们在BRR记分卡运作中发挥的核心作用。在本节中，我们将重点讨论信用分析师如何为财务比率创建描述符。首先，我们需要了解如何选择财务变量并将其转化为适合记分卡的形式。让我们以EBIT/利息比率为例。从理论和观察来看，比率越高，覆盖面越强，因此违约的可能性当然越低。预期的函数关系是负的。下一步是获得各行业公司覆盖率的大量样本。我们可能希望使用平均值，而不是单一年份的数值，以消除低谷和尖峰。下一步是清理数据中的异常值和错误，如下载过程中的错误代码。"垃圾进，垃圾出"是指导清理过程而不影响数据完整性的一个合理原则。

一旦我们有了一个干净的数据样本，下一步就是把大量的数据点减少到一个小的、可管理的子集，但在信息价值上的损失要最小。我们应用了一个分组程序。正如我们之前提到的，BRR等级的数量设定了记分卡中特定预测指标的最大区间/档的数量。在我们的例子中，我们有16个等级，从D到AA+。表3.1给出了与16个区间或档呈映射关系的16个风险等级列表。

我们使用了一种叫做粗略分类的数据分析分组程序。一般来说，该程序被用来了解解释变量/自变量和因变量/解释变量之间的关系强度。这并不奇怪，因为我们希望自变量对违约有很强的预测性。让我们特别考虑一下EBIT/利息(解释变量/预测指标)和违约频率(因变量)之间的关系。我们的第一步叫做精细分类，就是为EBIT/利息的值创建X个相等且不同的组别，称为档，并将每个档与违约(因变量)的频率联系起来。我们会发现，高比率与低概率有关。下一步称为粗略分类,就是通过合并相似的相邻组来消除多余的类别。

一旦我们有了减少的组数,下一步就是测试它们与默认频率之间的关系,以确保单调性。违约率和息税前利润/利息之间的正向关系将被拒绝,但让我们假设我们有预期的负斜率。如果关系不是单调的,甚至对一组数值来说也是如此,那么继续逐个合并相邻的组别,直到单调性形成。首先,合并哪些档取决于最大似然原则:选择一个在解释变量(EBIT/利息)值的情况下,使因变量(在这种情况下,默认频率)的(对数)似然最大化的档。为了稳健起见,Thomas(2009)[1]建议,每档应该有"合理的组数比例——当然至少是5%"。

虽然粗略分类是一个严格的统计程序,但它为判断留下了很多空间。在实践中,虽然单调性条件必须始终存在,但区间并不必须总是等距的。表 3.3 显示了两个梯度。区间 A 是一个线性梯度,具有恒定和相等的宽度。正如我们所提示的,有非线性关系的情况并不罕见。例如,贷方可能想让借款方越来越难达到最高评级,或者基于行业数据或贷款方自己的内部数据,可能只是在这个行业中没有借款方具有诸如"AA+"的属性,即违约概率几乎为零。在这种情况下,将呈现几何关系,如区间 B,区间宽度随着 BRR 向最高评级增加一档而越来越宽。正如 Thomas(2009)所指出的,"分档过程是一种艺术,也是一种科学(72)"。

表 3.3　EBITDAR 利润率描述符

等　级	分　数	区间(A)	区间(B)
D	1	≤0	≤0
B−	2	0.1—2.5	0.1—1.1
B	3	2.6—4.4	1.2—2.2
B+	4	4.5—6.4	2.3—3.3
BB−	5	6.5—8.4	3.4—5.5
BB	6	8.5—10.4	5.6—7.7
BB+	7	10.5—12.4	7.8—9.9

[1]　Thomas, Lyn, C. (2009). *Consumer Credit Models*, Oxford University Press. 这本书是关于信用评分的,它提供了信用评分方法的理论和应用。

续 表

等　　级	分　　数	区间(A)	区间(B)
BBB−	8	13.5—14.4	10.0—13.0
BBB	9	15.5—16.4	13.1—16.1
BBB+	10	17.5—18.4	16.2—19.2
A−	11	19.5—20.4	19.3—22.9
A	12	21.5—22.4	23.0—28.0
A+	13	23.5—24.4	28.1—34.2
AA−	14	25.5—26.4	34.3—41.2
AA	15	26.5—28.4	41.3—49.3
AA+	16	≥28.5	≥49.4

3.3　在电子表格中构建风险标准

3.3.1　为风险因素/子因素分配分数并计算风险分数

综合风险分数的计算是基于一个加权求和(也叫加权平均)的模型。它不是一个基于从一组数据中得出的估计参数的统计模型,但它仍然是一个模型。它本质上是将专家判断与统计分析相结合。顾名思义,该工具涉及对一组定义明确的风险标准进行加总,每个标准都被赋予主观权重,反映了其在违约预测方面的相对重要性。对基于标准的方法最严重的批评是,它需要对违约预测指标的权重和选择作出个人判断,包括定量和定性。但正如我们在第1章所论述的,基于经验和观察的专家判断并不是猜测,在概率分析中也有一个有效的位置。尽管如此,基于标准的方法比纯粹的计量经济学或数学模型有一定的优势,它被银行和评级机构广泛使用,原因如下:

(1) 它不受在应用计量经济学工具时通常遇到的估算问题的限制。

(2) 它可以通过评估众多的预测指标来处理更多的信息。原则上,对重要预测指标的数量没有限制。

(3) 它可以量化对风险评级很重要的定性因素。在评估信用度方面,定性因素与定量因素同样重要。

(4) 它最适合于通过正确使用覆盖功能处理特殊情况,或异常值。

我们首先对记分卡进行定量介绍。让我们首先确定针对一个贷款组合中 4 个风险标准和 100 个借款方的综合方程。综合风险得分的方程式用下面的求和符号表示:

$$综合风险得分_b = \sum_{k=1}^{4} \left(风险标准得分_{kb} \times w_k \right) \quad (3.1)$$

其中,b 表示 $1, 2, 3, \cdots, 100$ 个借款方;k 表示 $1, \cdots, 4$ 个风险标准。

根据方程,w_k 是风险标准 k 的相对权重,(风险标准得分)$_{kb}$ 是一个风险标准在借款方 b 的风险标准 k 方面进行评估时的值。对所有 100 个借款方都进行了计算。

如果你仔细研究公式(3.2),你会发现它描述了 4 个风险标准的集合,所以我们要考虑的一个关键问题是,什么决定了风险标准的分数?风险标准得分是风险因素的加权平均,每个风险因素都是风险要素的加权平均:

$$风险因素得分_{jk} = \sum_{i=1}^{N} \left(风险要素_{ijk} \cdot w_{ijk} \right) \quad (3.2)$$

其中,有 j 个风险因素和 i 个风险元素。该公式说明,对于第 k 个风险标准的第 j 个风险因素,风险因素得分是第 i 个风险要素得分的加权平均数乘以其权重(w_{ikj})。

风险标准得分是风险因素得分的加权平均值。对于任何特定的借款方,第 k 个风险标准的风险标准得分是根据公式计算的:

$$风险标准得分_k = \sum_{j=1}^{M} \left(风险因素得分_{jk} \cdot w_{jk} \right) \quad (3.3)$$

公式(3.3)表示,第 k 个风险标准得分是第 j 个风险因素乘以其权重(w_{jk})之和。因此,通过将风险标准得分相加,我们又回到了我们前面介绍的公式(3.1)。

$$综合风险得分_b = \sum_{k=1}^{4} \left(标准风险分数_k \cdot w_k \right)$$

表 3.4 给出了各个组成部分,并预测了我们将在第 4 章讨论商业风险时对周期性调整因素的使用。值得一提的是,记分卡是专门为特定行业和融资类型

设计的,如商业房地产和项目融资。尽管所有记分卡的汇总规则都是一样的,但关于风险标准和权重的细节会有所不同,以捕获行业或被资助资产的基本特征。请注意,模板中的风险要素并不是每个风险因素都需要的,它往往代替了风险要素的位置。例如,在管理风险中,与财务状况不同的是,我们有 3 个风险因素没有进一步细分。模板上的阴影区域代表描述符的位置。为了说明问题,我们没有显示描述符的空白单元,但请记住,在实践中,由于无法获得验证数据,因此许多单元通常是空白的。

想象一下,你是信用分析师,你正在给一家具有高度周期性的公司评级。所有主要的经济指标都指向未来 6~9 个月内的经济衰退,而下一次 BRR 的更新是在 12 个月之后。你正确地预测到目前的财务状况不会继续,而是会恶化。一个周期点或时间点的 BRR 评估会夸大 BRR,所以你应当运用周期性调整因素来确定周期下行阶段商业环境的预期恶化。因此,你给的评级是"B+"。基于强劲的周期点表现,你将财务风险评为"A"。我们将表 3.2 的结果汇总在表 3.4 中。

表 3.4　记分卡计算摘要

风险标准	权重(%)	分数	风险等级
行业风险	10	7.5	BBB−
业务风险	30	9.0	BBB+
管理风险	20	9.3	BBB+
金融风险	40	11.5	A
综　合	100	9.9	BBB+

BRR 周期性调整系数的作用是调节金融风险评级。这是因为,如表 3.4 所示,如果没有周期性调整,综合得分是 10.7("A−")而不是 9.9("BBB+")。我们得到"A"级的原因是商业风险,不包括周期性调整因素,是 11.5("A"),而其他风险标准的评级保持不变。回顾一下,记分卡的描述符被映射到表 3.1 所示的预先确定的评级系统中。因此,一旦分析师完成了描述符(以及其他适用的强制性字段)的放置,记分卡就会用公式和分数 BRR 映射的查询表编程计算出综

合分数并附上相应的 BRR。考虑到这些位置,记分卡将行业风险、业务风险、管理风险和财务风险分别评为"BBB-""BBB""BBB+"和"A"。4 个风险等级的加权平均数为综合 9.9 分,相当于 BRR 为"BBB+"。由于评级较高,所以 SRR/CRR 的覆盖不适用。作为记分卡计算的学习经验,我们鼓励读者"做数学题"并得出同样的结果。

3.3.2 覆盖后分配对手方风险评级

与统计模型相比,基于专家知识的模型的一个明显优势是,风险评估师可以覆盖从标准中得出的 BRR,尽管要遵守内部信用政策。有两种类型的覆盖,它们来自记分卡的结构。首先,在记分卡基于标准的部分,风险评估师可以提高或降低表 3.2 所示记分卡中一个或多个部分的 BRR。话虽如此,记分卡的设计必须防止删除基于标准的 BRR。此外,风险评估师必须完成一个强制性的理由字段,否则记分卡将无法计算。这些都是保护 BRR 记分卡完整性的关键设计特征。

在第二种类型的 BRR 覆盖中,风险评估师可以而且经常被要求降低基于标准的 BRR。让我们看一下对外国借款方评级的强制性覆盖,这涉及由于任何数量的因素造成的跨境风险。在这种情况下,CRR 和 SRR 可以作为基于标准的 BRR 的上限。CRR 和 SRR 通常是相同的,但最近有许多分歧的案例。[1] 在表 3.2 中,SRR/CRR 覆盖后的最终 BRR 仍为"BBB+",因为覆盖后的评级超过了基于标准的评级。另一个同样作为上限的强制性覆盖是国家或省/州政府的信用风险。一所大学、一个学校董事会、一家医院或市政当局的评级不能高于其资金所依赖的省/州。一个省/州的评级也不能超过有类似依赖关系的国家政府的评级。强制性覆盖包括被归类为减值的借款方。他们会被自动分配到"违约"评级。在这第二种类型中,有非强制性的覆盖,例如,直接处理欺诈性的财务报告的信息不对称覆盖。这种覆盖是自由裁量的,尽管要遵守内部信用政策的指导原则。风险评估师需要证实这一主张并记录证据。

---

[1] S&P Capital IQ, Marcel Heinrichs and Ivelina Stanoeva (2012). Country Risk and Sovereign Risk — Building Clearer Borders, *The Euromoney Risk Management Handbook*, 2nd Edition.

3.4 模型验证

所有的模型、纯粹的判断、混合方式以及数学模型，都必须经过测试和验证。验证是信用评估框架的一个重要程序。在验证过程中，我们将一个模型的预测与实际结果进行比较，时间长短不一，时间间隔固定。该程序涉及测试来自各行业的借款方的记分卡样本的以下特征：

(1) 鉴别力。评级模型区分 BRR 所代表的信用好坏的能力。这种对基于标准的模型的测试相当于测试回归模型中的系统偏差。它涉及对代表投资组合中各行业的借款方样本的事后数据的测试。对于这个适当定义的"好"和"坏"案例的样本，贷方必须保持一个初始评级和评级授予 12 个月之后的"好"或"坏"状态的数据库。

(2) 稳定性。为了确定一个模型是否稳定，我们要测试一个评级模型在一个以上的不同长度的预测范围内的分辨能力 [程序见上面的特征(1)]。如果该模型不稳定，事先授予的评级将过度预测或预测不足，或随时间漂移。

验证的目的是提高模型的鉴别和预测能力，这可能涉及以下一个或全部情况：

(1) 替换过时的预测指标；

(2) 添加新的预测指标，从而创建新的描述符，但要视数据的可用性而定；

(3) 重新定义描述词以提高其鉴别力；

(4) 审查分组财务数据的范围；

(5) 根据最近的经验和统计分析调整权重。

这个过程是反复进行的，目标是对记分卡的功能达到足够的满意程度。一个模型很有可能无法通过验证测试。一个主要原因是，总体的风险状况发生了重大变化。在混合方式的情况下，有许多我们上面列出的修复方法。基于回归分析的模型可能要重新开发，因为估计的参数可能已经改变。模型开发者首先会对模型参数进行统计测试，如其平均值和方差，以确定发生了转变。

3.5 小　　结

第 4 章将涵盖大量的基础工作，所以强调主要的技术要点似乎是合适的。

基本的原则和想法是相同的,这些对设计任何行业的 BRR 记分卡都是很有用的。

(1) 什么是 BRR 记分卡？

记分卡是将定量和定性信息统一处理为综合评级的工具,我们称之为 BRR。表 3.2 给出了一个模板。

(2) 记分卡的构建模块是什么？

记分卡由风险标准组成,它决定了基于标准的 BRR 以及覆盖：① 行业风险评估；② 业务风险评估；③ 管理风险评估；④ 财务风险评估；⑤ 对基于标准的 BRR 的覆盖。

覆盖是记分卡的组成部分。这只是承认存在着例外和异常情况。覆盖可以是自由决定裁量的,也可以是强制性的,就像 SRR/CRR 评级那样。在本书中,我们提出了信息不对称的覆盖,即对包括隐瞒信息在内的财务不实或欺诈性财务报告的覆盖。这种覆盖是自由裁量的。一般来说,覆盖是必要的,因为对其他定性和定量风险因素的考虑将导致一个比基于标准的 BRR 更准确的 BRR。

(3) 权重是如何确定的？

这些权重是主观的,因为它们来自专业知识和观察。尽管如此,统计分析也被用来确定权重。对于没有充分理由分配不同权重的情况,风险分析师默认为同等权重。

(4) 什么是描述符？

描述符是口头和数字的定义。它们将预测指标/财务措施与 BRR 等级中反映的违约可能性联系起来。描述符必须满足两个数学条件才具有预测性。首先,预测指标的值/定义与 BRR 等级之间的函数关系必须是单调的。其次,子组或档必须是不同的。

(5) 记分卡是如何针对商业周期效应调整 BRR 的？

该模型在记分卡的商业风险评估部分包含了一个内置的功能,称为周期性调整因素。另外,分析师可以使用借款方提供的预估财务数据,或自己构建财务数据,以完成记分卡的财务风险评估。

(6) 记分卡是如何针对信息不对称效应调整 BRR 的？

记分卡包含信息不对称的覆盖。该功能允许风险评估师覆盖基于标准的 BRR,如果她/他能证明并记录借款方的欺诈性财务报告或不愿意提供重要信息。后者更适用于现有的借款方或申请贷款的新客户。

(7) 风险评估师能否使用他/她自己的判断来覆盖总体 BRR 或某个组成部分的 BRR？

可以，但要有基于风险的理由支持；此外，理由必须记录在记分卡中，以保持其完整性。与信贷结构和抵押品有关的考虑因素不能作为理由，因为它们同将借款方风险(PD)与交易/贷款风险评级(FRR)分开的二维风险评级系统的要求直接相反。同样，与客户关系的可营利性或不可营利性有关的理由也不能作为覆盖 BRR 的有效理由。

附录 3.1 函数、变量以及分组和非分组数据

在本书中，我们将经常明确或隐含地使用"函数"和"变量"。因此，简单介绍一下背景情况会很有用。简单地说，函数就像一个小工具，一端接受输入，另一端只给出一个输出，与绞肉机没什么两样。以一个简单的函数为例：

$$g(x) = 2x$$

或明确表示为：

$$y = 2x$$

其中，x 是输入。这个特殊的函数"g"接受 x 的任何值，用一个常数"2"乘以它，然后给你一个结果"y"。这个"2"被称为参数。从这个例子可以看出，变量"x"可以取任何实数，同样，"y"也可以。有无限多的函数，但这并不改变它们执行相同任务的事实。

这给我们带来了"变量"和"值"这两个词。虽然上述两种公式通常涉及实数，但它们不一定总是这样的。因此，让我们把变量定义为任何具有变化的数量或质量的东西。图 3.3 给出了我们将在本书预设的模型中使用的变量类型。

(1) 数值变量。数值型变量的值是数字。它们包括连续变量和离散变量。数值变量的另一个名称是定量变量。因此，根据定义，任何可以添加的变量都是定量的。12.7% 的 ROE 加上 14.3% 的 ROE，总和为 27.0%。

(2) 定性变量。它是一种非数字性的变量，由有序和名义变量组成。因此，

```
                          变量
                    ┌──────┴──────┐
                  数值(定量)        定性
                  ┌───┴───┐      ┌───┴───┐
                 连续    离散    序数    名义
                         │              │
                        随机            二元
```

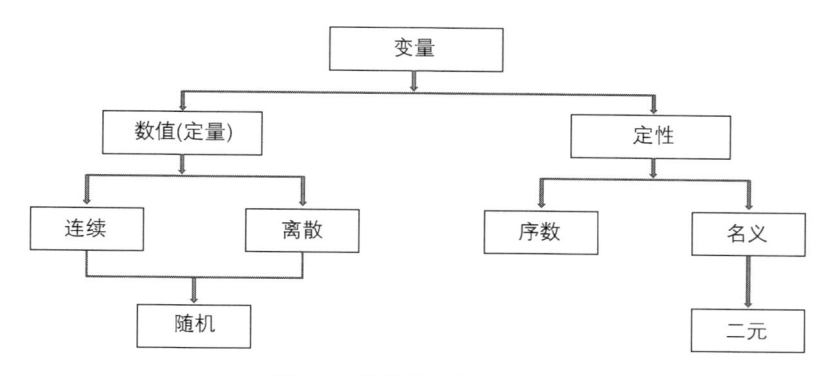

图 3.3　统计分析中变量类型

根据定义,不能增加定性变量,如"A"的 BRR 加上"B"的 BRR(见有序变量)。

(3) 随机变量。它是一个可以有一定数值范围的量。在统计学中,随机变量是对统计学实验结果的一种数字描述。例如,在任何给定的一年中,拖欠债务的公司数量是一个离散的随机变量。接下来的 EBITDA/利息比率是一个连续随机变量的例子。

(4) 连续变量。它是一个具有无限数值的变量,如利润和流动资产对流动负债的比率。

(5) 离散变量。它是一个只能取一定数量的值(即整数值)的变量,比如一个城市的人口。

(6) 序数变量。它是一个有明确排名的变量,因此每个数据点都可以按顺序排列(第一、第二、第三、第四等),或(低、中、高)。例如,BRR(借款方风险评级)、管理质量、财务灵活性等。

(7) 名义变量。它是分类变量的另一个名称。它包括二元变量。

(8) 二元变量。它是一个只能取两个值的变量,比如默认或无默认。

(9) 二分变量。它与二元变量相同。

(10) 虚拟变量。在本书中,虚拟变量是一种分类变量,在回归分析中用于将关系分配给不相关的分类变量。例如,如果你有"默认"和"无默认"两个类别,你可以指定 1 表示"默认",0 表示"无默认"。更一般地说,虚拟变量也可以代表一个无法直接测量的变量。例如,人们习惯于用一个取值为 $1, 2, 3, \cdots, N$ 的虚拟变量来表示"趋势"或"技术变化"。

(11) 自变量。它是一个不依赖于模型中另一个变量的变量,因此,它不受建模者所做的任何事情的影响。

(12) 解释变量。在单一方程的背景下,它与自变量或预测变量相同。

(13) 因变量。它是一个受自变量影响的变量。它是人们通过假设自变量的某个值和估计的参数来衡量的东西。

(14) 参数。在统计学中,参数是总体的一个特征,如其平均值和方差,我们通过对总体的抽样调查来估计。在数学中,参数(或估计参数)是一种特殊类型的变量,其目的是保持固定,但只在某种应用中。

(15) 未分组的数据。这些是作为单个数据点的数据,如2.3%、2.4%和2.5%。

(16) 分组数据。这些是在封闭的区间内给出的数据,如[2.51—4.51]、[4.52—6.52]以及[6.53—8.53]。它们是离散的或不相干的(意味着相互排斥)。在基于标准的方法中,通常使用分组的数据。

附录3.2 作为预测指标的财务变量定义

(1) EBITDA 利润率。未计利息、税项、折旧/摊销前的利润除以收入。

(2) EBITDAR 利润率。扣除利息税、折旧/摊销和租金前的利润除以收入。

(3) 经营比率。总支出减去利息支出后除以营业收入。

(4) 净利润率。净利润除以收入。

(5) ROA。平均资产回报率;EBIT 除以平均资产。

(6) 流动比率。流动资产除以流动负债。

(7) FCF/调整后的固定债务。自由现金流除以固定债务和资本化表外债务之和。

(8) 资助的债务。资产负债表内和资产负债表外的借贷债务,有明确的利息或估算的利息,加上对第三方债务的担保,但不包括延期的债务。

(9) TNW。有形净值是指总股本加延期债务减去无形资产、递延费用和租赁权改良。

(10) 负债总额/TNW。所有负债,不包括递延税项负债和延期债务除以 TNW。

(11) 推迟的债务。完全推迟的债务，从属于欠贷款人的债务。

(12) EBIT。息税前利润(与净营业收入相同)。

(13) 偿债能力。息税前利润除以利息支出；或息税前利润除以利息支出和预定本金付款。

(14) 固定费用覆盖率(FCCR)。EBIT 加 FCBT(税前租赁费用和其他固定费用)除以 FCBT 加利息费用和预定本金支付。FCCR 小于 1，意味着公司缺乏足够的资金来支付其固定费用。注意，FCCR 没有标准的定义，因此，具体的组成部分取决于贷款协议。

第 4 章　信用分析的构建块和信用风险评级

章节目标

1. 理解为什么国家和主权风险对信用评级至关重要。
2. 了解四个构建块的结构：行业风险、业务风险、管理风险和财务风险。
3. 讨论行业分析，理解为什么行业风险对信用评级具有重要意义。
4. 学习构建基于标准的模型。
5. 制定借款方风险评级(BRR)记分卡模板(模板可在网上找到)。
6. 应用 BRR 记分卡模板来计算综合得分，并分配综合借款方风险评级。

4.1　引　　言

第 3 章为基于标准的方法和风险评级系统奠定了基础。在本章中，我们将逐块地进行构建。想象一下，作为一个信用分析师，你的任务是设计和建立一个借款方风险评级(BRR)记分卡。正如你将在本章中所学到的，每个模块都是为了捕捉和处理你认为对于 BRR 的某一特定风险标准相关的信息，综合起来，记分卡给出了总体风险评级。一种常见的做法是，商业信用风险不能优于其所在国的国家风险评级(CRR)，它适用于国内和国外的借款方，但这种做法对于评估国外借款方的 BRR,或其业务设在所在国的借款方尤其相关。因为还款的可能性会受到国家和主权风险的不利影响,所以国家风险优先考虑。我们首先对国家风险和主权风险进行简单的研究,因为它们是评估外国债务方最终 BRR 的组成部分。

4.2 国家风险和主权风险

回顾第 3 章,BRR 记分卡有一个覆盖功能,它允许风险评估师对记分卡产生的 BRR 进行下调。我们把这种直接从记分卡中得出的 BBR 称为基于标准的 BRR。如果国家风险评级/主权风险评级(CRR/SRR)低于基于标准的评级,风险评估师就必须用 CRR/SRR(两者中的较低者)来覆盖后者。CRR 为商业信用风险评级设立了一个上限,这意味着借款方的商业风险评级不能优于其所在国的 CRR。正如我们前面所指出的,覆盖是强制性的。国家风险是独立的对手方风险上的一个额外的信用风险层。国家风险是指该国的经济和政治力量对借款方向外国债权方偿还债务的意愿和能力产生不利影响的可能性。就债务而言,政治风险反映了一个国家的还款意愿,而经济风险则反映了还款的能力。能力反映了许多因素,如由外汇短缺和汇率贬值引起的转移风险以及主权风险(SR),即政府不履行其商业贷款义务的风险。主权风险是国家风险的代表,而且大多数时候政治和经济条件是相互映照的。但正如我们在第 3 章指出的,这两种风险并不一定完全相同。治理也是国家风险和主权风险的一个重要因素。世界银行公布了全球治理指标的 6 个治理维度:政治发言权和问责制;政治稳定和无暴力;政府效率;监管质量;法治;腐败控制。

国家风险分析中一个常用的预测指标变量是多年来人均实际收入的增长率。衡量一个国家的经济进步和发展水平(但不是收入分配)的一种快速方法是查看由实际国内生产总值(GDP)的人均收入,或实际 GDP 除以人口组成的面板数据。表 4.1 给出了 18 个发达国家和发展中国家的样本数据。这些数据揭示了一些重要的事实:

(1) 经济表现在不同时期和不同国家之间有很大差异。1989—2017 年期间的平均增长率在 -0.3% 和 8.0% 之间。

(2) 许多发展中国家在此期间经历了长期的经济停滞。

表 4.1 人均 GDP 增长率（年度）

单位：%

年份	巴哈马	博茨瓦纳	智利	牙买加	巴西	印度	澳大利亚	希腊	中国	新加坡	巴巴多斯	马来西亚	南非	加拿大	瑞典	美国	沙特阿拉伯	德国
1989	4.9	9.9	8.1	6.5	1.4	3.7	2.1	3.3	2.6	7.0	3.2	5.9	0.2	0.5	2.0	2.7	−4.3	3.1
1990	−3.3	3.8	1.6	3.5	−4.8	3.4	2.0	−1.1	2.4	5.8	−3.6	6.0	−2.5	−1.3	0.0	0.8	11.2	4.4
1991	−5.9	4.5	6.1	4.0	−0.2	−1.0	−1.6	1.9	7.8	3.7	−4.2	6.6	−3.3	−3.4	−1.8	−1.4	11.3	4.3
1992	−5.6	0.2	9.4	1.1	−2.1	3.4	−0.8	−0.1	12.8	3.9	−7.3	6.1	−4.4	−0.3	−1.7	2.1	0.9	1.2
1993	−1.6	−0.7	5.0	8.4	3.0	2.7	3.0	−2.2	12.6	8.8	0.9	7.2	−1.1	1.5	−2.6	1.4	−4.0	−1.6
1994	1.4	1.1	3.5	0.4	3.6	4.6	2.9	1.5	11.8	7.5	3.4	6.5	0.9	3.5	3.4	2.8	−1.9	2.1
1995	2.8	4.5	7.4	1.4	2.7	5.5	2.6	1.6	9.8	3.8	1.6	7.1	1.0	1.8	3.5	1.5	−2.1	1.4
1996	2.9	3.5	5.3	−1.1	0.6	5.5	2.5	2.4	8.8	3.2	3.6	7.2	2.3	0.5	1.4	2.6	0.5	0.5
1997	0.9	5.8	6.0	−2.1	1.8	2.1	2.8	4.0	8.1	4.7	4.3	4.6	0.9	3.2	2.8	3.2	−0.8	1.7
1998	3.6	−1.2	3.0	−3.3	−1.2	4.2	3.5	3.3	6.8	−5.5	3.3	−9.7	−1.1	3.0	4.2	3.2	0.9	2.0
1999	5.9	7.7	−1.7	0.1	−1.0	6.9	3.8	2.7	6.7	5.3	0.0	3.6	0.8	4.3	4.4	3.5	−5.7	1.9
2000	2.6	0.3	4.0	0.0	2.6	2.0	2.7	3.5	7.6	7.0	1.9	6.4	2.6	4.3	4.6	2.9	3.2	2.8
2001	0.9	−1.3	2.1	0.6	0.0	3.0	0.6	3.6	7.6	−3.6	−2.7	−1.7	1.3	0.7	1.3	0.0	−3.7	1.5
2002	0.7	4.6	1.9	1.3	1.7	2.1	2.7	3.5	8.4	3.3	0.5	3.2	2.3	2.1	1.7	0.8	−5.5	−0.2
2003	−3.3	3.2	2.9	3.0	−0.2	6.1	1.7	5.5	9.4	6.0	1.9	3.7	1.6	0.8	2.0	1.9	8.0	−0.8

第 4 章
信用分析的构建块和信用风险评级

续 表

年份	巴哈马	博茨瓦纳	智利	牙买加	巴西	印度	澳大利亚	希腊	中国	新加坡	巴巴多斯	马来西亚	南非	加拿大	瑞典	美国	沙特阿拉伯	德国
2004	−1.2	1.3	6.0	0.7	4.5	6.2	2.8	4.8	9.5	8.2	1.1	4.7	3.3	2.1	3.9	2.8	4.8	1.2
2005	1.3	3.1	4.6	0.3	2.0	7.6	1.8	0.3	10.7	5.0	3.7	3.3	4.0	2.2	2.4	2.4	2.6	0.8
2006	0.5	6.7	5.2	2.3	2.8	7.6	1.3	5.3	12.1	5.5	5.3	3.6	4.4	1.8	4.1	1.7	0.0	3.8
2007	−0.5	6.6	3.8	0.9	4.9	8.2	3.1	3.0	13.6	4.7	1.4	4.4	4.3	1.1	2.6	0.8	−0.9	3.4
2008	−4.1	4.5	2.5	−1.3	4.0	2.4	1.6	−0.6	9.1	−3.5	−0.3	3.0	2.1	−0.1	−1.3	−1.2	3.4	1.3
2009	−5.8	−9.2	−2.5	−4.8	−1.1	7.0	−0.2	−4.6	8.9	−3.6	−4.4	−3.3	−2.6	−4.1	−6.0	−3.6	−4.7	−5.4
2010	−0.1	6.7	4.8	−1.9	6.5	8.8	0.5	−5.6	10.1	13.2	−0.1	5.5	1.8	1.9	5.1	1.7	2.1	4.2
2011	−1.0	4.2	5.1	1.3	3.0	5.2	1.0	−9.0	9.0	4.2	0.3	3.4	1.9	2.1	1.9	0.8	6.8	5.6
2012	1.6	2.6	4.4	−1.0	1.0	4.1	2.1	−6.8	7.3	1.6	−0.1	3.5	0.8	0.6	−1.0	1.5	2.3	0.3
2013	−1.8	9.3	3.1	0.1	2.1	5.1	0.9	−2.5	7.2	3.4	−0.3	2.8	1.0	1.3	0.4	1.0	−0.2	0.2
2014	−1.4	2.2	0.9	0.3	−0.4	6.1	1.0	1.4	6.8	2.5	−0.3	4.2	0.4	1.7	1.6	1.8	0.8	1.5
2015	−0.2	−3.5	1.4	0.5	−4.4	6.9	0.9	0.4	6.4	1.0	0.6	3.3	−0.1	0.2	3.4	2.1	1.5	0.9
2016	−2.8	2.4	0.4	1.0	−4.3	5.9	1.3	0.2	6.1	1.1	1.7	2.7	−0.7	0.2	1.9	0.7	−0.6	1.1
2017	0.4	0.5	0.7	0.2	0.2	5.4	0.3	1.5	6.3	3.5	1.4	4.4	0.1	1.8	0.8	1.5	−2.7	1.8
平均	−0.3	2.9	3.6	0.8	1.0	4.9	1.7	0.7	8.5	3.7	0.6	3.7	0.8	1.2	1.5	1.5	0.8	1.6

资料来源：世界银行。

(3) 经济停滞是社会不稳定的可靠"晴雨表",直接影响到一个国家的外债偿付能力。长期的经济疲软与政治不稳定相互作用,往往是主权债务违约的前兆。

(4) 经济冲击,如 2008—2009 年的金融危机,迅速蔓延到全球,严重依赖贸易的小型开放经济体尤其脆弱。我们看到,许多发展中国家在这一时期出现了负增长。

CRR(国家风险评级)和 SRR(主权风险评级)使用相同的基于标准的方法对企业借款方进行评级,涵盖了这些考虑因素以及更多的因素。还有一些统计方法,我们将在第 8 章和第 9 章进行介绍。

虽然对国家风险分析的一般理解[1]有助于对外国借款方进行评级,但通常不要求风险评估师进行国家风险分析,以得出适当的 CRR/SRR 用于覆盖。银行发现,将这项工作外包给专业的金融服务供应商,如经济情报局(EIU)和评级机构,而不是建立自己的模型,是符合成本效益的,尽管在 20 世纪 70—80 年代国家风险放贷的鼎盛时期,这是标准操作。银行曾投入巨额资金来开发和维护国家风险评级模型。国家风险管理通常与负责风险评级的风险管理相结合。通过外包安排,来自外部的国家风险评级得以确定,以便与银行的内部评级系统相吻合。

4.3 行业风险评估

行业风险是指任何公司失去销售或市场份额的可能性,或由于行业混乱和趋势造成失败的可能性。因此,行业风险分析为公司评估创造了条件。BRR 记分卡的第一个风险标准是行业风险,接下来是公司的具体风险,这些都有充分的理由。作为背景,回顾一下行业分析的目的和信用,从业人员继续使用的一些分析方法可能是有益的。在信用分析的实际业务中,分析师没有选择最喜欢的模型的意识形态,因为没有一个模型是完美的,所以折中的方法是最有可能保证评

---

[1] 关于这个问题的入门知识,见 Nagy, Pancras J. (1984). *Country Risk: How to Assess, Quantify, and Monitor It*, London: Euromoney Publications; Mina Toksoz and The Economist (2014). *Guide to Country Risk: How to Identify, Manage and Mitigate the Risks of Doing Business Across Borders*。国家风险评级由惠誉和穆迪等信用风险评级机构,以及 EIU(经济学人情报组)等政治风险分析组织提供。见 EIU. *Country Risk Model: An Interactive Tool for Analysing Country and Sovereign Risk*。

估完整性的方法。一种称为行业生命周期(ILC)模型的传统方法,借用了生物科学中的生命周期现象。像生物体的生命周期一样,一个行业从出生到死亡经历了不同的阶段。另一种方法,即五力模型,是由迈克尔·波特在20世纪70年代末开发的,并以波特五力模型(1980)得到推广。[1] 波特的框架可以被看作对那些用生命周期的物理现象来解释和预测一个行业、公司或更基本层面的产品的演变的模型的批判。对ILC模型的常见批判是波特(1980)[2]提出的以下意见:

> 产品生命周期作为行业演变的预测指标,其真正的问题在于,它试图描述一种必然会发生的演变模式。此外,除了行业增长率之外,几乎没有任何基本的理由来解释为什么与生命周期相关的竞争性变化会发生。由于实际的行业演变有许多不同的路径,生命周期模式并不总是成立的,即使它是一种常见的甚至是最常见的演变模式。这个概念中没有任何东西可以让我们预测它何时成立、何时不成立。

行业风险的重要性

在银行界,对于行业风险分析是否应该成为企业整体风险评级的一部分,存在着一些争论,因为有这样的说法:流动性不足会引发违约。这是一个错误的论点,因为BRR的目的在于反映短期和长期的现金流强度。高内部收益率并不能保证一个公司永远不会违约,但低内部收益率会增加违约的可能性,从而削弱潜在的BRR。

然而,五力模型并非没有盲点,这方面的文章很多,如果我们要走这条路,就会把我们带入信用分析的歧途。然而,从信用分析师的角度来看,值得注意的是,对波特模型的主要批判是其静态属性;也就是说,时间作为一个独立的因素几乎被忽略了。尽管如此,自20世纪80年代以来,由于技术和全球供应链(全

---

[1] Porter, M. (1980). *Competitive Strategy: For Analyzing Industries and Competitors*, The Free Press.

[2] Porter, M. (1980). *Competitive Strategy: For Analyzing Industries and Competitors*, The Free Press, p. 158. 作者承认对生命周期方法和S形曲线描述的某些"合理批评"。

球化），全球商业环境已经发生了重大变化。这些基本上都是影响竞争力的动态力量，而且它们的变化如此之快，以至于一个静态模型总是滞后的。也就是说，尽管这两种行业分析方法都不是完全令人满意的，但它们在试图理解一个公司的竞争地位、其盈利能力和增长前景及其现金流的行为方面都是有用的（见图4.1）。我们提出了一种折中的方法，结合了以下要素：波特五力模型、ILC模型、商业生命周期模型、成本和成本结构、国家和政治风险、人口和社会趋势、全球市场。

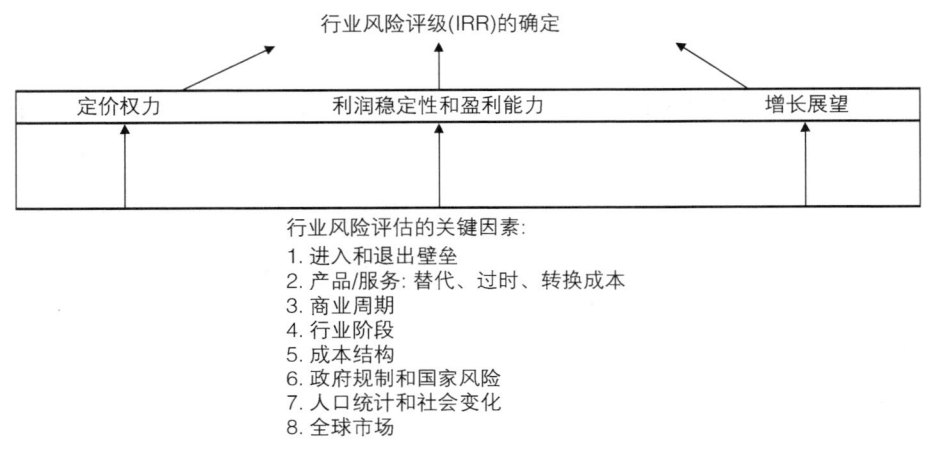

```
                    行业风险评级(IRR)的确定
         ↗                    ↑                    ↖
┌─────────────────┬──────────────────────┬─────────────────┐
│    定价权力      │   利润稳定性和盈利能力   │    增长展望      │
│                 │          ↑           │        ↑        │
└─────────────────┴──────────────────────┴─────────────────┘

行业风险评估的关键因素：
1. 进入和退出壁垒
2. 产品/服务：替代、过时、转换成本
3. 商业周期
4. 行业阶段
5. 成本结构
6. 政府规制和国家风险
7. 人口统计和社会变化
8. 全球市场
```

图 4.1　行业分析图

4.3.1　波特五力框架的行业分析模型

让我们首先探讨一下五力模型。它是一种流行的管理工具，用于分析行业竞争和对公司盈利能力的威胁。一个公司的竞争地位受到行业所面临的威胁和机会的影响。波特的五力模型是一个框架，它将一个行业受到五种力量的影响进行建模：新进入者的威胁；供应商的力量；买方力量；替代品的威胁；竞争程度。作为一个被广泛使用的规划和战略的商业工具，经理们使用这个模型来发展对对手公司的竞争优势。然而，从信用分析师的角度来看，更重要的是了解威胁和机会以及它们如何影响竞争实力。波特模型有助于评估行业的吸引力和影响行业竞争的新趋势。表4.2总结了波特模型。它给出了5种力量、与每种力量相关的因素，以及这些因素与竞争或行业竞争强度之间的关系方向。从信用分析师的角度来看，对增长、利润率和现金流的影响是阅读该表时的关键点。任何减少竞争或对抗的因素对该行业的既有企业来说都是积极的。

表 4.2　波特五力及其对行业竞争的影响

力量及其因素	力量因素与竞争之间的联系	力量因素与竞争的关系方向
1. 新进入者的威胁		
规模经济	进入壁垒：进入壁垒高的市场上的公司比进入壁垒低的市场上的公司面临的竞争要小。	逆向关系
获得投入的机会	与规模经济相同。	逆向关系
资本要求	与规模经济相同。	逆向关系
品牌识别/产品差异化	与规模经济相同。	逆向关系
转换成本	买方从现有卖家转向新进入者的一次性成本不利于改变产品；转换成本是一种进入障碍。	逆向关系
进入销售渠道	与规模经济相同。	逆向关系
绝对成本优势	与规模经济相同。	逆向关系
限制或阻止进入行业的政府政策	与规模经济相同。	逆向关系
2. 供应商权力		
供应商的集中度	在投入品供应集中于少数公司的情况下，与供应集中度低的行业中的公司相比，卖家有更高的谈判筹码来收取高价；加强了供应商的议价能力。	逆向关系
批量销售的重要性	在一个重视投入品批量采购的行业中，企业面临的竞争比在一个不重视批量采购的行业中的企业要小；加强了供应商的议价能力。	逆向关系
替代投入品的存在	在一个容易获得替代投入品的行业中的企业，比在一个没有替代投入品或替代投入品有限的行业中的企业面临更多的竞争；削弱供应商的议价能力。	正向关系
行业内企业的转换成本	投入品的供应商从高转换成本中获益，因为它促进了依赖性，这有助于保持供应商的高价格；从一个供应商转移到另一个供应商的高转换成本，加强了供应商的议价能力。	逆向关系
3. 买方力量		
议价筹码	在买方具有议价筹码的行业中的企业，比在买方没有议价筹码的行业中的企业竞争更加激烈。	正向关系

续 表

力量及其因素	力量因素与竞争之间的联系	力量因素与竞争的关系方向
大批量购买	与客户以任何数量购买的行业中的企业相比,在买方喜欢大批量购买的行业中的企业必须更多地竞争这些客户。	正向关系
价格敏感性	需求对价格敏感的行业中的企业,比需求对价格不敏感的行业中的企业在价格上的竞争更激烈。	正向关系
品牌识别	强大的品牌识别度是产品差异化的一种形式,它使替代更加困难。	逆向关系
可用的替代品	行业外的替代品的可用性降低了消费者对某一产品的依赖性;替代品的存在降低了转换成本,加强了买方的议价能力;现有的企业必须进行更多的竞争来保留客户。	正向关系
产品差异化	与产品差异化的行业相比,在一个产品标准化或无差异化的行业中的企业在价格上的竞争更为激烈。	逆向关系
4. 替代品的威胁		
转换成本	高额的一次性转换成本是对产品转换的抑制。	逆向关系
价格和产品性能之间的权衡	当另一个行业的替代品与该行业的产品相比,其性价比具有吸引力时,它的威胁性就很高,这种威胁性阻碍了新进入者。	逆向关系
5. 竞争的程度		
退出壁垒	高的退出壁垒使企业无法离开一个行业,导致产能过剩。	正向关系
行业集中度	行业集中度高,少数企业占据了行业销售的大部分份额,这就减少了竞争。	逆向关系
行业增长	行业的缓慢增长导致市场份额的竞争更加激烈。	正向关系
经营杠杆(固定成本/总成本)	经营杠杆率越高,实现最低单位成本所需的生产水平就越高,这就导致了供过于求或产能过剩。	正向关系
产品差异化	产品差异化减少竞争。	逆向关系
品牌忠诚度	品牌忠诚度是产品差异化的一种形式。	逆向关系
转换成本	当消费者可以很容易地在商品之间转换时,卖家就很难留住或吸引客户;高转换成本的存在减少了现有企业之间的竞争,并阻碍了新进入者。	逆向关系

进入和退出壁垒

进入壁垒是指阻止一个公司进入一个行业的东西。高的进入壁垒有利于标的行业的低生产能力、高价格和高利润率。在许多情况下,这些壁垒是行业的自然或结构性壁垒,但也可能是既有公司为了限制竞争而创造的,作为其增长战略的一部分。让我们来看一些重要的进入障碍:

(1) 规模化生产的经济效益。这是指需要大量的生产和销售,使公司能够以最低的单位成本进行生产。[1] 当既有公司已经利用了显著的规模化经济效益时,新的进入者就会被阻止进入这个行业。

(2) 资本需求和技术。这与生产企业中每单位产出的资本投资成本有关。高资本成本阻碍了企业的进入。资本投资包括厂房和设备、基础设施、广告和研发。这些成本也是自然障碍。这些成本是固定的,因为如果一个公司决定停业的话,它们是无法收回的。在像药品这样的寡头垄断市场上,研发费用很高,为了竞争,新公司必须达到或超过既有公司的这种支出水平。由于将新药推向市场的研发成本很高,因此政府授予药品公司垄断权,通常是在 20 年左右的有限时期内,从而允许它收回在药品开发过程中的投资。

行业的技术革新率或产品过时率,也是进入障碍的来源之一。创新缩短了现有产品的使用寿命和适应性,既有企业投资巨额资金以确保它们在产品曲线上保持领先。在消费电子行业,包括像苹果、三星和华为这样的大公司,产品的淘汰率非常高,消费者开始期待新产品的开发。保留高技能的员工和有效的研发过程对这种快速变化的创新步伐至关重要。

(3) 供应商渠道。指一个公司需要获得零件和原材料,以使生产不受严重干扰。例如,在汽车行业,复杂的全球供应链的严重中断会使该行业陷入瘫痪。业务的规模和复杂性是非常有效的障碍。

(4) 转换成本。指消费者从一个供应商转到另一个供应商所产生的一次性费用。这些成本可以是货币性的,如购买和安装新设备;也可以是非货币性的,如在转换过程中失去服务带来的不便。转换成本对于有线电视、电话服务和能源供应商来说是很常见的。这些障碍(不便、努力和金钱)阻止了买家从一个市

---

[1] 在竞争性市场中,企业在其短期平均成本曲线上的最低点实现成本最小化。其中,ATC(平均总成本)$=MC$(边际成本),因为 MC 总是在 ATC 曲线的最低点削减 ATC。

场转到另一个市场,从而在行业内形成了一种俘获性需求。

（5）强大的品牌和品牌忠诚度。强大的品牌和客户忠诚度的存在,有助于阻止新公司或后来者创建新的产品品牌。

（6）政府法规。障碍可能包括建立生产的许可证和执照,或严格的行业标准。

政府法规

正如我们在上面所讨论的,政府法规可以极大地影响一个行业的盈利能力和增长前景。如果它们作为进入壁垒,行业内的公司就会受益。但是,政府颁布法规的目的也是促进竞争和降低利润率。有四大类政府法规:

（1）公共利益法规。这类法规旨在促进环境、劳工、食品、药品、运输、医疗方面的健康和安全。政府使用各种手段,包括许可证、产品标准和外国所有权限制。

（2）特殊利益监管。为了应对国内政治压力,政府对某些行业或消费者群体进行保护。由乳制品、家禽、猪肉、牛肉、谷物和水果组成的农业领域是供应管理以支持价格,从而稳定农民收入的一个完美例子。政府许可是另一种形式的供应管理,以阻止外国竞争和限制产能。

（3）放松管制。这类法规旨在禁止或降低进入壁垒以鼓励竞争。这种规定的理由是,竞争可以降低价格,提高生活水平,并刺激创新。

（4）繁文缛节。政府的繁文缛节,如审批和许可方面的拖延,是一种常见的做法,也是进入市场的障碍。

产品替代和淘汰

当一种新的产品或服务以不同的方式满足相同的需求时,行业的盈利能力就会受到产品替代的影响。电子邮件取代了邮政部门的快件。钢、玻璃和塑料可以替代铝来制造饮料容器。产品淘汰的一个主要原因是技术革新。淘汰是自然的或有计划的。从19世纪开始,铁和钢取代了木材来建造船只。在工业化的世界里,机动车已经取代马车成为常见的运输方式。这些都是自然淘汰的例子。产品升级是计划性淘汰的例子,这是一种商业策略,以保持消费者对产品的忠诚,因此,它是对替代风险的一种防御。

4.3.2 行业生命周期模型

图4.2以行业的总收入或销售为线索,描述了在很长一段时间内一个行业

的生命周期。行业生命周期通常是以风格化的事实或一般趋势的形式呈现。

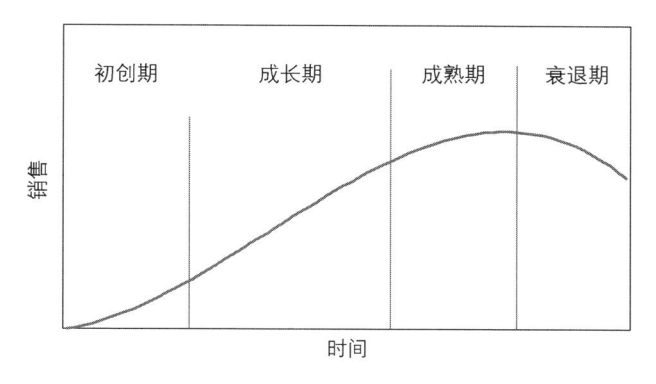

图 4.2 行业生命周期曲线

ILC 模型在根据某些特征对各阶段进行分类和描述方面非常有用。例如，如果我们知道一个行业所处的阶段，我们就对该行业的现金流需求和普通公司的相对盈利能力有了一些先验的了解。一个年轻的成长型公司通常比一个成熟的公司更有利可图，但它需要来自外部的相对较大的现金流。比如微软公司，它在 20 世纪 70 年代还只是一家新成立的公司，然后在 20 世纪 80 年代和 90 年代经历了快速增长，在 21 世纪第一个 10 年已经成为一家成熟的公司。这并不是说下一个阶段一定是"衰落"，尽管这有可能发生，因为我们观察到，曾经是信息技术行业巨头 IBM 和类似的公司的业绩不断下降。

然而，通常情况下，与其用预先设定从一个阶段到下一个阶段的进展来进行分析，我们可以通过试图通过行业的主要特征来确定行业阶段，从而从该模型中获得更多的分析结果。也就是说，确定该公司是代表成长型产业、成熟型产业还是衰退型产业。所有这些信息对信用分析师来说都是有帮助的，可以很好地了解一个行业的盈利能力、现金流需求和未来增长。首先从正确的行业识别开始，接着信用分析师就可以关注被审查公司的销售、盈利能力和增长前景。让我们利用生命周期模型的行业分类来确定行业的类型：先锋、成长、成熟（包括利基）、衰落。

先锋行业

当一些新成立的公司推出新的产品或服务时，就会形成一个新的或先锋行业，这些产品或服务往往会替代另一个行业所提供的产品。一个新的行业失败风险高、利润低,后者是由于高投入和推广成本,以及偏重于成长而不是利润最大化的战略。公司需要大量的外部融资来源,但随着产品获得买家的认可,其好处是高利润率。

成长型行业

按行业总收入衡量,一个成长型行业的规模增长始终高于平均水平。作为一个先锋行业,其现金需求也相对较高。扩张阶段的一个关键特征是价格上涨,因为需求的增长超过了产能。在这样的环境中,该行业的公司有市场影响力,可以将产品或服务的价格定得高于边际成本,并实现高利润率。市场影响力转化为定价权。定价能力取决于商品需求对价格变化的敏感性。从技术层面看,这种敏感性是由需求的价格弹性来衡量的,下面的标价规则就很好地体现了这一点[1]:

$$P = MC\left(\frac{1}{\eta + 1}\right)$$

其中,P 表示商品或服务的价格;MC 表示生产的边际成本。$\eta = \frac{1}{\epsilon_p}$ 是需求的价格弹性(ϵ_p)的倒数,用需求量变化的百分比除以价格变化的百分比。

这条规则表示,如果括号内的项大于1,企业就可以将其产品定价远远高于生产的边际成本。如果 $\epsilon_p < -1$,则获得该条件。相反,当 ϵ_p 的绝对值越来越大时,$\eta \approx 0$,这就是一个没有能力将价格定在边际成本定价之上的企业所面临的情况。这是一个无差别产品的纯竞争市场的情况。企业别无选择,只能以生产一个额外单位的材料和直接劳动的额外成本来定价。也就是说,在这种极限情况下,$P = MC$。

在信用分析中,主要关注点是 ϵ_p 的决定因素而不是它的精确值。这些因素包括:(1)替代商品的可用性;(2)商品的类型(劣质、必要/正常或奢侈);(3)品牌忠诚度。替代商品的可用性增加了选择,从而使消费者能够由于价格的变化而从一种商品转换到另一种商品。商品需求的随意性越小,对价格和收入就

---

[1] 标记规则表示:$P = MC\left(\frac{\epsilon_p}{1 + \epsilon_p}\right)$。将分子和分母除以用 ϵ_p 来表示括号内的项,结果是:$P = MC\left(\frac{1}{\eta + 1}\right)$。其中,$\eta = 1/\epsilon_p$。

越不敏感。例如,食品和药品在一个典型家庭的预算中是非可控的。忠于某一产品品牌的消费者(例如,智能手机和牙膏),即便其价格上涨,也不太可能更换品牌。也许对于一个大的价格变化或大的价格差异,消费者可能会考虑转换。

医疗保健行业是一个完美的例子,它的定价权源于既有企业的市场影响力。例如,就在一夜之间,图灵制药公司将一种名为 Daraprim 的药物的价格从 13.5 美元/片提高到 750 美元/片。[1] 医药行业的定价权是两位数增长率背后的驱动力(见表 4.3 的比较增长率)。这些数据是截至 2019 年 1 月的最近 5 年的数据,然而,增长模式一直持续到更长的时期。

人口因素,如寿命延长和老年人口不断增加,推高了对药物的需求;也有经济驱动因素。医疗保健和许多救命的药物是一种必需品,这使得需求相对缺乏价格弹性。此外,专利保护允许医药公司维持远高于边际生产成本的高价。

表 4.3 各行业收入的历史增长率(全球)　　单位:%

行业名称	过去5年收入的复合年增长率	行业名称	过去5年收入的复合年增长率
广告业	10.24	广播	4.73
航空/防务	7.37	经纪业和投资银行	19.48
航空运输	8.01	建筑材料	6.23
服装	4.01	商业和消费者服务	9.54
汽车和卡车	9.28	有线电视	7.54
汽车零部件	7.00	化工(基础)	7.55
银行(货币中心)	12.67	化工(多元化)	4.08
银行(区域)	8.66	化工(特种)	6.41
饮料(酒精类)	5.97	煤炭及相关能源	6.00
饮料(软饮料)	4.93	计算机服务	8.32

[1] Andrew Pollack. Drug Goes from $13.50 a Tablet to $750, Overnight, *New York Post*, September 20, 2015. 这篇文章指出:"传染病专家们正在抗议一种有 62 年历史的药物一夜之间大幅涨价,这种药物是治疗威胁生命的寄生虫感染的标准疗法。这种名为 Daraprim 的药物在 8 月被图灵制药公司收购,这是一家由前对冲基金经理经营的新公司。图灵公司立即将价格从每片 13.5 美元提高到 750 美元,使一些病人每年的治疗费用达到数十万美元。"

续　表

行业名称	过去5年收入的复合年增长率	行业名称	过去5年收入的复合年增长率
计算机/外围设备	4.05	酒店/博彩	14.19
建筑供应	5.84	家居用品	8.82
多样化	8.72	信息服务	16.40
药品(生物技术)	23.79	保险(普通)	8.21
药品(制药)	16.79	保险(人寿)	7.12
教育	6.56	保险(Prop/Cas.)	6.65
电气设备	7.23	投资和资产管理	13.28
电子产品(消费者及办公室)	0.50	机械	6.01
		金属和矿业	10.93
电子产品(普通)	5.99	办公设备和服务	2.62
工程/建筑	5.49	石油/天然气(综合)	−0.45
娱乐	12.25	石油/天然气(生产和勘探)	1.98
环境和废弃物服务	10.49		
养殖业/农业	8.60	石油/天然气分销	11.02
金融服务(非银行和保险)	14.37	油田服务/设备	−0.91
		包装和容器	7.68
食品加工	7.72	纸张/森林产品	7.35
食品批发商	8.76	电力	8.34
家具/家居用品	7.83	贵金属	4.65
绿色和可再生能源	18.75	出版和报纸	0.68
医疗保健产品	12.44	R.E.I.T.	12.68
医疗保健支持服务	13.52	房地产(开发)	12.63
医疗保健信息和技术	17.78	房地产(普通/多元化)	11.24
房屋建筑	10.31		
医院/医疗保健设施	7.84	房地产(业务和服务)	8.89

续　表

行业名称	过去5年收入的复合年增长率	行业名称	过去5年收入的复合年增长率
休闲	3.55	软件(娱乐)	15.07
再保险	6.00	软件(互联网)	28.69
餐馆/餐饮	6.41	软件(系统和应用)	13.20
零售(汽车)	9.21	钢铁	2.89
零售(建筑供应)	5.21	电信(无线)	2.24
零售(分销商)	8.97	电信设备	8.84
零售(普通)	3.40	电信服务	9.35
零售(杂货店和食品)	5.67	烟草	7.25
零售(在线)	12.23	交通运输	12.19
零售(特殊行业)	3.04	交通运输(铁路)	5.33
橡胶和轮胎	0.37	卡车运输	6.14
半导体	6.44	公用事业(普通)	2.31
半导体设备	12.47	公用事业(水务)	13.42
造船和海运	3.00	市场总额	8.65
鞋业	0.54	总体市场(不包括金融)	8.18

资料来源：http://people.stern.nyu.edu/adamodar/New_Home_Page/datacurrent.html. Data of last update：January 5, 2019。

成熟型行业

成熟型行业是指已经经历了行业周期的引入和增长阶段，现在具备的增长潜力较小，竞争者之间对市场份额的竞争更激烈。因此，成熟型行业的主要特征是销售增长放缓，并且为了保持市场份额实行竞争，导致定价能力下降。虽然收入的增长已经放缓，但成熟型行业的公司往往受益于更稳定的销售。现有企业从外部获得的现金需求相对较低，因为来自经营活动的现金流入相对较高，用于研发等投资的现金需求相对较低，而这些投资在起步和增长阶段是至关重要的。然而，这种稳定模式并不可靠，因为技术和科学的进步会导致替代产品的出现。

正如我们在波特模型中所看到的,如果价格—性能权衡是有吸引力的,购买者就会转向替代品;如果转换成本低的话,亦如此。

一个特殊类型的成熟型行业是利基行业,它是供应链的一部分,因此它的生存和成功归功于购买其产品的大公司。如果这些公司以另一种方式重组它们的生产,或开始制造零件,利基行业将消失。汽车行业有很好的例子,在通往福特、丰田、梅赛德斯—奔驰和雷诺等OEM(原始设备制造商)的供应链中,有数百家不同汽车产品的三级、二级和一级供应商。以三级利基市场为例。它们的主要市场是二线城市。因此,除了行业重组的风险外,它们还面临着销售集中的风险。此外,利基行业和大多数行业一样,面临着替代和淘汰的风险。所有这些都使利基行业在行业分析中具有高风险。

衰落型行业

行业衰弱的明显迹象是需求下降导致的销售停滞或下降,产能过剩加剧了消费下降导致的价格下跌,以及少数幸存公司之间的市场份额整合。整合的著名例子是由5家公司主导的全球烟草业,以及由2家公司主导的美国煤炭业,这2家公司在2017年占美国总产量的1/3多一点。煤炭与核电、石油、天然气以及太阳能和风力发电竞争。此外,天然气和可再生能源价格低廉,它们不会消失。在过去的10年里,许多美国煤炭公司倒闭,被高额的债务和不断下降的销售额所困扰。美国煤炭需求的恢复是不可能的。另一个在全球迅速衰退或在许多国家已经死亡的行业是石棉开采和生产。石棉可以导致肺癌,而解决诉讼的法律费用也很高。多年来,在建筑材料的生产中,石棉替代物已经取代了石棉纤维。

像煤炭和石棉这样的衰落型行业通常需要政府的大规模支持,如补贴和减税,以显示利润。[1]然而,烟草业是最明显的例外,因为它被认为是一个衰弱的行业已经有很长一段时间了。自2012年以来,全球性行业的销量持续下降。然

---

[1] 在美国的煤炭工业中,公司在政府以优惠价格租赁的联邦土地上采矿,以保持阿巴拉契亚地区的矿场开放。在加拿大,石棉被国际社会宣布为导致间皮瘤的原因,间皮瘤是一种发生在肺部、腹部或心脏内壁的癌症,被欧盟(EU)完全禁止,但美国没有完全禁止。2011年,加拿大剩下的最后两个石棉矿——都位于魁北克省(杰弗里矿和塞特福德矿)——停止了生产。此前,尽管欧盟全面禁止和美国部分禁止使用石棉,但这些公司在政府贷款和担保的帮助下得以生存,而且重要的是,加拿大政府支持石棉开采和出口。加拿大继续生产的大部分石棉作为出口产品进入了发展中国家,主要是印度。

而,它是世界上最有利可图的行业之一。烟草业之所以盈利,是因为尼古丁会让人上瘾,这使得对香烟的需求在价格和收入上高度缺乏弹性。然而,请注意,烟草业面临着来自大麻的高度竞争(并非双关语),在消费国,大麻的种植和使用正变得越来越合法。

从信用分析师的角度来看,了解销售下降是全球性的还是全国性的非常重要。该行业可能在全国或地区范围内出现下滑,但在全球范围内增长。信用分析师需要考虑需求和供应因素。让我们来看一些例子。较高的生产成本是发达国家服装制造和消费电子产品行业衰退的原因,作为回应,生产已经转移到发展中国家。影响需求的社会和人口变化也是一个行业衰退的原因。由于相对成本和社会人口因素(例如,更多的妇女外出工作),家用缝纫机的生产在发达市场已经消失。但在世界发展中地区,供应和需求条件都有利于缝纫机市场的活跃。因此,制造商已将生产转移到新兴市场。国际烟草公司瞄准新兴市场,以弥补国内市场的需求下降。世界上约有80%的吸烟者生活在低收入到中等收入国家。此外,为了应对成本压力,一种产品的众多部件的生产已经扩散到全球。许多这样的产品被整合到大型跨国公司的全球供应链中。整个竞争结构是建立在全球供应链上的。这种资源和生产的空间分配,相当于亚当·斯密的劳动分工概念的全球化,使企业能够实现成本最小化(或效率最大化),并提高其产品的质量。

4.3.3 商业周期

周期性行业是指对更广泛的经济波动敏感的行业,以实际GDP(国内生产总值)增长来衡量。周期性行业的销售和利润在经济扩张时较高,在经济收缩时较低。商业周期是所有成熟或发达经济体的一个持久特征。以世界上最大的经济体美国为例,从1945年到2019年,已经有11个商业周期,平均一个周期历时69个月。这些周期在长度(从峰值到峰值测量)和严重程度(以周期振幅测量)上都有所不同。在此期间,平均扩张持续了58.4个月,平均收缩持续了11.1个月。[1]

了解一个行业的周期性对于评估一个公司的财务稳定性至关重要。周期性是行业风险评估中的一个负面因素,因为在经济衰退期间违约频率会增加。在

---

[1] 国家经济研究局(NBER)。NBER网站:http://www.nber.org。

信用分析中,确定行业是否具有高度的顺周期性是至关重要的。为了做到这一点,分析师将经济活动水平与行业业务收入在一段时间内进行比较,并对共动性进行量化。表 4.4 给出了不同行业的最终需求与实际 GDP 所代表的经济活动水平的相关系数。[1] 相关性的相对强度可以分类如下:

(1) 完全:相关系数接近±1。

(2) 高或强相关:数值在±0.50~±1 之间。

(3) 适度或中等程度的相关性:数值在±0.30~±0.49 之间。

(4) 低度或小的相关性:数值低于±0.29。

(5) 无相关性:数值为 0。

表 4.4　行业与 GDP 的关联性

行　　业	相 关 系 数
零售业(不包括餐饮场所)	0.917 5
建筑业	0.897 5
批发业	0.841 2
各种纺织品	0.810 1
锯木厂和刨木厂	0.803 6
家用家具	0.771 3
机动车辆和设备	0.757 5
家用电器	0.724 8
房地产	0.714 2
航空运输	0.662 5
建筑及相关机械	0.628 1
金属结构件产品	0.545 9
书籍	0.524 0
办公室和各种家具及装置	0.522 7

---

[1] Berman J., and Pfleeger J. (1997). Which Industries Are Sensitive to Business Cycles? *Monthly Labor Review*, February.

续　表

行　　业	相关系数
发动机和涡轮机	0.445 2
测量和控制设备	0.362 7
服装类	0.299 3
计算机和办公设备	0.286 2
电力设施	0.273 9
玩具和体育用品	0.201 4
卫生服务	0.160 2
乳制品	0.159 9
烘焙产品	0.129 5
药品	0.085 8
烟草制品	0.048 9
各种食品和同类产品	−0.063 9
国家和地方政府企业	−0.159 9
保险公司	−0.172 3
鞋类,橡胶和塑料除外	−0.233 8
私立医院	−0.471 4

资料来源:*Monthly Labour Review*, February 1997。

周期性行业与经济周期呈正相关。从表中可以看出,高度周期性行业包括建筑业、零售业、机动车和设备,以及铁路和航空运输。这类行业的销售量往往与周期同步移动。相反,反周期行业与生态周期呈负相关,往往在经济下滑时表现良好、在经济上升时表现不佳。如表 4.4 所示,食品、保险和医疗保健行业与经济周期呈负相关。介于这两者之间的是与商业周期弱相关的行业。这些行业由于对其产品和服务的需求在收入和价格上相对缺乏弹性,所以可以免受商业周期和竞争的影响。

为许多行业的多个周期进行计算的行业收入、利润[以息税前利润(EBIT)衡量]和现金流[以息税折旧及摊销前利润(EBITDA)衡量]从高峰到低谷的下降率,是周期性和波动性的指标。行业的周期性越强,收入、利润和现金流的波动性就越大。交易员喜欢波动性,因为他们可以在高点和低点以及方向上做赌注。与此相反,信用分析师寻找的是这些预测指标(EBIT 和 EBITDA)的变化与风险等级所代表的违约可能性之间的强大的单调关系。在信用分析中,这些指标的不稳定性是信用度评估的一个负面因素。

4.3.4 成本和成本结构

原材料、能源和劳动力的成本是影响利润的一个重要因素,一些行业对投入价格的变化比其他行业更敏感。例如,航空燃料和劳动力成本的上升对航空业的利润和盈利能力有很大影响,因为这两个项目代表了经营航空公司的最大开支。同样,造纸业的利润率对能源价格的变化也非常敏感,因为造纸业是能源密集型产业,但造纸商在投入方面缺乏议价能力,在产品方面也缺乏定价能力。在信用分析中,收益波动是一个负面因素,所以有必要分析一个公司的成本结构和它的经营优势。经营杠杆是某些生产活动的内在东西,这些活动需要固定成本在总成本中占很大比例。固定成本或费用是一种在短期内不随生产和相关活动水平变化的支出。相反,可变成本随着生产水平的变化而变化;所以严格来说,当活动水平为零时,可变成本为零。低(高)经营杠杆意味着大多数成本是可变(固定)的。

固定与可变成本之间的高比率结构限制了企业在市场疲软、销售下滑时削减成本的能力。图 4.3 说明了经营杠杆对经营利润率的影响,经营利润率由息税前利润与销售额的比率来衡量。考虑一下两个行业如图 4.3 所示的成本结构。EBIT 随销售额变化,但经营杠杆改变了曲线的形状。高的经营杠杆使曲线变陡。

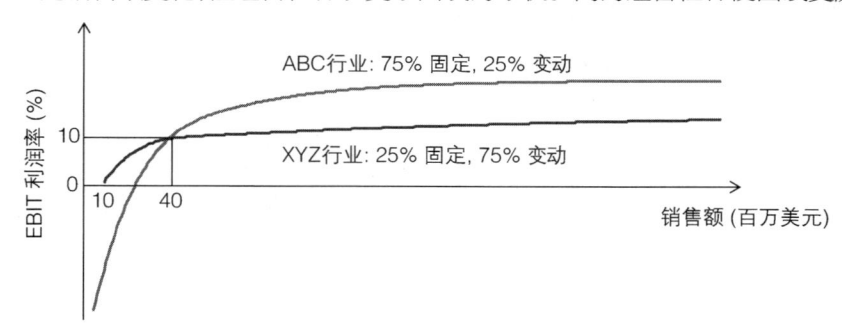

图 4.3 经营杠杆和经营利润

在收入波动和盈利能力方面,其影响是巨大的。当销售额为 4 000 万美元时,两个行业的利润率都是 10%。随着销售额的增加,ABC 行业的营业利润比 XYZ 行业上升得更快;但在较低的销售额水平上,如 1 000 万美元,XYZ 行业盈亏平衡,而 ABC 行业则出现亏损。在经济不景气时,ABC 行业亏损速度更快。

在给定的贡献率(售价减去平均可变成本)下,经营杠杆越高,达到盈亏平衡的销售量就越大。我们从盈亏平衡关系中可以看出,总销售额(售价/单位×销售量)等于总可变成本和固定成本的总和,因此,营业利润(EBIT)为零。通过将销售量隔离在方程式的左边,我们可以将其表示为固定成本、单位售价的函数和单位可变成本。

$$销售量 = \frac{固定成本}{单位售价 - 单位可变成本}$$

此外,通过重新排列这个方程式,我们可以看到,固定成本越高,在单位价格给定的情况下,要达到理想的或最低的平均可变成本所需的销售量就越大。

$$单位可变成本 = 单位销售成本 - \frac{固定成本}{销售量}$$

高经营杠杆与高财务杠杆相互作用,在销售额下降时就会形成不稳定的组合,其结果可能导致违约或破产。考虑一下借款方税后营业利润的表达公式:

$$税后营业利润 = EBIT - i \times d(1-t)$$

其中,i 表示利率,t 表示税率,d 表示债务存量。

正如我们在第 2 章所展示的,财务杠杆通过借款而不是用自己的钱来增加股权的回报,然而,在经济不景气的时候,杠杆的作用是相反的。在经济衰退期间,销售额下降,EBIT 也下降,但债务的利息支付($i \times d$)是一个固定的费用。如果税后利息支付超过 EBIT,公司就会出现亏损。同时,在销售额下降的同时,公司意识到它无法创造收入来弥补高额的固定成本,所以 EBIT 下降得更快。如果损失足够大或持续,就有可能发生破产或资不抵债。在经济条件减弱时,高固定成本和高债务的公司被认为比低经营杠杆和低财务杠杆的公司风险更大。

虽然高经营杠杆在经济下滑时对利润率不利,但在经济上升时则相反。原因是,总成本由于固定成本高而上升得不快,而销售额则回升,所以利润率上升得比销售额快(见图 4.3)。你可以说,固定成本作为一个机械杠杆,为公司提供了经营杠杆,在经济好的时候实现更大的利润率。例如,药品和软件公司为开发和营销预先投资了大量资金。无论销售情况如何,成本的这一固定部分都不会有太大变化。表4.5给出了简要结论。

表4.5 低经营杠杆和高经营杠杆的比较

	低经营杠杆	高经营杠杆
固定成本	低	高
可变成本	高	低
利润率稳定性	较高	较低
经济扩张	较低的利润	更大的利润
经济萎缩	损失减少	更大的损失
盈亏平衡点	较低	较高

固定资产与总资产比率高的公司本质上是资本密集型的,所以资本密集与经营杠杆之间存在正相关。表4.6显示,劳动密集型行业,如商业和消费者服务、农业和零售业,往往具有较低的经营杠杆。[1] 然而,并不总是这样,低资本密集度意味着总的固定成本低,因为有些类型的劳动成本是固定的。例如,生物技术和制药业的财产、厂房和设备(PP&E)/总资产比率很低,但如果没有高度专业化的工人,这些行业就无法生存。同样的情况也适用于航空业,而航空业恰好是资本密集型的。资本密集型行业,如石油和天然气、电信、煤炭和公用事业,都有很高的经营杠杆。美国的煤炭开采业是一个很好的例子,它是在需求下降的市场中高经营杠杆和高财务杠杆的波动性的混合体。

总结一下:

- 在销售额上升的时期,经营杠杆高的行业会出现营业利润的快速上升。
- 在销售额下降的时期,低经营杠杆支撑成本削减。
- 在销售额下降的时期,高财务杠杆放大了高经营杠杆对营业利润的缩减影响。
- 在销售额水平较低的时期,低经营杠杆的行业比高经营杠杆的行业更有可能实现盈利。

---

[1] 并非所有的劳动力都是可变成本。在软件和医药行业,公司不会因为销售额下降而解雇研发人员。通常情况下,销售岗位的工作是最先感受到裁员的。

表 4.6 固定资产、厂房和设备净值占总资产的比例(全球)　　　单位:%

行业名称	PP&E/总资产	行业名称	PP&E/总资产
广告业	6.6	教育	21.8
航空/防务	12.8	电气设备	17.6
航空运输	59.6	电子产品(消费者及办公室)	14.0
服装	19.1	电子产品(普通)	23.2
汽车和卡车	19.3	工程/建筑	9.1
汽车零部件	29.4	娱乐	13.2
银行(货币中心)	0.7	环境和废弃物服务	27.9
银行(区域)	1.1	养殖业/农业	27.6
饮料(酒精类)	21.2	金融服务(非银行和保险)	0.8
饮料(软饮料)	17.9	食品加工	26.4
广播	13.8	食品批发商	19.6
经纪业和投资银行	1.1	家具/家居用品	16.6
建筑材料	25.5	绿色和可再生能源	68.5
商业和消费者服务	10.9	医疗保健产品	11.8
有线电视	20.9	医疗保健支持服务	7.7
化工(基础)	37.5	医疗保健信息和技术	9.8
化工(多元化)	28.4	房屋建筑	6.6
化工(特种)	34.8	医院/医疗保健设施	42.1
煤炭及相关能源	45.7	酒店/博彩	46.1
计算机服务	8.1	家居用品	17.8
计算机/外围设备	16.4	信息服务	3.8
建筑供应	27.5	保险(普通)	0.7
多样化	14.7	保险(人寿)	0.6
药品(生物技术)	9.5	保险(Prop/Cas.)	1.2
药品(制药)	13.6	投资和资产管理	5.7

续 表

行 业 名 称	PP&E/总资产	行 业 名 称	PP&E/总资产
机械	18.8	零售(普通)	37.9
金属和矿业	51.8	零售(杂货店和食品)	35.9
办公设备和服务	19.3	零售(在线)	14.6
石油/天然气(综合)	57.3	零售(特殊行业)	20.4
石油/天然气(生产和勘探)	74.0	橡胶和轮胎	39.9
石油/天然气分销	62.3	半导体	31.0
油田服务/设备	38.6	半导体设备	22.1
包装和容器	35.7	造船和海运	49.3
纸张/森林产品	49.1	鞋业	18.5
电力	62.6	软件(娱乐)	16.8
贵金属	62.8	软件(互联网)	15.8
出版和报纸	16.3	软件(系统和应用)	8.4
R.E.I.T.	63.0	钢铁	43.4
房地产(开发)	3.8	电信(无线)	29.0
房地产(普通/多元化)	23.5	电信设备	8.5
房地产(业务和服务)	53.0	电信服务	33.8
休闲	28.7	烟草	7.8
再保险	0.1	交通运输	23.3
餐馆/餐饮	35.3	交通运输(铁路)	72.8
零售(汽车)	24.1	卡车运输	31.1
零售(建筑供应)	43.1	公用事业(普通)	50.6
零售(分销商)	13.3	公用事业(水务)	47.3

资料来源：http://people.stern.nyu.edu/adamodar/New_Home_Page/datacurrent.html. Data of last update: January 5, 2019。

4.3.5 国家风险和政治风险

某些行业，如采矿业等采掘业，往往高度暴露于国家风险，涉及税收制度、特许权使用费框架和许可程序。此外,还存在征用或国有化的政治风险。例如,在2007年委内瑞拉左派政府将埃克森美孚国有化之前,该公司早已成为征用的目标。

4.3.6　人口统计学社会趋势

在前面的章节中,我们已经研究了关于人口变化和社会趋势影响产品需求的许多例子。回顾一下,人口变化包括人口老龄化和老年人的寿命延长。收入的增加、中产阶级的壮大以及城市化的加剧,是需要考虑的额外社会因素。

4.3.7　全球市场

外国市场是那些产能过剩并依赖批量销售来推动利润率的国内产业的自然去向。例子包括钢铁、化学品和机动车。在这个全球化的时代,公司通过供应链在全球范围内重新分配资源,以保持低成本,从而开展全球竞争。我们不仅在汽车行业看到了这种生产安排,也在许多其他行业看到了这种安排。

在本书的出版过程中,多边贸易和全球化正面临着许多挑战。

4.4　行业风险评分

我们在确定和分析行业风险分析所需的重要信息方面做了很多工作。有了这些知识和第3章中介绍的方法,我们现在可以利用两个因素建立一个行业记分卡:一是营业收入和盈利能力的稳定性(在周期性衰退期间);二是增长和盈利能力的前景。为了说明问题,我们对客运航空业的几个评级类别进行了研究。我们将给第一个标准分配40%的权重,给第二个标准分配更高的权重(60%),因为它是前瞻性的,与之相反的是历史现金流的稳定性。我们将默认增长和盈利能力因子的权重相等。

在讨论记分卡之前,一个行业的周期性值得先评论一下。对于分析师来说,确定哪个行业是否具有周期性以及用哪些财务指标来描述周期是相对容易的,然而,实际问题是,以适合基于标准的方法的形式来衡量周期性。我们使用的方法是标准普尔——标普(2013)的应用。[1] 标普方法涉及对"大数据"的广泛数据分析,这不在本书的范围和要求之内。不过,提出以下总结,让你对该方法有一个大致的了解,还是很有指导意义的。

- 标准普尔研究了38个行业从高峰到低谷的经济周期的两个组成部分:行业收入和行业现金流。使用EBITDA来代表现金流,因为缺乏全球一致的可比较数据。计算了1950—2010年美国以及1987—2010年其他主要经济体的所有行业,在经济衰退时期,这两个组成部分从峰值到谷底的跌幅。

- 标准普尔将周期性评估——行业收入的变化和EBITDA的变化——与1950—2010年期间的"BBB"和"BB"压力/衰退[2]进行校准,以提高不同行业和时间的评级可比性。

- 开始为6个独立领域的两个组成部分建立标准。使用一种统计聚类技术对数据进行分类。

- 通过收入下降和现金流下降的描述符的配对,最终定义风险类别/等级。

表4.7总结了标准普尔的方法。例如,"行业收入在周期性衰退期间最多下降4%"与"盈利比率在周期性衰退期间下降3%~7%"相结合,定义为风险等级2。最坏的情况是,现金流下降速度比收入下降速度快很多倍(超过72%)。为了达到目的,我们使用同样的预测指标、行业收入和EBITDA(代表现金流),我们还使用EBIT(代表营业利润)和季节性。然而,由于我们没有数据来构建行业收入、EBITDA和EBIT的数字分组,因此我们使用定性描述符。这使我们能够捕获类似的周期性效应,并有助于说明描述符的作用。我们把所有这些因素结合起来,定义了表4.7中的5个风险等级。正如我们在前一章看到的,一旦建立

---

[1] Standard and Poor's (2013). General Criteria, Methodology: Industry Risk, S&P, *Ratings Direct*, November 19, 2013.

[2] S&P (2008). Understanding Standard & Poor's Rating Definitions. "BBB"压力情景:被评为"BBB"的发行方或债务方应该能够承受中等程度的压力,并仍然履行其财务义务。国内生产总值下降高达3%,失业率达到10%,这就反映了中度压力的情况。股票市场下跌高达50%,也同样表明是中度压力。

"BB"压力情景:被评为"BB"的发行方或债务方应该能够承受适度的压力,并仍然履行其财务义务。例如,国内生产总值可能下降高达1%,失业率可能达到8%。股票市场可能下跌高达25%。

起记分卡,风险分析师只能选择适当的描述符,而计算和 BRR 评级则纯粹是记分卡的功能。

表 4.7　标准普尔行业风险评估摘要

<table>
<tr><td colspan="8" align="center">周期性衰退期间盈利能力下降</td></tr>
<tr><td rowspan="7">周期性衰退期间行业收入下降</td><td></td><td>$x \leqslant 3\%^*$</td><td>$3.0 < x \leqslant 7.0$</td><td>$7.0 < x \leqslant 12.0$</td><td>$12.0 < x \leqslant 24.0$</td><td>$24.0 < x \leqslant 72.0$</td><td>$x > 72.0$</td></tr>
<tr><td>$x \leqslant 4\%^*$</td><td>1</td><td>2</td><td>3</td><td>4</td><td>5</td><td>6</td></tr>
<tr><td>$4.0 < x \leqslant 8.0$</td><td>1</td><td>2</td><td>3</td><td>4</td><td>5</td><td>6</td></tr>
<tr><td>$8.0 < x \leqslant 13.0$</td><td>1</td><td>2</td><td>3</td><td>4</td><td>5</td><td>6</td></tr>
<tr><td>$13.0 < x \leqslant 20.0$</td><td>2</td><td>3</td><td>4</td><td>4</td><td>5</td><td>6</td></tr>
<tr><td>$20.0 < x \leqslant 32.0$</td><td>2</td><td>3</td><td>4</td><td>4</td><td>5</td><td>6</td></tr>
<tr><td>$x > 32.0$</td><td>3</td><td>3</td><td>4</td><td>5</td><td>5</td><td>6</td></tr>
<tr><td colspan="8">风险类别为:极低风险(1)、低风险(2)、中等风险(3)、中高风险(4)、高风险(5)和极高风险(6)。</td></tr>
</table>

注:*增加/减少。
资料来源:标准普尔。

4.4.1　行业风险记分卡

在这一部分,我们的目的不是要提出一种公式化的方法或类似于预测指标勾选表的东西。相反,我们的目的是要表明,无论我们为一个特定的行业选择什么样的解释变量组合,它们都应该是稳健的;也就是说,它们至少应该是行业收入和行业未来增长的稳定预测指标。我们使用两个风险标准来确定行业风险等级(IRR):一是收入和盈利能力的稳定性;二是增长和盈利的前景。

前面的讨论给了我们大量的信息。为了使分析易于管理,我们对这些信息进行分组。一个不完整的风险因素清单包括以下内容(也列在图 4.1 中):

(1) 进入和退出障碍。

(2) 产品/服务：替代性、陈旧性、转换成本。

(3) 商业周期。

(4) 行业阶段。

(5) 成本结构。

(6) 政府法规和主权债务危机。

(7) 人口统计学和社会变化。

(8) 全球市场。

第一个标准基本上是历史性的，为了衡量它，我们要分析收入和利润率在许多商业周期中的实际波动性。第二个标准基本上是前瞻性的，所以我们在计算内部收益率时给予它比第一个标准更多的权重。

表4.8中列出了记分卡，第一栏是风险因素，最上面一行是定义和区分评级的描述符。有了前面关于行业分析的讨论，再加上对航空业的了解，信用分析师在选择8个风险因素的描述符时，会做出最佳判断。阴影区域代表了放置的位置。我们让读者来确认，行业风险的加权分数为6.9，根据评级表，这相当于"BB+"；换句话说，根据评级系统，航空公司的行业风险属于 $6.1 < x \leqslant 7.0$ 的高风险区域。

尽管我们提供的模板是详细的行业风险分析的简化版，但"高风险"评级与更全面的行业分析的评级相一致。例如，标准普尔(2010,3)[1]指出："在我们看来，航空业通常比大多数其他行业和领域涉及更大的信用风险，这反映在，我们将超过2/3的被评级航空公司的商业风险状况描述为薄弱或脆弱。"

我们鼓励读者应用这个模板并进行适当的修改，来评估制药业和煤炭业的IRR(行业风险等级)。如果得到的结果是制药业的低风险和煤炭业的高风险，它们就与共识一致了。这个练习将测试你对基于标准的方法的基本概念的理解和你应用这些知识的能力。

---

[1] S&P (2010). Key Credit Factors: Criteria for Rating the Airline Industry.

表 4.8 行业风险评估——客运航空业

风险标准和因素	W(%)	AA	A	BBB	BB	B
I：收入的稳定性和盈利能力	40.0%	15	12	9	6	3
经济衰退期间收入和盈利能力的周期性和季节性波动	100.0%	历史数据支撑以下一项或多项目的组合： ● 行业营业收入停滞不前或增长，即使经济（GDP）在收缩。 ● 经营利润率下降大致与行业收入同步，但仍保持正值。 ● 收入和利润率表现出相对较小的季节性波动。	历史数据支撑以下一项或多项的组合： ● 行业营业收入的下降速度快于经济（GDP）。 ● 经营利润率下降，相对于行业收入而言，速度较慢。 ● 经营性现金流（由EBITDA表示）保持正值。 ● 收入和利润率呈现较小的季节性波动。	历史数据支撑以下一项或多项的组合： ● 行业营业收入的下降速度比经济（GDP）快得多。 ● 营业利润（EBIT）下降，但相对于行业收入而言，其下降的速度要适中一些。 ● 经营性现金流（由EBITDA表示）恶化，但仍保持正数。 ● 收入和利润率呈现适度的季节性波动。	历史数据支撑以下一项或多项的组合： ● 营业收入的下降速度比经济（GDP）快很多倍。 ● 营业利润（EBIT）接近或可能跌破零。 ● 营业利润（EBIT）的下降速度快于行业收入。 ● 经营性现金流（由EBITDA表示A）接近或可能跌破零。 ● 收入和利润率呈现较大的季节性波动。	历史数据支撑以下一项或多项组合： ● 行业营业收入的下降速度比经济（GDP）快很多倍。 ● 营业利润（EBIT）急速变成负值。 ● 营业利润（EBIT）的下降速度比行业收入快很多倍。 ● 收入和利润率呈现非常大的季节性波动。
II：增长和盈利能力的前景	60.0%					
1. 进入和退出障碍	12.5%	● 进入壁垒高（如法律垄断，资助资本投资和研发的高融资要求，快速的技术变革）。		● 低到中等的进入障碍；退出的障碍很大。	● 进入障碍较高，退出的障碍相对较高。	● 进入障碍少；退出的障碍相对较高。
				● 可以选择替代进入障碍的方案，如租赁而不用克服进入障碍。		● 然而，有许多方案可用来克服进入障碍。

续 表

风险标准和因素	W(%)	AA	A	BBB	BB	B
		15	12	9	6	3
2. 产品/服务：替代、过时、转换成本	12.5%		● 克服进入障碍的方案可供选择有限，如租用而不是拥有设备。 ● 高成本优势。 ● 显著的转换成本。	● 是拥有设备 ● 低成本优势。 ● 低转换成本。	● 成本优势有限。 ● 新进入者面临的成本很低。 ● 几乎没有转换成本。	
			基本上是以下所有情况： ● 目前在该行业之外没有替代产品/服务。 ● 产品/服务的实用性不受新技术的威胁。	基本上是以下所有情况： ● 行业外已经有一些替代产品/服务。 ● 产品/服务的可用性受到新技术的威胁。	基本上是以下所有情况： ● 许多替代产品/服务可在行业外获得。 ● 产品/服务的可用性受到新技术的极大威胁。	基本上是以下所有情况： ● 许多替代产品/服务可在行业外获得。 ● 产品的可用性在全球范围内下降。 ● 产品被大多数国家所禁止。
3. 行业阶段	12.5%		以下一项或多项组合： ● 增长阶段。 ● 需求增长快于供应。 ● 销售和盈利的扩张速度比其他行业快。	以下一项或多项组合： ● 成熟阶段，利润相对稳定。 ● 竞争压力大。 ● 行业增长与国内生产总值增长紧密结合。	以下一项或多项组合： ● 成熟阶段，但利润不稳定。 ● 竞争压力大。 ● 行业增长与国内生产总值增长匹配不均。	只有以下一项： ● 衰退阶段（收入和利润下降）。 ● 入门阶段（过快的增长而牺牲了盈利能力，新技术和新的商业模式）。

续表

风险标准和因素	W(%)	AA	A	BBB	BB	B
4. 成本和成本结构	12.5%	15	12	9	6	3
			以下一项或多项组合： ● 纵向一体化经营常态，容易获得供应。 ● 有能力收回或对冲成本（例如，受管制的行业结构）。 ● 按行业比较，固定成本可变成本的比率低。 ● 按行业比较，固定成本与可变成本低。 ● 按行业比较，财务杠杆率低。 ● 企业在更换供应商时面临的转换成本低。 ● 众多的供应商。	以下一项或多项组合： ● 大多是纵向一体化经营。 ● 有能力回收或对冲成本（例如，受管制的行业结构）。 ● 长期合同提供一些定价和材料可用性的可预测性。 ● 按行业比较，固定成本与可变成本比率为平均值。 ● 按行业比较，财务杠杆率为平均值。 ● 更换供应商时，企业面临适度的转换成本。 ● 供应商当中显著的行业集中度。	以下一项或多项组合： ● 获得供应的机会有限。 ● 转移成本增长的能力有限；对冲成本很高。 ● 长期合同提供有限的定价和材料可用性的可预测性。 ● 按行业比较，固定成本可变成本比率高。 ● 按行业比较，财务杠杆率高。 ● 更换供应商时，企业面临相对较高的转换成本。 ● 供应商当中相对高的行业集中度。	以下一项或多项组合： ● 无法获得供应；对冲现货成本高。 ● 主要是与供应商进行现货采购。 ● 按行业比较，固定成本与可变成本的比率低。 ● 按行业比较，财务杠杆率高。 ● 更换供应商时，企业面临高转换成本。 ● 供应商数量少。
5. 工会化的程度	12.5%		● 不允许成立工会，或者没有有效的集体谈判。	● 行业有工会组织，但劳动关系相对平和。 ● 关系相对平和。 ● 易受罢工和停工的影响。	● 高度工会化的行业。 ● 高度工会化争议。 ● 频繁罢工的劳工争议。	● 工会高度组织性，激进。 ● 劳动关系有很大争议。 ● 频繁罢工和停工。

续表

风险标准和因素	W(%)	AA 15	A 12	BBB 9	BB 6	B 3
6. 政府监管和国家风险	12.5%		以下一项或多项组合： ● 安全和环境要求非常薄弱。 ● 企业有能力收回相关费用（如从纳税人那里）。 ● 高度的保护主义规章制度。	以下一项或多项组合： ● 安全和环境要求薄弱。 ● 企业有一定的回旋余地来回收相关费用（如从纳税人那里）。 ● 相对较高的保护主义规章制度。	以下一项或多项组合： ● 安全和环境要求严格。 ● 企业收回相关成本的能力有限（如从纳税人那里）。 ● 对外国竞争保护有限。 ● 外国业务有一定的国有化风险。 ● 利润返还有一定风险。	以下一项或多项组合： ● 苛刻的安全和环境的要求。 ● 企业没有能力收回相关的成本（如从纳税人那里）。 ● 对外国竞争不力或没有保护。 ● 外国业务有国有化风险。 ● 利润返还面临重大风险。
7. 人口统计和社会趋势	12.5%		全球人口和社会变化非常有利于长期强劲的需求增长。	全球人口和社会变化有利于长期的需求增长。	全球人口和社会变化不大有利于长期的需求增长。	全球人口和社会变化不利于或几乎不利于长期的需求增长。
8. 全球市场	12.5%		以下一项或多项组合： ● 全球范围内的低产能。 ● 高度集中，由少数几个公司控制全球市场。 ● 全球范围的高需求。 ● 产品/服务高度差异化。	以下一项或多项组合： ● 全球范围内相对较高的全球竞争。 ● 激烈的全球竞争。 ● 产品/服务一定程度上商品化。	以下一项或多项组合： ● 全球范围内非常严重的全球产能过剩。 ● 激烈的全球竞争。 ● 分散的市场。 ● 产品/服务高度商品化。	以下一项或多项组合： ● 全球范围内非常高的全球产能过剩。 ● 激烈的全球竞争。 ● 低产品/服务的全球需求。 ● 产品/服务需求低下或下降。 ● 产品/服务无差异化。

4.5 商业风险评估

一个公司面临的商业风险是其利润低于预期或出现亏损的可能性。这种风险是由一系列因素决定的,其中许多因素与影响行业风险的同一组因素有关,这并不令人惊讶。它们包括:

- 品牌、质量、可靠性等。
- 运营成本:成本水平和成本结构(固定成本与可变成本的比率)。
- 内部规模经济:对定价、采购、管理节支、财务节支、风险承担的影响。
- 进入障碍。
- 市场份额。
- 多样化(按产品、地域和客户)。
- 政府法规。
- 投入成本。

所有这些因素通过以下渠道影响商业风险:市场地位;定价;竞争力;业务的一致性和稳定性。

4.5.1 市场地位、定价和竞争力

市场地位是指一个公司或其在一个确定的市场中被消费的产品的竞争地位。衡量市场规模的标准包括销售量、客户数量、收入、分销范围和产品使用情况。一个相关的概念是市场支配地位,在许多国家,政府有防止滥用市场影响力的法规。问题是,如何衡量市场影响力?加拿大竞争管理局指出:

> 市场支配地位是市场影响力的同义词。虽然直接衡量市场影响力可能很困难,但竞争管理局最重视的是市场份额和进入壁垒等关键因素。在定义市场支配力时,竞争管理局关注的是一家公司或一组公司是否在很大程度上或完全控制了某一特定地理区域的产品或服务。[1]

---

[1] Government of Canada, Competition Bureau (2015). Abuse of Dominance: A Serious Anti-competitive Offense.

一家公司的市场地位通常由公司的市场份额来衡量,以各种方式直接衡量,如美元销售(收入)、单位销售(数量),或某些资源行业的储备。没有正确的方法来衡量市场份额,它被定义为公司或品牌所服务的总市场的百分比。公司可能同时追踪这两种情况,因为它们可以获得市场数据来计算这些指标。如果产品非常相似,而且企业都是按产能经营,那么无论用什么计量单位,相对市场份额都应该是相似的。表4.9A中报告了同质产品和类似价格的这一结果。无论采用什么计量单位,相对市场份额也是相似的。

表4.9A 同质化产品的单位市场份额

品牌	平均价格(美元)	单位销售量	单位市场份额(%)	销售额(美元)	收入市场份额(%)
A	2.50	15 000	50	37 500	46
B	3.00	9 000	30	27 000	33
C	2.75	6 000	20	16 500	20
合计	2.70	30 000	100	81 000	100

相反,在产品差异和价格差异显著的情况下,如表4.9B,市场份额测量单位的选择将对计算测量结果产生明显的差异。单位法得出D品牌的市场份额为54%,但E品牌由于8美元的较高价格超过了行业的平均水平,产生了大部分的行业总收入。E品牌的收入市场份额为59%。这个例子表明,在存在产品差异和重大价格差异的情况下,衡量单位的选择是决定市场支配地位的关键。根据计算方法的不同,一个行业中可能有许多占主导地位的公司。信用分析师需要警惕那些夸夸其谈的市场支配力或市场领导力的公司年度报告。

表4.9B 差异化产品的单位市场份额

品牌	平均价格(美元)	单位销售量	单位市场份额(%)	销售额(美元)	收入市场份额(%)
D	2.00	15 000	54	30 000	25
E	8.00	9 000	32	72 000	59
F	5.00	4 000	14	20 000	16
合计	4.36	28 000	100	122 000	100

以下来自监管机构——加拿大竞争管理局——的声明,可以作为从相对市场份额确定市场支配地位的有用指南。

> 虽然市场占有率和市场支配地位之间的关系没有硬性规定,但该局在审查市场条件时以下列一般标准为方法指导:
> - 一家公司所占的市场份额低于35%,一般不会引起该局的关注。
> - 一个公司占有35%以上的市场份额,通常会引起一些关注,并促使该局进一步审查。
> - 对于一个公司集团来说,综合市场份额超过60%通常会引起关注,并促使该局进一步审查。[1]

公司可以通过价格竞争、质量改进、产品创新、增加或有针对性的分销,或通过广告和营销影响消费者的看法来提高市场地位。显然,市场份额、定价和竞争力是相关的。企业试图通过广告、品牌和竞争性定价等各种手段来扩大其市场份额。市场份额是波动的,所以最好是在一个较长的时期内衡量市场支配地位,而不是在任何一个时期,因为特定时期的增加和减少可能只是标志着公司产品或服务的相对竞争力。

4.5.2 业务的一致性和稳定性

业务的一致性和稳定性与经营业绩的衡量标准有关,如收入、单位产品销售量、利润和各个时间段的现金流。在信用分析中,可靠的或稳定的业绩是正面的,而波动的业绩则是负面的。业务的稳定性体现在稳定的增长率(如销售量)或稳定的业绩比率。保持或增加市场份额取决于增长的动力。为了保持市场份额,企业的业绩必须是一致和稳定的,使收入能够以与总市场相同的速度增长。此外,为了增加市场份额,一个公司必须通过超强的竞争力,使销售量的增长速度超过总市场。

---

[1] Government of Canada, Competition Bureau (2015). Abuse of Dominance: A Serious Anti-competitive Offense.

4.6 商业风险评分

要说明信用分析师如何思考相关的风险标准、风险因素和风险要素(根据需要)来建立商业风险的记分卡,航空公司(这将是第 5 章的重点)是一个很好的例子。分析师首先询问航空公司必须证明有效的关键领域是什么,否则就会失败。关键成功因素(KSF)至少包括以下四个方面:管理其财务;管理其机队;吸引其客户;管理其人员。这些 KSF 可以归纳为两大风险标准和风险因素:竞争地位和市场地位。你会注意到第三个风险标准,即周期性地位。虽然它不是一个 KSF,但它在根据行业在商业周期中的位置调整商业风险得分方面起着关键作用,因此被称为时间点(PIT)调整。我们将解释为什么 PIT 调整因素被纳入模型:

(1) 竞争地位(权重 1/2 或 1/3):

    A. 运营成本;

    B. 业务收入;

    C. 机队;

    D. 客户服务和安全记录。

(2) 市场地位(权重 1/2 或 1/3):

    A. 地域和服务的多样化;

    B. 市场份额;

    C. 航线网络。

(3) 周期性位置(重量 1/3):

    A. 周期性调整系数。

4.6.1 设计记分卡以适应周期性的修正

让我们首先讨论表 4.10(稍后将讨论)中风险因素的权重,以考虑商业周期对 BRR 的影响。记分卡的设计是为了处理这样的情况,即行业具有高度的周期性,周期性主要驱动反映在财务报表上的当前业绩。评估者面临的问题是,在经济周期的阶段,应该使用什么财务信息?例如,所有或大多数经济指标指向未来 12 个月(NTM)左右的经济衰退(注意:没有经济模型可以准确预测转折点)。使用本年度和前 2~3 年的 LTM(过去 12 个月)财务数据可能导致 BRR 升级,因为驱动财务风险的数据以及模型在繁荣阶段会有所改善。但在下一次 BRR 审查时,例如在一年左右,评级下调的可能性似乎更大,因为当行业处于下降阶段时,数据往往会恶化。正如我们在第 3 章所讨论的,BRR 的波动性并不令人满意。

为了使 BRR 对高度周期性行业的经济周期敏感,特别是在风险分析师已经确定周期正在推动财务业绩的情况下,商业风险包括第三个风险标准,即周期调整因素。它使评估者可以选择:对商业风险应用 PIT(时间点)调整;或使用当年的 LTM 数据和财务预测来评估财务风险。如果分析师选择 PIT 调整,则风险因素的权重是平均分配的,假设没有令人信服的理论或经验上的原因导致权重不均匀。周期性调整因素对 BRR 的影响是反周期的。另外,如果分析师选择预估的财务数据,PIT 调整就没有必要了,商业风险的唯一风险因素是前两个,同样是同等权重。

4.6.2 竞争地位

运营成本

- 每一可用座位公里的非燃料成本(以适当的货币计)。
- 载客率或座位率(效率指标)。[1]
- 有能力征收燃油附加费而不对需求产生不利影响。
- 用于对冲或减轻汇率风险和燃料价格风险的财政资源。
- 航空公司与其雇员和工会之间的关系。
- 遗留的成本负担,如养老金负债。
- 机队管理的灵活性:重新部署飞机或管理容量以应对需求变化。

营业收入

- 总收入的相对增长。
- 载客率的相对稳定性。
- 有能力利用市场/需求类别进行价格区分,以提高乘客收益率。

---

[1] 载客率:营收客运里程数(RPM)以可用座位里程数(ASM)的百分比表示,可以是某个特定航班,也可以是整个系统的。载客率代表了航空公司产出中实际被消耗的比例。为了计算这个数字,用 RPM 除以 ASM。单个航班的载客率也可以通过用乘客人数除以座位数来计算。载客率以及每可用座位里程营收(PRASM)的增加是效率的积极指标,反映了公司强大的运营能力。载客率的提高将导致更高的利润率,因为该公司能够以相同的固定成本产生更多的乘客收入。

- 全球联盟成员(如星空联盟)和代码共享合作成员。
- 参加与许多主要国际航空公司联营的合资企业。

机队

- 由航空公司完全拥有或租赁的机队比例。
- 相对于行业的平均机龄。
- 机队组合和所服务的路线之间的适宜性。
- 正在进行的机队更新计划,具有良好的固定和可选订单组合。

顾客服务和安全记录

- 品牌认可。
- 品牌忠诚度。
- 安全记录。
- 优质服务的声誉。
- 有能力收取更高的服务价格和费用而不对飞行产生不利影响。

4.6.3 市场地位

按地域和服务实现收入多样化

- 跨地区和大陆的多元化发展。
- 跨国家的区域和大陆间航班的多样化。
- 结盟和网络整合,达成代码共享协议。
- 非客运服务的收入份额。

市场份额

- 市场领导地位和航空公司领导的重要市场的数量。

航线网络

- 航线的盈利能力和商务旅行的比例。
- 进入所服务市场的主要城市。
- 飞行频率和时间段的有利性。

4.6.4 周期性位置:经济周期的阶段

在设计 BRR 记分卡时,需要决定我们希望这个模型有多大的前瞻性,并考虑 PIT(时间点)和 TTC(整个周期)的优点及缺点。显然,这些"修正"并不是完美的解决方案,但它们比忽视这个问题要好,因为使用不可靠的 BRR 所带来的风险和收益影响是巨大的。商业周期对 BRR 的影响取决于一个行业的整体表现和属于该行业的特定公司的表现之间的相关性。我们将在第 5 章研究一个实际应用案例。

为了发展周期性调整的想法,让我们首先了解经济周期的宏观经济概念,为此,我们使用美国的数据。首先要知道的是,商业周期是市场经济的一个永久特征,尽管经济科学并没有一个理论来解释和预测它。为此,我们需要把许多信息拼成一个连贯的故事,就像完成一幅拼图一样。很多时候,图片中缺少一些重要的碎片。其次要知道的是,每个周期在持续时间(周期性)和严重程度(振幅)方面都是不同的。正如图 4.4 所示,美国经济(以实际国内生产总值为代表)以某种正弦波模式波动。在 1854—2009 年间,有 33 个周期在当前的周期之前。图 4.5 显示了 11 个周期,每个周期的长度(以月计算)都不同。图的左边显示的是经济衰退的长度,条形图显示的是经济扩张的长度。过去 3 个周期的平均寿命为 9.1 年。随着本书的出版,经济扩张已经持续了 124 个月,是自 1854 年开始有记录以来最长的一次。

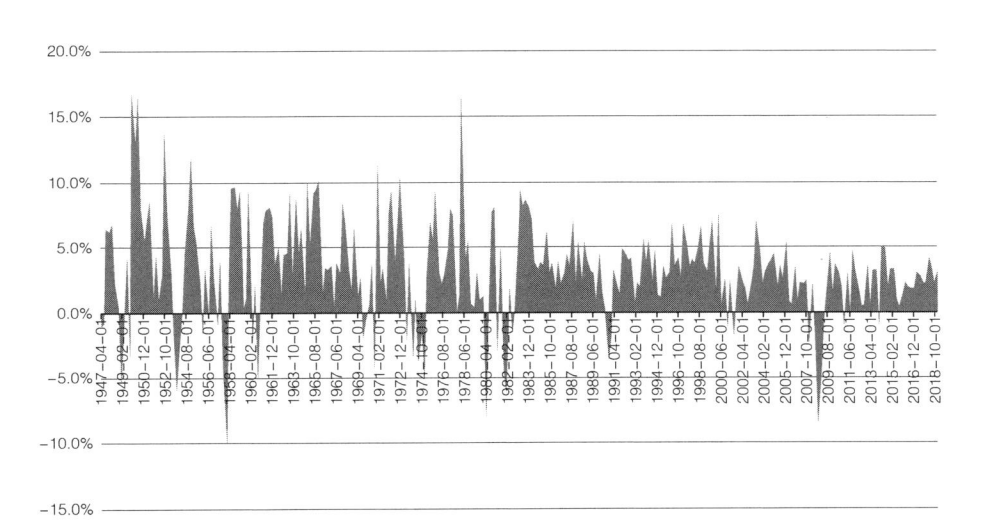

资料来源:圣路易斯联邦储备银行(FRED);圣路易斯联邦储备委员会。

图 4.4　1947—2019 年美国实际 GDP 增长

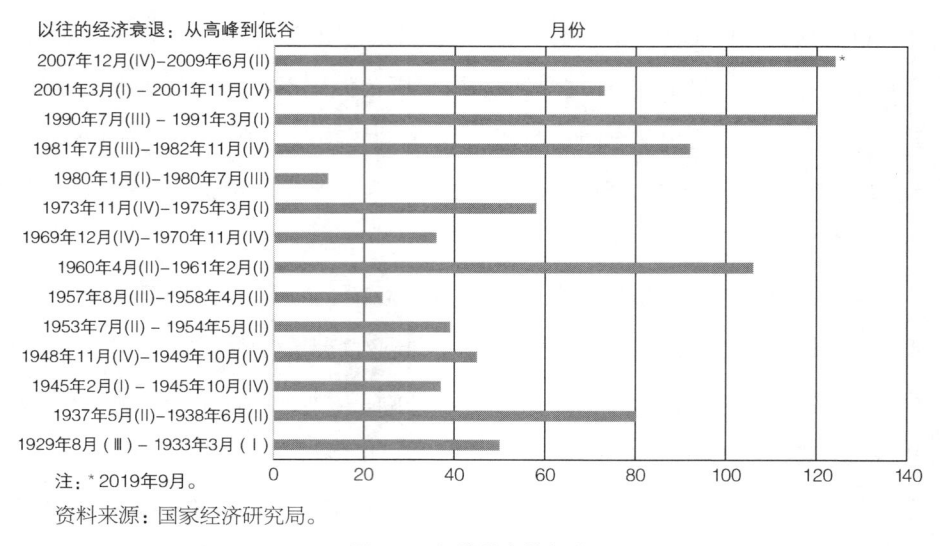

以往的经济衰退：从高峰到低谷	月份
2007年12月(IV)–2009年6月(II)	
2001年3月(I) – 2001年11月(IV)	
1990年7月(III) – 1991年3月(I)	
1981年7月(III)–1982年11月(IV)	
1980年1月(I)–1980年7月(III)	
1973年11月(IV)–1975年3月(I)	
1969年12月(IV)–1970年11月(IV)	
1960年4月(II)–1961年2月(I)	
1957年8月(III)–1958年4月(II)	
1953年7月(II) – 1954年5月(II)	
1948年11月(IV) – 1949年10月(IV)	
1945年2月(I) – 1945年10月(IV)	
1937年5月(II) – 1938年6月(II)	
1929年8月(Ⅲ) – 1933年3月（Ⅰ）	

注：* 2019年9月。

资料来源：国家经济研究局。

图 4.5　经济扩张的长度

我们从历史得知(以美国为例)，所有的扩张最终都会死亡。[1] 从信用分析师的角度来看，问题是，如何将行业置于周期的正确阶段？我们从图 3.2 中看到，转折点是周期的顶部(高峰)和周期的底部(低谷)。在这些点之后分别是衰退和扩张。信用分析师从经济指标中寻找指引(记得我们之前说过，没有任何模型可以预测转折点)。高频数据是最好的信息，它们的标签是同步经济指标(CEI)和领先经济指标(LEI)。同步指标显示了经济的现状，而领先指标则预测了6～9个月后的经济变化。同步经济指标的一个熟悉例子是零售销售额。领先指标的例子，根据定义是前瞻性的，包括新的私人住房单位的建筑许可证和消费者预期。建筑许可证的下降预示着未来几个月住房建设的减少；而消费者情绪的负面读数表明，未来几个月耐用品和非耐用品的支出会减少。所有这些都将对制造业和服务业以及这些领域的就业产生巨大的影响。

虽然值得注意的是，领先经济指标的指数远不是准确的预测指标，但它们总体上是成功的。同样，作为一个例子，让我们看一下美国的数据和图 4.6，它显示了综合指数的每月变化。该指数包括多达 10 个领先指标，正如会议委员会的 LEI 一样。领先指标通常包括收益率曲线，或长期政府债券(如 10 年期

〔1〕那些不把历史作为未来指南的人有责任解释为什么扩张会永远持续下去，就像反过来说，当经济衰退时，经济会永远衰退下去。

美国国债)和管理利率(如美国联邦基金)之间的利率差异/范围。我们将在第6章简要讨论收益率曲线,以及为什么债券市场是经济衰退的一个相对可靠的指标——被称为收益率曲线反转的现象。当长期债券的收益率低于短期政府债务的收益率时,就会出现收益率曲线倒挂。假设市场对未来的增长(9个月后甚至更久)变得悲观,它将期望美联储削减短期利率,而这些预期将体现在长期利率的下降上。曲线的正常形状是向上倾斜的,这表明市场对经济增长持乐观态度,并预期未来的短期利率将上升,并体现在长期利率的上升上。

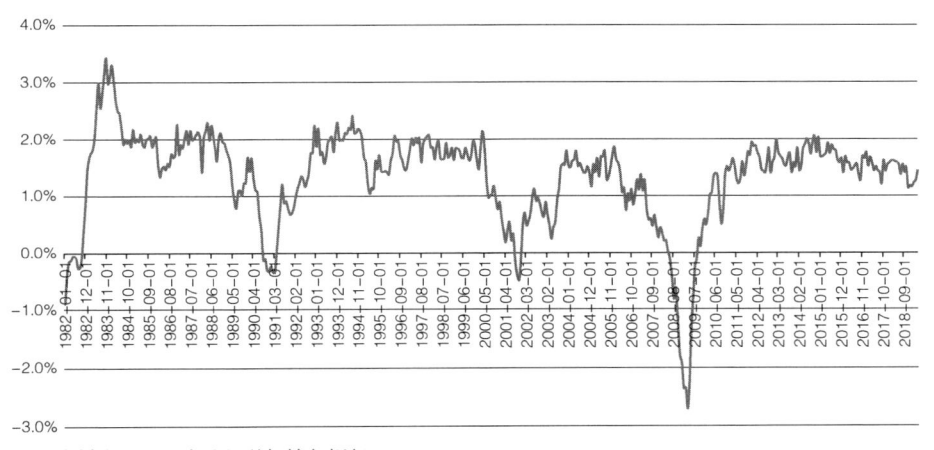

资料来源:圣路易斯联邦储备银行。

图 4.6 美国领先指数

第一个要注意的模式是零线以上锯齿状抛物线的形状。这是对经济随着周期的发展而失去动力的一种图形描述,最终在开始下降之前达到一个最大点。第二个需要注意的模式是,LEI 的变化在转折点之前预警经济放缓了。三个及以上的连续变化表明经济出现了拐点,特别是连续三次的负读数暗示着衰退的可能。图中所示的这个 LEI(圣路易斯联邦银行)预测经济转折点的时间较晚,因此,在 2007 年 12 月开始的经济衰退之前,各月的变化仍处于正值区域。然而,在拐点到来之前的许多个月,该指数的变化就已经预示着一种下滑的基调。

相比之下,在经济衰退之前的许多个月里,会议委员会的 LEI 已经成功地预测到了负面变化的拐点。同样,经济合作与发展组织(OECD)的综合领先指标(CLI)在2007年9月首次发出警告,并能提前5个月预测经济下滑的趋势。[1] 欧盟在2008年第二季度进入衰退期。然而,经合组织和会议委员会的领先经济指标并非无懈可击的成功,因为它们在以前的周期中发出了错误的警报。混合的结果反映了一个根本性的问题,即经济衰退的前兆在每个事件中都是不同的。[2]

除了领先经济指标外,信用分析师可能发现货币指标很有用。它们包括中央银行的政策公告,这些公告可能传达关于经济现状及其未来路径的信息。许多中央银行的法定任务是最大程度的价格稳定和就业。因此,他们将其对经济增长、通货膨胀和就业的预期与实际表现进行比较。他们还监测劳动力市场状况,并考虑金融和国际发展以确定货币政策的立场。价格稳定和充分就业的目标涉及经济松弛的问题。[3] 这一概念的基础是三个关键的经济"速度限制":

(1) 潜在增长率或资本充分运用和劳动力充分就业时的可持续增长率。在美国,国会预算办公室估计,从2018年到2022年,该比率为每年2%。

---

[1] Astolfi, R. (2016). Did the OECD Composite Leading Indicator See It Coming? *OECD Statistics Directorate*, *OECD Insights*.

[2] 20世纪80年代经济衰退的前兆,包括二次探底,是不断飙升的通货膨胀,1980年上半年略高于14%。美联储收紧了货币政策,联邦基金利率在1981年攀升至20%,然后通货膨胀率回落,到1982年7月达到2.4%。在20世纪90年代初,由于1990年8月2日伊拉克入侵科威特后石油价格飙升,商业和消费者信心受到打击,以致经济疲软。在2008—2009年的经济衰退中,其根本原因是金融危机,这是自大萧条以来最严重的一次。自20世纪80年代中期以来,通货膨胀一直相当温和,利率一直很低且稳定。20世纪90年代中期,房地产泡沫开始出现,次级抵押贷款膨胀,这反过来又导致了被称为CDO(抵押债务义务)的抵押贷款支持证券的大量增加。房地产市场的崩溃引发了一场深刻的金融危机,所有这些都促成了经济衰退。

[3] Congressional Budget Office (2016). *An Update to the Budget and Economic Outlook 2016-2026*, Congress of the US CBO. 分别见表2.1和表2.3对失业率和潜在GDP增长的预测。自然失业率(NAIRU)是指非加速通货膨胀的失业率,即U^*。它是失业率可以达到的最低水平而不产生过度的通货膨胀。低于这个长期利率,工资和价格通胀就会螺旋式上升。NAIRU,就像自然利率(中央银行既不刺激也不抑制经济的利率),通常被称为"星号变量"。星号是用来表示这些变量必须被估算,因为根据测量方法的不同,这些变量存在不确定性。然而,这并不意味着,由于NAIRU是不可观察的,它就不存在。尽管如此,美联储仍然使用NAIRU的估算值来帮助指导货币政策。常见问题有,美国经济能够维持的最低失业水平是什么? 联邦储备系统的理事会这样回答:"许多估算值表明失业率的长期正常水平在4.5%~6%之间,在经济没有受到冲击的情况下,预计失业率在未来5~6年内会趋于这个水平。政策制定者在《经济预测摘要》中对长期正常失业率的判断一般也在这个范围内。例如,在2017年9月的预测中,FOMC参与者对长期正常失业率的估计在4.4%~5.0%之间。"经济学家一直低估了U^*。美国的失业率从2017年3月的4.4%开始稳步下降,自2019年3月以来已经跌至4%以下。虽然工资通胀率一直非常温和,约为3%,但它一直在接近2007年第一季度的3.5%的峰值。2008年12月,经济在三季度之后进入衰退。

(2) 失业民众的充分就业率。在美国,估计该比率约为 5%。[1]

(3) 中央银行的目标通胀率——以 CPI(消费者价格指数)的同比增长率来衡量。在美国,目标是 2%,如图 4.7 所示,通货膨胀率在 2% 范围内。

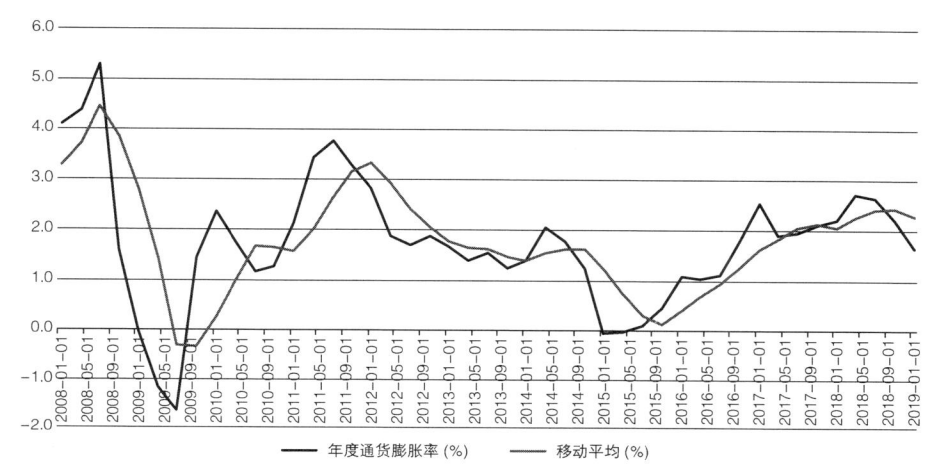

图 4.7 美国年度通胀率

资料来源:美联储经济数据。

目前,学术界和专业界的想法是,美国经济没有多少剩余的松弛。这种观点主要是基于这样一个事实,即经济增长速度超过了每年 2% 的潜力(见图

---

[1] 通货膨胀的先决条件是:第一,货币(和财政)政策的作用缓慢且具有不同的滞后性;第二,菲利普斯曲线模型,或者更准确地说,修正的菲利普斯曲线模型。修正后的版本指出,今年的通货膨胀率(π_t)是今年对通货膨胀率(π_t^e)、价格上涨(m)、决定工资的各种因素(z),以及当前的失业率(U_t)的预期结果。用符号表示如下:

$$\pi_t^e = \theta \pi_{t-1}$$
$$\pi_t = \pi_t^e + (m+z) - U_t$$
$$\pi_t - \pi_{t-1} = (m+z) - \alpha U_t$$

该模型的第一个方程描述了人们如何形成他们对通货膨胀的预期;θ 的值越高,去年的通货膨胀率越多,导致工人和雇主改变他们对今年通货膨胀率的预期。第二个方程表示,今年的通货膨胀率受到预期通货膨胀率、价格上涨和影响工资确定的因素(Z)以及失业率的影响。最后一个方程反映了产能利用情况。第三个方程表示,当 $\theta=1$ 时,是通货膨胀率($\pi_t - \pi_{t-1}$)的变化——而不是通货膨胀率水平(π_t)——与 $(m+z)$ 正相关、与 U_t 负相关。作为第一个切口,我们看了美国的数据(1996—2018 年)和相关性。失业率和产能利用率之间的(负)相关系数比较高(-0.7)。然而,通货膨胀率和失业率变化的相关系数几乎为零,这意味着失业率水平以及国内产能利用率对通货膨胀水平的变化(加速或减速)贡献很小。在解释国内通货膨胀时,全球化以及国际产能利用率似乎是比国内产能利用率更重要的因素。相关文章见旧金山联邦储备银行,"Inflation — Stress-Testing the Phillips Curve", Òscar Jordà, Chitra Marti, Fernanda Nechio, and Eric Tallman, February 11, 2019。

4.4 中的实际增长率),而失业率却远远低于 5％,这表明经济能力正在下降。经济中的松弛越少,价格上涨的压力就越大。因此,美联储从 2015 年 12 月开始,将联邦基金目标利率从 0.25％～0.50％,上调至 2018 年 11 月的 2.25％～2.50％,并在此后一直保持在这一区间,这几乎不是巧合。在 2018 年 11 月联邦公开市场委员会(FOMC)会议上,当委员会同意将区间提高到 2.25％～2.50％时,新闻发布提到,"强劲的劳动力市场和通胀接近其对称的 2％的目标"。综合所有的信息,包括非常令人困惑的事实,即通货膨胀是温和的,对数据的合理解释将表明,该行业处于周期的后期阶段,尽管要强调,拐点是不可预测的。

周期性调整系数

我们的目标是找到一种方法来降低 BRR 对周期对当前财务业绩影响的敏感性。一种方法是通过我们称之为周期性调整因素的风险因素,在商业风险中建立一个国家—周期性的偏差。它的操作方式如下:如果信用分析师确定该行业处于或接近周期的顶峰,这就需要用商业风险的周期性调整因素来调节 BRR;反之,如果该行业处于或接近底部,周期性调整因素有助于抵消当前经济衰退带来的负面影响。要避免机械地使用周期性调整。周期性调整的明显缺点是:误判周期的阶段,过早地进行调整或不进行调整;由于不可预见的因素,预期的拐点没有实现。然而,这些弱点并不是专家判断模型所特有的,而是所有信用违约风险模型都有的。在这种情况下,需要管理层的干预。如果关键的成功因素是弱(强)的,而财务业绩是强(弱)的,这是一个迹象,表明周期正在推动结果。周期调整系数的另一种方法是,使用当前和预测的财务报表来评估财务风险,我们将在后面的章节中对此进行研究。

时间点与整个周期的对比

贷方尽量避免在行业蓬勃发展的周期顶部,根据其当前的财务表现对借款方提升其评级,而在后来行业处于周期底部,整个行业处于困境时,却又将其评级下调。这可能导致三个重大的扭曲:(1)错误的放贷决策;(2)错误地将借款方列入观察名单;(3)贷款组合中不稳定的风险集中。

表 4.10 企业风险评估（航空公司）

风险标准	W(%)	A(12)	BBB(9)	BB(6)	B级及以下(5)
1. 综合位置	0.5				
运营成本	0.34	以下组合： ● 有效控制非燃料成本。 ● 每可用座位英里/公里成本低于同行业平均水平。 ● 持续实现高且相对稳定的载客率。 ● 能够将成本增加（例如，燃油附加费），以适度影响乘客负载传递。 ● 具有与必要规模。 ● 拥有足够的财力资源，以有效对冲汇率和燃油价格风险。 ● 不会因历史遗留成本而负担沉重。 ● 能够根据需求的不可预见变化管理产能。 ● 享有与工会的稳定关系。	以下组合： ● 在控制成本方面相当有效。 ● 与同行平均水平一致的CASM。 ● 实现高负载客负载因子，伴随波动。 ● 有一定余地将成本增加转嫁出去，但乘客负载受到负面影响。 ● 与供应商谈判将低价格的能力有限。 ● 拥有足够的财力资源，相对较好地对冲汇率和燃油价格风险。 ● 被重大的历史成本负担。 ● 在面对需求的不可预见变化时，有一定的能力管理产能。 ● 与工会关系相对稳定；发生轻微中断。	以下组合： ● 控制非燃料成本的能力有限。 ● CASM 超过同行平均水平。 ● 在不负面影响乘客负载情况下传递成本增加的能力有限。 ● 具有与供应商谈判降低价格的一定能力。 ● 实现依平均水平的负载因子。 ● 在不负面影响需求增加情况下传递成本增加的能力有限。 ● 在对抗大部分对汇率和燃油价格风险方面拥有限的资源。 ● 被较高的历史成本负担。 ● 在响应需求变化时管理能力有限。 ● 遇到劳资纠纷时，会经历中断。	以下组合： ● 控制非燃料成本的能力有限。 ● CASM 远高于同行平均水平。 ● 通常达到或低于航空公司的盈亏平衡点的载客率。 ● 无法转嫁成本增加。 ● 无法与供应商谈判降低价格。 ● 在对汇率和燃油价格方面的能力非常有限。 ● 因材料遗留成本而负担沉重。 ● 在响应公司需求变化时管理能力有限。 ● 航空公司与工会之间的关系对立。

续 表

风险标准	W(%)	A(12)	BBB(9)	BB(6)	B级及以下(5)
营业收入	0.2	●总收入的年均增长率率高于平均水平，超过10.1%。 ●始终能够保持高而相对稳定的载客率，远高于航空公司的盈亏平衡点。 ●有效利用其多样化的市场/需求细分进行价格歧视，以提高乘客收益。 ●参与全球联盟(例如，星空联盟，天合联盟，寰宇一家)，和许多代码共享合作伙伴关系。 ●与许多主要国际航空公司参合资企业。	●总收入的年均增长率稳定在5.1%到10%之间。 ●实现了超过航空公司盈亏平衡点的载客率，尽管亏损公司盈亏平衡点一致。 ●拥有市场/需求细分，允许有效的价格歧视以增加乘客收益。 ●参与全球联盟(例如，星空联盟，天合联盟，寰宇一家)，和有限的代码共享合作伙伴关系。 ●与少数主要国际航空公司参合资企业。	●总收入的年均增长率低于平均水平，在0%到5%之间。 ●实现了超过航空公司盈亏平衡点的载客率，但乘客盈亏平衡点一致，载量波动显著。 ●在价格歧视上有相对狭窄的市场/需求细分，以显著增加乘客收益。 ●参与全球联盟(例如，星空联盟，天合联盟，寰宇一家)和有限的代码共享合作伙伴关系。	●一年内总收入的年均增长或负增长。 ●通常达到或低于航空公司的盈亏平衡点的载客率。 ●没有价格歧视的余地，对乘客收益增长无能为力。 ●不是全球联盟(例如，星空联盟，天合联盟，寰宇一家)，代码共享合作机会有限。
机队	0.2	以下组合： ●航空公司拥有其大部分机队，租赁飞机都是长期租约，到期日分散。 ●现代化的机队和设备；燃油和维护效率较高。 ●持续的机队更新计划，拥有良好的固定和选择订单。 ●机队组合与航线相匹配。	以下组合： ●航空公司租赁其大部分飞机，采用长期和短期租约的组合。 ●到期日存在一些集中。 ●良好的机队和设备。 ●持续的机队更新计划，拥有公平的固定和选择订单。 ●机队组合与航线相匹配。	以下组合： ●航空公司几乎租赁所有的飞机，采用中期租约，具有一定的灵活性。 ●机队的平均年龄高于平均水平。 ●机队组合不适合这些路线。 ●进行了一些机队更新计划，但有时会因飞机交付延迟而受阻。	以下组合： ●航空公司几乎将所有飞机以中期租约租赁，具有一定的灵活性。 ●舰队的平均年龄远高于平均水平。燃料和维护效率较低下。 ●有限的舰队组合与路线匹配性很差。 ●有限的舰队更新计划发生，而且飞机购买往往是机会主义的。

续表

风险标准	W(%)	A(12)	BBB(9)	BB(6)	B级及以下(5)
收入基础	0.2	● 总收入的年均增长率超过10.1%。 ● 有效利用其多样化的市场/需求细分以定价。 ● 通过歧视视以来增加乘客收益。 ● 参与全球联盟（例如，星空联盟，天合联盟，寰宇一家）和许多代码共享合作伙伴关系。 ● 与许多主要国际航空公司进行合资经营。	● 总收入的年均增长率稳定在5.1%到10%之间。 ● 拥有市场，允许有效的价格歧视以增加乘客收益。 ● 参与全球联盟（例如，星空联盟，天合联盟，寰宇一家），和有限的代码共享合作伙伴关系。 ● 与一些主要国际航空公司进行合资经营。	● 总收入的年均增长率低于平均水平，在0%到5%之间。 ● 市场/需求细分过于狭窄，无法应用价格歧视以增加乘客收益。 ● 参与全球联盟（例如，星空联盟，天合联盟，寰宇一家），和有限的代码共享合作伙伴关系。	● 一年内总收入无增长或负增长。 ● 没有价格歧视的余地以增加乘客收益。 ● 不是全球联盟的成员（例如，星空联盟，天合联盟，寰宇一家）。 ● 有限的代码共享机会。
客户服务与安全	0.2	以下组合： ● 在区域或全球范围内建立且享良好声誉。 ● 拥有成功的忠诚度计划（通过大量且不断增长的参与者得到确认）。 ● 从全球系统中获得一致评级，该系统对航空公司和机场进行分类。 ● 对服务质量有着一致的高声誉。	以下组合： ● 在区域或全球范围内建立并得到认可的名字。 ● 中等成功的忠诚度计划。 ● 从对航空公司和机场系统中获得良好评级。 ● 对服务质量有着坚实的声誉；主要是正面评论。	以下组合： ● 在全球范围内名声不高，但在区域内得到良好认可。 ● 拥有或可能引入一个忠诚度计划。 ● 从对航空公司和机场进行分类级中获得满意评级。 ● 对服务质量有着满意的声誉；没有主要不利评论。	以下组合： ● 名声更多局限于对价格敏感的旅行者。 ● 没有忠诚度计划。 ● 未评级或从对航空公司和机场进行分类的全球系统中获得差评。 ● 大多数服务质量较差。 ● 在相同航线上提供最低价格的竞争者之一。

续表

风险标准		W(%)	A(12)	BBB(9)	BB(6)	B级及以下(5)
2. 市场位置		0.5				
		0.33				
	通过地理和服务的收入多样化	0.334	以下组合： ● 在各个地区和大洲高度多样化。 ● 在区域和洲际航班上高度多样化。 ● 非客运服务（货运/其他）代表了一个重要义的收入来源（超过10%）。	以下组合： ● 在各个地区和大洲较为多样化。 ● 在区域和洲际航班较为多样化。 ● 非客运服务（货运/其他）是一个有意义的收入来源（在5%~10%之间）。	以下组合： ● 区域和大陆之间的多样化有限。 ● 非乘客服务（货运/其他）是收入的重要来源（少于5%）。	以下组合： ● 市场主要是区域性的。 ● 乘客是唯一的收入来源。
	市场份额	0.33333	● 在许多关键市场中处于领导地位。	● 在一些关键市场的市场份额中排名中等。	● 在一些关键市场的市场份额中排名较低。	● 在关键市场的市场份额中不属于领导者。 ● 仅在小型或主要是基市场中处于领导地位。
	航线网络	0.33333	以下组合： ● 非常盈利的航线，商务/休闲旅行的比例非常高。 ● 能够到达所有关键市场的所有关键城市。 ● 高频次航班，时间段有利。 ● 广泛的国际航线和时段利组合，以支持增长。 ● 交通路线具有强大的增长潜力。	以下组合： ● 盈利的航线，商务/休闲旅行的比例偏高。 ● 对大多数关键城市市场的可达性。 ● 高频次航班，大多数具有不错的时间段。 ● 为支持增长，航线和时段权利组合。 ● 交通路线具有合理的增长潜力。	以下组合： ● 某些盈利的航线与低商务/休闲旅行的比例。 ● 对一些关键城市市场的可达性。 ● 相当频繁的航班，其中一些有利的时间段。 ● 拥有狭窄的航线和时段权利组合；不足以支持进一步增长。 ● 交通路线具有合理的增长潜力。 ● 交通路线的增长潜力有限。	以下组合： ● 主要或仅限区域航线，作为对其他航空公司的补给。 ● 前往关键城市的航班不频繁，通常时间段不利。 ● 缺乏足够的航线和时段权利以支持增长。 ● 交通线的增长潜力低。 ● 前往度假目的地的低利润包机航班。

续表

风险标准		W(%)	A(12)	BBB(9)	BB(6)	B级及以下(5)
3. 周期性位置		0				
	周期性调整因素	0.33 1	●月度 LEI(领先经济指标)的变化表明商业周期可能处于或接近低谷。 ●货币政策仍然是扩张性的。 ●官方利率没有像以前那样快速下降或显示出触底的迹象。	●LEI 的变化表明商业周期处于中后期阶段。 ●货币政策公告表明未来利率将上升,这是央行预期增长将继续的信号。 ●官方利率正在响应强劲的经济增长而上升。	●月度 LEI 的变化指向经济运行放缓,但没有明确的衰退警告。 ●货币政策公告表明未来利率将下降,与 LEI 变化所示的警告一致。 ●央行已停止提高官方利率或将其保持在公布的范围内或将其保持稳定。	●月度 LEI 的变化预示着未来 6～9 个月可能会出现衰退。 ●货币政策公告表明未来利率将下降,确认了 LEI 的警告。 ●官方利率下降的速度比平时更快,因为目标范围扩大了。

何时适用周期性调整?

只有在仔细确定以下情况后才可使用周期性调整,即公司的 PIT 表现主要是由商业周期而不是由商业战略、竞争力和管理等关键成功因素造成的。此外,周期性调整最好是在经济衰退或复苏的概率被判断为相对较高的情况下使用。

商业风险的描述符,包括周期性调整系数的描述符,在表 4.10(一家航空公司)中列出。下面是关于我们(或你这个信用分析师)如何应用这些描述符。为了区分周期的各个阶段,我们从领先经济指标、货币政策的立场、货币政策的公告和官方利率的实际趋势中寻找线索。然后,我们使用高度周期性行业的周期调整因素和其他风险因素对商业风险进行评分,为此我们选择了一家航空公司。信用分析师按惯例选择适当的描述符,它们就是突出显示的那些描述符。有了这些选择项和模型中的内置公式,记分卡就可以进行计算了。商业风险评估的加权分数是 5.0,也就是"BB—"的评级。总体分数对周期性调整很敏感,其他方面也是如此。例如,如果是"BBB"而不是"BB",总分就会跳到 7.5,对应"BBB—"。

4.7 管理风险评估

任何组织的管理都需要制订一个包含广泛目标的商业计划,制定实现目标的战略和战术,并在有形资本、人力资本、金融资本、物质投入和技术资源的情况下执行该计划。管理必然包括管理一个组织的人,因此,公司治理在计划的成功、公司的业绩,以及它的信用度方面起到关键作用。管理风险评估,就像商业风险评估一样,大部分是定性和主观的。正因如此,如果说对管理风险进行准确的评估比对财务风险的评估更难,那将是轻描淡写的。如果对这一观点有任何怀疑,请想一想多年来对这些行业巨头——安然、世通、北电和帕玛拉特——进行的所有分析,但只要有几项分析,就可能对最终导致这些行业巨头倒下的严重管理风险发出黄色信号或红色信号。

对基于证据的风险因素的谨慎选择可以减少主观性。重点关注管理风险的以下三个属性,我们给予它们同等的权重,如括号中所示:

(1) 管理质量(权重 1/3);

(2) 商业战略(权重 1/3);

(3) 财务政策和战略(权重 1/3)。

4.7.1 管理质量和解决 BRR 认定中的信息不对称问题

从信用分析师的角度来看,对管理质量的评估至少应包括四个广泛的属性:资格认证、经验、能力、品格。

最好的管理需要所有这四个方面。管理质量使我们在第 1 章的"5C"中考察的公司治理[1]和品格成为焦点。品格评估的重点是管理层的诚信或道德操守以及领导层的质量,但获得信息是非常困难的。当分析师最终获得信息时,往往为时已晚,正如我们在安然公司、世通公司、北电公司等金融丑闻中看到的那样。管理因素是最困难的,因为我们在第 1 章研究了信息不对称的委托—代理问题。回顾一下,在贷款市场上,当借款方在信贷关系中拥有比贷方更好的信息时,就会发生信息不对称。隐蔽的信息和行动使贷方无法评估信用度和准确确定 BRR。鉴于信息不对称构成了严重的障碍,贷方如何在其风险评级过程中试图减弱这个问题呢?我们提出的方法是使用在第 3 章讨论过的覆盖功能。

4.7.2 商业策略

一个公司应该有一个商业计划,其中包括明确的目标和战略,包括对计划的风险评估和缓解行动。这些目标通常包括盈利能力、增长和市场份额。信用分析师从宏观层面入手,以确定该计划是否现实,然后在更微观的层面上评估该计划是否可以用手头的资源实现。因此,评估计划的积极性对于确定目标是否可行和可持续,不因承担更多债务而削弱公司的资本结构至关重要。对公司过去在计划执行方面的表现进行调查,是对这一前瞻性评估的补充,失败的历史通常可以较好地预测未来业绩不佳。

公司通常不与信用分析师分享他们的商业计划,即实际文件,然而,为银行工作的信用分析师通常有机会接触到作为银行客户(商业借款方)的私人和密切

---

[1] 关于公司治理的报道,见 B. Ganguin and J., Bilardello. *Fundamentals of Corporate Credit Analysis*, Chapter 4, ibid.。

控股企业的计划。当企业在市场上需要一笔可观的贷款时,他们往往愿意将其商业计划提交给贷方。信用分析师通过采访高级管理人员、年度报告中的信息以及客户经理的电话报告来了解上市公司的商业计划。

4.7.3 财务计划

另一份重要的文件是财务计划,它将商业计划转化为数字——会计的语言。该计划以模拟或预测的收益表、资产负债表和现金流报表以及业绩测量或目标的形式传达。信用分析师审查财务计划是否与商业计划和外部融资要求一致。对行业风险的了解有助于评估目标。前面关于获取商业计划的评论也适用于财务计划。

4.8 管理风险评分

正如我们对财务风险、行业风险和商业风险所做的那样,我们对管理风险评估采用同样的评分方法。如表 4.11 所示,上面讨论的 3 个因素——权重、等级和等级的描述符——构成了记分卡的管理风险部分。为了说明这一点,我们展示了一张带有 A、BBB、BB 等级及其描述符的记分卡。在这个例子中,3 个风险因素中的每一个都是"BBB",并且没有覆盖,于是产生了与预期匹配的 9 分的加权平均分。

表 4.11 管理风险评估

		12	9	6
管理质量	33.33%	书面或口头的财务政策和战略,以下部分或全部适用: ● 高素质、高能力的高级管理人员; ● 高素质、高能力的下层管理人员; ● 至少有 20 年商业计划和战略方面的卓越表现,经历了多轮商业周期; ● 同行中始终排名第二梯队	书面或口头的财务政策和战略,以下部分或全部适用: ● 合格和有能力的高级管理人员; ● 合格和有能力的下层管理人员; ● 至少有 10 年商业计划和战略方面的扎实业绩,经历了 1 个商业周期; ● 同行中始终排名第三梯队	专业管理的公司,以下一项或多项适用: ● 少数合格和有能力的高级管理人员; ● 少数合格和有能力的下层管理人员; ● 在至少 5 年的时间里,商业计划和战略方面的成功纪录不稳定; ● 可能在一次经济衰退中遇到严重挑战; ● 同行中始终排名第四梯队

续　表

		12	9	6
商业战略	33.33%	书面或口头的财务政策和战略,以下部分或全部适用: ● 3～5 年的时间跨度; ● 目标、经营战略和财务战略明确界定; ● 计划与行业和经济环境一致; ● 目标在目前的财务政策和战略范围内可实现; ● 过去关键绩效指标保持不变,并且经常超越; ● 强烈预期,即公司能在计划期内保持较高的竞争业绩。	书面或口头的财务政策和战略,以下部分或全部适用: ● 1～3 年的时间跨度; ● 目标、经营战略和财务战略明确界定; ● 计划与行业和经济环境一致; ● 在当前的财务政策和战略下,目标是可以实现的; ● 近期业绩一般; ● 对公司在计划期内保持或略微提高其竞争优势的期望值强。	书面或口头的商业计划书,包括以下一项或多项内容: ● 1～2 年的时间跨度; ● 目标、经营战略和财务战略没有明确界定; ● 计划中对商业和经济环境的评估不切实际; ● 计划是向后看而不是向前看,更多的是为了纠正过去的错误; ● 不可能在目前的财务政策和战略情况下实现所有目标; ● 对公司在计划期内保持其竞争地位的期望值较低。
财务战略	33.33%	书面或口头的财务政策和战略,以下部分或全部适用: ● 符合商业计划的支出、借款和会计做法的政策; ● 财务战略转化为财务计划,即具有关键绩效衡量标准的预估财务报表; ● 预估的债务水平和现金流可持续; ● 极有可能保持财务灵活性或可获得的外部资金。	书面或口头的财务政策和战略,以下部分或全部适用: ● 与主营业务一致的支出、借款和会计做法的政策; ● 财务战略转化为财务计划,即有关键绩效衡量标准的预估财务报表; ● 按行业比较,预估的杠杆率和现金流比率为平均水平; ● 可能会保持一定程度的财务灵活性或可获得的外部资金。	书面或口头的财务政策和战略模糊不清,具有以下一个或多个特征: ● 关于支出、借款和会计做法的政策不明确; ● 财务战略和目标在某些情况下不可衡量,也没有转化为预估财务报表; ● 激进的杠杆政策; ● 过去的财务战略未能达到计划目标; ● 财务灵活性有限。

4.9　财务风险评估

在第 2 章,我们研究了财务比率的以下方面:如何定义它们;如何测算它们;它们的用途是什么;如何解释它们以便有效使用。在本章中,重点是"财务风险评估"部分的比率的实际应用。有 4 个可量化的类别,涵盖了收益表、资产负债表和现金流报表;还有一个定性类别,即金融灵活性。具体包括：盈利能力;资产的利用和效率;债务和偿债能力;流动性;金融灵活性。

我们在第3章说过,有许多财务比率,但实践中信用分析师需要的比率不超过12个。在财务比率分析方面,数量并不一定意味着质量。使用许多比率并不能产生更多的信息,因为它们与正在考虑的其他比率有很强的相关性或共线关系。此外,即便是在常用的指标中,有些指标也不适合某些行业;在这些指标中,信用分析师必须有所选择。例如,通过查看库存周转率来评估提供服务的公司的效率是没有意义的,比如银行和航空公司。但是,对于制造业和商品销售业来说,这种比率是有用的。对于非金融实体,以下指标通常用于评估公司的偿债能力：

- 债务总额/资本(%);
- FFO(来自经营的资金)/债务总额(%);
- 自由(经营)现金流/债务总额(%);
- EBITDA 或利息、税项、折旧、摊销和租金前的收益(EBITDAR)/利息;
- 息税前利润/利息。

第五类是金融灵活性,即一种定性的衡量标准,其和定量的衡量标准一样,都是决定信用度的重要因素。借款方如果能够广泛地获得不同的外部融资来源,就不太可能遭遇流动性紧缩,因此也不太可能违约。想一想航空公司,由于周期性和季节性因素,以及燃料价格、罢工和恐怖袭击等不可预测的因素,它通常面临非常不稳定的现金流。同时,航空公司的杠杆率很高,获得融资是航空公司"生产功能"中的一个重要投入。外部融资的来源包括以下几个方面：

A. **股权工具**

a. 来自"腰缠万贯"的个人的现金。

b. 向公众出售的普通股和优先股。

c. 私人配售(向少数投资者出售股票,而不是公开发行的一部分)。

B. **债务工具**[1]

a. 由银行和非银行金融机构(FIs)提供的承诺和非承诺的贷款项目。贷款

---

[1] 有许多关于货币市场和固定收入证券的教科书。比较有名的包括：Marcia Stigum (1989). *The Money Market*, McGraw-Hill, 3rd edition; Frank J. Fabozzi(2012). *The Handbook of Fixed-Income Securities*, McGraw-Hill Education, 8th edition.

由个别银行或银行集团提供(这种贷款被称为银团贷款)。贷款包括定期贷款、循环信贷额度、商业票据(CP)——备用额度、过桥贷款和租赁融资。

b. 银行和非银行金融机构的担保和高度监控融资(例如,基于资产的贷款和保理)。

c. 有担保和无担保的债券(美国国债的长期限贷款,最长可达 30 年)。

d. 票据(一种短期限的债券)。

e. 债券(无担保债券)。

f. 私人配售(向少数投资者出售的债券,而不是公开发行的一部分)。

g. 商业票据(CP)、银行承兑汇票(BA)和其他短期债务工具。

h. 结构性融资(非常规、复杂和高风险的金融交易)。[1]

C. 出售资产

出售固定资产、设备和权利。财务灵活性是一个定性因素,比财务比率更难定义,然而,提出正确的问题能使信贷分析师评估风险:

a. 借款方是否有所有或许多融资渠道?

b. 在其总负债的流动部分方面,借款方是否能够筹集到其资金需求的全部或只是一部分?

c. 如果借款方是一家上市公司(外部评级),那么哪些评级可以方便获得外部资金?

d. 如果借款方是一家私营(外部无评级)公司,那么它在财务实力方面与上市公司相比如何?

显然,投资级或更高的上市公司在从许多来源获得所需金额的融资方面处于有利地位。事实上,对于某些类型的借款,如公司债券和商业票据,外部评级是必要的。通常,用户是跨国公司(在一个或多个证券交易所上市)和非常大的私人公司。在潜在的来源和可筹集的金额方面,那些与上市公司一样财务实力雄厚的私营公司预计会有类似的渠道。相反,那些低于投资级的公司则处于相

---

[1] Fabozzi, F. J., Davis, H. A, and Choudhry, M. (2006). *Introduction to Structured Finance*, John Wiley and Sons. 作者解释,结构性金融没有单一的、包罗万象的定义,尽管你通过许多特征了解它。一些结构性金融产品包括 ABS(资产担保证券)。这些是由金融资产担保的债券或票据,如应收账款、汽车贷款和房屋抵押贷款。结构性金融还包括风险较高的担保债务凭证(CDO),它们由债券、贷款和抵押贷款等集合资产"担保",包括臭名昭著的次级抵押贷款,2007 年恶化,并在 2008 年导致全球金融危机。

对劣势。根据这些问题，我们定义了财务灵活性的三个等级(见表4.12)。

4.9.1 数据来源和金融风险评估的范围

就注册会计师(CPA)所做的保证和尽职调查的程度而言，财务报告一般有三个层次。经审计的财务报表是主要来源的标准，因为这种形式的注册会计师的承诺提供了最高水平的保证。然而，经常出现的情况是，经审计的财务报表无法获得，如初创企业，在这种情况下，风险分析师必须使用未经审计的报告。审查承诺报告就是其中之一。在这份报告中，虽然不需要审计，但编制财务报表的会计师表达了一定限度的保证。

第三种既不需要审计也不需要任何意见的财务信息来源是"汇编约定"或"读者通知"(NTR)。因此，尽管注册会计师提供这种会计服务，但未获认证的会计师或专业记账员可以准备一份"汇编约定"。在没有正式财务报表的情况下，另一种类型的未经审计但必须用到的财务报告是预估财务报表，其基于公司管理层的估算和假设。

思考一下已经在贷方那里有信用风险，或第一次申请贷款的借款方。借款方要么有义务根据贷款协议提供财务报表，要么被要求在申请贷款时提供所有必要的财务信息。为了确定债务方当前和未来的财务实力，信用分析师首先必须对当前和最近的历史信息是否可靠有很好的了解。因此，信用分析师所要处理的那一类财务信息很重要。让我们来研究以下三个案例：

(1) 该公司是稳定的，并在一个相对非周期性的行业中运营(通过与整体经济或其国内生产总值的低相关性表示)。

(2) 该公司在过去三年的表现并不代表未来的结果。

(3) 该公司已经收购了另一家来自不同行业的公司。

鉴于这些情况，信用分析师需要决定历史(包括当前)数据是否充分，或者是否应该用预估财务报表来补充。

在第一种情况下，借款方的业绩多年来一直很稳定，一旦信用分析师确定公司的业绩在一两年后不会有突然的变化，那么经审计的中期财务报告就足够了。稳定并不意味着没有变化，因为一个公司可以以可持续的速度增长并获得市场份额。当年最后12个月(LTM)和前两年的财务指标就足以用于财务风险评估。

在第二种情况下,例如一家处于高度周期性行业的后期阶段的公司,历史财务业绩的预测值会在最近的过去呈指数式下降。要想更准确地评估未来的业绩,就需要从预估财务数据中得出当年的 LTM 和未来 12 个月(NTM)的财务指标。[1]

第三种情况是,特定的变化,如收购或债务的大幅增加,是否对资产负债表(资本结构)、收益表(利润和盈利能力)和现金流报表(未来现金流)产生重大影响。财务信息将包括因变化而调整的 LTM 财务业绩,这些变化将影响前面列出的所有 4 个比率类别:盈利能力、资产利用和效率、债务和偿付能力以及流动性。

4.10 财务风险评分

让我们考虑一个直接的案例,不需要 NTM 财务数据,近期和当前的财务数据就足够。该公司的经营业绩一直很稳定,该行业的周期性很弱,此外,从所有同步和领先的经济指标来看,信用分析师认为商业周期仍有很大的发展动力。我们还假设该公司没有资产负债表以外的债务。假设没有这些复杂的情况,业绩衡量是针对 LTM 和前两年的情况。下一步是摊开财务报表,计算财务指标,并在记分卡中选择适当的描述符来计算财务风险得分。

让我们看看所采用的权重(见表 4.12)和依据。在综合风险评级中,财务风险评估的权重最大,为 40%。前四个风险标准是定量的,因此是可以衡量的:盈利能力;资产利用和效率;债务和偿付能力;流动性。我们更重视债务和偿付能力以及流动性,因为这些是偿还能力的关键驱动因素。债务和偿付能力,以及流动性,各占 25% 的评分。第五项标准,即财务灵活性,是定性的,但正如你所看到的,它有一个相对较大的权重,即 20%。其反映了一个事实,即流动性危机往往是触发破产的原因,而不是无利可图或甚至高负债。因此,盈利能力和资产利用及效率的权重较低。

---

[1] 关于财务预测方法,见 Robert C. Higgins, *Analysis for Financial Management*, 5th edition, Irwin-McGraw Hill, Chapter 3; Ganguin & John Bilardello, ibid., Chapter 6。

表 4.12 财务风险评估

风险标准和测量	W(%)	AA(15)	A(12)	BBB+(10)	BBB(9)	BBB−(8)	BB(6)
1. 利润率	15%						
EBITDA 利润率(50%)	50%		23.1—28.0	18.1—23.0	13.1—18.0	8.0—13.0	
EBIT／平均资产(50%)	50%		20.3—25.8	15.2—20.2	10.1—15.1	5.0—10.0	
2. 资产利用率和效率	15%						
应收账款周转率天数(50%)	50%		19.0—29.0	30.0—35.0	36—45.0	46—55.0	
库存周转天数(50%)	50%		14.0—24.0	25.0—30.0	30.1—40.0	40.1—50.0	
3. 债务和偿付能力	25%						
债务／EBITDA(50%)	50%		0.6—1.5	1.6—2.5	2.6—3.5	3.6—4.5	
债务／资本(50%)	50%		35.0—40.1	40.0—45.0	45.1—55.0	55.1—65.0	

续 表

风险标准和测量	W(%)	AA(15)	A(12)	BBB+(10)	BBB(9)	BBB-(8)	BB(6)
4. 流动性	25%						
FFO/总债务(50%)	50%		60.1—70.0	50.1—60.0	35.1—50.0	20.0—35.0	
流动比率(50%)	50%		2.6—3.0	2.1—2.5	1.6—2.0	1.0—1.5	
5. 财务灵活性	20%						
筹集股权和债务融资能力	100%		●一个跨国公司(上市或私营)。 ●能够筹集债务、股权和夹层融资。 ●如果是上市公司，它被评为高投资级。 ●如果是没有评级的公司，其财力与同一家中等评级的上市公司一样雄厚。	无描述符	●公司可以利用承诺和非承诺的银行融资。 ●公司在一个主要的证券交易所上市并能募集股权。 ●如果是上市公司，其被评为中等投资级。 ●如果是没有评级的公司，其财力与同一家高评级的上市公司一样雄厚。	无描述符	●常规银行贷款，债券和股票市场的渠道有限。 ●获得基于资产的融资，如ABL和保理。 ●如果是上市公司，它被评为非投资级。 ●如果是没有评级的公司，公司财务状况差。

在这个简化的例子中,我们使用了第 3 章表 3.1 所示的 16 个风险等级中的 6 个,以及说明性的财务比率(见下文),这些比率在规定的范围内都会随着风险等级单调递增或递减。例如,风险等级总是随着 EBITDA 利润率的上升而上升,同样,风险等级总是随着债务/EBITDA 比率的上升而下降。为了给财务风险评估打分,我们在工作中采用以下假设性的信息:

- EBITDA 利润率:10.2%。
- EBIT/平均资产:12%。
- A/R 周转率:40 天。
- 库存周转率:39 天。
- 债务/EBITDA:3.6×。
- 债务/资本:50%。
- 来自运营的资金(FFO)/债务总额:22%。
- 流动比率:2.0×。
- 财务灵活性:公司可以从已承诺和未承诺的银行贷款中提款,等等。

一旦各个因素被分组(桶状)并分配了权重,财务分析评估的记分卡就完成了。正如我们在其他部分所看到的,金融风险记分卡的应用是直接的:信用分析师在适当的记分卡范围内进行定位。后台的算法产生综合得分和相关的风险等级。我们在表 4.12 中突出了这些位置。在这个例子中,记分卡使用了加权总和公式,结果是 8.6 分(四舍五入到小数点后 1 位),代表表 3.1 中的"BBB"(中等风险)。

4.11 计算综合 BRR

总的 BRR 只是 4 个风险标准的加权平均数:行业风险(6.9)、商业风险(7.5)、管理风险(9.0)和财务风险(8.6)(来自上面讨论的相应记分卡)。假设风险标准的权重分别为 10%、20%、20% 和 50%。计算加权平均数公式如下所示:

$$BRR = \sum_{i=1}^{4} w_i \times 风险标准得分_i$$

因此,计算加权平均数为:

$$BRR = (0.1)(6.9) + (0.2)(7.5) + (0.2)(9.0) + (0.5)(8.6) = 8.3。$$

8.3 分的综合得分映射为"BBB"。

第5章 如何整合

章节目标

1. 展示基于标准的方法在过往的航空业和一个虚构的航空公司的应用。
2. 学习编制预估财务报表和现金流预测。
3. 运用压力测试来确定融资缺口和信用质量。
4. 为商业航空业建立借款方风险评级(BRR)记分卡。
5. 应用记分卡来确定一家航空公司的信用等级。

5.1 引　　言

在第4章,我们重点讨论了方法和方法论。我们学会了自下而上地设计记分卡,在构件上添加构件,于是产生了借款方风险评级(BRR)记分卡。在本章中,我们为客运航空业定制了BRR模板,通过演示,读者可以看到在对一家虚构的客运航空公司(位于美国得克萨斯州的AY洲际航空公司)的研究中,这些部件是如何组合在一起的。虽然财务报表是编造的,但实际上它们是一家中等规模航空公司的年度报告和财务报告中的信息。

为了从本章得到最大的收获,有两种方法可选择。一种方法是,想象你是一家商业银行的模型开发者,你正在建立一个客运航空业的BRR记分卡。所以你更关注模型的设计和开发。如果这是你的目标,本章将为你提供必要的工具和想法。另一种方法是,假设你是一个主要贷款机构的雇员,正在考虑 AY 洲际航空公司的贷款申请,而你正在做信用风险分析以确定 BRR。所以你更关注信用风险评估。现在是 2018 年 1 月,分析师掌握了所有必要的财务信息,包括 2017 年及以前的年度报告和投资公司客户经理 2017 年 12 月的电话报告。本章探讨了分析中用到的思维或理论,并介绍了方法。这就把我们带到了案例研究中。

5.2 AY 洲际航空公司的案例分析

5.2.1 公司背景和简介

AY 洲际航空公司(AYIA)信用风险评估:BBB-(低中风险)

AY 洲际航空公司(AYIA)是一家总部位于得克萨斯州并提供全方位服务的航空公司。AY 洲际航空公司于 1938 年在休斯敦以休斯敦航空公司的名义成立了一家私人公司。该航空公司在 20 世纪 70 年代蓬勃发展,但在 20 世纪 80 年代初之后,由于管理问题,开始表现不佳。1984 年,该航空公司开始报告亏损。1987 年 3 月,位于得克萨斯州达拉斯的风险投资公司"Sky's The Limit"收购了该公司,不久之后,该航空公司开始上市,其股票交易活跃(交易代码 AYIA)。AY 洲际航空公司业务遍布非洲、北美、南美和加勒比海地区、亚洲、中东、新西兰和澳大利亚的 150 多个机场,直接为 9 000 多万名客户提供定期客运服务。AY 洲际航空公司经营着一支由超过 195 架干线飞机组成的机队,其中包括 55 架小型飞机、60 架中型飞机、35 架宽体飞机和 45 架支线飞机。除了客运服务外,AY 洲际公司的收入来自其货运部门,以 AY 货运公司的名义运营,该公司提供直达 100 多个国际目的地的服务,并在 40 多个国家设有销售办事处。该公司的航线网络包括与其他外国航空公司的联盟,以及作为客运航空公司星空联盟的成员。

5.2.2 行业风险评估(15%)

行业风险评级:BB+(高风险)

充分了解客运航空业的经济状况,对于评估航空公司的信用度是必要的。

这是一个高度周期性和季节性的行业，其中推动航空运输和旅行需求的主要因素是消费者信心、气候变化、个人可支配收入和企业盈利能力。运营航空公司的两项最大的成本是航空燃油和劳动力，这两个因素在很大程度上是航空公司无法控制的。由于业务的劳动力和资本密集型性质，因此该行业的固定和可变成本比率特别高，当业务缓慢或萎缩时，就限制了调整的范围。同时，在景气和不景气的时候，客运量大起大落是正常的。竞争、成本结构和客运量的波动，所有这些因素加在一起，导致了低利润率和不稳定的现金流。表 5.1 比较了 6 家国际航空公司的费用率和固定资产与总资产比率，它们也说明了航空公司的总体情况。

表 5.1　世界主要航空公司的部分运营估值（2014—2016 年的平均值）　　单位：%

航 空 公 司	航空公司燃油及相关费用/总运营费用	员工成本/总运营费用	固定资产/总资产
加拿大航空公司	21.0	18.8	55.4
美国航空公司	20.0	26.9	56.7
英国航空公司	16.6	14.6	53.9
国泰航空公司	34.6	19.6	47.9
澳洲航空公司	23.1	24.1	66.2
联合大陆航空公司	25.9	29.9	56.1

资料来源：上市航空公司 2016 年和 2015 年的年报/证监会文件。

表 5.1 显示，经营航空公司的两项最大开支是航空燃油和劳动力。两者合计占总运营成本的 1/3～1/2。航空公司的运营是劳动密集型的，超过 1/5 的总运营费用是工资和福利。此外，该行业是高度资本密集的，飞机和设备的固定资产占总资产的一半以上。[1] 公司规模在成本最小化方面起着关键作用。大型航空公司享有巨大的议价能力，可以就航空烟油和其他用品的价格谈判折扣。小型航空公司则没有这样的议价能力。

---

[1] 见 Damodaran 和 Aswath（纽约大学斯特恩商学院）的 Debt Ratio Trade Off Variables by Industry。数据最后更新的时间是 2017 年 1 月 5 日。就全球航空运输业而言，固定资产/总资产的比率为 59.25，处于前十位；比率最高（77.64%）的是铁路。一般来说，运输业是高度资本密集型的。

在收入方面,主要的驱动因素是相对于旅行需求的产能和竞争状况。自 2000 年以来,航空公司的数量增长快于需求,导致了长期的产能过剩。特别是在欧洲,众多航空公司已经破产。该行业的资本密集型性质使得边缘参与者难以退出该行业,从而加剧了产能过剩,造成了整合的压力。[1]

如果说航空公司竞争激烈,这是一种轻描淡写的说法。该行业的历史表明,自从 20 世纪 70 年代末解除对航空业的管制以来(这是一个始于美国和加拿大的全球性发展),竞争的激烈程度就没有停止过,事实上,竞争已经加剧了。现在有许多类型的承运商,他们在为填补座位进行激烈的竞争,包括全方位服务网络的承运商(FSNC,其中许多曾经是垄断性的国家航空公司)、区域航空公司、假期承运商(包括包机运营商)、简易或经济型低成本承运商(LCC),以及以一种以上商业模式运营的混合承运商。"简易型"的 LCC 专注于实现比更成熟的国际航空公司更低的成本,因为它们在价格上竞争。为了阻止收入损失,FSNC 已经接受了 LCC 模式,将经济型承运商纳入其常规机队。

有了这些背景信息,我们就可以用商业航空业特有的细节来充实行业风险框架。我们用 5 个等级来说明这个记分卡。以下是风险标准及其风险因素:

(1) 收入和盈利能力稳定性。在经济不景气时,收入和盈利能力的周期性和季节性波动。

(2) 增长和盈利能力前景。进入和退出障碍;产品/服务的替代和淘汰;行业阶段;成本和成本结构;工会化程度;人口统计学和社会趋势;全球市场和竞争。

上述内容涵盖了行业风险分析的重要因素。

客运航空公司的业务具有高度的周期性和季节性,历史表明,该行业需要一年多的时间才能从严重的衰退中恢复。图 5.1 描述了美国航空业在 2000—2016 年期间的业绩,其中包括 2000—2001 年和 2008—2009 年的两次经济衰退。在这两次经济衰退中,我们看到,营业收入(EBIT)的下降幅度非常大。经营性现金流往往不稳定,处于衰退状态,它可以从正数摆动到负数,增加银行破产的

---

[1] 在美国和欧洲,有一系列航空公司已经破产。2017 年 10 月,君主航空公司加入了这个名单。在 2018 年 3 月,意大利航空公司破产了。

风险。航空业的另一个特点是,营业总收入和营业净收入之间有很大的差距,这反映了经营航空公司的高成本。

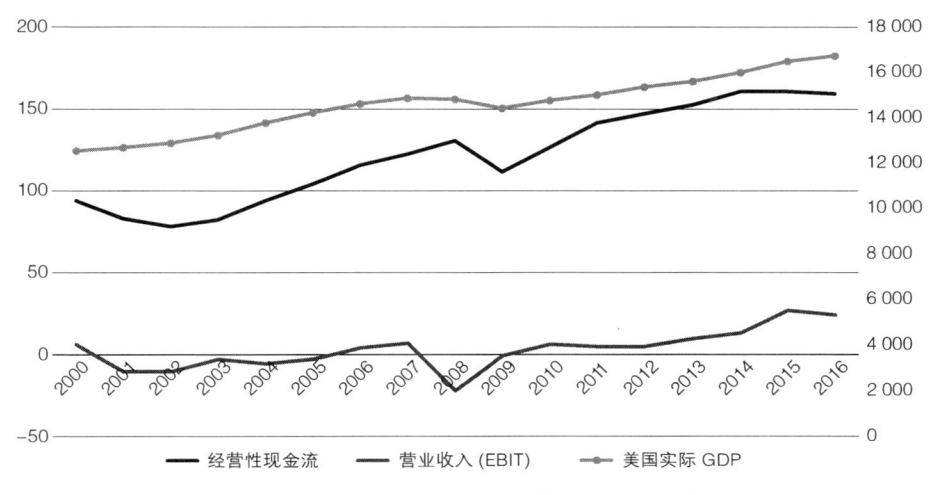

图 5.1　美国主要航空公司的业绩(2000—2016 年)

与第一个标准(收入和盈利能力的稳定性)相比,第二个标准(增长和盈利能力的前景)是有前瞻性的,因此,权重更大。鉴于我们对行业经济的了解,从我们对航空公司业务的经济状况的理解来看,直觉告诉我们,行业风险应该相对较高,甚至在试图完成记分卡之前就可以预计。首先,让我们回顾一下"负面因素",从进入和退出障碍开始。获得一个机队的成本令人望而却步,虽然租赁选择和银行贷款的可利用性有助于降低新进入者的障碍,但资本仍然是主要障碍。由于运营的资本密集型性质和航空公司与供应商之间的合同约定,退出障碍也很高。

客运航空是一个成熟的行业,根据描述企业运作各个阶段的行业生命周期模型,我们预计盈利能力和现金流将相对稳定。相反,出于一些原因,收入和现金流的波动对这个行业来说是正常的。航空公司最大的运营支出是航空燃油和劳动力,这是航空公司无法控制的"账单"。为保护航空公司免受燃油价格波动的影响而进行的套期保值是昂贵的,为避免罢工,与飞行员、空乘和其他机组人员的长期劳动协议也是如此。在航空业,这些员工和管理层的工资是不成比例地固定的。其结果是,航空公司的固定成本和可变成本比率往往很高。在营业收入下降的时期,高负债是该行业的典型特征,其扩大了固定营业成本的影响,并经常导致破产。第二个原因是,旅游需求对价格非常敏感,而且由于产能过剩,竞争非常激烈。然而,在"积极因素"方面,有两个因素支持长期增长和盈利能力。首先,对于航空旅行来说,替代和淘汰的风险很低。其次,随着世界上发展中地区个人收入的增加,对休闲航空旅行的需求预计也会增加。国际货币基金组织(IMF;*World Economic Outlook*,2019,4)指出,未来五年世界国内生产总值(GDP)的大部分增长将在新兴和发展中经济体,它们的增长速度将超过两倍,而发达经济体的增长率将低于2%。

行业风险评分

风险评估师在记分卡中进行适当的定位,如表5.2中突出显示的描述词。所分配的评级在括号内:

(1) 收入和盈利能力的稳定性。在经济衰退期间,收入和盈利能力的周期性和季节性波动("BB")。

(2) 增长和利润率的前景。进入和退出障碍("BBB");产品/服务的替代和淘汰("A");行业阶段("BB");成本和成本结构("BB");工会化的程度("BB");政府法规和国家风险("BB");人口统计学和社会趋势("BBB");全球市场和竞争("BB")。

这些等级的分数的加权平均数为6.9,映射为"BB+"。根据评级系统,"BB+"代表高风险,这对商业航空业是一个合理的评级。行业风险在整个BRR中的价值应该是显而易见的:鉴于行业风险很高,信用分析师应该期望很少有航空公司能有持续的高评级。

5.2.3 商业风险评估(25%)

评级:BBB-(中等风险)

商业风险记分卡由以下3个客运航空公司特有的风险标准和风险因素组成:

(1) 竞争地位。运营成本;营业收入;机队;收入基础;客户服务和安全记录。

(2) 市场地位。按地域和服务的收入多样化;市场份额;航线网络。

(3) 周期性位置。周期性调整因素。

表5.3显示了带有16分评级表子集的描述符的记分卡。

在这部分,我们将研究描述符的位置,并讨论支持这些选择的标准。

第 5 章 如何整合

表 5.2 行业风险评估——AY 洲际航空公司

风险标准与因素	W(%)	AA(15)	A(12)	BBB(9)	BB(6)	B(3)
I：收入和盈利能力的稳定性	0.4					
经济不景气时，收入和盈利能力的周期性和季节性波动	1	历史数据支持以下一种或多种情况： ● 行业或增长，即使在经济(GDP)紧缩时期； ● 营业利润下降与行业大致同步，但仍保持正值； ● 收入和利润率表现出相对小的季节性波动。	历史数据支持以下一种或多种情况： ● 行业营业收入的下降快于经济(GDP)； ● 营业利润下降，但相对于行业收入而言，速度较慢； ● 经营性现金流(由EBITDA表示)恶化，但仍保持正值； ● 收入和利润率呈现较小的季节性波动。	历史数据支持以下一种或多种情况： ● 行业营业收入的下降速度远远超过经济(GDP)； ● 营业利润(EBIT)下降，但相对于行业收入而言，速度要适中一些； ● 经营性现金流(由EBITDA表示)恶化，但仍保持正值； ● 收入和利润率呈现适度的季节性波动。	历史数据支持以下一种或多种情况： ● 营业收入的下降速度比经济(GDP)快很多倍； ● 经营利润率(EBIT)接近零或可能跌破； ● 收入和利润率呈现高度季节性波动。	历史数据支持以下一种或多种情况： ● 行业比经济(GDP)下降速度快很多倍； ● 营业利润(EBIT)急剧变零或负值； ● 营业利润(EBIT)的下降速度比行业收入快很多倍； ● 收入和利润率的季节性表现非常大。
II：增长和盈利能力前景	0.6					
进入和退出障碍	0.125		● 进入壁垒高(例如法律垄断、高融资要求、资助资本投资和研发、快速技术变革等)； ● 克服进入障碍可供选择的方案非常有限，例如租用而不是拥有设备。	● 进入壁垒高；退出壁垒很高； ● 克服进入障碍可供选择的方案有限，例如租用而不是拥有设备。	● 进入壁垒高；退出壁垒较高； ● 然而，有许多选择方案可以用来克服进入障碍。	● 进入壁垒非常低或不存在；退出壁垒很高。

续表

风险标准与因素	W(%)	AA(15)	A(12)	BBB(9)	BB(6)	B(3)
产品/服务的替代和淘汰	0.125		基本上符合以下所有情况： ●目前在该行业以外没有替代产品/服务； ●产品/服务的实用性不受新技术的威胁。	基本上符合以下所有情况： ●该行业以外已经有替代产品/服务； ●产品/服务的实用性受到新技术的威胁。	基本上符合以下所有情况： ●该行业以外有许多替代产品/服务； ●产品/服务的实用性受到新技术的严重威胁。	基本上符合以下所有情况： ●该行业以外有许多替代产品/服务； ●产品的实用性在全球范围内下降； ●产品被大多数国家所禁止。
行业阶段	0.125		以下一种或多种情况： ●增长阶段； ●需求增长快于供应； ●销售和盈利的扩张速度比其他行业快。	以下一种或多种情况： ●成熟阶段，利润相对稳定； ●竞争压力大； ●行业增长与国内生产总值增长密切相关。	以下一种或多种情况： ●成熟阶段，但利润不稳定； ●竞争压力大； ●行业增长与国内生产总值增长不符。	以下一种情况： ●衰退阶段（收入和利润下降）； ●导入阶段（以牺牲盈利能力，新技术和新的商业模式为代价的增长）。

续表

风险标准与因素	W(%)	AA(15)	A(12)	BBB(9)	BB(6)	B(3)
成本和成本结构	0.125		以下一种或多种情况：纵向一体化经营是规范；容易获得供应；有能力收回或对冲成本（如受管制的行业结构）；按行业比较,固定与可变成本比率低；按行业比较,财务杠杆率低。	以下一种或多种情况：大多是纵向一体化经营；有能力收回或对冲成本（如受管制的行业结构）；长期合同提供了一些定价和材料可用性的可预测性；固定与可变成本比率是行业的平均值；财务杠杆率是行业的平均值。	以下一种或多种情况：获得供应的机会有限；转移成本增长的能力有限；套期保期成本很高；长期合同提供有限的价格和材料可用性的可预测性；按行业比较,固定可变成本比率较高；按行业比较,财务杠杆率高。	以下一种或多种情况：无法获得供应,套期保值的成本很高；主要与供应商进行现货采购；按行业比较,固定与可变成本比率很高；按行业比较,财务杠杆率高。
工会化程度	0.125		不允许成立工会或没有有效的集体谈判。	工业是工会化的,但劳工关系相对和平,易受罢工和停工的影响。	高度工会化的行业,劳工关系有争议,频繁的罢工和停工。	工会高度组织化,激进；劳资关系有很大争议；频繁的罢工和停工。

续 表

风险标准与因素	W(%)	AA(15)	A(12)	BBB(9)	BB(6)	B(3)
政府监管和国家风险	0.125		以下一种或多种情况： ●安全和环境要求执行非常不到位； ●企业有能力收回相关成本（如从纳税人那里）； ●高度保护主义的法规。	以下一种或多种情况： ●安全和环境要求执行不到位； ●企业有一定的余地来收回相关成本（如从纳税人那里）； ●相对高的保护主义的法规。	以下一种或多种情况： ●安全和环境要求执行严格； ●企业收回相关成本的能力有限（如从纳税人那里）； ●对外国竞争的保护有限； ●外国业务有一定的国有化风险； ●利润返还有一定风险。	以下一种或多种情况： ●安全和环境的要求执行非常严格； ●企业没有能力收回相关成本（如从纳税人那里）； ●对外国竞争没有保护； ●外国业务有国有化风险； ●利润返还存在重大风险。
人口统计学和社会趋势	0.125		全球人口和社会变化非常有利于长期强劲的需求增长。	全球人口和社会变化有利于需求的长期增长。	全球人口和社会变化不利于需求几乎支持的长期增长。	地方人口和社会变化不支持或几乎不支持需求的长期增长。
全球市场和竞争	0.125		以下一种或多种情况： ●全球低产能，高度集中，由少数几个公司控制全球市场； ●全球高需求； ●产品/服务高度差异化；	以下一种或多种情况： ●全球范围内相对较高的产能过剩； ●激烈的全球竞争； ●产品/服务在一定程度上商品化了。	以下一种或多种情况： ●全球范围内非常严重的产能过剩； ●激烈的全球竞争； ●分散的市场； ●产品/服务高度商品化。	以下一种或多种情况： ●全球范围内非常高的产能过剩； ●激烈的全球竞争； ●对产品/服务的需求低或下降； ●产品/服务无差异化。

表 5.3 业务风险评估——AY 洲际航空公司（续）

商业因素		W(%)	A(12)	BBB(9)	BB(6)	未达标(5)
1. 竞争地位		50.0%				
	运营成本	34.0%	以下组合： ● 有效控制非燃油成本； ● CASM（每可用座位英里/公里的成本）低于同行的平均水平； ● 持续实现较高且相对稳定的载客率； ● 能够转嫁成本增长（如燃油附加费），对客运量有一定的影响； ● 具有与供应商谈判降低价格的必要规模； ● 有足够的财政资源来有效地对冲汇率和燃油价格风险； ● 没有沉重的遗留成本负担； ● 能够管理产能以应对不可预见的需求变化； ● 与工会关系稳定。	以下组合： ● 合理有效地控制成本； ● CASM 与同行的平均水平相一致； ● 实现高载客率，有波动； ● 在转嫁成本增长方面有一定的回旋余地，但客运量受到不利影响； ● 与供应商谈判降低价格的能力有限； ● 拥有足够的财政资源，可以合理地对冲汇率和燃油价格风险； ● 有大量遗留成本的困扰； ● 有一定的能力以应对不可预见的需求变化； ● 享有相当稳定的工会关系，发生轻微中断。	以下组合： ● 控制非燃油成本的能力有限； ● CASM 超过同行的平均水平； ● 在不对客运量产生不利影响的情况下转嫁成本增长的能力有限； ● 与供应商谈判降低价格方面具备一定能力； ● 低于平均水平的载客率； ● 资源有限，无法对冲很大一部分汇率和燃油价格风险； ● 受制于高额遗留成本； ● 管理产能以应对需求变化的灵活性有限； ● 遭遇劳资纠纷的干扰。	以下组合： ● 控制非燃油成本的能力有限； ● CASM 远远超过同行的平均水平； ● 实现的载客率经常处于或低于航空公司的盈亏平衡点； ● 无法转嫁成本的增长； ● 没有能力与供应商谈判降低价格； ● 对冲汇率和燃油价格风险的能力非常有限； ● 受累重大遗留成本的影响； ● 管理产能以应对需求变化的灵活性有限； ● 航空公司与工会之间存在敌对关系。
		20.0%				

续 表

商业因素	W(%)	A(12)	BBB(9)	BB(6)	未达标(5)
营业收入	20.0%	● 总收入增长高于平均水平,一年内超过10.1%; ● 持续实现高相对稳定的高载客率,远远超过平衡的盈亏平衡客率; ● 有效利用其不同的市场/需求细分市场进行价格歧视,以提高乘客收益率; ● 参与全球空联盟(如星空联盟、天合联盟、寰宇一家)和许多代码共享伙伴关系; ● 参与同许多主要国际航空公司合资的企业。	● 总收入增长为稳定的平均值,1年内增长在5.1%~10%之间; ● 实现了超过航空公司盈亏平衡的运载率,尽管非连续; ● 拥有可以进行有效价格歧视以提高乘客收益率的市场/需求细分市场; ● 参与全球空联盟(如星空联盟、天合联盟、寰宇一家)和有限的代码共享伙伴关系; ● 参与同少数主要国际航空公司合资的企业。	● 总收入增长低于平均水平,1年内介于0%和5%之间; ● 实现了超过航空公司盈亏平衡的运载率,但载客量波动显著; ● 拥有相对狭窄的市场/需求细分市场,进行价格歧视以显著提高乘客收益率; ● 参与全球空联盟(如星空联盟、天合联盟、寰宇一家)和有限的代码共享伙伴关系。	● 1年内总收入无增长或为负增长; ● 实现的载客率通常处于盈亏平衡点,低于航空公司的盈亏平衡点; ● 在价格歧视方面无回旋余地来提高乘客收益率; ● 不是全球联盟(如星空联盟、天合联盟、寰宇一家)成员; ● 代码共享的机会有限。
机队	20.0%	以下组合: ● 航空公司拥有其机队的很大一部分;租用的飞机是长期租约,到期日错开; ● 现代化的机队和设备;燃油和维护效率高; ● 正在进行的机队更新计划具有确定和可选订单的良好组合; ● 机队组合与航线相匹配。	以下组合: ● 航空公司以长期租赁和短期租赁方式结合的形式租赁其大部分飞机,存在一些到期日集中的情况; ● 良好的机队和设备; ● 正在进行的机队更新计划具有确定和可选订单的优良组合; ● 机队组合与航线相匹配。	以下组合: ● 航空公司几乎所有的飞机都是中期租赁,具有一定灵活性; ● 机队年龄高于平均水平; ● 机队组合对航线来说是不够的; ● 有一些机队更新计划,但有时会因飞机延迟交付而中断。	

续 表

商业因素	W(%)	A(12)	BBB(9)	BB(6)	未达标(5)
收入基础	20.0%	●总收入增长高于平均水平,一年内超过10.1%; ●有效利用其不同的市场/需求细分市场进行价格歧视,以提高乘客收益率; ●参与全球联盟(如星空联盟、寰宇一家)和许多同共享代码伙伴关系; ●参与同多主要国际航空公司合资的企业。	●总收入增长为稳定的平均值,1年内在5.1%~10%之间; ●实现了超过航空公司盈亏平衡的运载率,尽管并非连续; ●拥有可以进行有效价格歧视以提高乘客收益率的市场/需求细分市场; ●参与全球联盟(如星空联盟、寰宇一家)和有限的代码共享伙伴关系; ●参与同少数主要国际航空公司合资的企业。	●总收入增长低于平均水平,1年内介于0%~5%之间; ●市场/需求细分市场过度狭窄,无法进行价格歧视提高乘客收益率; ●参与全球联盟(如星空联盟、寰宇一家)和有限的代码共享伙伴关系。	
顾客服务和安全	20.0%	以下组合: ●在区域或全球范围内建立了良好的声誉和知名度; ●拥有一个成功的忠诚度计划(由大量且不断增长的参与者所证实); ●从全球航空公司和机场分类系统中获得持续的高评级; ●在服务质量方面有极高声誉。	以下组合: ●在区域或全球范围内建立了公认的品牌; ●适度成功的忠诚度计划; ●从全球航空公司和机场分类系统中获得较好的评级; ●在服务质量方面具有良好的声誉;大部分是正面的评论。	以下组合: ●在全球范围内知名度低,但在区域范围内口碑好; ●有忠诚度计划,或可能计划引入忠诚度计划; ●从全球航空公司机场分类系统中获得令人满意的评级; ●优质服务的声誉令人满意;没有重大的不利评论。	

续表

商业因素		W(%)	A(12)	BBB(9)	BB(6)	未达标(5)
市场地位		50.0%				
		33.0%				
	按地域和服务的收入多样化	33.4%	以下组合： ●在各地区和各大洲实现高度多样化； ●区域和洲际航班的高度多样化； ●非客运服务（货／其他）代表一个重要的收入来源（超过10%）。	以下组合： ●在各地区和各大洲的多元化较好； ●区域和洲际航班的多样化较好； ●非客运服务（货／其他）代表一个有意义的收入来源（在5%～10%之间）。	以下组合： ●在各地区和各大洲的多样化程度有限； ●非客运服务（货／其他）代表一个重要的收入来源（低于5%）。	
	市场份额	33.3%	●在许多关键市场处于领先地位。	●在一些关键市场的份额居中。	●在一些关键市场的份额较低。	
	航线网络	33.3%	以下组合： ●盈利能力很强的航线，商务／休闲旅行比例很高； ●可以到达所有服务市场的关键城市； ●高频率的航班有利的时间段； ●支撑增长的国际航线和机位权的广泛组合； ●航线具有强大的增长潜力。	以下组合： ●商务／休闲旅游比例高，商务盈利航线； ●具备与所服务市场的大多数主要城市的可及性； ●高频率的航班，大多数是有利的时间段； ●支撑增长的国际航线和机位权的合理组合； ●航线具有合理的增长潜力。	以下组合： ●有一定利润的航线，商务／休闲旅行的比例低； ●具备与所服务市场的一些主要城市的可及性； ●相当频繁的航班，有些是不利的时间段； ●航线和机位权组合狭窄，不足以支撑进一步增长； ●航线的增长潜力有限。	以下组合： ●主要是或只有区域性航线作为其他航空公司的支线； ●飞往主要城市的航班频次低，通常是不利的时间段； ●缺乏足够的航线和机位权来支撑增长； ●航线的增长潜力小； ●前往度假胜地的低利润包机。

第 5 章
如何整合

续 表

商业因素	W(%)	A(12)	BBB(9)	BB(6)	未达标(5)
周期性位置	0.0%				
	33.0%				
周期性调整因素	100.0%	●月度 LEI(领先经济指标指数)的变化表明,经济接近周期的底部; ●货币政策仍然是扩张性的; ●官方利率没有像以前那样快速下降,也没有显示出触底反弹的迹象。	●月度 LEI(领先经济指标指数)的变化表明未来利率将上升,表明中央银行预计增长将持续; ●货币政策公告表明未来利率将上升,这是一个信号,表明中央银行预计增长将持续; ●官方利率正在上升,以应对强劲的经济增长。	●月度 LEI(领先经济指标指数)的变化表明经济将放缓; ●货币政策公告表明经济将进入一个增长放缓的时期; ●中央银行已经停止提高官方利率,或将其稳定在公告的范围内。	●月度 LEI(领先经济指标指数)的变化预示着未来 6~9 个月内的经济衰退; ●货币政策公告表明利率在未来下降,证实了 LEI 的预警; ●随着目标范围的扩大,官方利率下降的速度比平时快。

竞争地位

(1) 运营成本。评级：BBB。

每可用座位里程成本(CASM)一直在稳步下降，从21世纪第一个10年中期的近13美分下降到最近几年(2015—2017年)的近8美分。载客率(业内常用的衡量运营效率的指标)已经上升到80%以上，而盈亏平衡载客率(BELF)在该航空公司过去10年(2008—2017年)的运营中一直在68%~75%的范围内波动。根据BELF，载客率越高，航空公司的效率就越高，因此，单位运营成本就越低。2017年，该航空公司的盈亏平衡载客率为75%，超过了69%的行业平均水平。由于固定成本与可变成本比率高，因此成本管理对企业的生存至关重要。AY洲际航空公司的管理层似乎决心降低成本，以克服两个限制性因素。首先，AY洲际航空公司缺乏谈判降低燃油价格的规模。其次，该公司有重大的遗留成本，主要包括养老金义务和上市前的长期债务。

(2) 营业收入：按地域和服务的多样化。评级：BBB。

总收入的增长一直在7%左右徘徊。载客率保持上升趋势，2013—2017年期间平均为81.40%，超过同期72.2%的盈亏平衡载客率。该公司参加了全球联盟，如星空联盟，并有代码共享的合作关系。AY洲际航空公司最近与加拿大第二大客货两用航空公司(位于蒙特利尔的加拿大鹅公司)完成了一项合资协议。该协议将扩大AY洲际的现有代码共享伙伴关系，并为两国的中转航班提供更多的机会。

(3) 机队。评级：A。

AY洲际航空公司的机队拥有超过195架不同大小的飞机，其中既有老式飞机，也有现代省油飞机。机队组合与航线相匹配。超过一半的机队是比较新的。该公司有一个更新计划，确定同可选订单合理组合。航空公司拥有其大部分飞机。租用的飞机有长期租约，到期日错开。

(4) 收入基础。评级：BBB。

AY洲际公司从2008—2009年的全球经济衰退中反弹，报告显示，营业收入增长了10.8%。2010年，营业收入增长放缓至7.4%，此后一直徘徊在5%左右的水平。该航空公司似乎正在做出正确的决定来支持增长。它加入了星空联盟，并与几家国际航空公司建立了代码共享伙伴关系。2016年，该航空公司宣布了其与加拿大一家主要航空公司的第一个合资企业。该合资企业包括代码共享、联合销售和营销举措、在关键枢纽提供乘客和行李无缝转运的代管业务，以及增加整个美洲的货运合作。

(5) 客户服务和安全声誉。评级：BB。

AY洲际航空公司在区域内很有名。然而，在美洲以外的地区，它缺乏较高的知名度。自1987年私有化以来，在所有这些年的运营中，AY洲际航空公司经历了一些小事故。重要的是，在其运营历史上，交通运输当局从未因安全问题或违规行为而将该航空公司停飞。该航空公司在全球航空公司和机场分类系统中获得了满意的评级。

市场地位

(1) 按地域和服务的收入多样化。评级：BBB。

AY洲际航空公司在各大区域和航班方面相当多样化。在过去几年中，非客运服务(货运和其他)占营业收入的10%，其中货运约占非客运收入的一半。该公司通过其子公司AY货运公司，在40多个国家设有销售办事处，为100多个国际目的地提供直接服务。

(2) 市场份额。评级：BBB。

按照国际标准，AY洲际航空公司是一家中等规模的航空公司。它在其主要市场(集中在美国东南部)的市场份额排名居中。

(3) 航线网络。评级：BBB。

AY洲际航空公司全年为商务旅客和北半球前往加勒比海的休闲旅客开辟了赚钱的航线。此外，该公司的航线使其能够进入一些主要城市，包括里约热内卢、迈阿密、波士顿、纽约、蒙特利尔和多伦多。

然而，该航空公司的增长潜力受到新的低成本进入者、其小规模的航线组合和机位使用权的显著限制。[1]由于这些原因，BBB的评级似乎是合理的。

周期性位置

周期性调整因素。评级：BB。

美国的经济扩张已经进入第10个年头，是有记录以来最长的一次。美国经

---

〔1〕航线"权"是授予一个国家的航空公司的权利，拥有进入和降落另一个国家空域的特权。机场机位是指飞机可以在一个机场降落或起飞的特定时间段。因此，机位权是授予一家航空公司在特定时间降落和起飞的权利。

济的同步和领先经济指标表明,客运航空业可能已接近周期的顶部,经济放缓或衰退可能即将到来。因此,在预测范围内,周期性调整因素和"BB"的评级似乎是合理的。

商业风险评分

所分配的评级在括号内显示:

(1) 竞争地位。运营成本("BBB");营业收入("BBB");机队("A");收入基础("BBB");客户服务和安全("BB")。

(2) 市场地位。按地域和服务 DE1 收入多样化("BBB");市场份额("BBB");航线网络("BBB")。

(3) 周期性位置。周期性调整因素("BB")。

这些分数的加权平均值为 8.0,映射为"BBB－",代表中等风险。

5.2.4 管理风险评估(20%)

管理风险评级:BBB－(中等风险)。

我们通过研究在第 3 章介绍的 4 个风险标准来评估 AY 洲际航空公司的管理风险:管理质量、商业战略、财务战略、管理风险评分。

(1) 管理质量。评级:BB。

大多数担任高级管理职务的员工是专业人士,在他们所掌控的领域有多年的行业经验。大多数人通过 10~20 年的服务获得晋升,因此,他们对公司的运作非常熟悉。作为人力资源部深化人才库战略的一部分,航空公司使用来自外部的新鲜人才填补空缺,特别是部门主管的空缺。然而,中层和低层管理人员在技能和经验方面并不强,所以该公司在行业基准中位于第四梯队。这种弱点部分反映在调查中,调查显示服务质量仅仅达到满意标准。

(2) 商业战略。评级:BBB。

该航空公司遵循一项为期三年的商业计划。过去五年的战略是在区域内扩张,为更多的"区域走廊"提供服务,并通过增加机队、加入全球联盟和代码共享伙伴关系来扩大国际业务。这一战略确实加强了航空公司的区域存在感,但该航空公司离实现其全球业务的目标还有很大差距。客座率明显提高到 70% 以上。至于以净收入衡量的盈利能力,航空公司的表现则没有那么强劲,部分原因是 2008—2009 年的全球经济衰退和航空燃油价格上涨。尽管净收入有所改善，但该航空公司一直在努力实现单位利润 3.0 美分的目标，单位利润是以每可用座位英里的营业利润来衡量的。单位利润的定义是 RASM(每可用座位英里的收入)和 CASM(每可用座位英里的成本)[1]之间的差异，在 2017 年低于目标，主要是由于航空燃油价格(见图 5.2)。

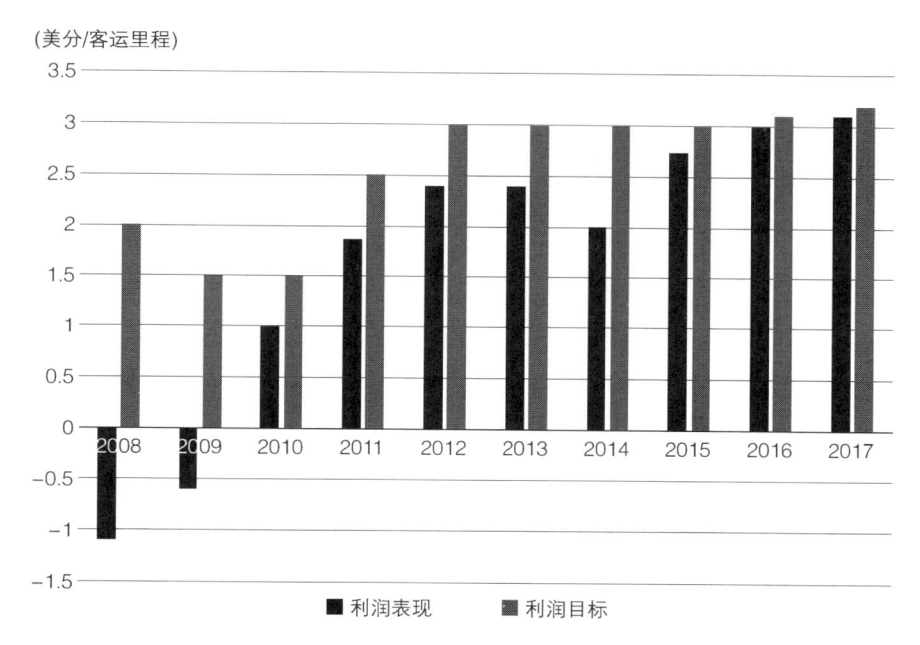

图 5.2 AY 洲际航空公司的单位利润

(3) 财务战略。评级：BBB。

总的来说，更换旧的燃料效率低下的飞机改善了航空公司的财务状况，但由于燃油、劳动力和偿债，减少开支仍然是一项重大挑战。由于资本支出(CAPEX)的需要，债务在 2017 年底已经增长到 231 亿美元。我们将在下一部分"财务风险评估"中分析财务风险。

(4) 管理风险评分。

如表 5.4 所示，选定的描述符被突出显示。以下是括号内的相关评分：管理质量("BB")；商业战略("BBB")；财务战略("BBB")。

---

[1] 每可用座位英里成本(CASM)是衡量航空业的单位成本。CASM 的计算方法是，用所有的运营费用除以产生的可用座位里程数。有时，与燃料或运输有关的支出不包括在 CASM 的计算中，以便更好地单列和直接比较运营支出。

表 5.4 管理风险评估——AY 洲际航空

管理因素	W	AA(15)	A(12)	BBB(9)	BB(6)	B 且以下(3)
管理质量	33.4%	以下几乎所有内容： ●拥有经验深厚的顶尖专业人士，管理层高度胜任。 ●员工流失率远低于平均水平。 ●管理层在多个商业周期中经历过"战斗"的考验；几乎总是按照商业计划达标。 ●在行业基准中排名前四分之一。	以下几乎所有内容： ●所有管理层都具备干目标的能力。 ●员工流失率处于低于平均水平。 ●管理层在多个商业周期中经历过"战斗"的考验；记录了强劲的表现。 ●在行业基准中排名前四分之一。	以下几乎所有内容： ●总体上，各管理层均合格且有能力。 ●员工流失率处于平均水平。 ●管理层经历过几轮商业周期的"实战测试"；总体上记录了满意的表现。 ●在行业基准中排名第三四分位。	以下几乎所有内容： ●许多高级管理层有能力和经验，但中低级的关键技能管理技能有限。 ●员工流失率高于平均水平。 ●管理层可能经历过一整个商业周期的"实战测试"。 ●在行业基准中排名第四四分位。	以下几乎所有内容： ●经理层缺乏深入的经验，足够的知识或关键技能。 ●员工流失率远高于平均水平。 ●管理层可能没有经历一个完整的测试；或有一个"糟糕的"表现。 ●在行业基准中排名第四四分位。
商业策略	33.4%	以下几乎所有内容： ●一个制定良好且传达清晰的策略。 ●时间范围适合以下任何或组合情况：公司当前状态、行业成长阶段、技术和人口因素。 ●公司始终按照商业计划目标行事，并目经常超额完成。 ●公司极有可能实现当前策略的目标。	以下几乎所有内容： ●一个制定良好且传达清晰的策略。 ●时间范围适合以下任何或组合情况：公司当前状态、行业成长阶段、技术和人口因素。 ●公司大多按照商业计划目标行事，并目经常超额完成。 ●公司可能实现当前策略的目标。	以下几乎所有内容： ●书面且令人满意的商业目标和策略制定。 ●时间范围适合以下任何或组合情况：公司当前状态、行业成长阶段、技术和人口因素。 ●公司大多按照商业计划目标行事，但很少超额完成。 ●公司可能实现当前策略的大部分目标。	以下几乎所有内容： ●书面或口头的策略。 ●策略没有清晰概述并且存在缺口。 ●时间范围对于任何以下组合状态不合适：公司的当前状态、公司的成长阶段，以及技术和人口因素。 ●公司根据业务目标不一致地实现。 ●公司很可能无法实现当前策略的目标。	以下几乎所有内容： ●没有明确的策略，或明确的书面或口头策略。 ●如果存在明确的策略，它是短期的和临时的（例如，用特定措施来重组公司债务并扭转公司局势）；当前策略的目标很可能无法实现。

第 5 章 如何整合

续 表

管理因素	W	AA(15)	A(12)	BBB(9)	BB(6)	B 且以下(3)
财务策略	33.3%	以下几乎所有内容： ● 一个灵活、可持续并且沟通良好的财务策略将公司从 A 带到 B。 ● 财务策略转化为一份预测性财务报表，具有明确定义的绩效目标。 ● 计划的支出和借款与风险偏好和外部融资的可获得性一致。	以下几乎所有内容： ● 总的来说，一个相当灵活，可持续并且沟通良好的财务策略。 ● 财务策略转化为预测性财务报表，具有明确定义的绩效目标。 ● 计划的支出和借款与风险偏好和外部融资的可获得性一致。	以下几乎所有内容： ● 可持续的财务策略，但灵活性有限。 ● 财务策略转化为预测性财务报表，具有明确定义的绩效目标。 ● 计划中的支出可用于预期的总现金资源而言，可能过于激进。	以下几乎所有内容： ● 一种不灵活且不可持续的财务策略。 ● 财务策略可能无法转化为具有明确绩效目标的预测性财务报表。 ● 激进的杠杆政策。 ● 过去的财务策略成功有限。	以下几乎所有内容： ● 一种不灵活且不可持续的财务策略。 ● 财务策略可能无法转化为具有明确绩效目标的预测性财务报表。 ● 激进的杠杆政策。 ● 过去的财务策略未能实现计划目标。

这些分数的加权平均值为8.0,相当于"BBB-",代表中等风险。

5.2.5 财务风险评估(40%)

风险评级:BBB(中度风险)

我们根据风险因素1~5所定义的财务业绩,以及风险因素6所定义的财务灵活性,将财务风险评为"BBB"。

财务业绩

(1) 盈利能力(10%)。未计利息、税款、折旧、摊销和租金前的EBITDAR利润率。

(2) 效率(10%)。综合运行的负载率。

(3) 杠杆率(20%)。调整后的债务/EBITDAR;调整后的债务/调整后的资本。

(4) 覆盖率(20%)。EBITDAR/(利息+租金)。

(5) 流动性(10%)。自由现金流(FCF)/调整后的债务;流动资产/流动负债。

财务灵活性

(6) 筹集股权和债务融资的能力(30%)。

5.2.6 摊开财务报表分析风险性能变量

财务风险评估的第一步是摊开财务报表(见表5.5至表5.7)并计算财务比率(见表5.8)。这项工作需要密切关注年度报告中的脚注。由于航空公司的业务具有高度的周期性,因此三年的预测更合适,而不是当前的财务状况(季度)和过去三年的财务报表(年度),但现在我们使用从2014—2017年的历史数据。为了考虑商业周期对风险评级的影响,我们已经在第5.2.3节中把周期性调整因素纳入商业风险评估。稍后,我们将展示如何借助当前和预测的财务报表在记分卡的财务风险部分直接应用周期性调整因素。

表5.8给出了2015—2017年期间的财务业绩指标。

表 5.5　AY 洲际航空公司各年度综合收益表（截至 12 月 31 日）

单位：百万美元

	2015 年	2016 年	2017 年
运营收益			
客运	22 738	24 707	26 510
货运	2 301	2 442	2 516
其他	1 712	1 580	1 657
运营收益	26 750	28 730	30 683
运营费用			
航空燃油	7 383	6 030	5 448
区域航空公司费用	492	644	988
员工费用	6 891	8 058	8 969
机场和着陆费	1 846	1 804	1 869
飞机维修	1 477	1 520	1 548
折旧和摊销	1 624	1 727	2 109
订约承办事务	812	1 263	801
飞机租赁(租金)	615	652	673
食品和饮料服务	541	670	739
其他(净)	1 698	2 087	2 136
运营费用	24 610	25 770	26 694
营业收入	2 140	2 959	3 989
非经营性支出(＋)或收入(－)			
汇兑损失(＋)的收益(＋)	390	495	578
利息收入(－)	－85	－88	－94
利息支出(＋)	900	1 049	1 205
与雇员福利有关的净融资费用	564	641	643
处置财产和设备的损失(＋)或收益(－)	－34	52	－15

续　表

	2015 年	2016 年	2017 年
其他(净)	234	170	351
非经营性支出	1 969	2 319	2 669
税前收入	171	640	1 319
所得税	60	224	462
净收入	111	416	858

表 5.6　AY 洲际航空公司综合财务报表(12 月 31 日)　　单位：百万美元

	2015 年	2016 年	2017 年
资产			
流动资产			
现金和现金等价物	2 058	2 383	2 485
短期投资	4 109	4 923	5 923
现金、现金等价物和短期投资总额	6 167	7 306	8 409
受限制的现金	286	387	350
应收账款	2 123	1 993	2 278
航空燃油库存	240	195	224
备件和用品库存	305	336	317
预付费用、存款和其他	1 746	1 954	1 326
流动资产总额	10 866	12 171	12 903
非流动资产			
财产和设备	19 204	21 908	23 660
养老金资产	2 191	2 532	3 148
无形资产	959	1 289	862
商誉	1 020	1 172	849
总资产	34 240	39 072	41 422

续 表

	2015 年	2016 年	2017 年
负债和股东权益			
流动负债			
应付账款和应计负债	3 629	4 298	4 142
预付票款	4 040	5 079	5 799
长期债务和融资租赁的流动部分	1 293	1 489	1 583
流动负债总额	8 962	10 866	11 525
非流动负债			
长期债务和融资租赁	14 218	16 380	17 418
退休金和其他福利负债	5 102	5 861	6 153
维修经费	2 300	2 631	2 678
其他长期负债	921	746	731
负债总额	22 541	25 618	26 979
股东权益			
股本	1 045	1 035	1 007
捐款盈余	79	77	76
对冲准备金	0	−11	3
留存收益	1 613	1 487	1 832
股东权益总额	2 737	2 587	2 918
负债和股东权益总额	34 240	39 072	41 422

表 5.7　AY 洲际航空公司各年度现金流量综合报表（截至 12 月 31 日）

单位：百万美元

	2015 年	2016 年	2017 年
现金流来源（用途）			
经营活动			
净收入	111	416	858
不涉及现金的项目			

续 表

	2015 年	2016 年	2017 年
折旧和摊销	1 624	1 727	2 109
未实现的汇兑损失(收益)	68	134	104
维修经费的变化	46	48	57
财产和设备处置的损失(收益)	−34	52	−15
非现金营运资本余额的变化(净值)	8	1 840	992
来自经营活动的净现金流	1 824	4 217	4 105
融资活动			
借款所得	1 223	2 359	1 132
减少长期债务和融资租赁义务	−1 191	−1 293	−1 489
发行股票	6	3	0
购买股票	−18	−72	−63
支付股息	0	−25	−60
来自融资活动的净现金流	20	972	−480
投资活动			
财产和设备的增加(资本支出)	−1 391	−2 704	−1 753
短期投资	−109	−814	−1 000
其他(净)	−149	−1 363	−753
用于投资活动的净现金流	−1 649	−4 881	−3 506
来自/(用于)经营、投资和融资活动的现金流	196	308	119
汇率变化对现金和现金等价物的影响	−13	18	−17
现金及现金等价物的净变化	183	326	102
现金及现金等价物(年初)	1 875	2 058	2 383
现金及现金等价物(年末)	2 058	2 383	2 485

表 5.8 AY 洲际航空公司的绩效指标

风险要素	2015 年	2016 年	2017 年	均值
EBITDAR 利润率(%)	16.4	18.6	22.1	19.0
综合运营运载率(%)	81.1	82.0	83.1	82.1
调整后固定债务/EBITDAR	4.4	4.1	3.4	3.9
调整后固定债务/调整后的资本(%)	87.5	89.4	88.7	88.5
EBITDAR/(利息＋租金)	2.9	3.1	3.6	3.2
FCF/调整后固定债务(%)	2.3	6.8	10.0	6.4
流动资产/流动负债	1.2	1.1	1.1	1.2

财务业绩

AY 洲际集团的财务业绩在最近几年有所改善。过去三年的盈利能力、偿付能力、流动资金和债务覆盖率的一些关键比率如表 5.8 所示。以 EBITDAR 利润率衡量的盈利能力有所提高。之所以造成这种情况，部分是周期性因素，部分是航空公司的外部因素(例如，2014 年后油价大幅下跌)，部分是正面反映管理质量的航空公司内部因素。全球经济扩张继续支撑客运量。另外，以运载率计算的乘客效率从 75％左右提高到近来的 80％以上。

然而，我们观察到，2015 年调整后的固定债务总额与 EBITDAR 的比率攀升至 4.4：1，虽然债务负担一直在缓解，但调整后的固定债务水平急剧上升，2017 年底为 231 亿美元，几乎占调整后资本总额的 90％。高水平的固定债务直接转化为 2017 年 3.6 的低覆盖率。这个数字反过来意味着近 1/3 的 EBITDAR 用于利息和租金支出。更能说明问题的是，表中没有报告的 2017 年近 2/3 的营业收入[以息税前利润(EBIT)衡量]用于利息和租金。由于承运商的高运营杠杆和不稳定的现金流，高负债是一个负面因素。

让我们仔细看看固定债务的计算方法，牢记几乎所有的航空公司都有过多的债务。[1] AY 洲际公司在资本租赁下拥有超过一半的飞机,其余则是租赁的。它租赁了机场和航站楼设施、办公场所和其他设备。这些租赁项目在公司年度报告的脚注中报告,算作固定债务。航空公司没有有利于任何第三方的延期债务。在脚注部分"突发事件、担保和赔偿金"中,航空公司报告了它为某些为航空公司提供除冰和其他服务的第三方所担保的贷款的总金额。虽然管理层认为担保债务的潜在损失是"遥远的",但风险分析师必须将任何担保债务当作公司总固定债务的一部分。表 5.9 在 2016—2020 年及以后、2017—2021 年及以后、2018—2022 年及以后的年度报告中给出了经营性租赁付款。

表 5.9 经营性租赁的债务当量估算　　　　　　　　　单位:百万美元

							总值	现值[b]	5 倍[c]
2016—2020年及以后	2016 年	2017 年	2018 年	2019 年	2020 年	2020年后			
经营性租赁承付款[a]	615	578	540	497	454	1 621	4 305	3 214	3 076
2017—2021年及以后	—	2016 年	2017 年	2018 年	2019 年	2020 年	2021年后		
经营性租赁承付款	—	636	603	565	523	496	1 910	4 733	3 493	3 260
2018—2022年及以后	—	—	2017 年	2018 年	2019 年	2020 年	2021 年	2021年后		
经营性租赁承付款	—	—	643	603	552	534	512	1 730	4 574	3 414	3 363

注: [a] 飞机运营租赁、其他设备、机场财产和机库以及办公场所。
[b] 在恒定利率和递减利率假设下的付款流折现的较高值,贴现率为 7%。
[c] 对最近(当年)的租金支出应用 5 倍的倍数。

表格的最后两栏显示了采用第 2 章中说明的两种方法的租金支付的债务当量。对于现值(PV),"表面"或隐含的借款率计算如下:

---

[1] 这个融资债务的定义不包括资金不足的养老金债务,其衡量标准是养老金和福利负债超过养老金和福利资产的部分。广义的债务定义必须包括资金不足的养老金和福利,因为它们是对未来收益的要求。

$$借款利率 = \frac{利息支出}{(年初债务+年末债务)/2}$$

2015—2017年期间的3个年利率平均为7.24%。对于现值计算,我们使用7%的整数作为贴现率。我们选择了调整后的固定债务总额的两个现值估算值中较高的一个(见表5.9)。如你所料,调整后的和未调整的固定债务之间的差异很大,如表5.10所示,在3年中的每一年都占调整后债务总额的近1/5。

表5.10 调整后的固定债务与未调整的固定债务比较　　单位:百万美元

年份	资产负债表上的固定债务总额[a]流动+长期部分	OBS债务 经营性租赁契约[b]	OBS债务 贷款担保[c]	调整后的固定债务总额	调整和未调整的固定债务差额
2014	14 288	3 106	405	17 799	3 511
2015	15 511	3 214	400	19 125	3 614
2016	17 869	3 493	415	21 777	3 908
2017	19 001	3 414	425	22 841	3 839

注:[a] 由债务和融资租赁组成。
[b] 年度租赁付款的PV值中的较高者。
[c] 担保包括与交易方的各种赔偿协议。

养老金是风险分析师需要仔细观察的另一种资产负债表外(OBS)的融资,因为资金不足的养老金负债在许多企业中日益成为重要的OBS债务。预计养老金负债(PBO)和计划资产的公允价值之间的差额是计划的基金担保或未担保状态。PBO是对未来养老金债务流的估算,并折算成预付款。基金担保/未担保状态是一个数字,通常被埋在脚注的某个地方,但它必须被披露。在AY洲际公司的案例中,2014—2017年期间经审计的财务报表(养老金和其他福利负债)的脚注显示,预计养老金负债与计划资产的公允价值大致相同,差额并不严重。

如果存在严重的资金不足,分析师将使用两个价值之间的差额减去公司税率来作为债务等价物的近似值,并将这个数字列入总债务。公司的现金捐助是可以扣税的。例如,一个10亿美元没有基金担保的养老金计划,公司税率为

30％,意味着公司欠其雇员7亿美元。我们强调近似值,因为你可以从无基金担保的养老金负债的推导中看到,公允的市场价值比PBO更容易受到主观因素的影响,因为PBO的价值取决于许多假设。一家公司可以通过提高贴现率和降低预计的工资增长速度来减少PBO(从而改善基金担保状态)。密切关注无基金担保的养老金计划的另一个原因是,大量资金不足的计划不可避免地意味着更大的现金缴款,从而在未来增加公司的支出。养老金会计[1]不在本书的范围内,但这个简短的说明足以体现出将养老金负债纳入总债务估算的重要性。

财务灵活性

一家公司在资本和信贷市场获得资金的能力是其风险评级的一个重要因素。一个容易获得外部资金的公司比一个机会有限的公司更有可能避免流动资金短缺的情况。借款方筹集股权和债务融资的能力是一个质性变量,它区分了从低到高的融资程度。表5.11给出了描述符。为了判断借款方进入信贷市场的能力,信用分析师会查看公司的融资记录,包括其债务和股票发行、公司短期和长期债务的信用评级、筹集的金额和利差。此外,信用分析师还看公司的财务实力。

对于AY洲际,过去五年的记录显示,该航空公司主要依靠银行信贷,并在有限的程度上依靠股权来获得外部资金。然而,该航空公司承担更多债务的能力是有限的,这是因为航空公司的杠杆比率相对较弱。例如,股权与调整后资本的资产负债率很低,最近几年(2015—2017年)平均为1.4％。该航空公司有承诺的银行额度。总的来说,"BBB—"的评级似乎对AY洲际航空公司是合适的。

财务风险记分卡

表5.11显示了财务业绩描述符的位置,然后是表5.12a中AY洲际的BRR。

---

[1] 见Bernstein, Leopold and Wild (1998)和White, Sondhi and Fried (1997). ibid., Chap. 12, "Pensions and Other Employee Benefits"。

第 5 章 如何整合

表 5.11　AY 洲际航空公司财务风险评估

风险评估	W(%)	评分	AA	评分	A	评分	BBB	评分	BB	评分	B
A. 财务表现											
利润率	10%										
EBITDAR 利润率（%）	100%	16	≥28.5	13	22.5—24.4	10	16.5—18.4	7	10.5—12.4	4	4.5—6.4
		15	26.5—28.4	12	20.5—22.4	9	14.5—16.4	6	8.5—10.4	3	2.6—4.4
		14	24.5—26.4	11	18.5—20.4	8	12.5—14.4	5	6.5—8.4	2	0.1—2.5
效率	10%										
综合运营运载率（%）	100%	16	97.9—100	13	89.8—93.3	10	79.1—82.5	7	68.4—71.9	4	57.6—61.1
		15	95.5—97.8	12	86.2—89.7	9	75.5—79.0	6	64.8—68.3	3	54.0—57.5
		14	93.4—95.4	11	82.6—86.1	8	72.0—75.4	5	61.2—64.7	2	≤53.9
杠杆比率	20%										
调整固定债务/EBITDAR	50%	16	≤0.8—0.0	13	1.3—1.5	10	2.2—2.4	7	3.1—3.3	4	4.0—4.3
		15	0.9—1.0	12	1.6—1.8	9	2.5—2.7	6	3.4—3.6	3	4.4—4.7
		14	1.1—1.2	11	1.9—2.1	8	2.8—3.0	5	3.7—3.9	2	≥4.8
调整固定债务/调整资本（%）	50%	16	0.0—27.8	13	39.1—44.6	10	55.9—60.4	7	69.7—74.2	4	83.5—88.5
		15	27.9—33.4	12	44.7—50.2	9	60.5—65.0	6	74.3—78.8	3	88.6—94.6
		14	33.5—39.0	11	50.3—55.8	8	65.1—69.6	5	78.9—83.4	2	94.7—100

续表

风险评估	W(%)	评分	AA	评分	A	评分	BBB	评分	BB	评分	B
覆盖率	20%										
EBITDAR/(利息+租金)	100%	16	>20	13	10.8—13.0	10	5.0—6.0	7	2.1—2.5	4	0.6—0.9
		15	15.5—17.7	12	8.4—10.7	9	3.8—4.9	6	1.5—2.0	3	0.0—0.5
		14	13.1—15.4	11	6.1—8.3	8	2.6—3.7	5	1.0—1.4	2	<0
流动性	10%										
FCF/调整负债(%)	50%	16	>25	13	15.1—18.0	10	6.7—9.0	7	−3.1 to −6.0	4	−12.1 to −15.0
		15	21.1—24.0	12	12.1—15.0	9	3.3—6.6	6	−6.1 to −9.0	3	−15.1 to −19.0
		14	18.1—21.0	11	9.1—12.0	8	0.0—3.0	5	−9.1 to −12.0	2	<−20
流动资产/流动负债	50%	16	>3.1	13	2.6—2.7	10	2.0—2.1	7	1.4—1.5	4	0.8—0.9
		15	3.0—3.1	12	2.4—2.5	9	1.8—1.9	6	1.2—1.3	3	0.6—0.7
		14	2.8—2.9	11	2.2—2.3	8	1.6—1.7	5	1.0—1.1	2	<0.5

续 表

风险标准和措施	W(%)	AA(15)	A(12)	BBB(9)	BB(6)	B及以下(3)
B. 财务灵活性						
筹集股权和债务融资的能力	30%	●跨国公司(上市或私营)。 ●能够筹集债务、股权和夹层融资。 ●如果是上市公司,评级为AA-(高投资等级)或更高;如果未评级,则财力相当于一家高等级的上市公司。	●跨国公司(上市或私营)。 ●能够筹集债务、股权和夹层融资。 ●如果是上市公司,评级为A-(中等投资等级)或更高;如果未评级,则财力相当于中等级别的上市公司。	●公司可以利用已承诺和未承诺的银行贷款。 ●公司在一个主要的证券交易所上市,并能筹集资金。 ●如果是上市公司,被评为BBB-(低投资等级)或更高等级;如果未评级,则财力相当于低投资等级的上市公司。	●获得常规银行贷款、债券和股票市场的机会有限。 ●获得担保债务一资产担保和保理一的机会有限。 ●如果是上市公司,被评为B-级(非投资等级,高度投投机性);如果未评级,则财力相当于一个高度投机性的上市公司。	●获得常规贷款、债券和股票市场的机会极其有限。 ●获得担保债务一资产担保和保理一的机会及其有限。 ●如果是上市公司,公开评级为CCC-(极度投机性)或更差;如果未评级,则财力相当于极具投机性的上市公司,其违约在即,且恢复前景不佳。

表 5.12a 基本情况；AY 洲际航空公司的 BRR

风险标准	权重(%)	分　数	等级
行业风险评估	15	6.68	BB+
业务风险评估	25	8.01	BBB-
管理风险评估	20	8.00	BBB-
财务风险评估	40	8.60	BBB
借款人风险评估		8.04	BBB-

5.3　综合得分和敏感度测试

让我们把这个记分卡与表 5.12b 中所示的另外两个案例进行比较。比较是为了验证以下说法：

● 商业风险标准中的周期性调整因素可以减轻商业周期对综合 BRR 的影响。

● 根据预估财务状况评估财务风险的替代方案具有同样的效果，即抑制商业周期对综合 BRR 的影响。

周期点(PIC)

由于金融风险的权重为 40%，信用评分对当前数据非常敏感。我们进行了两种模拟：第一，无周期性调整因素＋PIC 财务数据使用；第二，使用预估财务数据对财务风险部分进行 PIC 调整。以下是三种情况下的比较结果：

(1) 基本情况。使用周期性调整因素在商业风险中捕获周期性调整。得分为 8.0("BBB-")。

(2) 备选案例 1。无周期性调整。得分为 8.3("BBB+")，如预期那样高于基本情况。

(3) 备选案例 2。使用预估财务报表在财务风险中捕获周期性调整。得分为 7.8("BBB-")，低于备选方案 1 的 BRR，这在意料之中。

通过这些敏感性测试，可以得出一些重要的结论：

- 如果当前和近期的财务表现是波动的或不稳定的,那么预测的财务比率要比时间点的财务数据更可靠,后者会低估违约风险。

- 如果预计借款方的资产负债表会发生重大变化,那么预估财务报表要比过去12个月(LTM)和当前的财务报表更具预测性。信贷分析师应该使用预估财务报表来对未来的商业状况做出更可靠的描述。

- 利益点(POI)调整为高周期性行业的借款方提供了一个更可靠的BRR,因此是一个更可靠的贷款定价指标。

- 行业风险的作用是制约BRR。虽然我们没有进行测试,但很明显,随着行业风险评级(IRR)的降低,在其他情况下,BRR也会降低。

表 5.12b AY 洲际航空公司的周期性调整与无周期性调整的 BRR 比较

风险标准	W	基本情况 得分	基本情况 等级	替代案例1 得分	替代案例1 等级	替代案例2 得分	替代案例2 等级
行业风险	15%	6.7	BB+	6.7	BB+	6.7	BB+
商业风险	25%	8.0	BBB−	9.0	BBB	9.0	BBB
管理风险	20%	8.0	BBB−	8.0	BBB−	8.0	BBB−
财务风险	40%	8.6	BBB	8.6	BBB	7.4	BBB−
总权重	100%						
基于标准的BRR		8.0	BBB−	8.3	BBB+	7.8	BBB−
CRR/SRR 覆盖(是/否)		否	AA+	否	AA+	否	AA+
IA 覆盖(是/否)		否	AA+	否	AA+	否	AA+
最终BRR		8.0	BBB−	8.3	BBB+	7.8	BBB−

注:IA 表示信息不对称。
基本情况:使用周期性调整因素在商业风险中捕获的周期性调整。
备选案例1:无周期性调整。
备选案例2:使用预估财务报表在财务风险中捕获的周期性调整。

为了说明问题,我们在表5.13中列出了备选方案2的完整记分卡。

表 5.13 AY 洲际航空公司信用风险记分卡

风险标准	W	风险因素	W	风险要素	W(AA…B−)	分数	评级
行业风险	15%	收入和盈利能力的稳定性	40.0%			6.7	BB+
				收入和盈利能力的周期性及季节性波动	100.0%	6.0	BB
		增长和稳定性前景	60.0%			6.0	BB
						7.1	
				进入和退出障碍	12.5%	6.0	BB
				产品/服务的替代性和淘汰	12.5%	12.0	A
				行业阶段	12.5%	6.0	BB
				成本和成本结构	12.5%	6.0	BB
				工会化程度	12.5%	6.0	BB
				政府监管和国家风险	12.5%	6.0	BB
				人口统计学和社会趋势	12.5%	9.0	BBB
				全球市场竞争	12.5%	6.0	BB
商业风险	25%	竞争地位	33.4%			8.01	BBB−
				运营成本	20.0%	9.0	BBB
				营业收入	20.0%	9.0	BBB

续 表

风险标准	W	风险因素	W	风险要素	W(AA…B—)	分数	评级
		市场地位	33.3%	机队	20.0%	12.0	A
				收入基础	20.0%	9.0	BBB
				客户服务和安全	20.0%	6.0	BB
				按地域和服务的收入多元化	33.4%	9.0	BBB
				市场份额	33.3%	9.0	BBB
				航线网络	33.3%	9.0	BBB
		周期性头寸	33.3%	时间点调整	100.0%	6.0	BB
管理风险	20%	管理质量	20.0%	管理质量	33.4%	8.00	BBB—
		业务战略	33.3%	业务战略	33.3%	6.0	BB
		财务战略	33.3%	财务战略	33.3%	9.0	BBB
财务风险	40%	财务业绩				8.60	BBB
		盈利能力	10.0%	EBITDAR利润率(%)	10.0%	4.7	
						9.0	BBB

续 表

风险标准	W	风险因素	W	风险要素	W(AA…B−)	分数	评级
		效率	10.0%	合并运营的负载率(%)	10.0%	11.0	A−
		杠杆率	10.0%	调整后的资金债务/EBITDAR	10.0%	5.0	BB−
		杠杆率	10.0%	调整后的资金债务/调整后的资本(%)	10.0%	2.0	B−
		覆盖率	20.0%	EBITDAR/(利息+租金)	20.0%	7.0	BB+
		流动性	5.0%	FCF/调整后债务(%)	5.0%	8.0	BBB−
		流动性	5.0%	流动资产/流动负债	5.0%	4.0	B+
		财务灵活性	30.0%	筹集股权和债务融资的能力		2.7	B+
		筹集股权和债务融资的能力			100.0%	9.0	BBB
总权重	100%		100%		100%		
基于标准的BRR						7.8	BBB−
CRR/SRR覆盖(是/否)							AA+
保监会否决权(是/否)							否
最终BRR							BBB−

注：IA表示信息对称。
基本情况：任何情况下，使用当前财务报表的情况下，不对商业风险进行PIT调整。
备选案例1：使用当前财务报表，对商业风险进行PIT调整。
备选案例2：使用预测财务报表，不进行PIT调整。

5.4　AY 洲际航空公司的现金流预测

在本节中,我们将说明财务预测在信用分析中的实际应用,并提供准备财务预测的技术。我们看一下两种通用类型:

(1) 预测财务报表。对一家单位财务报表的单期或多期预测,包括利润表、资产负债表和现金流报表。

(2) 现金流预测或现金预算编制。对一家单位的预期现金收入和现金支出的单期或多期预测。它是评估该单位是否有足够的现金或流动性来有效运作的一个不可或缺的工具。

一般来说,使用预测数据的决定主要取决于一家公司最近业绩的历史信息是否能用于很好地预测未来。在 AY 洲际航空公司的特定案例中,我们以客运航空业接近周期高峰为前提。我们结合预估财务状况和现金预算的要素来衡量航空公司的偿债能力。正如你将看到的,财务预测需要重建大部分的利润表和资产负债表。预测的一个主要用途是确定一家企业是否产生现金盈余或赤字,这是公司是否可能拖欠债务的重要线索。

财务预测模型使用金融和会计语言,以一致的方式定义相关的投入、联系和产出。预测财务报表是确定性建模的一个例子[1],其中的假设和初始条件完全决定了预测,而预测是模型的输出。建立现金流模型的方法有很多,其复杂程度取决于应用。我们用其中一种比较简单的方法来说明建模过程。它们主要是根据假设和初始条件来预测财务报表。在我们的例子中,我们的"跳跃"点是 2016 年。我们用两个表格来展示这个模型:一个是表 5.14 中的假设(主要是用百分比表示的比率),另一个是表 5.15 中的预测(产出)。最好从损益表开始,因为总收入、经营性总费用和非经营性总费用可以作为基础或比例要素。

---

[1]　决定性模型的反面是随机模型,其中输出不是完全确定的,而是随机的。例如,确定性模型,$N_t = N_0 \lambda^t$ 描述了几何级增长,在任何时候,N(代表任何时候的人口)完全由初始值 N_0 以及常数或已知值 λ 决定,这是几何级增长速度。不过,一个确定性的模型还是可以处理不确定性的。前面显示的增长模型可以通过允许 λ 按照概率分布变化而成为随机的,这使得输出是随机的。在金融预测中,输入的不确定性可以通过蒙特卡洛模拟的技术来处理,蒙特卡洛模拟使用输入或假设的一系列可能值,以驱动一系列潜在的结果。请注意,在确定性模型中,不确定性是外部的或外生的;而在随机模型中,输入或参数的不确定性是内在的或内生的。

表 5.14　AY 洲际航空公司财务预测的假设

	历史			预测假设		
	2015 年	2016 年	2017 年	2018 年 (F)	2019 年 (F)	2020 年 (F)
收入与费用驱动因素						
收入(百万美元)	26 750	28 730	30 683	28 568	30 697	32 691
乘客收入(百万美元)	22 738	24 707	26 510	24 503	26 595	28 589
可用座位英里(ASM,10^6)	1 558	1 674	1 688	1 650	1 732	1 819
载客率(LF)	81.1%	82.0%	83.1%	82.5%	83.0%	83.6%
RRPM(收益)——每 RPM 收入(美分)	18.0	18.0	18.9	18.0	18.5	18.8
货物收入(百万美元)	2 301	2 442	2 516	2 416	2 452	2 452
可用吨英里(ATM,10^6)	323	335	332	330	335	335
货物载重因子(基于 ATM)	58.8%	60.7%	61.1%	61.0%	61.0%	61.0%
RRCM(收益)——每 RCM 收入(美分)	12.1	12.0	12.4	12.0	12.0	12.0
其他收入(百万美元)	1 712	1 580	1 657	1 650	1 650	1 650
营业费用/收入						
飞机燃料	27.6%	21.0%	17.8%	25.0%	24.0%	25.0%
区域航空公司费用	1.8%	2.2%	3.2%	3.3%	3.4%	3.3%
员工成本	25.8%	28.0%	29.2%	32.0%	30.0%	30.0%
机场和着陆费	6.9%	6.3%	6.1%	6.5%	6.3%	6.1%
飞机维护	5.5%	5.3%	5.0%	6.0%	5.5%	5.0%
折旧与摊销	6.1%	6.0%	6.9%	7.1%	6.8%	6.8%
销售成本	4.6%	4.6%	4.6%	5.0%	4.6%	4.6%
合同服务	3.0%	4.4%	2.6%	2.7%	2.6%	2.6%
飞机租赁(租金)	2.3%	2.3%	2.2%	2.3%	2.0%	1.7%
餐饮服务	2.0%	2.3%	2.4%	2.4%	2.5%	2.5%
其他(净额)	6.3%	7.3%	7.0%	0.0%	0.0%	0.0%

续 表

	历 史			预测假设		
	2015 年	2016 年	2017 年	2018 年 (F)	2019 年 (F)	2020 年 (F)
营业费用/收入	92.0%	89.7%	87.0%	92.3%	87.7%	87.6%
非营业费用/营业费用	8.0%	9.0%	10.0%	14.0%	12.0%	11.0%
长期债务的平均期限(年)	12	12	12	12	12	12
平均借款利率	6.0%	7.2%	8.5%	8.0%	7.5%	7.5%
平均税率	35.0%	35.0%	35.0%	35.0%	25.0%	25.0%
流动性和营运资金驱动因素						
无限制现金	286	387	350	350	350	350
所需最低现金/收入	—	—	—	0.0%	0.0%	0.0%
短期投资/总费用	15.5%	17.5%	20.2%	15.0%	15.0%	15.0%
应收账款周转天数	26.0	26.1	25.4	25.0	25.0	25.0
存货周转天数	6.7	6.8	6.4	6.4	6.4	6.4
应付账款周转天数	56.9	60.2	62.7	62.0	62.0	62.0
资本支出/收入	5.2%	9.4%	5.7%	4.0%	5.0%	6.0%
折旧/营业费用	6.1%	6.0%	6.9%	7.1%	6.8%	6.8%

表 5.15 AY 洲际航空公司的财务预测　　　　　　　单位：百万美元

	历 史			预 测		
	2015 年	2016 年	2017 年	2018 年	2019 年	2020 年
收入与费用						
收入	26 750	28 730	30 683	28 568	30 697	32 691
收入增长	7.0%	7.4%	6.8%	−6.9%	7.5%	6.5%
营业费用						
飞机燃料	7 383	6 030	5 448	7 142	7 674	8 173
区域航空公司费用	492	644	988	943	1 013	1 079

续 表

	历 史			预 测		
	2015 年	2016 年	2017 年	2018 年	2019 年	2020 年
员工成本	6 891	8 058	8 969	9 142	9 209	9 807
机场和着陆费	1 846	1 804	1 869	1 857	1 873	1 994
飞机维护	1 477	1 520	1 548	1 714	1 535	1 635
折旧及摊销	1 624	1 727	2 109	2 028	2 087	2 223
销售成本	1 231	1 314	1 415	1 428	1 412	1 504
合同服务	812	1 263	801	771	798	850
飞机租赁(租金)	615	652	673	643	603	552
餐饮服务	541	670	739	686	767	817
其他(净额)	1 698	2 087	2 136	—	—	—
总营业费用	24 610	25 770	26 694	26 354	26 972	28 634
营业收入(EBIT)	2 140	2 959	3 989	2 214	3 725	4 057
非经营性支出	1 969	2 319	2 669	3 690	3 237	3 150
其中：利息费用	900	1 049	1 205	1 457	1 252	1 148
营业费用——折旧[a]	22 986	24 044	24 585	24 326	24 884	26 411
EBITDAR	4 380	5 338	6 770	4 885	6 416	6 832
税前净收入(NIBT)	171	640	1 319	−1 476	489	908
税项	60	224	462	−517	122	227
净收入	111	416	858	−959	367	681
现金流入与流出的确定						
净收入	111	416	858	−959	367	681
不涉及现金的项目						
折旧及摊销	1 624	1 727	2 109	2 028	2 087	2 223
未实现外汇损失(收益)	68	134	104	—	—	—
维护准备金的变动	46	48	57	—	—	—

续 表

	历 史			预 测		
	2015年	2016年	2017年	2018年	2019年	2020年
处置财产、设备的损失（收益）	−34	52	−15	—	—	—
非现金营运资本余额变动（净额）	8	1 840	992	252	−88	88
应收账款	2 123	1 993	2 278	1 957	2 103	2 239
库存	544	531	541	501	538	573
预售票务	4 040	5 079	5 799	5 700	5 700	5 700
应付账款	3 629	4 298	4 142	4 132	4 227	4 486
经营现金流	1 824	4 217	4 105	1 321	2 366	2 992
借款所得	1 223	2 359	1 132	—	—	—
本金还款	−1 191	−1 293	−1 489	−1 583	−1 451	−1 331
发行股份	6	3	0	—	—	—
购买股份	−18	−72	−63	—	—	—
支付的股息	0	−25	−60	—	—	—
融资现金流	20	972	−480	−1 583	−1 451	−1 331
受限制现金	286	387	350	350	350	350
短期投资	4 109	4 923	5 923	4 285	4 605	4 904
财产及设备	19 204	21 908	23 660	24 803	26 338	28 299
受限制现金	−5	−101	37	0.0	0.0	0.0
短期投资的销售（＋）/购买（−）	−109	−814	−1 000	1 638	−319	−299
资本支出	−1 391	−2 704	−1 753	−1 143	−1 535	−1 961
其他（净额）	−144	−1 262	−789	—	—	—
投资现金流	−1 649	−4 881	−3 506	495	−1 854	−2 261
自由现金流（FCF）	433	1 513	2 352	178	831	1 030

续表

	历史			预测		
	2015年	2016年	2017年	2018年	2019年	2020年
来自经营、投资及融资活动的净现金	196	308	119	233	−940	−600
汇率变动对现金/等价物的影响	−13	18	−17	—	—	—
现金需求的确定						
年初现金及现金等价物	1 875	2 058	2 383	2 485	2 718	1 778
年末现金及现金等价物	2 058	2 383	2 485	2 718	1 778	1 179
最低现金需求(假设)	—	—	—	0	0	0
现金盈余(赤字)				2 718	1 778	1 179

预测的信用指标					
	2015年	2016年	2017年	2018年(F)	2019年(F)	2020年(F)
息税折旧及摊销前利润率(%)	16.4	18.6	22.1	17.1	20.9	20.9
调整后有息债务/EBITDAR	4.4	4.4	4.4	4.2	2.9	2.4
调整后有息债务/调整后资本(%)	87.5	89.4	88.7	91.3	88.9	84.7
息税折旧及摊销前利润/(利息+租金)	2.9	3.1	3.6	2.3	3.5	4.0
FCF/调整后有息债务(%)	2.3	6.8	10.0	0.9	4.5	6.2
流动资产/流动负债	1.2	1.1	1.1	0.8	0.8	0.8
现金需求的确定	2015年	2016年	2017年	2018年(F)	2019年(F)	2020年(F)
年初现金及现金等价物	1 875	2 058	2 383	2 485	2 718	1 778
年末现金及现金等价物	2 058	2 383	2 485	2 718	1 778	1 179
最低现金需求(假设)	0	0	0	2 857	3 070	3 269
现金盈余(赤字)				−139	−1 291	−2 090

注：[a] 代理赊购。
假设最低现金需求/收入为10%信用购买的代理。

首先,我们概述步骤,并以实际计算来生成预测。

第1步:预测收入、支出和净收入。具体包括:

- 通过预测每个组成部分而获得的总收入:客运收入、货运收入和其他收入。
- 经营性总费用。以总收入为基础,通过应用百分比(每项支出在总收入中的百分比)来驱动各个经营性支出项目,但经营性租赁的租金支付除外。经营性租赁的租金支付的预定数字通常在年度报告的脚注中报告。
- 非经营性支出。以经营性支出总额为基数,应用百分比[非经营性支出(NOE)与经营性支出的比率]。
- 来自上述预测的税前净收入(NIBT)。税前净收入＝经营性收入－经营性支出－非经营性支出。
- 通过应用税率假设获得的来自 NIBT 的税款。
- 净收入＝NIBT－税款。

第2步:预测经营活动的净现金流。具体包括:

- 从其组成部分来看项目的流动性和营运资本:短期投资、应收账款、库存、预售票款、应付款。
- 预测经营活动的净现金流＝净收入＋非现金营运资本余额的净变化(来自上述内容)。

第3步:预测来自融资活动的净现金流。具体包括:

- 从其组成部分预测债务总额:长期债务和融资租赁的流动部分、长期债务和融资／资本租赁、PV 经营租赁、担保书。
- 预测本金支付(基于对未偿债务平均期限的假设)。

第4步:预测投资和融资活动的净现金流。具体包括:

- 预测资本支出。
- 预测产生变化的项目短期投资。

第5步:预测来自经营、融资和投资的净现金流。具体包括:

- 结合前面步骤的结果,预测现金流的总(净)变化。

5.4.1 进行计算

预测客运收入

在本节中,我们将解释驱动预测的公式。我们从收入开始。对于一家客运航空公司来说,收入是总体水平的三个组成部分的产物。

(1) ASM(可用座位里程)。这是一个衡量产出的标准。ASM代表一个座位飞行一英里。

(2) PLF(载客率)。这是一个航空公司的座位被客运收入填满的比例,通过RPM(客运里程收入)除以ASM得出。

(3) 客运里程的单位收入[RRPM(产出)]。这是每英里每名乘客的平均票价,由总客运里程收入除以总客运收入得出。

我们使用以下公式:

$$客运收入 = ASM \times PLF \times RRPM \quad (5.1)$$

给出方程右边的变量值,电子表格计算出客运收入。下面是对2018年客运收入的说明,其余预测期也重复同样的步骤。表5.14给出了这些假设和其他假设,其中ASM的数字单位为百万美元:

$客运收入_{2018} = 1\,650 \times 82.5\% \times 18 = 24\,503$(百万美元)。

预测货运收入

同样,对于货运收入,这三个指标是:

(1) 可用吨英里(ATM)。代表一吨货物飞行一英里。

(2) 货物装载率(CLF)。它是指航空公司的货物空间被货运收入填满的比例,通过货运收入里程(RCM)除以ATM得出。

(3) 货运里程的单位收入[RRCM(产出)]。RRCM是每种货物每英里的平均费用,由总货物收入除以总RCM得出。

在下面的公式中,我们用2018年来说明。方程右边的三个因素的数值在同一张表中给出,其中ATM数字单位为百万美元:

$$\begin{aligned}货运收入 &= ATM \times CLF \times RRCM \\ &= 2\,416(百万美元)\end{aligned} \quad (5.2)$$

预测开支

(1) 经营性支出。

支出项目被分为两个部分,即经营性和非经营性,因为我们需要预测EBIT,这是衡量经营性收入的一个标准。

为了预测经营性支出的项目,我们对每一类经营性支出采用经营性支出与总收入的比率(以百分比表示)。计算第 t 期第 i 项经营性支出的通用公式如下:

$$经营性支出_{ti}^i(OE) = OE比率_i^i \times 总收入_t \tag{5.3}$$

例如,航空燃料是航空公司最大的支出之一。我们的预测假设比例为 25%,2018 年总收入为 285.68 亿美元,2018 年航空燃料预计为 71.42 亿美元。

航空燃料$_{2018}$ = 0.25 × ($28 568 MM) = 7 142(百万美元)。

这个公式不适用于租金支付,因为租金是一种经营性支出。这个分项是根据 2016 年底的资本化经营租赁,计划在 2017—2020 年支付的最低租金。第 2 章解释了资本化的步骤。

(2)非经营性支出。

对于非经营性支出(NOE),我们将非经营性支出比率用于总经营性支出。

$$非经营性支出_{ti} = 非经营性支出率_{ti} \times 经营支出_{ti} \tag{5.4}$$

让我们举例说明该公式是如何在方程式右侧所示的 2018 年假设中发挥作用的:

非经营性支出$_{2018}$ = 0.14 × $26 354 = 3 690(百万美元)。

该公式不适用于利息支付,因为它属于非营业性支出。一个单独的公式用于计算基于未偿债务总额和利率的支付,而利率是一个平均利率。

$$利息支出 = i \times 负债 \tag{5.5}$$

其中,i 是平均借款利率,债务是上期和本期的固定债务及融资租赁的平均值。在任何一年,债务总额由以下四个部分组成:固定债务和融资租赁的流动部分;固定债务和融资租赁的长期部分;资本化经营租赁;担保。为了简化预测,我们假设没有长期的固定借款。这意味着未偿债务每年按设定的债务偿还额下降,包括资产负债表外经营性租赁已设定的最低租金支付。对于担保,在 2016 年底,余额为 4.25 亿美元,它不是一个重要的数额。预测假设在整个预测期内,固定金额为 4 亿美元(见表 5.16)。

表 5.16　AY 洲际航空公司的预计债务

总　债　务	2015 年	2016 年	2017 年	2018 年(F)	2019 年(F)	2020 年(F)
总调整后债务	19 130	21 777	22 841	20 589	18 535	16 652
长期债务当前部分及融资租赁	1 293	1 489	1 583	1 451	1 331	1 220
长期债务及融资租赁	14 218	16 380	17 418	15 966	14 636	13 416
经营租赁现值	3 214	3 493	3 414	2 771	2 168	1 616
担保	405	415	425	400	400	400

让我们应用公式 5.5,假设 2018 年的平均利率为 8%,其中括号内的数字单位为百万美元:

$$利息支出_{2018} = 0.08 \times \frac{(1\,583 + 17\,418 + 1\,451 + 15\,966)}{2}$$

$$= 1\,457(百万美元)。$$

预测营运资金

我们重点关注营运资金(流动资产减去流动负债)的三个主要驱动因素:应收账款、库存、应付账款。

为了预测这些项目,我们需要对第 2 章中讨论的周转率做出假设。概括地说,这些指标定义如下:

$$应收账款周转率 = \frac{平均应收账款}{收入} \times 365\,天 \qquad (5.6)$$

$$库存周转率 = \frac{平均库存}{销售成本} \times 365\,天 \qquad (5.7)$$

$$应付账款周转率 = \frac{平均应付账款}{赊购} \times 365\,天 \qquad (5.8)$$

回顾最近的历史,我们发现该航空公司的应收账款周转率接近 30 天,这意味着该公司平均不到一个月就能从其信贷交易中获得收入。根据最近的模式,我们假设整个预测期的周转率为 25 天。对于一个以服务为主的企业,如航空公司,通用概念下的运营周期和基于 COGS(销售成本)的库存周转率的测算,与制造业和零售业相比似乎不那么重要。原因是,尽管可用的飞机座位是库存,座位也被出售了，但它们不能按价值而只能按数量进行盘点。此外，可用座位的数量是固定的。

然而，航空公司仍然拥有其他类型的库存，主要包括备件、飞行期间提供的食品和饮料以及一次性餐具。这些用品在资产负债表中是按成本记录的。计算存货周转率需要COGS，根据定义，这只适用于销售或制造产品的企业。对于一个以服务为基础的实体企业来说，替代指标是收入成本[1]，因此就产生了以下公式：

$$库存周转率 = \frac{平均库存}{收入} \times 365 天 \tag{5.9}$$

使用公式(5.9)，我们得出2014—2017年期间的平均周转率为6.4天。我们预测周转率也是如此。

如果用公式(5.8)计算应付账款的周转率，你需要现金支付的数据，但你在利润表和脚注中都找不到这些信息。现金支付的最佳数据渠道是通过从总运营费用中减去折旧费用(一个非现金项目)来获得。[2] 根据承运人最近的历史，周转率平均为62天，大约是2个月。我们预测的周转率也是如此。

为了生成应收账款、库存和应付账款的数量，我们重新排列公式，以下是2018年的预测例子，其中收入和成本以百万美元计。

$$应收账款 = \frac{总收入 \times 周转率}{365} \tag{5.10}$$

$$应收账款_{2018} = \frac{28\,568 \times 25}{365} = 1\,957(百万美元)。$$

$$库存 = \frac{总收入 \times 周转率}{365} \tag{5.11}$$

$$库存_{2018} = \frac{28\,568 \times 6.4}{365} = 501(百万美元)。$$

---

[1] 基于COGS和收入的周转率显然是不一样的，而且试图调和这两者可能是很棘手的。这是因为，单位COGS是以成本衡量的，而单位收入——相当于销售价格——则是结合了单位生产成本和利润率。销售价格是由市场决定的，它不仅包括生产成本，还包括利润率。因此，在正常情况下，单位收入大于单位COGS，所以单位收入与COGS的衡量标准相比，给出的周转率较低。也就是说，商品和服务确实以低于单位生产成本的价格出售，但这种情况不能持续，因为这意味着相关公司最终会倒闭。

[2] Vasigh, Bijan., Fleming, Basil., Humphreys, J. (2014). *Foundations of Airline Finance*, Routledge, 2nd edition. Chap. 7, Assessment of Financial Statements.

$$应付账款 = \frac{(经营支出 - 折旧) \times 周转率}{365} \quad (5.12)$$

$$应付账款_{2018} = \frac{24\,326 \times 62}{365} = 4\,132(百万美元)。$$

预测投资

AY洲际航空公司的投资活动围绕着限制性现金、短期投资和capex(资本支出)展开。在年度报告的脚注中,该航空公司解释说,它持有限制性现金是为了遵守适用于预售票和托管账户的规定。3.5亿美元的期初余额包含未提取的2亿美元的信用额度。我们还观察到,一部分限制性现金似乎在很大程度上与现金流驱动因素的变化无关,如收入和支出。航空公司通过持有流动资产来管理流动性风险和信用风险。这些是短期金融工具,最长期限为12个月。利用所有这些信息,我们预测,在预测期内金额保持在3.5亿美元不变。

凯恩斯(1936)[1]在他的《就业、利息和货币通论》中写到了著名的"流动性偏好的三种划分"。凯恩斯提出这个理论是为了解释个人对货币的需求,但这个理论同样适用于企业,因为两者持有现金的原因或动机是一样的:

(1) 交易动机。管理航空公司为支付日常运营费用所持的现金。持有的数额与规模或经济活动水平呈正相关。

(2) 预防性动机。管理应对不可预见的情况所持的现金,其中包括不可预见的季节性和周期性趋势、不可预见的飞机燃油价格上涨、飞行员罢工,等等。

(3) 投机性动机。管理所持现金以利用投资机会。在航空业务中,不断扩张的航空公司总是在寻找机会,收购拥有盈利航线的其他航空公司。

在任何时候,交易动机都会占主导地位。一家客运航空公司为物资和劳动力花费了巨额资金。然而,该行业的特点是现金流的大幅波动,这是预防性现金余额需求函数中的一个因子。与个人类似,企业的交易和预防性需求比投机性需求更重要。我们假设AY洲际航空公司希望在短期证券中持有总支出的15%,以便于管理流动性和信贷风险,这个数字与过去三年(2015—2017年)的平均数大致相当。为了预测短期投资量,我们使用短期投资与收入的比率作为主参数,由于缺乏更好的标签,我们把这个指标称为FIR(金融投资比率):

---

[1] Keynes, J. M. (1936). op. cit., p. 170, Ch. 13.

$$短期投资 = 总收入 \times FIR \tag{5.13}$$

短期投资$_{2018}$ = 28 568 × 0.15 = 4 285(百万美元)。

尽管我们通过在预测中加入"所需的最低现金"来获得预防动机,但基本情况的预测将所需的最低现金设定为零。

预测资本支出(Capex)

该预测为资本支出做了准备,这对航空公司成功运营的能力至关重要。就AY洲际航空公司而言,对主要机队大修的需求是最小的,然而,它已承诺交付飞机。根据预测,资本支出/收入比率在 2018 年有所缓和,但在 2019 年和 2020 年有所提高。由于我们假设在 2017—2020 年期间没有进一步的借款,所以资本支出是没有资金的。以下是进行资本支出预测的公式:

$$资本支出 = 资本支出率 \times 收入 \tag{5.14}$$

资本支出$_{2018}$ = 0.04 × 28 568 = 1 143(百万美元)。

5.5 财务预测概要

5.5.1 压力测试下的预测结果

为了对收入和支出进行压力测试,我们令经济衰退发生在预测期的第一年,而不是将其推迟到预测期的最后一年,从而将情景提前。表 5.17 给出了预测违约的财务比率方面的预测概要。预测的主要结果如下:

- 2018 年顶层收入比前一年缩水了 7%,抹去了前一年的收益。
- 运营费用也在下降,但几乎没有收入那么快。
- EBIT 从 2017 年的近 40 亿美元缩水到 2018 年的略高于 22 亿美元。
- 该航空公司在 2018 年创造了 9.59 亿美元的亏损底线。
- 基于对经营状况的保守假设,业绩会在 2019 年和 2020 年恢复。
- 自由现金流比率和流动比率的下降表明,流动性在 2018 年明显减弱。
- 尽管预计 2018 年将出现净亏损,而且流动性恶化,但航空公司用营业收入来满足总债务的支付,包括资产负债表外的负债。
- 考虑到经济放缓预期的财务恶化,与使用当前和最近的财务数据相比,记分卡给出的 BRR 较低。

表 5.17　财务预测摘要

	2015 年	2016 年	2017 年	2018 年 (F)	2019 年 (F)	2020 年 (F)
息税折旧及摊销前利润率(%)	16.4	18.6	22.1	17.1	20.9	20.9
调整后的有息债务/EBITDAR	4.4	4.4	4.4	4.2	2.9	2.4
调整后的有息债务/调整后的资本(%)	87.5	89.4	88.7	91.3	88.9	84.7
息税折旧及摊销前利润/(利息+租金)	2.9	3.1	3.6	2.3	3.5	4.0
FCF/调整后有息债务(%)	2.3	6.8	10.0	0.9	4.5	6.2
流动资产/流动负债	1.2	1.1	1.1	0.8	0.8	0.8

5.5.2　预测融资缺口

财务人员使用财务预测来确定公司的融资需求和外部融资的程度。在信用分析中,现金预算是一个有用的工具,不仅可以量化缺口,还可以评估违约风险。我们在前面几章中获得的其中一个信息是,违约往往是由于流动性不足而不是破产造成的。所需的外部融资确定公式如下：

$$所需外部融资 = 总的来源 - 总的用途$$

我们提出了"假设"的问题：假设航空公司想持有 10% 的收入作为现金以备不时之需,那么对融资缺口会产生什么影响？我们假设最低现金比率为 10%,结果如表 5.18 所示。

结果是,2018 年的融资缺口为 14 亿美元,并在周期的剩余时间段不断上升。这对信用分析师来说是很有用的信息,因为它表明航空公司将不得不在未来三年内借入大量资金。现金流模型对于情景分析显然是必不可少的,它可以量化高、中、低的财务结果。

表 5.18　由于最低现金要求而预测的外部融资缺口　　单位：百万美元

现金需求的确定	2015 年	2016 年	2017 年	2018 年(F)	2019 年(F)	2020 年(F)
年初的现金及现金等价物	1 875	2 058	2 383	2 485	1 429	1 026
年末的现金及现金等价物	2 058	2 383	2 485	1 429	1 026	1 183
最低现金需求[a]	—	—	—	2 857	3 076	3 284
现金盈余(赤字)				−1 428	−2 050	−2 102

注：[a] 假设所需为总收入的 10%。

第 6 章　商业地产的信用风险分析和评级

章节目标

1. 区分住宅抵押贷款和商业抵押贷款。
2. 评估与商业地产贷款有关的风险。
3. 为商业地产开展财务预测(模板可在网上找到)。
4. 学习为创收性地产(IPRE)设计一个借款方风险评级(BRR)记分卡。

6.1　引　言

在本章中,我们将基于标准的方法扩展到商业地产,即非自用的、以赚取租金收入为盈利的商务和商业地产。商业地产物业包括办公室、工业地产、零售、酒店、多户住宅、工业建筑、医疗或护理设施、仓库、车库和停车设施等。商业地产市场的供应和需求存在许多因素,表 6.1 报告了其中一部分。从这个变量列表可以看出,那些推动租赁物业需求上升的变量也同向推动供应,但并不总是如此。例如,公寓的租金越高,对空间的需求量就越低;然而,假设其他条件不变,租金的上涨吸引了开发商。因此,在给定的租金下,供应曲线会向上移动。

表 6.1 影响商业地产市场和估值的因素

因　　素	对供应的预期影响	对需求的预期影响
广泛的经济趋势(实际收入、实际收入增长、就业、就业增长)	＋ve	＋ve
土地可用性	＋ve	
政府政策和规章	＋ve 或 －ve	＋ve 或 －ve
人口统计(人口及人口增长)	＋ve	＋ve
同类型资产的相对价格(国内／外)	＋ve	－ve
库存／销售比率	－ve	
入住率	＋ve	
空置率	－ve	
吸收率(房屋销售速度)	＋ve	＋ve
每平方英尺租金	＋ve	－ve
资本化率	＋ve	
融资可获得性	＋ve	
供应渠道和工人招募便利性	＋ve	
资本成本(抵押贷款利率)	－ve	
生产成本(土地,工资,建筑材料,交易费用)	－ve	

需要记住的一点是,与许多价格由活跃的交易决定的商品不同,房地产中没有这样的等价物。这意味着,房地产资产的价值是对真实的、未知的市场价格的估计。这与那些股票在交易所活跃交易的上市公司的估值形成鲜明对比。公司的市值只是流通股的数量乘以每股的市场价格。显然,随着股票价格的变化,市值会在一天内不断变化,但市场清算价格是可以观察到的。

关于商业地产信用分析,有两件事一开始就值得注意。第一,虽然全国性的趋势在评估商业地产贷款时起作用,但房地产本质上是地方性的,所以区域性的条件往往更重要。第二,时间是商业地产价格动态变化的一个重要因素。短期内价格较高,因为建设需要时间,而供应是固定的——即便是同一类型的物业,有些物业的建造时间也比其他物业长。我们说,供应在短期内是没有弹性的,但随着时间的推移,它变得更有弹性,因为租金的上涨推动了房地产建设。当更多的建筑面积变得可用,而对建筑面积的需求保持不变或以较慢的速度上升时,租金将开始稳定下来。

商业地产贷款与其他商业贷款的区别

商业抵押贷款的信用风险从根本上取决于相关抵押品/物业的财务表现和市场环境。因此,BRR 是基于对围绕商业地产资产的不确定性的理解,并试图将其量化。在其他类型的商业信贷中,BRR 评估的是公司的运营情况。通常来说,商业贷款是无担保的。

这些基本的背景信息让我们对商业地产经济学有了一定的了解。我们可以利用这些信息来帮助我们开始思考:根据基于标准的方法来确定 BRR,我们可能要在记分卡中包括哪些因素?在商业地产贷款中,贷款方不对申请抵押贷款的房地产公司的信用度进行评级。相反,贷款方将 BRR 用于被收购的资产,因为它能产生收入来偿还抵押贷款。图 6.1 是对由抵押贷款融资的创收型房地产(IPRE)的信用风险分析的总体描述。

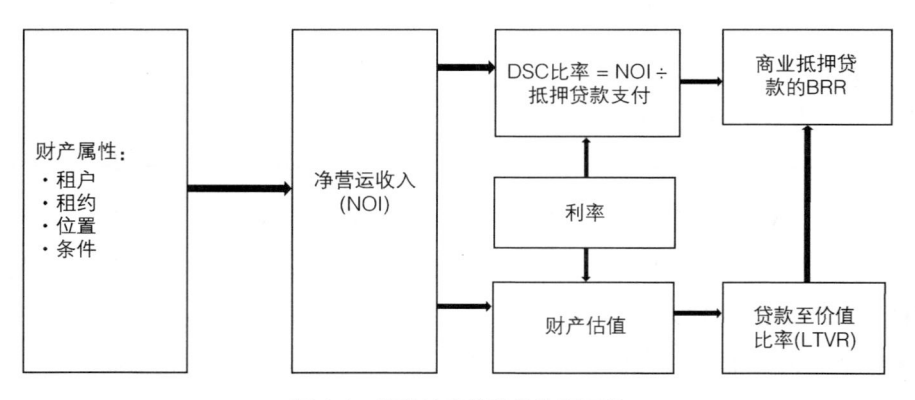

图 6.1 商业地产贷款的决定因素

如图 6.1 所示,一个物业有四个基本属性,与承租方、租约以及物业的位置和状况有关。这些因素决定了出租物业的收入,也决定了经营费用。两者之间的差异是净营业收入(NOI),用于偿还贷款本金和支付利息。当银行承销商业地产抵押贷款时,它把物业的现金流而不是把借款方的抵押品或其他还款来源作为主要的还款来源。从这个意义上说,贷款方首先确定物业是否够条件获得贷款，其次才是借款方。

商业抵押贷款机构为 DSC 比率（偿债能力比率）设定最低门槛，为 LTV 比率（贷款与价值比率）设定最高门槛，两者都根据物业类型发生变化，以反映相对风险。风险较高的物业通常会比其他现金流较稳定的物业（如公寓）有更高的 DSC 比率要求。NOI 与抵押贷款的利息和本金支付的比率就是 DSC 比率。DSC 比率给了贷款方一个安全系数。例如，通过提出 1.50×DSC 比率的要求，贷款方在物业的现金流中建立了一个高于年度债务偿还的缓冲。在这个比率下，NOI 可以下降 33.3%［收支平衡＝(1.50－1.00)/1.50］，而贷款的支付仍然可以完全覆盖。此外，贷款方必须知道物业的价值和首付来确定 LTV 比率。估算物业价值的一种快速方法是，用当前的 NOI 除以在特定市场上观察到的资本化率(cap rate)。资本化率是指用现金而非贷款购买物业的一年回报率。读者会认识到，这一公式与永久公式几乎相同，后者将永久的年收入流折现为预期回报率。在实践中，贷款方依靠更详细的估值方法，我们将在后面研究。

6.2　基于标准的方法在 CRE 中的应用

前几章介绍的风险标准方法适用于任何类型的贷款，所以让我们回顾一下设计记分卡的步骤：
- 确定用于偿还债务的现金流的来源。
- 决定哪一套风险标准——行业、业务、管理和财务——将构成记分卡的组成部分。
- 指定风险因素和风险要素，并创建描述符。
- 对风险标准、风险因素和风险要素进行加权。
- 在记分卡中建立覆盖功能。

CRE 抵押贷款的还款来源

(1) 主要来源：来自物业租金收入或出售建筑单元/地块的现金流。
(2) 次级来源：抵押物变现。
(3) 三级来源：提供额外保护的个人担保。

为了便于说明,我们将讨论以下这些物业类型:多户住宅(公寓楼)、酒店(酒店、汽车旅馆)、办公楼、护理设施(医疗、养老院等)、零售商店。

6.3 风险评估因素

我们之前说过,对于 CRE 贷款,贷款方主要靠物业的现金流来进行偿还。商业用房需求对现金有着巨大影响。对商业地产的需求是一种衍生需求,即对某一特定产品或服务的市场需求产生于对不同产品或服务的另一种市场需求。对于许多我们所消费的商品的需求是一种衍生需求。例如,对通勤的需求推动了对公共汽车和火车这两种不同商品的需求。对这种交通方式的需求是来自上班的需要。在这一经济原理下,例如,对公寓的需求是对居住空间的衍生需求;对商场的需求是对消费品的衍生需求;等等。因此,信用分析师需要研究推动主要经济活动盈利的风险因素,以评估 IPRE 资产的现金流。

在设计记分卡时,信用分析师需要确定 IPRE 是稳定的还是不稳定的,因为它对现金流有重要影响。一个稳定的物业是符合以下特征的物业:

- 已完全出租或按市场占有率出租;
- 物业租金按市场价格计算;
- 租户流动率低且交错进行;
- 需要增加最少量资本来维持当前的标准。

相比之下,租金不稳定的物业通常是正在翻修或重建的物业,它们往往会产生高额的维护费用。

租金不稳定的物业的一个主要特点是,它收取的租金低于市场水平,并且正在努力将出租率提高到市场水平。由于现金流比租金稳定的物业更不确定,所以信用风险更高。因此,租金不稳定物业的价格低于市场价格,以吸引投资者,这意味着它们的资本化率较高,以补偿较高的风险。在租金不稳定物业的市场上,业主的目的是通过修复物业缺陷,将其转化为价值较高的租金稳定的物业来获得利润。因此,针对租金不稳定的 IPRE 的记分卡会有不同的预测因素和权重。特别是,由于显而易见的原因,租赁期限在记分卡中不起作用,租户质量将被赋予最低的权重,而 DSC 比率将占总权重的三分之一。本章不包括租金不稳定的物业。

对于IPRE记分卡而言,真正重要的风险评估因素是商业风险和财务风险。商业风险评估是信用分析的定性部分,而财务风险评估是定量部分。行业风险和管理风险不是独立的部分,但它们也不是完全被忽略的。商业风险反映了物业的物理和租赁特点,使其适合或不适合入住,而财务风险则反映了房产租出去后的偿债优势或劣势。

至于权重,默认为同等权重似乎是合理的。如果商业风险很高,那么物业将无利可图。商业风险随着租户质量的恶化、地理位置、物业状况和租户租期的缩短而上升。所有这些对现金流都至关重要,所以很难说哪一个更重要。首先,让我们看一下商业风险及其主要参数(括号内为权重):

- 租户质量(30%~35%的权重);
- 租约期限(30%~35%的权重);
- 地理位置(15%~20%的权重);
- 物业状况(15%~20%的权重)。

为了得出合理的权重,信用分析师必须了解这四个属性是如何影响现金流的。租户质量主要决定了租金收入的可持续性,并在很大程度上决定了物业的运营成本。其中一些成本或费用往往不能从租赁协议中收回,这意味着物业持有者要么吸收这些成本,要么推迟维护和升级的支出。虽然租户质量会影响收入水平,但租约期限决定了其变化性。例如,短期内到期的租约没有续约的确定性,即租户滚动风险,或没有新租户的确定性,相比之下,长期租约提供了更大的收入稳定性。地理位置影响着物业的适销性和可取性。物业的状况也会影响其适销性和可取性。同时,地理位置也影响到运营成本。这些都是为保持物业的理想状态而产生的各种支出。

这种背景知识使信用分析师能够按照重要性对这四个属性进行排序。我们对租户质量的重视程度高于地理位置。一个位置好的物业可能已经全部租出,但仍然赚取较低的净收入,甚至可能亏损,如果维护成本太高的话。出于这个原因,业主会要求租户出示就业和收入证明,以筛选可能拖欠租金的申请人。业主会做常规的背景调查,如信用报告,并可能要求提供性格证明。另一个理想的特征是将长期租户纳入租金单,因为租期越长,现金流就越稳定。我们为地理位置和物业状况的同等排名提供了理由,因为在一个地段好、维护差的公寓和一个地段差、维护好的公寓之间进行选择,租户可能对这两个因素无动于衷。

6.4 商业风险评估

6.4.1 多户住宅

商业风险的记分卡由物业类型和描述符(用"d"表示)组成,如表 6.2 所示。我们通过列出 BRR 等级的一个子集来简化它。你会马上注意到,记分卡的布局相对简单,因为属性只是风险标准,没有必要定义风险因素和风险要素。你需要知道的唯一重要特征是描述符。让我们分别对一个多户住宅和一个零售物业进行研究,目的是说明你如何去定义描述符。

表 6.2 商业地产的业务风险评估

建筑类型	W	AA	A	BBB	BB	B	D
多户型							
租户质量	30%			d	d	d	d
租约期限	30%			d	d	d	
地理位置	20%		d	d	d	d	d
物业状况	20%		d	d	d	d	d
酒店							
租户质量	30%			d	d	d	d
租约期限	30%			d	d	d	
地理位置	20%			d	d	d	
物业状况	20%		d	d	d	d	
办公室							
租户质量	30%		d	d	d	d	
租约期限	30%		d	d	d	d	
地理位置	20%		d	d	d	d	
物业状况	20%		d	d	d	d	

续表

建筑类型		W	AA	A	BBB	BB	B	D
维护								
租户质量	30%		d	d	d			
租约期限	30%		d	d	d			
地理位置	20%		d	d	d	d	d	
物业状况	20%		d	d	d	d	d	
零售								
租户质量	30%		d	d	d	d	d	
租约期限	30%		d	d	d	d	d	
地理位置	20%		d	d	d	d	d	
物业状况	20%		d	d	d	d	d	

注：d 为描述符。

租户质量

租户质量一般指的是：租户的诚实和正直；租户在剩余租期内按时支付租金的能力；租户满足其租赁要求的能力。

贷款方无法直接量化这些特质，但可以间接量化。一个重要的信息来源是租金单，它直接显示了租户是否有能力支付租金。另一个可衡量的租户质量预测指标是空置率。借款方必须向贷款方提供这些信息，以便获得贷款资格。下面的例子旨在说明，一旦你建立了风险评级表和 BRR 类别，你作为模型建立者或信用分析师的任务是创建预测指标的属性集，以区分违约风险或 BRR。为了说清楚这一点，让我们从几个 BRR 的租户质量开始。

- A。意味着租户质量高，入住率高（空置率低），周转率低。A 级的高层公寓很可能有 100 多个单元，而且是专业管理的。
- BBB。意味着普通的租户质量和相对较低的空置率。BBB 级公寓适用于 5～10 层的中层公寓楼，有 30～100 个单元，有电梯服务。
- BB。意味着租户质量低、周转率高、入住率低（空置率高）。租户很可能接受政府援助以支付月租金。

- B。意味着租户的质量非常低,周转率高。这是一个不理想的租房地段。租户接受政府援助以支付月租金。

租约期限

对于被评为"BBB"的普通公寓楼,租期通常为12个月或更短。评级较高的公寓(评级为"A")的租期为1年,可续租。评级较低的多户住宅楼(评级为"BB"或更低)往往有较高的周转率,这反映了地理位置和物业状况,以及租户的类型,例如,需要在一个学年内住宿的外地学生,一个学年不到12个月。然而,请注意,有一些住宅楼被指定为学生宿舍,它们可以被评为高于"BB",但问题是:多高?鉴于学生的支付能力较低,即使有政府的财政援助,"BBB"的评级似乎是一个合理的上限。与一年中最多只租一次或两次的公寓相比,每月有周转或一年中多次出租的公寓更有可能更快地发生损坏,而且它们往往维护得很差,不尽如人意。

地理位置

地理位置描述符相当容易确定,但由于喜好不均,很难确定每个人的偏好。然而,我们可以考虑"普通租户"。他或她在选择一个特定的公寓楼时可能考虑以下因素:

- 通勤时间。住宅区、商住区、商业区。
- 便利性。前往工作场所、公共交通、商店、餐馆、剧院等。
- 风景、色彩和噪声水平。水边、海滨、景观、公园等。

我们可以利用这些背景信息,为五个等级创建描述符。

- AA。该地段有许多非常理想的位置特征(见前面列出的细节)。
- A。位置靠近公共交通、商店、杂货店,并且到工作地点只需步行即可。该物业通常位于一个主要的城市中心。(注:人口规模取决于特定国家的定义。)
- BBB。该物业位于目标市场的合适地段;公共交通的质量和可靠性一般。
- BB。通常位于较小的城市中心,诸如噪声(来自车辆、公路和机场)和犯罪率等负面外部因素的存在压制了房产价值。
- B。该地段是一个经济萧条的地区;该公寓楼的空置率很高。

物业状况

多户住宅楼的状况包括以下所有方面：

- 建筑物的年龄。
- 维护的水平和质量。
- 建筑物的内部吸引力。包括地下停车场、火警系统和洒水装置、消防通道和设施(健身中心、游泳池、公共空间等)。
- 保安、服务员和清洁工。
- 建筑物的外部吸引力。包括景观设计、前门、人行道、停车场入口和出口等。

以下内容基本上是我们创建描述符所需的所有细节：

- AA。该建筑不到十年的历史，按照高标准建造，维护良好，拥有所有重要的外部和内部吸引力的特点。它是一个管理良好的物业，提供全面的服务。
- A。该建筑维护良好，符合所有安全法规，提供的设施与其他竞争性公寓楼相比更胜一筹，并提供全面的服务(保安、服务员和清洁工)。
- BBB。该建筑得到了充分的维护，符合所有的安全规范，但提供的设施和租赁协议要求的其他服务有限。
- BB。保安、服务员和清洁工服务都很差。物业维护不力，设施缺乏。
- B。缺乏维护，重大维修被推迟。该物业处于不良地段，落魄贫穷。

6.4.2　零售物业

零售物业包括沿街店铺、社区中心和购物中心。随着网上购物或电子商务的快速增长，传统的实体零售业，特别是庞大的购物中心，正在陷入困境。这一趋势的牺牲品包括全国性和跨国性的知名品牌，像梅西百货、JC Penny、西尔斯百货和凯马特百货这样的店面都是作为主力店，旨在为其他所有租户吸引购物者。西尔斯(加拿大)在该国经营了 65 年后，于 2017 年 10 月关闭了其所有的商店。梅西百货、JC Penny、西尔斯百货、塔吉特、凯马特百货以及更多的公司已经在美国各地关闭商店。同时，像亚马逊、沃尔玛、E-bay 和阿里巴巴这样的网上零售巨头一直在飞速发展。其结果是，对用于仓储和运输商品的工业地产空间的需求激增。随着实体零售业的持续下滑，问题就变成业主如何快速地重新开发零售购物大楼或商场，寻求其替代用途以支撑物业价值。这些市场趋势将成为创建 BRR 等级描述的背景信息。

租户质量

● AA。超过四分之三的 GLA(可租赁总面积)是租给信用等级为 AA－/Aa3 及以上的公开评级的零售商,其产品不受电子商务的冲击。该综合体至少有一家高档百货商店。

● A。由几家全国性和跨国性的主力店租用,至少占据了总可租赁面积的四分之一。它们的公开评级至少是 A－/A3。大多数的零售店没有受到电子商务的严重冲击。

● BBB。租户大多是全国性的品牌,至少占据了总可租赁面积的三分之一。其他租户为区域性和地方性品牌。全国性品牌的公开评级至少为 BBB－/Baa3。该综合体有各种零售店,但很多受到了电子商务的冲击。

● BB。租户大多是没有评级的当地品牌,通常是廉价的珠宝店、销售劣质厨房用具的五金店、美甲店、廉价进口古玩店、干洗店、手机维修店和修鞋铺。零售综合体可能有一家杂货店。

● B。租户是当地的,身份不明,背景有问题。他们的支付能力很弱。

租约期限

在其他条件相同的情况下,业主更喜欢长期租约,因为每月的收入稳定。信用分析师还必须考虑到租户转期的风险。如果一个租户离开,或者以比之前更不利的条件签订租约,业主可能无法重新出租空间,从而产生风险。租赁条款对房东愿意提供给租户的商业租赁类型[1]有影响。

对于长期租赁来说,由通货膨胀和成本上涨引起的运营费用的攀升是一个很大的风险,业主更倾向于要求承租方支付所有运营费用的增长部分。在这种情况下,三净(NNN)租赁或全面服务租赁是合适的。根据 Investopedia,"三净租赁是一种租赁协议,指定承租方,也就是租户,除了根据租约适用的租金费用外,还要全权负责与被租赁资产有关的所有费用"。相比之下,全面

---

[1] 全包租赁是一种商业租赁类型,物业所有者支付包括物业税、保险和维修在内的运营费用。全包租赁允许租户支付公寓或全费用以换取空间或物业的使用。物业所有者承担任何增加的运营成本。与全包租赁直接相对的是净租赁,意味着租户支付通常由所有者支付的费用。具体来说,三净租赁(NNN)指的是租户单独负责所有运营成本,包括维护和修理、公用事业账单、税收和保险。全方位服务租赁是另一种商业租赁类型,类似于全包租赁,但它包含了将不断上升的运营成本转嫁给租户的条款。

服务租赁则是由房东负责支付所有物业的运营费用,包括维修、税收和保险。

对于1~36个月的短期租约,通货膨胀和成本上升是一个较小的因素,房东更愿意提供一个总租约,期望统一租金或全包费用就足够了。总租约是指有一个统一租金,包括租金和与所有权相关的所有费用,如税收、保险和水电。总租约通常出现在低价位的物业中。在其他条件相同的情况下,商店的客流量越大,消费者的消费额就越大。因此,一个高评级的物业,其主要特征之一是,有一个租赁期超过其他商店平均租赁期的主力店。

我们对等级的定义如下:

- AA。剩余租期的平均值超过 X 年,租户转期风险小于或等于 $Y\%$。主力店的租赁期限超过了所有租户的平均水平。(不同国家或地区没有标准值,所以我们使用这些符号和排序: $X > X_1 > X_2 > X_3 ; Y < Y_1 < Y_2$。)

- A。租约剩余期限的平均值在 X_1 至 X 年之间,租户转期风险在 Y 至 $Y_1\%$ 之间。平均租赁期限超过了该物业所担保的所有贷款的平均期限。

- BBB。租约剩余期限的平均值在 X_2 至 X_1 年之间,租户转期风险在 Y_1 至 $Y_2\%$ 之间。平均租赁期限超过了该物业所担保的所有贷款的平均期限。

- BB。租约剩余期限的平均值在 X_3 和 X_2 年之间,租户转期的风险超过 $Y_2\%$。大楼的入住率很低。对于短时期的租赁期限,通常使用较为简单的总租约,而不是三净租赁,这可能是市场的常态。

- B。租期很短,在1~12个月之间。大楼的入住率很低。租约可能是总租赁类型,而不是标准的三净租赁。

地理位置

正如我们看到的一个多单元住宅物业,其地段和交通便利性(包括道路和公路)是相辅相成的。也就是说,即使有了便利的交通和公路、铁路网,一个不理想的地区——粗糙、不安全、肮脏——对该地区的购物中心来说也是一个污点。我们对等级的定义如下:

- AA。该物业具有强大的、普遍的客户吸引力,可以通过高效和可靠的公共交通和私人出租车到达。该物业在人口稠密的地区有很高的可见度,该地区有强大和多样化的经济基础。

- A。该物业对客户的吸引力高于平均水平。交通网络是充分的。该物业很容易识别,位于一个稳定发展的城市地区。
- BBB。该物业位于目标市场的合适位置。公共交通基础设施的质量和可靠性一般。没有重大的位置问题影响到该物业的吸引力。
- BB。物业价值在一定程度上受到犯罪和社会退化的负面外部因素的影响。治安高于平均水平。
- B。由于贫困率和犯罪率高,该地段不受欢迎,或者正在衰退。警力配置高。

物业状况

我们对多单元住宅物业的考虑与零售物业类似。

- AA。大楼的历史不到十年,按照高标准建造,维护良好,拥有所有重要的外部和内部吸引力的特征。大楼外有充足的免费停车位。
- A。大楼维护得很好,条件超过了同类的公寓楼。现场有停车位,空间充足。
- BBB。大楼得到了充分的维护。大楼外停车位有限。
- BB。这意味着维护不足(例如,公共厕所、垃圾处理设施差)。现场停车位不足。递延维修费用高于该地区同类建筑的费用。
- B。大楼完全缺乏维护,递延维护费用非常高。

递延维护费用减损了 BRR

为了得出可靠的贷款价值比,使用收益资本化方法计算的房地产价值必须减去递延维护费和过户费。递延维修是指设施和设备必要维修的递延支出。公司决定推迟维修的原因不尽相同:① 在短期内获得更高的收益;② 当现金流不足时;③ 资产的使用寿命即将结束,因此维护和修理的成本大于收益。

我们在表 6.3 中列出了一份问题清单,以帮助你对商业风险的四个风险因素的定义有所了解。从这些问题可以看出,这些描述符大多是定性的。但是,正如我们前面所提到的,它们必须被清楚地定义,以便每一组描述符或属性都能有效地区分 BRR 等级。

表6.3 商业房地产属性的选定定性特征

建筑类型	租户质量	租约期限	地理位置	条件
多户型	• 租户质量基于支付租金的能力和社会行为 • 入住率	• 租约期限(长租期是正面的) • 租约期限>1年的百分比 • 租约期限<1年的百分比 • 租户更换率是否较高	• 理想特性清单(如市中心、市区、上城区、周边景观、公园、娱乐设施、购物便利、公共交通) • 该物业是否位于不受欢迎、不安全或状况不佳的区域	• 物业年龄 • 设施的质量 • 维护质量 • 路边吸引力
办公楼	• 知名租户或不知名/国内和国际名称/不受欢迎/可疑的 • 是否公开评级 • 租约等级(高质量为正面)占据GLS(可出租面积)的高质量租户的百分比	• 租约条款(长租期是正面的);租约期限>1年的百分比 • 租户更换率是否较高	• 是否靠近城市市场 • 理想特性清单(如市中心、市区、上城区、景观、靠近公共交通)	• 物业年龄 • 建筑标准 • 维护质量 • 理想的地理位置区域 • 管理质量 • 对建筑进行分类(A是最好的, C是最差的, B位于中间)
零售店	• 知名租户或不知名/全国性和国际名称/不受欢迎/可疑的 • 是否公开评级 • 租约等级(高质量为正面)占据GLS(可出租面积)的高质量租户的百分比	• 租约条款(长租期是正面的) • 租约期限>1年的百分比 • 租户更换率是否较高	• 是否便于公共交通 • 物业是否显眼 • 物业是否靠近或位于预期市场内 • 该物业是否位于不受欢迎、不安全或状况不佳的区域	• 物业年龄 • 建筑标准 • 维护质量 • 理想的地理位置区域 • 该综合体是否包括增值元素以吸引访客 • 停车位是否充足

续表

建筑类型	租户质量	租约期限	地理位置	条件
医院、养老院等设施	● 租户的财务实力 ● 通过与政府机构的包干合同支付的床位百分比(与政府机构的合同是正面的)	● 租赁条款(长租期是正面的) ● 租期>1年与政府机构签订的合同百分比	● 物业是否靠近或位于预期市场内 ● 人口因素是否有利于个人护理的高需求 ● 物业是否位于大型人口中心(城市中心是正面的) ● 物业是否位于不受欢迎、不安全或状况不佳的区域	● 物业年龄 ● 建筑标准 ● 维护质量 ● 理想的地理位置区域 ● 管理质量 ● 对建筑进行分类(A是最好的,C是最差的,B位于中间)
食宿、娱乐设施	● 散客人的质量 ● 商务和休闲客人的混合	● 季节性入住率(高峰减低谷) ● 酒店房间出租(负数)	● 购物、餐饮、娱乐的近程度 ● 旅游度假区 ● 物业是否位于不受欢迎、不安全或状况不佳的区域	● 物业年龄 ● 建筑标准 ● 维护质量 ● 路边吸引力 ● 理想的地理位置区域 ● 管理质量 ● 对建筑进行分类(A是最好的,C是最差的,B位于中间)

注：许多酒店经营者努力提高酒店的入住率，却没有意识到以低价出售客房来增加入住率并不意味着能够提升酒店的盈利能力。酒店需要明白，它们应该追求的不是高入住率，而是高单间客房收益(RevPar)。尽管有100%的入住率，但单间价格低，并不是一项伟大的成就。酒店要在不牺牲日均房价(ADR)的前提下保持良好的入住率，这才是衡量酒店经营状况的更好指标，它也是考核最佳入住率的准确指标。RevPar是酒店盈利能力的核心指标。也就是说，可出租总面积是可供用户租用的区域，该区域可为业主产生收入。

6.5 财务风险评估

对于 IPRE 物业,两个最重要的贷款核算标准是 LTV 比率和 DSC 比率。这两个比率定义如下:

$$债务覆盖率 = \frac{净营业收入}{年度债务}$$

$$贷款比率 = \frac{贷款额}{资产价值}$$

DSC 比率用于确定物业所产生的现金流对债务的覆盖程度,因此,它是衡量物业偿债能力的主要标准。这个比率的计算需要预估的财务报表和租金单。偿债水平对贷款利率和贷款期限很敏感。在评估信用度时,信用分析师还必须考虑转期或再融资风险,后者是指借款方可能无法以更高的利率获得新的贷款来偿还到期日的现有债务。[1] 因此,为了达到分析目的,信用分析师应该使用高于当前市场利率或周期点利率。较高的测试利率可以被看作一个贯穿整个周期的利率。测试利率的功能类似于压力测试利率,为此,它被设定为高于当前利率。

不同的银行在物业估价和最高 LTV 比率方面有不同的政策和承销标准。银行遵循内部准则,对 LTV 的限制因物业类型而异。例如,银行认为工业地产贷款的风险比多户住宅的贷款高,因为后者的空置风险和变旧风险更高。因此,仓库(工业地产)的最高 LTV 比率低于中层或高层公寓,工业地产的借款成本也高于多户地产。你可以说,LTV 比率与 DSC 比率一起,是银行的战略增长目标,也是其对物业类型的相对风险评估以及现有投资组合集中度的量化表达。LTV 比率衡量的是发生违约时的损失严重程度。因此,贷款方寻找实质性的首

---

[1] 抵押贷款期限或普通贷款的期限是借款方承诺按照贷款方设定的抵押率和其他条款的时间长度。该期限可以从几个月持续到 30 年。期限过后,预期未偿还余额将通过新贷款展期或偿还。利率可能与当前贷款的利率不同。贷款的期限必须与另一个时间跨度区分开来,即抵押期,这是借款方偿还或摊销整个抵押贷款所需的时间长度,比如超过 30 年。抵押期越长,周期性本金支付就越小。假设在最后到期日没有一次性大额支付,那么每次支付都包括本金和利息。在到期时完全偿还的抵押贷款的期限将与摊销期相同。通常摊销期会比期限长。例如,在 30 年后摊销的贷款在 5 年后到期。

付,因为它证明了游戏规则——这意味着借款方致力于项目的成功,因为他或她自己投资了很多钱。如果 DSC 比率低于 1.0,遵循游戏规则的借款方将更有可能注入现金以保护他或她的股权价值。

6.5.1 NOI 的计算

为保持普遍性,让我们看一下零售物业 ABC 购物广场,它有停车位,位于一个城市的中产阶级地区。表 6.4 提供了关于该物业和交易的信息。我们假设业主将以第一抵押权购买该资产,没有先前的留置权和后续费用。该假设让我们只关注一种债务,即抵押贷款。借款方通常会提交过去的收入报表,显示运营费用、租金单和预计财务报表,但是,银行更喜欢准备它们自己的预计收入报表。

表 6.4 ABC 购物广场信息表

项　　目	多伦多布卢尔街 100 号
购买价格(美元)	30 000 000
成交费用(美元)	600 000
所得税率(%)	20.0
首付(美元)	9 000 000
土地价值估算(美元)	500 000
土地改良估算(美元)	29 500 000
折旧——土地改良(年)	27
贷款金额(美元)	21 600 000
分期偿还期限(年)	30
贷款期限(年)	5
抵押贷款利率(抵押贷款人收取的利息率)(%)	5.0
资本化率(对 CRE 物业预期的回报率)(%)	8.1
每月还款额(美元)	2 081
每平方英尺的月租金(美元)	60

再融资风险

银行和金融业的再融资风险是指借款方无法获得新贷款来偿还现有债务的可能性。上升或稳定的 NOI 可降低再融资风险。不稳定或下降的 NOI 是不良资产的指标,会增加再融资风险。利率越高,空置率越高,再融资风险就越大。因此,可靠的 NOI 估算对于确定物业的风险评级至关重要。

在这个例子中,我们假设这是一个稳定的物业。因此,收入和支出是稳定的价值,使用的是正常经营的五年的平均增长率。这样一来,相对于其他年份,没有任何一年被夸大或低估。在这个例子中,期限为五年,在到期日,预计贷款将由新的贷款来重新融资。为了对任一商业地产进行评级,贷款方将倾向于使用保守的假设,这种做法类似于压力测试。一个商业抵押贷款方将使用比市场上观察到的当前利率更高的平均空置率和测试利率。较高的利率和较高的空置率过去经常用于测试物业是否能在持有期间保持 NOI 以维持债务偿还。正如我们之前所说,较高的空置率和利率可以被认为是贯穿整个周期的衡量标准。在表 6.4 和表 6.5 中,我们假设了全周期的利率和空置率。

表 6.5 ABC 购物广场的预计损益表 单位:美元

	第 1 年	第 2 年	第 3 年	第 4 年	第 5 年
租赁空间(平方英尺)	75 000	75 000	75 000	75 000	75 000
空置率(%)	10	10	10	10	10
已租空间(平方英尺)	67 500	67 500	67 500	67 500	67 500
每平方英尺租金[a]	60.00	62.10	64.27	66.52	68.85
租金收入[a]	4 050 000	4 191 750	4 338 461	4 490 307	4 647 468
有效毛收入	4 050 000	4 191 750	4 338 461	4 490 307	4 647 468
运营费用[a]					
行政管理	82 000	84 460	86 994	89 604	92 292
管理费	114 100	117 523	121 049	124 680	128 421

续　表

	第1年	第2年	第3年	第4年	第5年
人员工资和薪金	410 000	422 300	434 969	448 018	461 459
保险	130 000	133 900	137 917	142 055	146 316
公用事业	110 000	113 300	116 699	120 200	123 806
合同服务	115 000	118 450	122 004	125 664	129 434
财产税	504 000	519 120	534 694	550 734	567 256
维护和修理	163 000	167 890	172 927	178 115	183 458
总运营费用	1 628 100	1 676 943	1 727 251	1 779 069	1 832 441
净运营收入	2 421 900	2 514 807	2 611 210	2 711 239	2 815 027
利息费用	1 080 000	1 063 744	1 046 676	1 028 754	1 009 937
折旧费用(土地改良)	1 114 815	1 114 815	1 114 815	1 114 815	1 114 815
所得税前的收入	227 085	336 248	449 719	567 669	690 276
所得税费用[b]	45 417	67 250	89 944	113 534	138 055
净收入	181 668	268 998	359 775	454 135	552 221

注：[a]假设：租金收入的增长率为3.5%；运营支出的增长率为3%。
[b]税率为20%。

为了创建如表6.5所示的预计损益表，信用分析师需要以下信息：用租金单得出常态化的收入；租户名单和租约期限；详细的运营费用历史记录，以得出常态化的费用项目。

常态化消除了季节性和不寻常或一次性交易的影响，这些影响扭曲了"底线"收入及运营费用的数额和行为。使用计算机电子表格大大简化了计算和敏感性测试。只需看一下表6.5中的第1年就足够了，因为此期间的其他部分涉及反复的预测。请注意运营费用下的各个条目，这一年的平均入住率将大大低于100%，对此要早做打算。因此，在预测中需要对空置率做出现实的假设。第1年的NOI预测为240万美元。利息支出和折旧属于非经营性支出。110万美元的折旧费来自2 950万美元的土地改良费用(见表6.4)和60万美元的结算费用。

预定的年度利息支付来自 2 160 万美元的贷款,利息为 5%,在 30 年内摊销,并按月偿还本金和利息。[1] 贷款金额是购买价格 3 000 万美元和结算费用 60 万美元的总和减去 900 万美元的首付款。每年的折旧是土地改良和结算费用之和除以折旧期(27 年)。第 1 年的租金收入为 4 050 000 美元,预计在第 5 年之前每年平均上升 3.5%。在从 NOI 中减去非经营性费用后,结果是第 1 年的税前净收入为 227 085 美元。所得税费用为 45 417 美元,剩下的净收入为 181 668 美元。

表 6.6 和表 6.7 显示了模拟的资产负债表和现金流。现金流是通过加回折旧费(因为它是非现金的)和减去贷款余额的本金支付得出的。在第 1 年,ABC 购物广场产生的现金流为 971 372 美元。我们现在具备了计算第 1 年 DSC 比率的所有信息:

$$\text{DSC 比率} = \frac{2\,421\,900}{(325\,111 + 1\,080\,000)} = 1.72。$$

我们现在来谈谈 LTV 比率和物业估值。估值方法有很多种,无论选择哪种方法,所有的估值模型都对假设很敏感。[2] 评估师通常采用一种以上的方法(比较法、重置成本法、收入法)进行对照,因为没有一种方法是完美的。

---

[1] 推导摊销和利息时间表有两种方法。首先,最简单的方法是使用 Excel 及其内置的 PMT 函数:PMT(r, n, P)。其中,PMT 是周期性支付,r 是利率,n 是摊销期数,P 是本金。在我们的例子中,Excel 函数是 PMT(0.05,30,21 600 000)。这给出了 1 405 111 美元,这是本金和利息的混合支付。一旦从贷款的初始余额中计算出第 1 年的利息成分,就容易推导出摊销时间表:21 600 000 美元×0.05=1 080 000 美元。从固定年度支付中减去这个数字,结果是第 1 年的本金支付,由此得出第 2 年的贷款余额。每年重复计算,直到第 30 年贷款完全摊销(变为零)。上述内容可以用公式写成:

$$\text{本金}_t = \text{固定年度支付}_t - \text{利息}_t$$
$$\text{利息}_t = r(\text{贷款余款}_{t-1})$$

其中,r 是利率,时间为 1~30。

或者,您可以使用计算器和 n 期固定支付的公式:

$$\text{PMT} = P \times \frac{r(1+r)^n}{(1+r)^n - 1}$$

其中,PMT 表示每期的支付金额;P 表示初始本金(贷款金额);r 表示每期利率(例如,假设支付是每月的,则 r 是年利率除以 12);n 表示支付或期数的总数。

[2] 在众多关于房地产评估的教科书中,以下三本作为复习和学习材料是绰绰有余的:(1) W. B. Brueggeman and L. D. Stone (1981). *Real Estate Finance*, Richard D. Irwin, Chapter 10, Valuation of Income Properties;(2) A. Damodaran, A. (2012). *Investment Valuation*, 3rd Edition, John Wiley & Sons, Inc. Chapter 26;(3) Peter Wyatt (2013). *Property Valuation*, 2nd Edition, John Wiley & Sons, Inc.。Wyatt 教材讨论了三种额外的方法:利润法、残值法、自动估值模型和计算机辅助大规模评估(包括在 A. Darmodaran 的 Investment Valuation 中也讨论的回归分析)。

表 6.6　ABC 购物广场的预计资产负债表　　　　　　　　单位：美元

	第 1 年	第 2 年	第 3 年	第 4 年	第 5 年
流动资产					
现金	971 372	2 013 818	3 129 974	4 322 567	5 594 428
固定资产					
物业	30 263 000	30 430 890	30 603 817	30 781 931	30 965 389
土地	500 000	500 000	500 000	500 000	500 000
累计折旧	1 114 815	2 229 630	3 344 444	4 459 259	5 574 074
总计	29 648 185	28 701 260	27 759 372	26 822 672	25 891 315
资产总计	30 619 557	30 715 079	30 889 346	31 145 239	31 485 743
长期负债					
按揭应付款	21 274 889	20 933 522	20 575 088	20 198 731	19 803 557
业主权益					
业主资本	9 163 000	9 512 558	9 954 483	10 492 373	11 129 966
净收入	181 668	268 998	359 775	454 135	552 221
总股本	9 344 668	9 781 556	10 314 258	10 946 508	11 682 187
总负债与业主权益	30 619 557	30 715 079	30 889 346	31 145 239	31 485 743

表 6.7　ABC 购物广场预计的现金流量表　　　　　　　　单位：美元

	第 1 年	第 2 年	第 3 年	第 4 年	第 5 年
年初现金	0	971 372	2 013 818	3 129 974	4 322 567
净收入	181 668	268 998	359 775	454 135	552 221
来自损益表的增加	181 668	268 998	359 775	454 135	552 221
加：折旧费用	1 114 815	1 114 815	1 114 815	1 114 815	1 114 815
减：偿还的本金	325 111	341 367	358 435	376 357	395 174

续 表

	第1年	第2年	第3年	第4年	第5年
现金增加/(减少)	971 372	1 042 446	1 116 155	1 192 594	1 271 861
年末现金	971 372	2 013 818	3 129 974	4 322 567	5 594 428

贷款方可能用2~3种方法来证实评估师的价值建议。谨慎的贷款方[1]在决定用于信贷风险评估的物业的最终价值之前,会审查每一种方法以及信息的可靠程度。表6.8说明了三种物业的不同估值。

表6.8 基于A地区可比物业的估值

项 目	物业1	物业2	物业3	平均值
销售日期	2006.1.6	2006.6.26	2007.8.7	—
价格(美元)	20 000 000	19 200 000	27 125 000	
年度总租金(美元)	5 000 000	4 800 000	7 000 000	
总平方英尺	1 000 000	800 000	875 000	
每平方英尺价格(美元)	20.00	24.00	31.00	25.00
每平方英尺租金(美元)	5.00	6.00	8.00	
价格/总租金	4.00	4.00	3.88	3.96
特征 n	年龄	年龄	年龄	
特征 $n+1$	停车位	停车位	停车位	
特征 $n+2$	外观	外观	外观	
特征 $n+\cdots$	电梯数量	电梯数量	电梯数量	—

注:价格按价格/平方英尺计算:1 500×25.00美元=37 500 000美元;
价格按价格/总租金倍数计算:10 000 000美元×3.96=39 600 000美元。

---

[1] 财产评估是贷方抵押品评估过程的一部分,用于确定所需的贷款敞口以及贷款的数量和类型的信用增强。有效的抵押品估值是健全银行系统的支柱之一。因此,政府法规规定了最低评估标准、评估师的独立性以及评估师的能力。贷方也受到严格的规定,例如,必须建立控制措施以确保评估和评价的质量和独立性。例如,银行需要维护一个经过批准的评估师更新列表。抵押贷款贷方通常在将他们列入批准名单之前确认他们的资格。

6.5.2 比较法

这种方法也称为市场法,因为它使用市场数据来估算房产的真实价值。关于比较法,Brueggeman 和 Stone(1981)[1]指出:

> 市场比较法的原理在于,相比其他投资者最近为可比物业支付的钱,一个知情的投资者绝不会为一个物业支付更多。

为了使市场法能够很好地发挥作用,必须满足特定类别物业的以下这些条件:

- 被比较的物业(可比物)最近已经售出。
- 可比物的价格是正常的、公平的交易结果。涉及销售权、强制拍卖和政府干预的物业不适合作为可比物,因为买方和卖方之间的交易并不独立。
- 可比物都在同一个地方。
- 根据定义,可比物具有类似的物理和美学特征,可以进行比较。相似之处越多,方法就越准确,但这些相似之处不一定要所有的物业都一样。

表 6.8 说明了评估师在市场法中使用的信息种类。在这个例子中,物业是位于 A 区的 150 万平方英尺的商业建筑。我们假设其特征非常相似,否则评估师需要调整每个可比物业的价格/平方英尺(基于其特征),或者调整每个可比物业的价格/总收入倍数。需要调整的因素越多,市场法就越不可取,因为它们会减损市场吸引力。根据每平方英尺 25.00 美元的平均价格,该建筑的价值为 37 500 000 美元,而根据价格/总租金为 3.96 倍,该建筑的价值为 39 600 000 美元。

6.5.3 重置成本法

当没有活跃的市场可以应用比较法时,下一个首选方法是应用经济学的替代原则的重置成本法。这个关于成本法的简明而完整的陈述来自 Brueggeman

---

[1] Brueggeman and Stone(1981). op. cit. ,第 10 章,第 280 页。

和 Stone(1981)[1]：

> 用本法对物业进行估值(评估)的理由是,一个知情的房地产买家不会为物业支付高于购买土地和重建的费用。

显然,基于现有信息的理性选择的条件对于任何试图估算市场决定的价格的方法是至关重要的。成本法可以用两个简单的关系来表示：

$$物业价值 \approx 土地价值 + 建筑物价值$$
$$建筑物价值 = 重置成本 - 折旧$$

成本法的简单机械性(见 Brueggeman 和 Stone 的例子)是骗人的,因为其准确性完全取决于准确的数据。评估师需要确定所有的硬性建筑成本(比如租用运土设备的成本)、法律和会计工作的所有软性成本、建筑和土木工程师的费用、建筑商的利润等。如果建筑物相对较新,因而调整很少,特别是对折旧的调整,那么该方法就能提供一个相当准确的衡量标准。较老的建筑物更难估价,因为必须对由于各种类型的折损——功能、经济和地段——造成的贬值进行调整。例如,某些设计特点可能已经过时、建筑材料可能无法获得、类似的土地可能无法获得等。必要的调整越多,个人偏见空间就越大,因此,最终的估算就越不准确。

6.5.4 收入法

这种方法也称为 DCF(折现现金流)方法,货币的时间价值,或现值(PV)概念被应用于此。Brueggeman 和 Stone(1981)[2]指出：

> 价值的收入资本化方法的原理是基于这样一个前提：由于改进后的房地产能够在其经济寿命中产生收入流,投资者将为该收入流支付现值,为他们投资于该物业的资本提供有竞争力的回报。

在收入法的标题下,有三种常用的方法：总收入乘数(GIM)、直接资本化、

---

[1] Brueggeman and Stone(1981). op. cit.,第10章的估值方法部分。
[2] Brueggeman and Stone(1981). op. cit.,第10章的估值方法部分。

更具体的现金流折现(DCF)。

总收入乘数(GIM)

总收入乘数是"衡量"一笔潜在销售的价值的快速方法。因此,当 GIM 与更完善的方法一起使用时,其对于出租房、复式楼和简单的商业地产来说是很有用的。评估师找到最近在同一地区出售的一些可比物业,计算每个物业的售价/总租金收入,并根据结果确定适用于该物业总租金收入的倍数。例如,如果该物业的租金收入为 50 000 美元,倍数为 8(基于可比性),那么物业的粗略估值为 8×50 000 美元,也就是 400 000 美元。

基于现值概念的估值

来看一个赚取租金收入的物业,我们可以准确预测其经济寿命。该物业现在的价值将是 NOI 的现值(PV)和资产的最终或退出价值(TVA),也就是物业在假定的持有期结束时的市场价值。

$$V = \frac{NOI_1}{(1+i)^1} + \frac{NOI_2}{(1+i)^2} + \cdots + \frac{NOI_n}{(1+i)^n} + \frac{TV_n}{(1+i)^n} \qquad (6.1)$$

其中,V 表示物业的价值;i 表示总投资的复合收益率,或总投资的 IRR(内部收益率),包括收入流和最终价值;TV 表示投资持有期结束时物业的终值;n 表示建筑物的使用寿命。

你可以从 PV 计算中看到,建筑物的预期寿命是一个重要的因素。大多数结构良好的混凝土和钢筋结构建筑可以持续半个世纪或更久。所有的长期预测都是非常不准确的,尤其是 50 年的预测,因此,评估师很少尝试。此外,建筑物在达到其经济寿命的终点之前,会被多次购买和出售。各种现金流折现方法都使用较短的 5~10 年的投资期或持有期。

投资决策的关键点

资本市场上有许多相互竞争的投资工具。投资者会不断比较他们当前投资的回报与他们在市场的其他地方所能获得的回报。机会成本的概念在投资组合平衡过程中起着核心作用。此外,每项收益都是无风险利率(如政府债券利率)和风险溢价的总和,后者取决于特定资产类别的风险状况。

直接资本化

最简单的方法是称为直接资本化的反算法。正如 Brueggeman 和 Stone (1981)[1]所指出的那样：

> 它所依据的理念是，在任何特定的时间点，一个物业所产生的当前净营业收入(NOI)与它的当前市场价值有关。

公式如下：

$$\frac{NOI_1}{V} = r \tag{6.2}$$

其中，NOI 表示正常运营第一年的净营业收入，或稳定的年营业收入；V 表示物业价值；r 表示总投资的当前回报率 V(也称为资本化率)。

一个以价格 V 购买物业的投资者将实现未考虑任何融资或所得税的当前回报率 r：

$$r = \frac{NOI_1}{V} \tag{6.3}$$

虽然这个公式简单得令人难以置信，但有一些关于资本化率的微妙之处需要牢记，以便你不仅了解为什么它被如此普遍地使用，还了解它可能被滥用。

首先，它是基于一个稳定的物业的 NOI，也就是一个以正常方式运作的物业。显然，投机和政府租金控制等因素会扭曲 NOI 和资本化率。公式(6.3)中的"r"与公式(6.1)中的"i"，即物业整个生命周期的内部收益率(IRR)不一样。那么，在什么基础上，我们可以使用当前回报率作为确定价值的合理方法？根据 Brueggeman 和 Stone(1981)[2]的说法，必须具备三个条件：

(1) 有许多可比物业被买入和卖出。如果投资者对物业进行估值，以便在投资期内获得有竞争力的回报 i，那么他们也必须对物业进行估值，使 r 代表有竞争力的当前回报率。

(2) 这些物业的买家也在赚取相同的基于1年的 NOI 的当前回报率 r。

(3) 当前回报率和长期投资回报率之间存在着稳定的关系。这一要求排除

---

[1] Brueggeman and Stone(1981). op. cit., 第10章的估值方法部分。
[2] Brueggeman and Stone(1981). op. cit., 第10章的估值方法部分。

了市场扭曲及其对 NOI 的影响。

其次,思考资本化率的一种方式是,它由两个部分组成:无风险收益和风险溢价。在发达市场,10 年期政府债券的收益率可以作为一个代表。因此,商业地产资产的风险越大,资本化率越高。

再次,正如我们在计算 NOI 时看到的那样,抵押贷款或利息支付并不包括在内。将债务排除在外是资本化率如此有用的部分原因,因为它只关注物业,而不考虑物业购买融资和税收。投资者通常采取抵押贷款的方式为物业购买提供资金。资本化率假设投资者以现金购买物业,所以让投资者可以比较不同物业的风险。

最后,对于某些特定类型的物业,资本化率可以概括整个市场的情况。因此,资本化率是一个特定市场中一大批物业的平均值。从这个意义上说,投资者将资本化率作为一个独立的变量来评估一个物业,或者将一个市场的风险与另一个市场进行比较,以及对一个特定市场的不同地理位置进行比较。

从前面的讨论中,我们可以找出影响资本化率从而影响物业估值或价格的三个主要因素:

(1) 宏观变量。经济、人口统计、土地供应、政府政策等(见表 6.1)。

(2) 微观变量。CRE 物业的分类。

(3) CRE 物业的类型。

让我们简单地分析每一个因素。首先,宏观变量,如强大和多样化的经济、低失业率、高人口增长、土地短缺,以及对 CRE 开发的监管限制,都有利于租金收入的上升和稳定。在所有条件相同的情况下,租金收入稳定意味着风险降低。在一个享有这些有利条件的地区,房地产市场的感知风险会比具有不良特征的地区要低。因此,由于风险较低,那里的投资者和业主会愿意接受较低的收入回报。

信用条件通过我们之前提到的无风险利率直接影响资本化率。中央银行采取收紧或放松货币供应的措施,使利率的整个期限范围向上或向下移动,从而影响总需求,无风险利率也随之移动。[1] 货币条件会间接影响资本化率,因为商

---

[1] 货币政策是否能影响利率的期限结构,一直是经济学中的热议话题。"结构"是广为熟知的收益率曲线,是一种图表,显示到期收益率(不是当前收益率)及同一资产类别和信用质量债券的到期时间。短期利率影响长期利率的理论基于平衡论,即长期名义利率(大约)是当前和预期的名义短期利率的平均值。这个结果背后的经济逻辑是什么?以两个风险相同的债券为例。5 年期债券的回报应该与 1 年期债券滚动 5 年后的回报相当。如果这两个 5 年期投资的收益率差异显著,则套利机会通过卖空一项投资并买入另一项投资,确保零净成本的正收益。

(转下页)

业地产资产与债券、股票和其他投资工具形成竞争。例如,货币政策收紧会导致长期市场利率的上升,因为从隔夜贷款到30年期债券的整个金融资产都在同步移动。新发行的债券的票面利率通常为现行利率或接近现行利率。现在利率提高了(或预计会进一步提高),投资者会打压旧债券的价格,以实现更高的票面利率。但这种行为并不局限于固定收益市场,因为投资者会选择在房地产上面投入更少的资金,以获得类似的、经过风险调整的回报(回顾一下利润最大化的投资者对资产组合的看法,以及机会成本驱动资产配置的概念)。其结果,至少在理论上,是更高的资本化率。[1]反之亦然,当利率下降,在其他条件不变的情况下,资本化率也会降低。在利率下降和投资组合重新平衡的环境下,股票变得有吸引力,但房地产资产也是如此。随着投资者对房地产价格的追捧,不同市场的风险调整后的回报率将趋于一致。

其次,在微观层面上,我们观察到CRE物业是根据地段和物业的具体特征进行分级。一个分类系统可能将"A级"与"最佳"联系起来,而B、C和D级则逐渐变得不那么理想或具有吸引力。北美的数据显示,资本化率与物业等级成反比,证实了以高风险换取高回报的原则。这种分级允许投资者或业主对类似地段的物业进行比较,并相应地调整资本化率。一般来说,风险越高(越低),资本化率就越高(越低)。

最后,物业类型会影响到资本化率。例如,多户物业的风险比零售房产小

(接上页)然而,这相当于一种无风险的赚钱方式,因此不太可能发生,由此得出了上述结果。在没有套利机会的情况下,市场对未来短期利率变化的预期(由于货币政策的立场)和某些风险溢价,将影响今天的更长期限市场利率。主要的不确定性不仅在于变化是否同向(为了政策有效),也在于响应货币政策直接影响隔夜利率的变化在到期谱上的变化幅度。值得注意的是,对美国数据的"无套利"假设进行了许多计量经济学测试,结果显示并非如此,尽管这并不意味着预期理论无效。

鉴于曲线中嵌入的信息,你可以看出,为什么预测者使用它来预测经济周期的下一阶段。通常长期利率超过短期利率,所以倒挂曲线意味着长期利率较低。解释如下:金融市场预期未来短期利率将因预期的经济放缓而下降,此时对可贷资金的需求减弱。相反,向上倾斜的曲线意味着金融市场预期增长将持续,因此,面对强劲的经济增长和对可贷资金的增加需求,未来短期利率很可能上升。以下是一些有用的参考资料:(1) 关于套利和债券定价以及收益率曲线解释的复习,Oliver Blanchard and David R. Johnson (2013), *Macroeconomics*, 6th edition, Pearson, Chapter 15; (2) Federal Reserve Bank of San Francisco (2005), *Can Monetary Policy Influence Long-term Interest Rates?* (authored by Òscar Jordà); (3) Bank of Canada, *Monetary Policy: How It Works, and What It Takes*, Bank of Canada on the Bank's website.

〔1〕 资本化率通常随利率变动,然而,有时它们会分道扬镳。这本身并不否定资本化率与无风险利率之间的理论关系,后者是预期回报中的一个组成部分。相反,这意味着在利率分道扬镳的时期,影响资本化率的其他力量占主导地位。此外,没有证据表明有脱钩现象。

(见表 6.10),因为需求对收入和租金相对不敏感,所以公寓的租金收入更稳定。因此,多户房地产的较低资本化率反映了较低的风险。

资本化率通过以下三种方式估算或获得:

(1) 在同一社区或地段寻找与预期销售的物业类似的物业,并根据样本数据建立一个代表性的比率。

(2) 使用基于商业房地产服务公司[1]对房地产投资者的预期回报的调查反馈的资本化率。

(3) 应用一个适当的 DCF 模型。

$$价值(V) = \frac{现金流(CF)}{贴现率(r) - 永久增长率(g)}$$

重新调整上式并将 $\frac{CF}{V}$ 单独放在左边,得到:

$$\frac{CF}{V} = r - g$$

根据定义,$\frac{CF}{V}$ 是资本化率,这就是我们想要的结果。举例说明:假设贴现率为 15% 和净营业收入增长率为 5%,那么资本化率为 10%。

贴现现金流

在以下情况下,DCF 方法被证明是有用的:由于不存在同一地区的可比物业(如特殊用途的建筑),所以不能轻易计算出资本化率;或者物业的现金流非常复杂和不稳定,需要更复杂的 DCF 模型版本。无论采用哪种方法,DCF 模型的数学运算都是按照熟悉的股票估值和债券定价的方法进行的,并按照房地产资产的特殊性进行了一些修改。

让我们写出该模型的一个常用版本:

$$V = \sum_{t=1}^{t=N} \frac{\text{FCF}_t}{(1+r)^t} + \frac{\text{TV}}{(1+r)^N} \quad (6.4)$$

要应用这个模型,评估师需要估算:

---

[1] Cushman 和 Wakefield 每季度和年中为美国及加拿大市场提供 CRE 资本利率报告。关于使用此类调查数据的利弊,参见 A. Damodaran, op. cit., 第 26 章。

(1) 投资期限内每个时期的 FCF(未来现金流)。

(2) 适当的贴现率 r,即加权平均资本成本(WACC),因为融资包括债务(抵押贷款)和业主的股权。

(3) 建筑物的终期价值。

终期价值是在 N 年结束的投资期限之后 FCF 的预期现值。假设 N 年终期的 FCF 将以恒定的速率 g 继续永久地增长。这被模拟成一个无限的几何级数列:

$$TV = \frac{FCF_N(1+g)}{(1+r)} + \frac{FCF_N(1+g)^2}{(1+r)^2} + \frac{FCF_N(1+g)^3}{(1+r)^3} + \cdots \quad (6.5)$$

或简写为:

$$TV = \sum_{t=1}^{\infty} \frac{FCF_N(1+g)^{t-1}}{(1+r)^t} \quad (6.6)$$

其中,g 表示永久的 FCF 的恒定增长率;r 表示 WACC。

恒定增长率通常设定为小于等于名义 GDP 的增长率。在进一步假设 g < WACC 的情况下,$0 < \frac{1+g}{1+r} < 1$ 和公式(6.6)所描述的无限级数收敛为:

$$TVA = \frac{FCF_{N+1}}{(r-g)} \quad (6.7)$$

WACC 是由资本资产定价模型(CAPM)得出的。顾名思义,该比率是根据每个项目的权重(股权和债务在总资本中的贡献)来平均股权成本和债务成本的结果。

$$WACC = COE \frac{E}{D+E} + COD(1-t_c) \frac{D}{D+E} \quad (6.8)$$

其中,E 表示股票市值;D 表示债务市值;COE 表示股票成本或回报率;COD 表示债务成本或回报率;t_c 表示公司税率;(D+E)表示资本总额。

WACC 是对资本的预期回报(股票所有者和债务持有者),因为它代表了投资者将资金投入 CRE 资产的机会成本。

在这个公式中,债务直到持有期结束时才偿还,如气球贷,因此债务与总资本的比例在投资期内保持固定。这种简化避免了加权过程中资本结构变化的影响。例如,对于一个随着时间推移而摊销的抵押贷款,股票权重(债务权重)在投资期限内将不断增加(减少)。[1] 股票成本(COE)(或股票回报)由以下公式计算[2]:

$$COE = r_f + \beta(r_m - r_f) \tag{6.9}$$

其中,r_f 表示无风险利率;β 表示预估系数(表示房产类型的波动性与所有资产的市场组合之间的相关性);r_m 表示市场利率;$(r_m - r_f)$ 表示测算风险溢价。

下面看一个 DCF(现金流折现)估值方法的例子,把从 CAPM 中得出的折现率应用于房产的现金流:

$COD = 8\%$,$r_f = 11\%$,风险溢价 $= 5\%$,$\beta = 0.8$,则 $\dfrac{E}{D+E} = 30\%$,$t_c = 25\%$。

将这些数字代入 DCF 方法的方程组,我们得出 WACC 为 8.7%,作为表达式(6.4)中的贴现率。这个过程如下所示:

$COE = 11\% + 0.8 \times 5\% = 15\%$,$WACC = 15\% \times 0.3 + 8\% \times 0.75 \times 0.7 = 8.7\%$。

NOI 或 FCF 的增长率

在比较房地产时,NOI 或 FCF 的增长率是一个重要的参考变量,因为估值对增长假设的变化非常敏感。在同等条件下,NOI 或 FCF 的增长率越高,估值就越高。

---

[1] 改变权重需要修改加权程序,但它不影响 DCF 模型方法的基本原则。

[2] CAPM 就像计量经济学入门中涵盖的线性方程模型。要使用回归分析估计方程中的 beta(β),你需要:物业类型回报的数据系列;市场回报的数据系列,例如,股票市场回报,如 S&P 500、FTSE100 等,作为市场投资组合的代理,这些应包括所有资产,其中包括商业地产;无风险回报的数据系列,如政府债券收益率。

$$TVA = \frac{FCF_{N+1}}{(r-g)}$$

$$估值(V) = \sum_{t=1}^{t=N} \frac{FCF_t}{(1+r)^t} + \frac{FCF_{N+1}}{(r-g)(1+r)^N} \qquad (6.10)$$

请注意,该方程不适用 $r=g$(分母变为零)和 $g>r$(负贴现率是无意义的)的情况。负贴现率意味着,不值得去投资,因为知道资产的未来价值在持有期间肯定会缩水。根据数学原理,资产的现时折现值将大于未来价值。

从公式(6.10)可以看出,贴现率将未来的现金流压缩成单一的现值(V),也就是今天资产的估值。举一个商业地产买卖的例子,比如买方打算保留五年,预估持有期间第一年至第五年的现金流分别为:150万美元、170万美元、160万美元、140万美元和180万美元。同时,假设 FCF 在五年后持续增长3%。将这些信息输入公式(6.10),估值为2 770万美元。

$$V = \frac{1.5}{(1.087)} + \frac{1.7}{(1.087)^2} + \frac{1.6}{(1.087)^3} + \frac{1.4}{(1.087)^4}$$
$$+ \frac{1.8}{(1.087)^5} + \frac{1.8 \times 1.03}{(0.087-0.030)(1.087)^5}$$
$$= 27.7(百万美元)。$$

估值和最高抵押贷款对利率的敏感性

为了了解估值和最高抵押贷款对利率的敏感性,让我们假设 $WACC$ 为7.7%,而不是PV方程中的8.7%,这样就可以得出:

$$V = \frac{1.5}{(1.077)} + \frac{1.7}{(1.077)^2} + \frac{1.6}{(1.077)^3} + \frac{1.4}{(1.077)^4} + \frac{1.8}{(1.077)^5}$$
$$+ \frac{1.8 \times 1.03}{(0.077-0.030)(1.077)^5}$$
$$= 33.6(百万美元)。$$

我们看到,在其他条件不变的情况下,利率下降1个百分点,估值就提高近600万美元,达到3 360万美元。此外,让我们将利率连续降低1个百分点,并计算出估值和抵押贷款方愿意批准的最大贷款额。表中给出了连续5次降息的结果。仔细观察后,你可以看到,估值和利率之间的关系不是线性的,而是地缘性的:如表6.9所示,当利率下降1个百分点时,估值升高的速度越来越快;反之亦然。

表 6.9 利率与估值的关系

利率(%)	估值(百万美元)	最大贷款额(百万美元)[a]
4.70	93.70	70.20
5.70	58.80	44.10
6.70	42.80	32.10
7.70	33.60	25.20
8.70	27.70	20.80

注：[a]假设最大贷款额与价值之比为80%。

我们现在可以回顾一下本节的主要内容：

(1) 未来的 NOI 需要进行大量的计算。数值的输入，如贴现率，为假设偏差或主观性留下了大量空间。

(2) 估值结果对假设中的细微变化非常敏感，如 NOI 和 WACC(预期资本回报率)的预期增长率。

(3) DCF 方法中的参数，如债务股本比率和公司税率，是静态的。一个固定的债务/股本比率是对某种"最佳"或"目标"资本结构的隐性假设。公司税率是不固定的。这些财务参数影响 WACC，从而影响估值。

(4) 没有一种最佳的估值方法。

(5) 不可能将基于这三种方法的估值调和为一个单一值。

(6) 所用方法的结果应该是相互印证的。估值中的巨大差异应促使信用分析师审查方法、信息和假设。

(7) 有效的抵押品估值是信用风险分析的一个关键部分。应用适当的估值技术得出的数值要比猜测和事后计算好。

(8) 专业评估的好处是，贷款方可以评估信息的质量和模型假设的质量。数据的可靠性决定了哪种估值方法是可以接受的(记住：垃圾进、垃圾出，不管模型有多复杂)。

表 6.10 中列出了三种评估方法的利弊。

表6.10 三种常用估值方法的利弊

估值方法	方 法 论	优 点	缺 点
比较法	● 将被评估的建筑与同一地点、具有大致相同特征和质量、最近售出的其他房产进行比较。	● 对评估财产的真实/公平价值的最接近估算。 ● 销售价格的信息很容易获得；因此，无须（明确地）估算折扣率和现金流。 ● 价格反映了当前的经济趋势，如通货膨胀、利率、住房规定。 ● 易于估值的非现金流产生的财产，如主要住宅的价格可以通过查看同一地区的类似财产来估算。	● 实际上，很难找到在不同时期建造的、在所有可能的物理特征（包括条件）上完全相同的建筑。 ● 价格可能反映无法量化的情感或美学价值，除了可量化的特征，如入住率和大小。
收入法	● 对税前现金流（NOI—债务服务）进行折现，针对（缩短的）持有期和持有期末的财产终值。 ● 直接将当前或第一年的 NOI 与当前总投资回报率（r）资本化。该方法基于以下理念：在任何时候，当前 NOI/当前市场价值，即 $NOI \div V = r$。其中，NOI 是运营第一年的正常收入。	● 计算当前 NOI 比尝试估计整个经济寿命的现金流以及终值（或经济寿命结束时土地的回归价值）更容易。 ● 一处财产的经济寿命可以长达 50~60 年，对这样长期的现金流预测是不准确的。通过正常化的资本化率资本化当前收入更容易，且产生更可靠的估计。 ● 当不存在可比较的财产且现金流复杂且波动时，DCF 方法被证明是有用的。	● 以资本化率资本化当前年度的 NOI，基于可能不成立的假设：① 存在可比较财产的活跃市场；② 财产的买家也获得与资本化率相同的回报率；③ 长期没有持续的投机来扭曲稳定的关系，即当前回报（由资本化率代理）与长期投资回报之间的价值估计对于所选择的资本化率极其敏感，无论在任何现值计算中。 ● 折现率很难估计，而 WACC 在折现率中捆绑了融资的副作用。 ● 现金流和终值难以估计。
替代成本法	● 寻找最近售出的地块。对原始土地的成本，加上所有（硬）建设成本，如建筑、景观等，以及所有软成本，如专业费用、许可证、建筑商的利润等。	● 基于替代经济原则的理由，即理性和知情的房地产买家不会为购买土地和建造类似结构支付超过其成本的价格。 ● 如果房产价值新且需要很少更改，提供一个相当准确的价值估计。	● 对于结构设计和位置特征有变化的旧房产，难以应用。 ● 对于现有的改进，成本必须因磨损、功能或结构过时而向下调整。这些是难以估计的项目。

6.6 为 DSC 和 LTV 创建描述符

6.6.1 初步考虑

信用风险在不同的物业类型内部和相互之间有显著差异。我们先说说内部差异,造成差异的原因是,对租赁空间的需求受到地段的人口统计特征的影响,特别是人口规模和人口增长,这反映了市场规模和市场增长。正如我们之前所提到的,对 CRE 的需求是一种衍生需求。例如,对公寓的需求是对居住场所的衍生需求。人口规模决定了对楼层空间的需求和现行租金。因此,在其他条件相同的情况下,与小型人口集聚地相比,位于大型人口集聚地的物业的入住率可能会更高且更稳定。人口集聚地越大(小),空置风险就越低(高),因此所需的最低 DSC 比率就越低(高),或者为物业承保所需的缓冲就越小。与人口较少的集聚地相比,人口密集的集聚地的租金很大概率会更高。

信用风险也因物业类型不同而不同,这反映了不同的风险状况。例如,一家客流量高的酒店比入住率高因而现金流更稳定的公寓楼更具风险。这意味着,根据与特定物业类型相关的风险溢价,不同物业类型的回报率会有所不同。风险溢价是回报率的一个重要组成部分。如果我们在费希尔方程中加入一个风险溢价[1],我们得到的是熟悉的 ex post 表达式的名义回报率:

$$r = i + \pi + p \qquad (6.10)$$

其中,r 表示名义回报率;i 表示现行利率;π 表示通货膨胀率;p 表示风险溢价(以百分比表示)。

方程式(6.10)适用于商业地产,其中,风险溢价(p)反映了物业的特定风险。费希尔方程的 ex ante 表达式(6.10)使用预期的(由上标 e 表示)通货膨胀率:

$$r^e = i + \pi^e + p \qquad (6.11)$$

预期或目标回报率(r^e)是用来导出未来收入流现值的折现率。通过比较中期政府债券的利率与公布的资本化率,导出不同物业类型风险溢价的近似值,资

---

[1] Fisher, I. (1930). *The Theory of Interest*, 1st edition, New York, Macmillan.

本化率是由专门从事房地产服务的公司提供。这些公司通过定期调研房地产经纪人来获得利率。因此,差异或价差是对体现某种物业类型特有风险特征的风险溢价的预估。投资者期望从无风险的 10 年期政府债券中获得的回报率被用来衡量 $(i+\pi^e)$ 项,这代表了投资的机会成本。

让我们看看表 6.11 中的美国物业收购的稳定数据。数据显示了 2015—2017 年期间每半年内各类物业的收益差异(一种风险测量)的固定模式:

(1) 多户型(风险最低)＜办公室＜工业＜零售＜旅馆/酒店(风险最高)。

(2) 相对于无风险的 10 年期国债收益率,多户型的价差最低。

(3) 酒店展示了最高的收益率差距。

(4) 多户型与酒店之间的差距始终远超过 2 个百分点。

收益率的差异反映了根据价格和收入导出的需求函数的差异。需求对这些变量越不敏感或越无弹性,现金流就越稳定,因此还款风险越低。例如,住房和住宿是必需品,对个人收入和租金的变化相对不敏感。据此推测,我们可以预见来自公寓的现金流比酒店更稳定、更具可预测性,因为对酒店住宿的需求更具选择性。对其他类型商业地产的需求也相对具有收入弹性。例如,在经济衰退期间,苦苦挣扎的商店不会一直营业,一旦损失加大,这些商店就会离开,导致更高的空置率。

不同类型物业的 LTV 比率反映了由于人口规模和收入效应导致的违约风险差异。例如,来看一下位于两个不同人口集聚地的两栋相似的公寓楼。我们从抵押贷款贷方试图通过限制风险敞口来使损失最小化的前提着手,他们借助物业类型最大 LTV 比率的贷款政策来实现这一点。[1] 感知风险越高,LTV 比率最大值就越低。相对于小型集聚地而言,大型人口集聚地更具规模优势,因此,城区的物业租金和入住率可能更高且更稳定。作为房地产供应的一个输入参数,土地是影响物业价格的一个重要因素。大型人口集聚地通常是较大规模的城市,土地稀缺推高了物业价格,并最终推高了租金。正如我们从估值方法中所学的,租金收入的水平及其稳定性是物业估值的两个主要输入参数。

---

[1] 贷方通常也会根据物业类型设定最大贷款与成本(建设)比率。LTC 比率是商业地产贷方考虑是否提供建设贷款的另一个衡量风险的指标。尽管对于给定的物业类型,LTC^{Max} 和 LTV^{Max} 比率是相同的,但贷款金额通常会因成本估算和评估值的不同而有所差异。为了控制敞口风险,贷方提供两者中较低的一个。

表 6.11 美国全国级别按物业类型划分的资本化率

物业类型	H2 2015 (%)	相对10年期国债利率的差值 (2.27%,期末)	H1 2016 (%)	相对10年期国债利率的差值 (1.49%,期末)	H2 2016 (%)	相对10年期国债利率的差值 (2.45%,期末)	H1 2017 (%)	相对10年期国债利率的差值 (2.31%,期末)	H2 2017 (%)	超过10年期国债利率的差值 (2.45%,期末)
多户型	5.26	299	5.26	377	5.32	287	5.27	296	5.59	319
办公室	6.54	427	6.61	512	6.63	418	6.66	435	6.64	424
工业	6.71	444	6.72	523	6.73	428	6.66	435	6.51	411
零售	6.88	461	7.36	587	7.12	467	7.23	492	9.02	557
酒店	8.23	596	7.72	623	7.91	546	7.98	567	8.53	613

资料来源：CBRE(Boston, MA), North America Cap Rate Survey。

在为 DSC 比率和 LTV 比率创建描述符时，预测因子与评级之间在不同物业类型内部和相互之间的单调性是至关重要的。我们从 DSC 比率着手，在给定的物业类型内，DSC 与违约可能性成反比。我们之前看到，随着 DSC 的提高，再融资风险降低。在不同物业类型中，相同的 DSC 比率预计会与不同级别的信用风险相关联；换句话说，不同物业类型中相同的 BRR 等级预计会与不同级别的债务服务覆盖率相关联。例如，公寓楼（多户型）的 DSC 比率将低于风险较高的拖车营地（人造的家庭营地）。就信用风险而言，办公楼位于这两种物业中间，DSC 比率将是一个中间值。保持这种一致性对于记分卡的预测能力而言非常必要。在不同物业类型中，LTV 比率将与物业类型的违约风险成反比。我们预期，公寓楼的贷款政策比拖车营地更宽松，因此 LTV 比率最大值会更高。对于风险低于拖车营地但高于公寓的办公楼，LTV 比率将位于这两者之间。

6.6.2 创建描述符

本节的重点是应用上一节概述的原则创建描述符。为了更好地进行说明，我们使用联合国的分类[1]作为标准来定义三种人口集聚地或地段：>500 000 名居民；100 000~500 000 名居民；<100 000 名居民。人口是一个离散变量。

在其他条件相同的情况下，人口密度对租赁物业的需求水平有正面影响。在人口快速增长的地区，物业价格和租金更有可能上涨。这是一种普遍现象。通过对许多国家纵向数据进行回归分析，大量计量经济学研究证实了这一趋势。

在探讨具体细节之前，我们在先不考虑物业类型的前提下来解释比率。1.0 的 DSC 比率作为参考标准。小于 1.0 的值意味着该物业的 NOI 不能覆盖当前的本金和利息债务义务（或对于气球贷款仅指利息）。这意味着，1.0 的 DSC 比率没有提供违约的缓冲。贷方认为，1.0 的比率是高违约风险。相反，大于 1.0

---

[1] 联合国统计司的"人口密度与城市化"。请注意，人口规模只是城市中心的一个特征。没有单一的城市定义。文章指出："城乡是一个基于发生地和常住地所获得的地理信息的重要统计系统中的衍生话题。由于国家在区分城市和农村地区的特征上的差异，城乡人口的区分不适合应用一个适用于所有国家的单一定义。因此，每个国家应根据自己的情况决定哪些地区被分类为城市、哪些地区被分类为农村。"

的比率意味着该物业正在为当前义务和缓冲生成 NOI。像 1.1 这样的 DSC 比率,仅略高于 1.0,也代表高违约风险。这是因为,即便是轻微的现金流下降,也可能迅速将比率降至 1.0 以下。抵押贷款提供者的贷款政策规定了最低 DSC 比率,这些比率因 CRE 资产而异,因为风险并不相等。例如,我们看到公寓是所有 CRE 资产中风险最低的,而酒店是一项最危险的资产。因此,多户型的最低 DSC 比率可能是 1.25∶1,而酒店的比率可能是 1.45∶1。这一切意味着,该物业必须赚取额外收入,将比率提高到远高于 1.0 之上,它才有资格获得贷款。DSC 比率越高,缓冲就越大,BRR 则越高。

就贷款价值比(LTV)而言,定义一个参考点或甚至一个参考范围并不像 DSC 比率那样明显。首先,贷方要寻找较大比例的首付——对于较低风险的多户物业,低至 25%;而对于现金流和估值不稳定的高风险物业,高达 50%。另外,LTV 比率≥1.0 的抵押贷款——借款方欠的钱超过物业价值——很可能是不良贷款或正在被查封,因此,DSC 比率远低于 1.0。

我们使用六个 BRR 等级构建记分卡,以三个人口集聚地的三种物业类型(多户、零售和酒店)为例。该网格显示了 BRR 等级和 DSC 描述符。H、M、L 修饰符分别对应于表 3.1 中的"高""中等水平"和"低",它们给出了评级尺度。从整个表格来看,对于给定的房产类型和人口中心,我们看到 BRR 总是与 DSC 比率呈正相关,这满足了必要的单调性条件。这种功能关系是有道理的:在其他条件不变的情况下,DSC 比率越高,违约风险越低,因此,BRR 越高。以一个位于少于 10 万人口的人口集聚地的多户型物业为例。DSC 比率≥1.63 定义了"A—高"等级,而一个较低的 DSC 比率 1.10 定义了"B—中"等级。对于给定的物业类型,高、中、低等级与比率大小呈正相关。

网格的另一个重要特性是,对于给定的人口集聚地,风险等级与物业类型的风险性成反比。多户型物业的风险比零售物业低,而零售业又比酒店低。因此,对于相同的比率和人口中心,多户型物业的评级必须高于零售业,而零售业又必须高于酒店。以 1.45 的 DSC 比率和 100 000~500 000 的人口中心为例。根据表 6.12,多户型物业、零售物业和酒店的评级分别为 A—低、BBB—中和 BBB—低。

让我们研究表 6.13 中报告的 LTV。在这里,一致性和单调性条件必须具备以下特征:

第 6 章 商业地产的信用风险分析和评级

表 6.12 债务偿还覆盖率

财产类型	人口	低,中,高	AA	A	BBB	BB	B	D
多户型	>500 000	低	≥1.550	1.416—1.460	1.282—1.325	1.147—1.191	1.000—1.057	<1.00
		中		1.461—1.504	1.326—1.370	1.192—1.236	1.058—1.102	<1.00
		高		1.505—1.549	1.371—1.415	1.237—1.281	1.103—1.146	
	100 000—500 000	低	≥1.600	1.447—1.494	1.302—1.349	1.158—1.205	1.000—1.060	<1.00
		中		1.495—1.542	1.350—1.387	1.206—1.253	1.061—1.108	
		高		1.543—1.590	1.388—1.446	1.254—1.301	1.109—1.157	
	<100 000	低	≥1.650	1.491—1.543	1.332—1.364	1.172—1.224	1.000—1.065	<1.00
		中		1.544—1.596	1.365—1.437	1.225—1.277	1.066—1.118	
		高		1.597—1.649	1.438—1.490	1.278—1.331	1.119—1.171	
零售	>500 000	低	≥1.650	1.491—1.543	1.332—1.364	1.172—1.224	1.000—1.065	<1.00
		中		1.544—1.596	1.385—1.437	1.225—1.277	1.066—1.118	
		高		1.597—1.649	1.438—1.490	1.278—1.331	1.119—1.171	
	100 000—500 000	低	≥1.700	1.528—1.585	1.357—1.413	1.185—1.241	1.000—1.069	<1.00
		中		1.586—1.642	1.414—1.470	1.242—1.298	1.070—1.127	

续表

财产类型	人口	低,中,高	AA	A	BBB	BB	B	D
酒店	<100 000	高	≥1.750	1.643—1.699	1.471—1.527	1.299—1.356	1.128—1.184	<1.00
		低		1.566—1.726	1.382—1.442	1.197—1.258	1.000—1.073	
		中		1.627—1.788	1.443—1.503	1.259—1.319	1.074—1.135	
	>500 000	高	≥1.800	1.689—1.749	1.504—1565	1.320—1.381	1.136—1.196	<1.00
		低		1.603—1.668	1.407—1.471	1.210—1.274	1.000—1.078	
		中		1.669—1.733	1.472—1.537	1.275—1.340	1.079—1.143	
	100 000—500 000	高	≥1.850	1.734—1.799	1.538—1.602	1.341—1.406	1.144—1.209	<1.00
		低		1.641—1.710	1.432—1.500	1.222—1.291	1.000—1.082	
		中		1.711—1.779	1.501—1.570	1.292—1.361	1.083—1.152	
	<100 000	高	≥1.900	1.780—1.849	1.571—1.640	1.362—1.431	1.153—1.221	<1.00
		低		1.678—1.751	1.457—1.529	1.235—1.308	1.000—1.086	
		中		1.752—1.725	1.530—1.603	1.309—1.382	1.087—1.160	
		高		1.826—1.899	1.604—1.677	1.383—1.456	1.161—1.234	

表6.13 贷款价值比率

单位：%

财产类型	人口	高、中、低	AA	A	BBB	BB	B	D
多户型	>500 000	高	0—55	54.99—57.09	61.33—63.44	67.68—69.78	74.02—76.12	[80.36, 100]
		中		57.10—59.21	63.45—65.55	69.79—71.89	76.13—78.24	
		低		59.22—61.32	65.56—66.67	71.90—74.01	78.25—80.35	
	100 000—500 000	高	0—50	49.99—52.09	56.33—58.44	62.68—64.78	69.02—71.12	[75.36, 100]
		中		52.10—54.21	58.45—60.55	64.79—66.89	71.13—73.24	
		低		54.22—56.32	60.56—62.67	66.90—69.01	73.25—75.35	
	<100 000	高	0—45	44.99—47.09	51.32—53.43	57.67—59.77	64.01—66.11	[70.35, 100]
		中		47.10—49.21	53.44—55.54	59.78—61.88	66.12—68.23	
		低		49.22—51.32	55.55—57.66	61.89—64.00	68.24—70.34	
零售	>500 000	高	0—45	44.99—47.51	52.58—55.10	60.18—72.70	67.77—70.29	[75.24, 100]
		中		57.52—50.04	55.11—57.63	62.71—65.23	70.30—72.82	
		低		50.05—52.57	57.64—60.17	65.24—67.76	72.83—75.23	
	100 000—500 000	高	0—40	39.99—42.51	47.58—50.10	55.18—57.70	62.77—65.29	[70.36, 100]
		中		42.52—45.04	50.11—52.63	57.71—60.23	65.30—67.82	

续表

财产类型	人口	高,中,低	AA	A	BBB	BB	B	D
	<100 000	低	0—35	45.05—47.57	52.64—55.17	60.24—62.76	67.83—70.35	[65.36, 100]
		高		34.99—37.51	42.58—45.10	50.18—52.70	57.77—60.29	
		中		37.52—40.04	45.11—47.63	52.71—55.23	60.30—62.82	
		低		40.05—42.57	47.64—50.17	55.23—57.76	62.83—65.35	
	>500 000	高	0—30	29.99—32.93	38.83—41.77	47.68—50.61	56.52—59.46	[65.36, 100]
		中		32.94—35.88	41.78—44.72	50.62—53.56	59.47—62.40	
		低		35.89—38.82	44.73—47.67	53.57—56.51	62.41—65.35	
	100 000—500 000	高	0—25	24.99—27.93	33.83—36.77	42.68—45.61	51.10—54.04	[59.36, 100]
		中		27.94—30.88	36.78—39.72	45.62—48.56	54.05—56.99	
		低		30.89—33.82	39.73—42.67	48.57—51.09	57.00—59.93	
酒店	<100 000	高	0—20	19.99—22.93	28.83—31.77	37.68—40.61	46.52—49.46	[55.36, 100]
		中		22.94—25.88	31.78—34.72	40.62—43.56	49.47—52.40	
		低		25.89—28.82	34.73—37.67	43.57—46.51	52.41—55.35	

- 对于给定的物业类型、人口集聚地和修饰符(H-M-L)，BRR 总是与 LTV 比率成反比。功能关系意义在于：在其他条件不变的情况下，LTV 比率越高（意味着对贷方的风险敞口越高），违约的风险就越高，因此，BRR 就越低。以表 6.12 中人口中心＞500 000 的多户型住宅为例。LTV 比率(54.99—57.09)定义为 A-高，而由 LTV 比率(74.02—76.12)代表的更高风险敞口定义为 B-高。

- 对于给定的物业类型和人口集聚地，低、中、高等级总是与 LTV 比率成反比。功能关系意义在于：LTV 比率越高，违约的风险就越低，因此，BRR 就越低。以表 6.12 中人口集聚地＜100 000 的零售物业为例。LTV 比率(40.05—42.57)定义为 A—低，而较低的风险敞口(34.99—37.51)定义了更高的评级 A—高。

- 对于给定的人口集聚地，比率在不同财产类型的相对风险中遵循一致的模式。以＞500 000 的人口集聚地和 65% 的 LTV 比率为例。多户型、零售和酒店的评级分别为 BBB—中等、BB—中等和 D—违约。排名是有道理的：在所有条件相同的情况下，对于相同的风险敞口，多户型的违约风险最低，酒店的违约风险最高。因此，BRR 等级必须反映不同财产类型的风险概况。

6.7 计算 ABC 购物广场的综合 BRR

正如我们在前几章看到的，计算总体信用评分是在记分卡中选择适当描述符的直接过程。让我们以 ABC 购物广场为例来说明这一过程。我们将选择零售物业的记分卡来推导 BRR(见表 6.14)。

ABC 购物广场位于一个拥有超过 500 000 多居民的人口集聚地。突出显示的描述符生成了商业风险的 BRR。DSC 比率是 1.72(之前计算的)，LTV 比率是 64.66。这两个比率生成了财务风险的 BRR。LTV 比率是通过使用直接资本化方法和 7.25% 的资本化率得出的。银行更喜欢评估价值，但为了说明记分卡的使用方法，直接方法就足够了。当前的 NOI 是 2 421 900 美元(见表 6.5)。将这些数字代入方程式(6.2)，我们就可以得出 LTV 比率：

$$财产价值 = \frac{2\,421\,900}{0.072\,5} = 33\,405\,517(美元);$$

$$LTV = \frac{21\,600\,000}{33\,405\,517} = 64.66\%.$$

表6.14 BRR记分卡——ABC购物广场

风险标准/风险因素	权重	AA	A	BBB	评分	评级
商业风险	50%				5.0	BB−
租户质量	35%	●超过75%的GLA被租给了公开评级的零售商。 ●公开评级为AA−/Aa3及以上。 ●在线购物对店铺流量不构成主要威胁。 ●商店包括至少一家高档百货商店。	●超过75%的GLA被租给了全国和跨国品牌。 ●公开评级至少为A−/A3。 ●在线购物对店铺流量的威胁有限。	●租户主要是全国品牌，至少占GLA的三分之一。其他租户是地区和当地品牌。 ●全国品牌至少公开评级为BBB−/Baa 3。 ●零售店的混合体；一些容易受到在线购物的影响。	12.0	A
租约期限	35%	●租约剩余期限的平均值超过6年。 ●主力店铺的租期超过平均值。 ●租户转期风险≤10%。 ●稳定的高入住率。	●租约剩余期限的平均值在4~5年之间。 ●物业贷款期限小于平均租约期限。 ●租户转期风险在10%~15%之间。 ●入住率非常好且非常稳定。	●租约剩余期限的平均值在1~3年之间。 ●物业贷款期限小于租户平均租约期限。 ●租户转期风险在15%~20%之间。 ●入住率好且稳定。	9.0	BBB
地理位置	15%	●该物业具有强大而普遍的消费者吸引力。 ●通过高效可靠的公共交通和私人出租车容易到达。 ●该物业在一个人口密集且经济基础强大和多样化的区域内极为显眼。	●该物业具有高于平均水平的客户吸引力。 ●交通网络充分。 ●该物业易于识别，位于一个稳定且发展中的城市区域。	●该物业对目标市场而言，地理位置优越。 ●公共交通基础设施的质量和可靠性一般。 ●没有疑该物业的位置同题使人怀疑该物业吸引游客的能力。	9.0	BBB

续 表

风险标准/风险因素		权重	AA	A	BBB	评分	评级
物业状况		15%	●现代化的综合体,建造标准高,维护良好。 ●综合体融合了一系列增值元素,用于可购物的娱乐(音乐会、艺术中心、水疗、健身俱乐部和农贸市场等),以吸引客流。 ●物业外部有充足且免费的停车位。	●现代化的综合体,超过了竞争建筑的条件。 ●综合体融合了增值元素,用于可购物的娱乐,以吸引客流。 ●现场可用的停车位提供了充足的空间。	●该综合体相当现代,并得到了充分维护。 ●综合体融合人了有限的娱乐元素,为可购物的停车位吸引客流。 ●建筑外部的停车位有限。	9.0	BBB
金融风险		50%				6.8	BB+
DSC(人口>500 000)	低 中 高	75%	≥1.650	1.491—1.543 1.544—1.596 1.597—1.649	1.332—1.364 1.385—1.437 1.438—1.490	15.0	AA
LTV(人口>500 000)	高 中 低	25%	0—45	52.58—55.10 55.11—57.63 57.64—60.17	60.18—72.70 62.71—65.23 65.24—67.76	9.0	BB
基于标准的 BRR						11.8	A
CRR/SRR 覆盖(是/否)							否
信息不对称覆盖(是/否)							否
最终 BRR							A

注:GLA 表示可出租总面积。

加权平均值是 11.8,根据风险评级尺度映射为"A"级(见表 3.1)。从记分卡可以看出,BRR 反映了物业的属性。因此,直接影响 BRR 的因素是影响财产估值和 DSC 比率的市场条件。与租户质量、租约到期、位置和状况相关的定性因素也会影响 BRR。贷方愿意提供的金额将取决于内部信用政策。LTV 比率设定了贷方愿意提供的最大金额。在这个例子中,物业价值的 75% 是 2 510 万美元,由于贷款申请为 2 160 万美元,因此借款方完全符合贷款条件。

6.8 要点总结

- 房地产是土地加上该土地上的任何建筑和资源。房地产可以分为两种类型:住宅/居住和非住宅。

(1) 住宅(未开发土地、单户和多户型住宅、护理设施等);
(2) 商业(办公楼,以及独立的或是在购物中心内的零售店铺);
(3) 工业(制造、生产、研发、存储和配送设施);
(4) 住宿和餐饮(酒店和汽车旅馆);
(5) 其他(加油站、餐馆等)。

- 根据用途定义——用于创收或不用于创收,房地产要么是商业的,要么是住宅的。商业地产是仅用于商业的物业,而住宅则仅用于私人家庭、业主自用的生活空间。根据定义,商业地产因此包括用于创收的住宅(比如公寓楼和联排别墅)。同样根据定义,所有产生收入的房地产都属于商业地产(CRE)的范畴,除了仅用于生活空间的住宅型房地产。CRE 物业通常是非业主所有。

- 对于主营业务是持有或开发非自用的 IPRE 的实体,BRR 由两个风险标准决定:商业风险和财务风险。商业风险反映了物业的四个属性:租户质量、租约到期时间、物业状况和物业位置。财务风险反映了物业的偿债能力(通过 DSC 比率衡量)以及借款方的股权参与程度(通过 LTV 比率衡量)所带来的损失严重性。DSC 比率是常态化净营业收入与抵押贷款支付的比率。LTV 比率是贷款金额与物业评估值的比率。贷款方偏好高首付比例,这会让他们安心,因为如果 DSC 比率跌至 1×NOI 以下,借款方将注入资本。

- 对于一个稳定的 IPRE 物业,BRR 评估因素和权重不同于一个不稳定的物业。

- 人口密度是影响 CRE 资产价格和租金行为的一个重要因素。BRR 记分卡通过在财务分析中明确包括人口集聚地来控制人口效应。

- 抵押品是所有贷前审查过程的基础,在商业地产贷款中,不准确的预估值(如过高的评估值)会增加风险敞口。IPRE 资产的市场是不流动的,因此价格发现存在问题。因此,"出于过分谨慎",贷方要求使用不止一种评估方法。估值对假设特别是折现率非常敏感。专业评估师提供三个估值来证实他们对市场价值的看法:类似物业的价格、替换物业的成本,以及折现现金流的现值。

- 房地产投资信托(REIT)和房地产运营公司(REOC)也持有和开发产生收入的房地产。它们的股权在公开交易平台交易。这些公司绝大多数投资大量稳定的 IPRE 物业组合。REIT 将其投资和组合策略集中在通过物业租金或租赁产生现金流。净收入分配给投资者。相比之下,REOC 将其投资和组合策略集中在将收益用于内部再投资而不是分配给物业单元持有者。因此,公司战略和管理是评估 REIT 和 REOC 时的关键风险因素。除了使用通常的特征,如租户质量和租赁到期时间来评估由抵押贷款融资的 IPRE 资产,信用分析师在对 REIT 和 REOC 的信用评估中还包括投资组合的特定特征,如资产质量和地理多样性,因为它们决定了所产生收入的稳定性和增长。因此,在设计 BRR 记分卡时,会体现三个构建模块:商业风险(包括商业策略)、管理风险和财务风险(包括融资渠道)。

第 7 章　银行信用风险分析与银行信用评级*

章节目标

1. 理解银行系统在现代经济中的重要性。
2. 探究商业银行在现代经济中的特殊作用以及银行业是监管最严的行业的原因。
3. 讨论银行财务报表的特点。
4. 开展银行信用风险分析。
5. 了解国家和国际(巴塞尔)银行法规。
6. 识别决定商业银行信用度的关键风险因素。
7. 使用基于标准的方法对借款方风险评级(BRR)评估进行分析。

7.1　引言：银行及银行系统

在我们开始分析银行的财务报表之前,有必要先了解银行业务的基础知识

---

* 电子补充材料：本章的在线版本(https://doi.org/10.1007/978-3-030-32197-0_7)包含了补充材料,授权用户可获取。

© The Author(s) 2020. T. M. Yhip, B. M. D. Alagheband, *The Practice of Lending*, https://doi.org/10.1007/978-3-030-32197-0_7.

及其监管环境。实际上,了解银行如何赚钱可以更好地理解银行的财务报表。[1] 在最基本的层面上,西方式银行从事的业务包括:

- 接受短期存款并发放中长期利息贷款——一种称为到期转换的功能。通过此功能,短期储蓄被转换成长期生产性资产(房屋以及企业的厂房和设备)。因此,总体来看,银行在金融中介和经济发展中扮演着核心角色。
- 提供流动性并处理支付以促进经济活动。
- 提供金融工具以管理贸易和商业中的风险与不确定性。
- 作为对利率、汇率、价格水平和就业产生影响的政府货币和财政政策的传导渠道。正如我们所解释的,银行系统本质上通过贷款发放来创造货币(即支票存款而非实际的法定货币)。[2]

---

[1] 现代经济体的货币供应包括货币(硬币和银行纸币)、支票,以及日常商业活动中的银行存款电子转账。作为价值储存手段,货币包括货币和银行账户。在总货币供应中,货币仅占先进经济体中的一小部分。以美国为例。美国联邦储备系统在 2017 年末报告称,M2 为 138.361 亿美元;流通中的货币为 16.1212 亿美元,这仅占当日货币供应的 12%。因此,大约 90% 的货币供应并非实际现金。

在其网站上,美国联邦储备系统董事会声明:货币供应的几个标准度量包括货币基础、M1 和 M2。货币基础被定义为流通中的货币和储备余额(银行和其他存款机构在联邦储备银行账户中持有的存款)之和。M1 被定义为公众持有的货币和存款机构的交易存款之和(存款机构是主要通过向公众吸收存款来获取资金的金融机构,如商业银行、储蓄和贷款协会、储蓄银行和信用合作社)。M2 被定义为 M1 加上储蓄存款、小额定期存款(发行金额少于 100 000 美元的)和零售货币市场共同基金份额。(https://www.federalreserve.gov/faqs/money_12845.htm.)

[2] 在部分储备银行系统中,银行接受存款,但不允许将全部金额贷出。它们被要求持有一定比例作为在中央银行的必需储备。剩余部分称为超额储备,可以被贷出,而银行进行贷款的过程最终通过创建新的货币,以支票账户的形式支付账单。这个简单的例子解释了存款如何导致货币创造。假设经济体中没有导致货币被闲置的漏洞(如被埋藏或隐藏在某处),那么储备率是 10%,这意味着对于每一美元的存款,银行必须保留 10 美分作为储备,且有 N 个银行。假设你存入 100 美元,比如在 A 银行开户。现在,银行有 100 美元可以添加到其负债表的负债方。如果第一家银行不贷款,就没有新的货币被创造,那它只是作为一个闲置的存款。这是一个非常重要的观点,因为存款本身创造货币是不正确的说法。如果 A 银行贷出 90 美元,然而,它的资产负债表将显示 100 美元的存款(负债)被 90 美元贷款(资产)和 10 美元必需储备(资产)所抵消。90 美元的贷款在经济中流通,并最终成为另一家银行——银行 B——的存款。银行 B 接受这 90 美元并发放贷款以赚取利息,超过它支付的存款利息。遵循部分准备金要求,银行 B 贷出 81 美元[90×(1−0.10)]。正如你所预料的,这个过程持续到系统中的第 N 家银行,每次接收到的存款金额都会变得越来越小(就像滚下山的雪球)。找到最终金额的一种简洁方法,包括初始存款,是将 100 美元乘以货币乘数——所需比率的倒数。如果没有漏洞,正如我们假设的,数字是 10(1 除以 0.10)。因此,经济体中的新的或额外的货币金额是 900 美元(1 000−100)。要留意开放市场操作的一个重要条件,其中央银行购买价值 100 美元的政府证券(票据、账单或债券),这些证券已经在商业银行的资产负债表上(作为一项资产)。来自中央银行的全部 100 美元被贷出以赚取利息(回想一下,闲置的现金不会赚取利息,并且由于通货膨胀甚至会失去购买力)。因此,在开放市场购买政府证券中创造的新钱是完整的 1 000 美元(100×10)。

如你所见，这些功能对于商业和高效经济至关重要。作为这些经济服务和风险转换的回报，西方式银行通过收取利息赚取收入，这是其资金成本上的一项利润，并且还收取金融服务费。在其他条件相同的情况下，有担保的贷款比无担保的贷款的利息低。由于银行系统的稳定性对经济及其发展至关重要，所以银行受到严格的监管，旨在确保公众对银行系统的信心。[1] 20世纪30年代的大萧条和2008—2009年的大衰退显示了现代经济对系统性冲击的脆弱性，其中一个或几个金融机构的崩溃迅速蔓延到其他机构，并波及整个经济。

系统性风险

对金融服务造成中断的风险是由整个或部分金融系统受损引起的，其有可能对实体经济产生严重的负面后果（此定义基于国际货币基金组织、金融稳定委员会和G20国际清算银行所做的相关工作）。

银行危机是各国试图避免的事情。目前，国家和国际（巴塞尔）银行法规有四个目的：

（1）金融稳定性。监管机构专注于宏观审慎监督，以防止系统性风险。

（2）银行存款保护。不同国家的存款保险计划有不同的名称。基本做法是银行向政府支付保险费，以确保政府在银行破产并进入清算时，向每家银行的每位储户支付既定金额。

（3）消费者保护。保护客户免受不公平的银行做法，并确保他们平等地获得信贷。监管机构审计银行存款和贷款业务，并调查消费者投诉。处罚可以像富国银行案例那样严重。[2]

---

[1] 经典教科书案例是始于1930年秋季的大萧条，以美国的一系列银行恐慌开始。这次经济收缩持续了10年。一场重大的金融危机引发了2008—2009年的大衰退。它需要新的工具和政策以及联邦储备系统和其他联邦机构的协同行动，因为危机前夕的金融体系要复杂得多，所以系统性风险也大得多。

[2] 富国银行因各种不当行为被指控，包括为了达到销售配额而开设多达350万个欺诈账户，以及强迫多达57万客户购买不需要的汽车保险。对于非法账户，该银行在2016年向监管机构支付了1.85亿美元的罚款，并解决了一项1.42亿美元的集体诉讼。对不当行为的调查持续到2017年，并且在2018年2月2日，联邦储备系统对该银行的全部资产施加了上限，有效地冻结了银行的增长，直到它能证明已经改善了其内部控制。外部评级机构随后下调了富国银行的信用评级。例如，标准普尔在2018年2月7日将长期评级从A下调至A−。该机构表示，"对于富国银行来说，监管风险比之前预期的要严重，改善其治理和运营风险政策的过程可能比之前预期的要长"。

(4) 竞争。基本理念是,健康的银行系统需要有效的竞争,以确保银行服务的可用性和公平定价。因此,监管机构可以拒绝银行合并。

7.2 商业环境的质量

7.2.1 法律与金融监管框架

正如我们在第1章(见图1.1)看到的,银行的运营环境主要由一个国家的法律和监管框架、政治和经济构成。从之前关于银行业所做的经济贡献的讨论中,我们了解到,为什么所有国家的银行都应该被规范到现在的程度。我们还注意到,银行系统的结构和法律/监管框架的结构因国家而异。在本节中,我们将探讨有效监管框架至少需要什么。衡量监管和监督框架有效性的一个关键指标是公信力和信心,这是银行业务的基石。银行挤兑是公信力和信心彻底崩溃的最佳例子,这导致储户恐慌并取出他们的钱。根据 Golin 和 Delhaise(2013)[1],我们总结了健全的监管环境的一些重要特征:

(1) 有效法律体系的存在。一个有效的法律体系是高效稳定的银行系统的前提条件。这样的体系维护并保护债权人和债务人的权利,并且解决法律问题无需不必要的延迟和成本。一个有效的法律体系体现的是法治占据主导地位。从信用分析师的角度看,一个有效的法律体系是维护债权人权利和合同神圣性的体系。正如我们在第1章讨论的,贷款协议是最重要的一份贷款文件,其可执行性取决于相关司法管辖区的法律体系。有关一个国家法律体系质量的有用信息可以从世界银行支持的全球治理指标(WGI)项目获得。[2] WGI 项目报告了一项由六个广泛治理维度组成的指数,包括法治和政府效能。

(2) 监管体制的独立结构。传统的结构是中央银行负责货币政策和金融监

---

[1] Golin, J., and P. Delhaise (2013). *The Bank Credit Analysis Handbook*, *A Guide for Analysis, Bankers, and Investors*, Wiley Financial Series, 2nd Edition, Chapter 13; OECD (2010). *Policy Framework for Effective and Efficient Financial Regulation*, *General Guidance and High-level Checklist*.

[2] The World Bank Group. The Worldwide Governance Indicators (WGI) project, https://info.worldbank.org/governance/wgi/#home. WGI 项目报告了自1996年以来200多个国家和地区的综合和个别治理指标。涵盖六个治理维度:① 话语权与问责制政治;② 稳定性与无暴力;③ 政府效能;④ 监管质量;⑤ 法治;⑥ 反腐败控制。

管与监督。目前,越来越多的国家正在从这种结构转向一个拥有独立金融监管机构的结构,这种机构被冠以各种名称,如银行和金融机构监督局(SBFI)和金融机构监督办公室(OSFI)。有人认为,对于金融资源有限的发展中国家来说,传统结构可能是最好的。然而,也有人认为,独立的金融监管机构是最好的结构:确保银行监管的资金始终可用;加强金融监管机构的独立性;提供一个具备专业能力的中心。[1] WGI 项目揭示了政府效能中的监管体制。

(3) 银行监管机构的能力、独立性和权威。这三者与银行监管机构的质量相关。就像我们在企业信用分析中探讨的管理能力一样,对监管机构能力的评估也大多是主观的,而且通常很难找到执行评估的有用信息。尽管如此,还是有各种信息来源。第一,WGI 项目发布了一项关于治理的综合指数,而且监管质量是一个子指数。第二,通常有官方文件说明监管机构的法定独立性以及法定权威。然而,新闻报道可能与官方声明相矛盾,这本身就是有用的信息。第三,对于国际货币基金组织(IMF)的成员国,工作文件对公众开放,它们包含了其他渠道不容易获取的银行和经济统计数据。第四,像 IMF 报告一样,当地媒体报道可能展现出与政府文件不同的画面。

(4) 监管与执行。Golin 和 Delhaise(2013)[2]指出,无论银行结构如何,监管和执行都是通过以下类似手段完成的:

① 银行必须定期向监管机构报告;
② 持续监控和审查披露的信息;
③ 定期对银行进行现场检查;
④ 监管机构与银行之间的咨询讨论;
⑤ 对银行施加的监管命令或处罚;
⑥ 通过调用国家权力,在行政或司法过程中执行监管机构的命令,以施加制裁。

7.2.2 经济体

银行的财务表现最主要是依赖于经济体的实力。后者在评估新兴市场

---

[1] Goodhart, C. (2000). *The Organizational Structure of Banking Supervision*, Financial Stability Institute, Bank for International Settlements, Basel, Switzerland.

[2] Golin, J., P. Delhaise (2013). ibid. p. 753.

的银行时是一个特别重要的因素。下面列出了新兴市场运营环境的一些特点：

• 高腐败水平。应当注意的是，没有哪个国家能完全免于腐败，而且有一些相关的可靠信息来源，由 WGI 项目提供。此外，为了记录的一致性，读者可以查阅腐败感知指数，该指数发布在"透明国际"的网站上。[1] 数据自 1995 年起可得。2017 年，该组织为 180 个国家创建了从 0(高度腐败)到 100(廉洁)的指数，它们的得分从 9 到 89 不等。第 75 个百分位是 57 分(即 75% 的分数低于 57)，大多数来自全球的发展中地区(中低收入国家)，但也有许多来自中东、亚洲和欧洲的高收入国家。前 20 百分位是 60 分(即 20% 的分数高于 60)。

• 治理薄弱。

• 法律和监管系统缺乏透明度。

• 严重依赖少数产业和商品出口进行外汇交易。

• 对外部经济冲击高度敏感的小型、高度开放的经济体。

• 主权违约的高概率。

• 通过国有银行和商业银行获得的政府高额借款。在评估银行信用度时，明示或暗示的政府支持对 BRR 产生正面效应。

7.3 基于标准的银行信用风险分析方法

用基于标准的方法评估银行的信用度是建立在美国监管机构——如联邦储备系统、FDIC(联邦存款保险公司)和 OCC(货币监理署)——使用的 CAMELS 评级系统之上的。CAMEL 这一缩写是传统银行分析的简称方式，就如"5C"是对信用分析总体描述的简称。CAMEL 代表以下几个方面：

• 资本充足性(Capital adequacy)；

---

[1] 透明国际，一个非营利的、国际的、非政府组织，总部位于德国，在超过 100 个国家设有基地，自 1995 年以来一直在发布腐败感知指数，其范围从 0(高度腐败)到 100(非常清廉)。没有一个国家在该组织收集数据的所有年份中得分达到 100。各种其他国际组织发布关于政府和私营部门腐败的报告。世界银行发布关于透明度、问责制和公共部门的腐败[1(低)至 6(高)]的 CPIA(国家政策和制度评估)评级。

- 资产质量(Asset quality);
- 管理(Management);
- 收益(Earnings);
- 流动性(Liquidity)。

CAMEL框架是一种分析银行或信用所涉及风险的方法。所有当前的银行分析方法,不论其复杂程度如何,都是从 CAMEL 开始的,这说明了这一传统框架的重要性。CAMEL 突出了两个相互关联条件的重要性:偿债能力和流动性,这两者是信用分析的重要组成部分。前者与银行吸收损失的资源有关,因此,对于银行继续运营来说至关重要。导致资不抵债的因素包括过度债务(过度杠杆)、资产质量差、利润低和盈利能力恶化。因此,资本充足性风险结合了杠杆风险、资产风险和收益风险。流动性则涉及银行资产和负债的到期不匹配、银行资金来源的可靠性,所有这些都影响银行用流动储备满足现金流出需求的能力。银行的流动性强度取决于客户对银行安全性的信心。从这些例子中,我们看到,虽然将风险进行分类分析很有用而且确实必要,这本质上也是基于标准的记分卡所做的事,但信用分析师需要关注风险之间的相互关系或相互作用。

第六个组成部分是银行对市场风险的敏感性(Sensitivity),这一点在 1997 年被添加到首字母缩写词中,因此在美国银行监管中,CAMEL 等同于 CAMELS。[1] 每个组成部分以及银行总体财务状况都是按照 1~5 的等级来评定。评级为 1 或 2 的银行被认为几乎没有或没有监管,而 3、4 或 5 则表示中等到极严的监管程度。FDIC 及其两个监管对手(OCC 和联邦储备系统)禁止公开披露 CAMEL 评级,并警告未经授权的披露是犯罪行为。尽管如此,信息还是有办法传播到公众领域:有时是通过其他政府工作报告无意中泄露的,比如对

---

[1] 参见各种联邦储备银行的文章,如 Ron J. Feldman and Jason Schmidt (1999). What are CAMELS and Who Should Know, Federal Reserve Bank of Minneapolis, January 1, 1999;以及另一篇文章,Jose A. Lopez (1999). Using CAMELS Ratings to Monitor Bank Conditions, *FRBSF Economic Letter*, June 11, 1999。新闻信函指出,机密监管材料"渗透到金融市场"。例如,1 月 5 日,《华尔街日报》报道,"银行监管机构在 2017 年中期,将富国银行的管理组成部分的 CAMELS 评级降低到'3',这意味着管理层或董事会的能力可能不足以应对该机构的类型、规模或状况"。该评级成为商业头条,并引发了进一步执法行动即将到来的猜测。

某家银行的美国参议院调查报告；有时是有意泄露。[1]

7.4 风险标准：定性分析

后面在表 7.1 中展示的整体 BRR 记分卡包括四个部分：

- 商业环境(10%)；
- 商业风险(15%)；
- 管理风险(25%)；
- 财务风险(50%)。

每个标准下都有风险因素和风险要素，括号里面是权重，财务风险被认为是银行风险的主要驱动力，占记分卡权重的一半。

前三个标准代表评估的定性部分，其组合权重平衡了财务风险的权重。一些贷款方主张给予财务风险更多的权重，但我们顺便提到的最近的财务丑闻可能已经削弱了这种观点。让我们依次探讨每个风险标准。我们已经在第 7.2 节探讨了商业环境。管理风险，特别是公司治理，正受到越来越多的审查，该标准获得了相对较高的 25% 权重。可以说，这十年来[2]不断出现在新闻中的银行

---

[1] Kane, J. M. (2018). Wells Fargo CAMELS Rating Leaked, *The Twenty-first Century Banker*, January 17, 2018.

[2] 自 21 世纪头 10 年以来，银行业发生了一系列丑闻。其中包括抵押贷款欺诈、内部交易、非法操纵全球利率或所谓的 LIBOR(伦敦银行同业拆借利率)、洗钱、操纵美国国债市场以及开设虚假银行账户等。但是，没有哪件丑闻像 LIBOR 丑闻和富国银行丑闻那样引起公众的广泛关注。关于 LIBOR 丑闻，维基百科(见 https://en.wikipedia.org/wiki/Liborscandal)指出："银行为了从交易中获利，或给人一种他们比实际更有信用的印象，而虚报或压低他们的利率。"位列英国第二大银行的巴克莱银行，截至 2016 年底，资产达到 9 830 亿美元，同意支付近 5 亿美元给监管机构，以了结其操纵行为。许多其他大银行也因类似不当行为接受调查。由于这些调查，LIBOR 的监管责任从英国银行家协会转移到了英国监管机构。2018 年 2 月 12 日，巴克莱银行再次成为头条新闻，当时有报道称，英国的严重欺诈办公室(SFO)指控该银行将一笔 220 万英镑资金贷给卡塔尔投资者，这些资金被用来在金融危机的高峰期购买银行股份以支撑其股价。富国银行作为美国第三大银行，截至 2016 年底，资产为 1.93 万亿美元，承认开设了多达 150 万个非法账户，并向超过 80 万名银行的汽车贷款客户收取不需要的保险费。这些不当行为的揭露始于 2016 年末。参见富国银行账户欺诈丑闻，https://en.wikipedia.org/wiki/Wells_Fargo_account_fraud_scandal。2018 年 2 月 15 日，报纸报道称，美国监管机构对美国第五大银行美国合众银行处以 6.13 亿美元罚款。司法部认为，"因为在超过五年的时间里，该银行在其反洗钱计划中存在'故意'亏损，违反了银行保密法的两项刑事罪行。美国合众银行非常清楚这些做法是不当的，并导致该银行在 2009—2014 年间错过了'大量'可疑交易。"参见 Ben McLannahan. *Financial Times*, New York, February 15, 2018。

表 7.1　银行分析风险评级记分卡模板

风险标准	权重	风险因素	权重	风险要素	权重	AA	…	…	B	评分	评级
运营环境风险	10%	●经济监管	50% 50%	●经济监管	50% 50%	d d	… …	… …	d d	— —	— —
商业风险	15%	●竞争力与市场地位	100%	●竞争力与市场地位	100%	d	…	…	d	—	—
管理风险	25%	●商业计划与运营 ●风险管理与内部控制 ●公司治理	34% 33% 33%	●商业计划与运营 ●风险管理与内部控制 ●公司治理	34% 33% 33%	d d d	… … …	… … …	d d d	— — —	— — —
金融风险	50%	●资本化	25%	●一级资本比率 ●总资本比率 ●资本质量	30% 30% 40%	d d	… …	… …	d d	—	—
		●资产质量	25%	●不良贷款/总贷款 ●贷款损失准备/营业前利润 ●拨备覆盖率/不良贷款 ●贷款质量	15% 15% 20% 50%	d d d d	… … … …	… … … …	d d d d	— —	— —
		●收益：利润与盈利能力	15%	●净利差(NIM) ●平均资产回报率(ROA) ●平均股本回报率(ROE) ●成本收入比 ●收益质量	20% 20% 20% 15% 25%	d d d d d	… … … … …	… … … … …	d d d d d	— — — — —	— — — — —

续 表

风险标准	权重	风险因素	权重	风险要素	权重	AA	…	…	B	评分	评级
		●流动性	35%	●流动资产/总资产	15%	d	…	…	d	—	—
				客户存款/总融资	20%	d	…	…	d	—	—
				贷款/客户存款+短期融资	15%	d	…	…	d	—	—
				●获取流动性的能力	25%	d	…	…	d	—	—
				●流动性质量	25%	d	…	…	d	—	—

基于标准的CRR(交易对手风险评级):
考虑外部支持调整后的CRR:
在考虑国家风险/主权风险调整后的CRR(如适用):

业丑闻证明了给予管理风险相对较高的权重是有道理的。过去,财务风险几乎占总权重的三分之二,但时代已经变化,贷款方现在密切关注管理中的新兴风险因素,如欺诈和其他非法行为及其对财务风险的影响。

7.4.1 商业风险

竞争力和市场地位：特许经营权和特许经营价值

在竞争力和市场地位方面,我们分析一家银行的特许经营权[1],这里指的是银行区分自己或试图在区域、国家或国际上作为领导者区分自己的业务线。作为营销策略的一部分,银行宣扬它们的核心特许经营权,比如想要成为或者已经成为下列所有或很多领域的领导者：零售抵押贷款、财政和贸易、固定收益市场、全球信用卡、投资银行、财富管理、商业或企业贷款。

相对于"街对面"的竞争对手,消费者可能对特定银行及其产品表现出更强烈的偏好。首选银行的优势使其"需求曲线"比竞争对手更不易受价格影响。在供应方面,银行可能拥有某些优势,这些优势来源于银行的基础设施和组织结构(即广泛的分行体系、先进的技术、高效的管理信息系统、管理者做出并实施决策的速度和效率)。

所有这些因素决定了银行维持或达到特许经营目标[如盈利能力、市场份额和交易量(可能是存款、贷款、交易等)]的能力。盈利能力越高,特许经营价值越高,银行捍卫市场份额的能力就越强。从信用分析师的角度来看,评估银行特许经营价值的实力所需的重要信息包括以下几点：

- 银行作为领导者或具有竞争力的业务知识;
- 银行在业务线中的市场份额;
- 对银行特许价值做出贡献的需求/供应因素;
- 对银行特许价值的潜在威胁。

7.4.2 管理与治理风险

在任何给定的时间,管理和许多其他因素决定着公司的成败,但管理因素总

---

[1] 请注意,我们在这里使用的"特许经营"一词,并非指法律意义上的特许经营,即特许方许可其操作程序、知识产权以及商业模式的使用。

被认为是长期反复成功的关键所在。管理意味着运营,广义上包括规划、组织、人员配备、领导、实施、控制和激励。公司治理涉及监督和控制,旨在确保业务、规划和按计划进行的活动能有效进行,且风险得到适当管理。从这个意义上说,公司治理在规划和控制方面与管理重叠。

问题是:分析师如何评估管理和治理?最大的挑战是信息及其信息不对称问题。在美国银行界有这样一种观点——并且其他国家的类似团体也表示同情:监管机构应该公开它们的银行审查结果。这将有助于解决信息不对称问题,并确保银行监管者采取果断措施,以避免造成对金融系统的风险。[1] 在监管机构未公开报告的情况下,银行信用分析师从三个主要渠道收集管理信息:报纸、评级机构报告和经审计的年度报告。在银行工作的银行信用分析师可以获得由客户经理准备的客户意见簿。报纸报道是不可或缺的信息来源。例如,《洛杉矶时报》早在2013年12月21日就开始发布有关富国银行不当销售行为的文章。[2] 但直到2016年,评级机构才开始有所反应,而且是在监管机构处以1.85亿美元的重罚之前。值得注意的是,惠誉评级公司关于该银行销售实践的报告可以追溯到2011年。[3]

评级机构是一个额外的有用信息来源,但正如我们从经验中获知的,它们的信用评级和结论往往与实际情况相去甚远。尽管如此,评级确实很重要,信用分析师需要意识到两个问题。首先,评级机构存在利益冲突,因为它们评级的公司也是支付评级费用的客户。这是由来已久的指责,在2007—2008年次贷危机期

---

[1] 参见最近的一篇文章,K. S. Petrou. Make Camels Ratings Public Already, *American Banker*, May 17, 2016. 对 CAMELS 评级保密性的批评可以追溯到1999年;例如,参见Jose A. Lopez. Using CAMELS Ratings to Monitor Bank Conditions, *FRBSF Economic Letter*, June 11, 1999. 分析师们认为,公开评级可以改善市场评估,并约束风险承担。尽管拥有潜在的好处,但CAMELS评级仍然是非公开信息,因为存在三个潜在的代价。首先,这可能使银行家对评级更加敏感,对信息共享不那么开放;其次,存款人可能在降级后失去对银行的信心和信任,从而引发对银行的挤兑;最后,审查人员可能对降级的批评持敏感态度,并会更慢采取行动。

[2] 《洛杉矶时报》在2013年12月揭露了非法行为。The Independent Directors of the Board of Wells Fargo & Company (2017). *Sales Practices Investigation Report*, April 10, 2017. p. 110 的报告指出:"富国银行的销售实践问题首次通过《洛杉矶时报》的文章引起公众注意,这些文章突出了一些洛杉矶员工参与的令人不安的做法。"

[3] Fitch Ratings Inc. (2016). Fitch Affirms Wells Fargo & Company IDRs at "AA—/F1+", *Outlook Revised to Negative*, October 4, 2016.

间引起了强烈的共鸣。[1] 第二个问题是信息不对称,当管理层未能给风险评估者提供完整信息时,就会发生这种情况,因为这些信息可能是有罪的或不道德的。例如,管理层可能不想透露有关某些交易的信息。Golin 和 Delhaise(2013)就评级机构在现场调查期间所获得的信息质量做出了预见性的评论:

> 有时候,由于缺乏更好的选择,同意让银行派出一个经过特殊培训的代表来替管理层回答问题,这也是一种危险。然而,熟悉业务可以使人放心。因此,大多数评级机构在对银行进行全面评级时,至少派出两名分析师。分析师也可能面临相反的情况,即管理层似乎不愿向分析师提供信息,并且会披露相对较少的关于运营或战略的信息[原文如此]。[2]

这涉及经审计的年度报告。它们也是不可或缺的,因为它们是财务和管理信息的主要来源。然而,阅读报告的价值不仅仅在于看它们的表面价值。[3] 例如,银行会详细讨论它们的风险管理实践,以使投资者和公司股东放心。例如,富国银行 2014 年度报告指出:

我们风险管理框架和文化的关键要素包括以下内容:

> 我们坚信应尽可能从源头管理风险。我们通过三道防线管理风险,第一道防线是我们业务线中的团队成员,他们负责识别、评估、监控、管理、减轻和承担其业务中的风险。我们所有团队成员都对风险管理负有责任。
>
> 我们认识到强有力的监督的重要性。我们的企业风险小组(由向董事会风险委员会报告的首席风险官领衔),以及法律部、财务部和人力资源部等其他企业职能部门构成第二道防线,并提供公司范围的领导、监督、企业

---

[1] The Washington Post (2011). Moody's Managers Pressured Analysts, Former Executive Says, August 19, 2011. 报告指出:"据哈灵顿称,根本的利益冲突渗透了公司的文化:像其他信用评级机构一样,穆迪的费用由其应该客观评级的那些公司支付。"

[2] Golin, J., and Delhaise, P. (2013). ibid., pp. 428-427.

[3] Fridson, M. and Alvarez, Fernando (2011). *Financial Statements Analysis*, ibid., Chapter 1, The Adversarial Nature of Financial Reporting. 其他关于财务的章节值得一读。

视角和适当的挑战,以帮助确保我们的业务线有效以及一致地理解和管理所有风险。富国银行审计服务,由向董事会审计和考核委员会报告的首席审计师领衔,构成第三道防线,并通过其审计、担保和咨询工作评估并帮助提高企业治理、风险管理和控制流程的有效性。

类似的声明出现在 2015 年和 2016 年的年度报告中。但是,直到 2016 年美国监管机构对银行处以 1.85 亿美元的罚款之后,银行董事会才发起调查,对所述担保有所质疑。董事会发现银行的风险管理和内部控制存在一系列重大缺陷,并在其 2017 年 4 月的报告中指出:

> 富国银行是一家成功的社区银行,其自称是销售组织,拥有一个由其愿景与价值观声明指导的分散式企业结构,长期以来一直表现强劲。虽然销售目标、销售导向的文化或分散的企业结构本身并没有什么必然的劣迹,但不幸的是,正是这些文化和结构特征凑在一起,导致了极大的失败。随着时间的推移,在社区银行内部,富国银行的愿景和价值观与社区银行对销售目标的关注之间的冲突日益加剧。在一种对业务线管理层强烈顺从的文化的助长下(体现在经常重复的"像拥有者一样经营它"口号中),社区银行的高级领导扭曲了销售模式和绩效管理系统,培养了一种促使低质量销售以及不当和不道德行为的氛围 [原文如此]。[1]

在该机构的"诊断"和"预后"中,要关注标准普尔在 2018 年 2 月 7 日发布的评级下调声明:

> 在这种所谓的"惩罚性行动"之后,我们的评级下调反映了我们的观点,即对于富国银行的监管风险比我们之前预期的要严重,并且改善其治理和

---

〔1〕 Independent Directors of the Board of Wells Fargo & Company (2017), ibid. 在标题"Principal Findings"下,长达 110 页的报告指出:"销售实践失败的根本原因是社区银行销售文化和绩效管理系统的扭曲,结合了积极的销售管理后,对员工造成了压力,迫使他们向客户销售不需要或不想要的产品,并且在某些情况下,开设未经授权的账户。富国银行分散的公司结构给予社区银行的高管过多的自主权,这些领导不愿意改变销售模式,甚至不愿意认识到这是问题的根本原因。社区银行的领导层抵制并阻碍外部审查或监督,并且在被迫报告时,把问题的规模和性质最小化了。"

运营风险政策的过程所需要的时间可能比我们之前预期的要长。同时,该公司可能面临长期的声誉问题。该公司还宣布,它将另外更换董事会的四名成员,表明董事会仍处于过渡时期。[1]

通过审查这些案例,可以清楚地看出,管理风险的评估应该涵盖以下四个关键领域:

- 商业计划是否缺失,以及是否明确了清晰的目标和战略;
- 风险管理和内部控制是否有效;
- 企业治理或监督是否有效;
- 信息透明度。

我们提出的解决信息透明度问题的方式,是在第 3 章讨论的 BRR 记分卡的信息不对称覆盖。在第 7.6.2 节,我们使用第 7.4.2 节的讨论来识别预测因子,并为管理风险创建描述符。

7.4.3 全企业范围的商业计划和运营

任何成功的银行都应该有一个书面计划,该计划清楚且详细地建立组织的目标、战略以及所有利益相关者的角色和责任。该计划是董事会、业务线和风险管理共同的产物。业务线需要董事会的授权和风险管理的支持。风险管理是确定风险偏好和风险容忍度的一个必不可少的规划过程。银行不会与外部银行信用分析师分享其商业计划的细节,它们发布的信息通常较为宏观。银行通常会专门设立风险管理部分,用来呈现目标、指导原则和治理结构,以确保合规和监督。但正如我们之前在富国银行案例中看到的一样,风险管理结构在一些关键领域可能存在缺陷,且仍然多年未受到关注,直到爆发重大危机。银行应该向股东通报其投资和撤资、贷款损失准备金以及业务重组情况。所有这些都为信用和股权分析师提供了信息,以评估银行的增长策略与其公开声明的一致性。

银行信用分析师评估目标是否可达成,以及有关银行特许经营权的策略是否激进。富国银行涉及虚假账户的销售丑闻再次具有启示性,因为它表明,追求

---

[1] S&P downgraded Wells Fargo & Co.. to "A−/A-2" from "A/A-1" on "Prolonged Regulatory and Governance Issues", February 7, 2018.

激进的策略和目标带来了业务、运营和声誉风险。在其2017年4月的报告中，银行的董事会指责管理层的"激进销售文化"，这种文化强调销售量，并且严重依赖于年复一年的销售增长。报告接着说："在许多情况下，社区银行的领导层意识到，他们的计划是无法实现的——它们通常称为50/50计划，意味着预期只有一半的区域能够达成这些目标。"[1]

销售和市场份额目标必须可衡量，并由可以定期密切监控的合理指标明确界定，以确保银行遵守自我设定的限制和监管机构设定的限制。当限制和目标被违反时，一个管理良好的银行将拥有有效的内部控制来监控、识别和纠正目标偏差。显然，银行分析师不会获得关于特定违规的机密信息，但他或她可以找到关于损失和贷款集中度的报告，这些报告是银行控制有效性的窗口。

计划的一个关键要求是准确和及时的报告，这对于透明度、数据完整性和问责制是必要的。有效的报告意味着银行有一个专门的部门，该部门向风险管理部门报告，监控合规性，从业务部门收集必要的信息，并定期准备企业风险报告。报告通常会包含对未实现的目标的讨论和解释，特别是自我设定的及监管机构设定的限制。董事会和风险管理通常会在报告发布前，批准这些报告的最终草案。正如我们之前提到的，分析师通常不会了解到失误和缺陷，直到灾难发生，然而，在许多情况下，红色预警在危机爆发之前就已经出现。

总结一下，银行分析师需要评估商业计划的优点和缺点。重点必须放在以下这些领域：

- 目标、风险容忍度和策略；
- 商业计划的清晰度和可行性；
- 风险管理控制；
- 监督或治理结构。

通常，外部银行信用分析师（通常是报纸的财经记者）可用的信息有限。相比之下，内部银行信用分析师可以获得客户经理准备的客户意见簿。

7.4.4 风险管理与内部控制

银行通常在其年度报告中会专门描述它们的风险治理和风险管理框架及实

---

[1] Independent Directors of the Board of Wells Fargo & Company (2017). ibid., p. 4.

践。许多银行使用三道防线模型来管理银行各处的风险(敞口)。作为风险的承担者,业务部门是第一道防线;第二道防线是风险管理和合规,它们对业务进行监督并设置风险管理实践措施;第三道防线是内部审计,在风险管理实践的有效性方面,它为管理层和董事会提供独立担保。与业务部门不同,其他部门不拥有或管理资产负债表。

所有银行都有控制措施。这些是旨在确保业务部门遵守批准的银行政策和风险偏好以及国家的法律和法规的过程。银行内部审计的关键功能是,向管理层保证并向董事会报告控制措施和现有系统是有效的。为了评估银行风险管理的有效性,信用分析师需要确定:

- 始于董事会的风险管理文化——顶层的基调;
- 控制措施和系统的有效性;
- 内部审计的有效性,即第三道防线。

正如我们在前几节看到的,外部信用分析师无法像内部审计员那样了解银行风险管理实践的质量,后者被授权定期审计风险管理功能。"红色预警"的一个来源是报纸(如富国银行的案例)——纸质版和数字媒体。但正如我们从第1章和第2章所回顾的,财务丑闻的问题在于,公众获知信息时往往较晚,损害已经造成了。正因如此,许多金融界人士希望银行监管机构的 CAMEL 评级能够公之于众。

三道防线模型

董事会:银行的董事会(董事会)建立了"顶层基调"(本质上是第1章讨论的信用文化),批准风险偏好,并对风险管理政策和流程以及保持风险在既定风险偏好范围内的内部控制提供总体监督。董事会通过委员会运作,比如财务委员会、风险委员会和审计委员会。董事会确保风险管理与承担风险的业务部门充分独立。审计委员会监督财务报告的完整性,内部审计功能的执行,外部审计师的资格、表现和独立性,以及法律和监管要求的遵守情况。

第一道防线:业务部门及其支撑部门负责依据批准的政策和风险偏好,监控、识别、评估和报告风险。因为业务部门发起信用评级并承担风险,所以它们无权同时分配信用评级和批准信用交易。

第二道防线:风险管理与集团合规部门提供风险监督。它们建立风险管理政策和程序,提供风险指导并监督第一道防线的风险管理实践的有效性,并依据风险偏好独立监测和报告风险水平。在信用方面,风险管理部门"拥有"风险评级权并批准所有信用交易。

第三道防线:内部审计部门为管理层和董事会就风险管理政策和程序的有效性以及内部控制提供独立担保,其直接向审计委员会报告。在信用方面,内部审计部门通过其对业务、支撑部门和风险管理部门的定期审计提供担保,确保遵循政策和程序,并向管理层和董事会报告审计结果,确保管理层令人满意地解决报告中的缺陷。

7.4.5 公司治理

我们引用 Investopedia 对"公司治理"的定义来介绍这一部分:

> 公司治理是关于指导并控制公司的规则、实践和流程体系。公司治理本质上涉及平衡公司众多利益相关者的利益,如股东、管理层、客户、供应商、融资者、政府和社区。由于公司治理还提供了实现公司目标的框架,它几乎涵盖了管理的每一个领域:从行动计划和内部控制到绩效评估和公司披露。[1]

美联储对富国银行的起诉,对该银行的公司治理有所质疑。Golin 和 Delhaise(2013)[2]确定了良好的公司治理的三个要求:
- 一个独立且有效的董事会,拥有足够的经验、知识、判断力和诚信来保护股东的利益;
- 独立审计师;
- 信息披露充分,以便那些利益相关者能够评估管理层的表现。

正如你所判断的,对商业风险和管理风险进行满意评估的信息挑战是艰巨的。

---

〔1〕 Investopedia, Corporate Governance, https://www.investopedia.com/terms/c/corporategovernance.Asp.

〔2〕 Golin. J. ,& P. Delhaise (2013). ibid. , p.434.

7.5 风险标准：定量财务分析

在本节中，我们将探讨 CAMELS 评级系统的六个部分：资本充足性、资产、管理能力、收益、流动性(也称为资产负债管理)、敏感性(对市场/利率风险的敏感性)。

定量分析本质上是基于银行的财务报表和与分析相关的重要信息的财务分析。在我们开始深入研究财务比率之前，值得花点时间回顾一下银行的财务报表，以便熟悉银行的基本运营，并为学习 CAMELS 框架做铺垫。在本书中，"S"被归入资产质量。

由于银行业务的独特性，分析师必须采取与评估非金融企业的信用状况不同的方法，正如我们在第 5 章和第 6 章分别展示的航空公司和商业地产的情况。让我们先来看一下加拿大劳伦森银行的三份财务报表，这是一家在多伦多证券交易所交易的特许银行，总部位于魁北克省的蒙特利尔。我们使用这家银行的历史数据，因为该银行的项目明细表非常容易看懂，并体现了现代商业银行的基本运营，而这正是我们想要举例说明的。

表 7.2、表 7.3 和表 7.4 分别是 2014—2016 年加拿大劳伦森银行的收入报表、现金流量表和资产负债表。

表 7.2 2014—2016 年加拿大劳伦森银行收入报表　　　　单位：千加元

截至 10 月 31 日的年度	2016 年	2015 年	2014 年
利息收入			
贷款	1 066 245	1 034 117	1 056 637
证券	35 265	40 144	40 753
在其他银行的存款	1 740	793	751
其他(包括衍生品)	63 630	66 104	47 080
小计	1 166 880	1 141 158	1 145 221
利息费用			
存款	454 862	435 533	449 101

续 表

截至 10 月 31 日的年度	2016 年	2015 年	2014 年
与证券化活动相关的债务	114 346	113 102	118 269
次级债务	6 433	16 094	16 071
其他	1 595	1 346	800
小计	577 236	566 075	584 241
净利息收入	589 644	575 083	560 980
其他收入			
贷款和存款的费用与佣金	145 690	141 589	141 849
经纪业务收入	71 435	63 294	63 640
共同基金销售收入	40 299	38 811	29 228
投资账户收入	30 271	30 202	31 658
保险收入,净额	17 527	16 903	19 246
财政收入	12 782	23 365	16 138
其他	7 803	7 879	11 326
小计	325 807	322 043	313 085
总收入	915 451	897 126	874 065
购买的金融工具净溢价的摊销	5 190	5 999	9 653
信用损失准备	33 350	34 900	42 000
非利息支出			
工资和员工福利	334 903	342 269	340 394
房屋和技术	187 696	197 778	186 671
其他	114 197	104 368	101 383
减值和重组费用	38 344	78 409	—
与业务组合相关的成本	4 409	—	12 861
小计	679 549	722 824	641 309
税前收入	197 362	133 403	181 103

续　表

截至 10 月 31 日的年度	2016 年	2015 年	2014 年
所得税	45 452	30 933	40 738
净收入	151 910	102 470	140 365
调整后的净收入	187 013	172 199	163 582

资料来源：公司报告。

表 7.3　2014—2016 年加拿大劳伦森银行综合现金流量表　　单位：千加元

截至 10 月 31 日的年度	2016 年	2015 年	2014 年
与经营活动相关的现金流			
净收入	151 910	102 470	140 365
调整以确定与经营活动相关的净现金流			
信用损失准备	33 350	34 900	42 000
可供出售证券处置的净损益	2 391	−8 253	−8 290
递延所得税	−6 441	−9 077	2 681
商誉、软件和无形资产及房屋和设备的减值	22 113	72 226	—
房屋和设备的折旧	9 798	14 125	16 107
软件和其他无形资产的摊销	28 771	38 657	39 509
商业抵押贷款销售收益	—	—	−3 686
或有对价	—	—	4 100
经营性资产和负债的变化			
贷款	−2 399 614	−2 090 419	−340 032
承兑汇票的变化	156 281	108 087	—
以公允价值计入损益的证券损失	−709 129	255 058	172 148
购买的逆回购协议下的证券	1 031 453	−714 658	−964 728
应收利息	−5 504	5 276	−3 740

续　表

截至 10 月 31 日的年度	2016 年	2015 年	2014 年
衍生资产	49 546	−143 792	−6 192
存款	969 041	2 081 278	595 676
与卖空证券相关的义务	−132 544	277 360	98 208
与回购协议下卖出的证券相关的义务	228 551	80 925	862 565
应付利息	15 747	−54 394	−13 424
衍生负债	24 816	34 843	−11 201
与证券化活动相关的债务变化	1 750 852	629 754	—
其他净额	224 835	−173 416	802
	1 446 223	540 950	622 868
与融资活动相关的现金流			
承兑汇票的变化	—	—	94 408
次级债务的回购	−250 000	—	—
与证券化活动相关的债务变化	—	—	−110 866
优先股的回购	—	—	−110 000
发行优先股的净收益	121 967	—	122 071
发行普通股的净收益	215 633	387	72
红利	−55 209	−73 025	−60 803
	32 391	−72 638	−65 118
与投资活动相关的现金流			
可供出售证券的变动			
收购	−2 229 090	−1 970 989	−3 339 421
出售及到期收益	1 885 770	2 152 640	2 454 227
持有至到期证券的变动	−307 354	−272 403	−336 335
收购	198 344	202 188	662 202
出售商业抵押贷款的收益	—	—	106 084
收购一组投资贷款组合	—	−613 120	—

续　表

截至 10 月 31 日的年度	2016 年	2015 年	2014 年
房产、设备和无形资产的增加	−43 549	−14 619	−64 490
购买商业组合支付的现金	−996 500	—	—
在其他银行的有息存款的变动	28 426	30 799	3394
	−1 463 953	−485 504	−514 339
现金及在其他银行的非计息存款的净变动	14 661	−17 192	43 411
年初在其他银行的现金及非计息存款	109 055	126 247	82 836
年末在其他银行的现金和非计息存款	123 716	109 055	126 247
关于经营活动现金流的补充披露			
年内支付的利息	561 770	619 108	603 473
年内收到的利息	1 161 519	1 129 223	1 129 180
年内收到的红利	11 436	15 111	8985
年内支付的所得税	35 561	45 041	19 884

表 7.4　2014—2016 年加拿大劳伦森银行综合资产负债表　　单位：千加元

截至 10 月 31 日的年度	2016 年	2015 年	2014 年
资产			
在其他银行的现金和非计息存款	123 716	109 055	126 247
在其他银行的计息存款	63 383	91 809	122 608
证券			
可供出售	2 723 693	2 368 757	2 577 017
持有至到期	502 232	393 222	323 007
持有用于交易	2 434 507	1 725 378	1 980 436
小计	5 660 432	4 487 357	4 880 460

续 表

截至10月31日的年度	2016年	2015年	2014年
购买的逆回购协议下的证券	2 879 986	3 911 439	3 196 781
贷款			
个人	6 613 392	7 063 229	6 793 078
住宅抵押贷款	16 749 387	14 998 867	14 825 541
商业抵押贷款	4 658 734	4 248 761	2 651 271
商业及其他	4 727 385	3 308 144	2 794 232
客户承兑汇票下的负债	629 825	473 544	365 457
小计	33 378 723	30 092 545	27 429 579
贷款损失准备	−105 009	−111 153	−119 371
	33 273 714	29 981 392	27 310 208
其他			
衍生品	232 791	276 601	132 809
房产和设备	32 989	45 562	68 750
软件及其他无形资产	150 490	147 135	207 188
商誉	55 812	34 853	64 077
递延所得税资产	36 495	17 450	7936
其他资产	496 532	556 851	365 721
小计	1 005 109	1 078 452	846 481
	43 006 340	39 659 504	36 482 785
负债与股东权益			
存款			
个人	21 001 578	19 377 716	18 741 981
企业、银行及其他	6 571 767	7 226 588	5 781 045
小计	27 573 345	26 604 304	24 523 026
其他			

续 表

截至 10 月 31 日的年度	2016 年	2015 年	2014 年
与卖空证券相关的义务	1 707 293	1 839 837	1 562 477
与证券回购协议相关的义务	2 525 441	2 296 890	2 215 965
承兑汇票	629 825	473 544	365 457
衍生品	150 499	125 683	90 840
递延所得税负债	32 755	8 294	10
其他负债	968 077	780 682	869 029
小计	6 013 890	5 524 930	5 103 778
与证券化活动相关的债务	7 244 454	5 493 602	4 863 848
次级债务	199 824	449 641	447 523
股东权益			
优先股	341 600	219 633	219 633
普通股	696 493	466 336	465 854
留存收益	924 861	886 656	848 905
累计其他综合收益	11 873	14 366	10 127
基于股份的支付储备	—	36	91
小计	1 974 827	1 587 027	1 544 610
	43 006 340	39 659 504	36 482 785
总敞口(非风险基础)	43 094 377	39 557 300	不适用[a]
敞口(风险加权资产)	17 922 653	15 422 282	13 844 014

注：[a] 不适用：根据金融机构监督办公室(OSFI)在 2014 年 10 月发布的杠杆率要求指南，之前的资产与资本倍数(ACM)已于 2015 年 1 月 1 日被新的杠杆率所替代。

资料来源：公司报告。

从外部银行信用分析师的有利角度来看，只有收入报表和资产负债表是相关的。这就引出了一个问题：为什么现金流量表在评估银行业绩时基本上是不相关的？回想一下现金流量报表记录了现金流入和流出企业的情况，以显示报告期间的净现金流。对于非金融公司，现金流量表对于评估信用状况是不可或缺的,由于它采用了权责发生制会计方法,因此提供的现金流量计算比收入报表更准确。由此,对于金融和非金融企业而言,净收入(亏损)几乎永远不会等于同一时期内赚取的现金净增加(减少)。以劳伦森银行为例,2014—2016年间的每年净收入并不等同于同期现金及非利息资产的净变化(参见表7.2和表7.3)。

尽管这个结果对非金融公司来说是相同的,但主要区别在于,银行的生产函数是独一无二的:现金既是输入(存款和其他融资)也是输出(来自贷款的利息和费用),因此现金变动对于业绩的解释与非金融企业的情况不一样。另一个区别是,银行的流入(主要是存款和其他融资)增加了其负债;流出(预付款和贷款)增加了资产。因此,稳定的净现金流入不一定对业绩有利,因为这可能意味着银行没有将负债转化为后来会带来现金流入的生产性资产;也就是说,现金流量表对于管理银行流动性等财务操作是相关的。然而,从外部信用分析师的角度来看,现金流量表在评估银行的信用度和业绩方面基本上是无关紧要的。

7.5.1 收入报表

正如我们之前提到的,银行的主营业务是货币。传统上,银行是这样操作的:对各种储蓄账户提供利息,并用这些存款发放贷款,收取更高的利率。银行从支付出去的和收到的利息之间的差额中获利,称为利息差额。在表7.2中,我们看到劳伦森银行从贷款利息中赚取了11亿美元,并向存款方支付了近4.54亿美元的利息。该银行从其贷款总额中赚取了6.12亿美元的利息差额。通过查看在表7.4中报告的资产负债表,你可以看到其贷款总额的大小。银行在2015—2016年间的贷款平均额几乎为327.35亿美元。这意味着平均利息率差为1.92%(612美元/31 735美元)。

在发达市场中,银行业已变得越来越不传统,这一趋势反映在总收入中非利息收入份额的增加。在表7.2中,非利息收入主要包括费用和佣金。非利息收入在2016年占银行总收入的40%,相比之下在2002年为26%。尽管如此,我们发现,贷款仍然是银行业务的主要支柱。以劳伦森银行为例,截至2016年10月31日(财政年度结束时),其贷款占银行总资产的四分之三(77%)以上。非利息收入份额的增长对银行资产负债表是有利的。这意味着,银行对贷款产生收入的依赖减少了,而且支持资产所需的资本较低。

现代银行通过证券赚取收入或现金。对大多数银行来说,证券投资组合很重要。劳伦森银行的资产中,有大约13%是在2016财年末的证券。用于交易、投资和可供出售的证券在表7.4中报告的资产负债表中得以体现。这些活动产生的收入是可观的,并在收入报表中列为其他收入。银行持有证券的目的如下:

(1)流动性或资产负债管理。流动性是银行实力的主要决定因素,由银行资产和融资的到期情况以及其获取现金的能力所决定。获得融资减少了对大量持有流动资产或现金的预防性需求。银行持有不同到期日的证券,作为资产—负债管理的一部分,以减轻由于期限错配导致的利率风险。

(2)出售证券和回购,以降低融资成本。

(3)当银行用自己的资本和资产负债表自行进行金融交易时,就发生了自营交易。自2007—2008年金融危机以来,当银行遭受重大损失时,自营交易一直受到监管机构的不满。

(4)战略投资,其中银行作为投资者,持有目标或关联公司的股票和优先股的股权证券。

7.5.2　资产负债表

银行如何利用其现金(存款和借来的资金)?从根本上讲,银行业是将短期负债转化为长期资产的过程;通俗地讲,就是"短借长贷"。贷款的平均到期期限通常超过存款的到期期限,由于贷款和存款到期日期不同带来的不匹配,导致银行面临利率风险(IRR)。银行承担了一部分风险,但尝试减轻风险以避免损失。尽管接受存款的机构有管理IRR的方法,但事情可能会出错。美国的储蓄和贷款(S&L)危机是IRR管理失败的极端例子,尽管还有其他促成因素,如"放松管制、内部欺诈和不受控制的大规模房地产贷款"[1]。

1985年,有3 246家S&L。到1995年,这个数字下降到仅1 000多家。[2] S&L的核心业务是固定利率抵押贷款,最初是由核心储蓄存款融资,然后在20世纪80年代放松金融管制后,越来越多地通过短期经纪存款融资,因为S&L的

---

[1] Newdorf, David. B. (1993). Inside Fraud, Outside Negligence and the Savings & Loan Crisis: When Does Management Wrongdoing Excuse Professional Malpractice, 26 Loy. L. A. L. Rev. 1165.

[2] Congressional Budget Study (1993). Resolving the thrift crisis, April 1993; Federal Homes Loan Board, Moral Hazard and the Thrift Crisis: An Analysis of the 1988 Resolutions, May 1989.

所有者此时能够大规模借款用于房地产贷款。这种融资方式对利率非常敏感,成本也比普通储蓄和支票账户更高。由于货币政策收紧,市场利率飙升,经纪存款的利率同步上升,但长期抵押贷款利率保持固定(15年)或平均变化很小。存款证(CD)每六个月到期一次,此时它们会以更高的利率重新定价。结果是净利息利差(NIM)的严重收缩,导致整个S&L行业遭受巨大损失。

出于充分的理由,CAMEL方法在信用评估中强调流动性的重要性。作为一个分析概念,流动性不是离散或分类的东西,准确地说,它是一个从流动到非流动的连续体。从简单的直觉出发,人们很容易认识到,现金是最流动的;而在连续体的另一端,像固定资产这样的东西是非流动的。连续体中间是各种类型的资产,它们在流动性上有所不同;或者说,在几乎没有或没有折损的情况下,资产转换为现金的便利性。在金融术语中,价值的损失被称为"扣减率"。

资产的流动性取决于市场条件、上市的数量和时间框架,所有这些因素都使得很难事先声明某个特定资产是流动的或者是非流动的。尽管如此,有些证券,如T-bills,在回购(再购买协议)市场上能够产生资金而不会产生大额折损。为了测量和计算CAMEL流动性比率,银行分析师需要识别资产负债表中报告的流动资产。如表7.4所示,银行在资产负债表上列出其资产的顺序模仿了流动性连续体,从最流动到最不流动。流动资产包括现金、现金等价物和证券。贷款被认为是非流动资产。但请注意,在发达的资本市场中,银行定期对其贷款进行证券化,因此从技术上讲,贷款并非非流动资产。

之前,我们研究了贷款和通过客户存款(称为零售融资)的资金筹集,这是通过银行网点收集的成本最低且最稳定的资金来源。第二种资金来源被归类为商业或批发,并包括对利率敏感的批发融资、联邦基金、大额外国存款和经纪存款。批发融资更容易受到金融市场中断的影响,正如我们在2007—2008年全球金融危机中所看到的。然而,批发融资在核心储蓄和活期账户存款增长缓慢时填补了重要的缺口。贷款与零售或个人存款的比率越高,对相对不稳定的批发融资的依赖程度就越高。因此,这个比率是银行依赖批发资金的镜像。以劳伦森银行为例,2014—2016年期间的比率平均为1.54∶1.00(或154%)。低于1∶1的比率表明,对批发资金的依赖程度低;相反,高于1.25的比率表明相对高的依赖程度。

在年度报告的脚注中,银行提供了其总计计息负债的细分。这些信息对于评估银行的利率风险敞口至关重要。并非所有此类负债的利率敏感性都相同。高度敏感的是经纪存款和一定金额的定期存款。高度依赖此类资金的银行在利率上升时，利率风险敞口更大。从银行分析师的视角来看，重要的信息不仅仅是汇总金额，如表 7.4 所示，而是账面价值细分（即账面金额），这些在综合资产负债表上未报告，但在年度报告的脚注中列为需求、通知、定期、次级债务和证券化活动存款。

银行需要资金来偿付不同到期日的存款，这是由资产负债、到期剖面和资金成本决定的。在其他条件相同的情况下，期限越长，利率越高，资金成本就越高，反映了更高的不确定性。在其他条件相同的情况下，低资金成本转化为更大的息差和更高的利润。储蓄存款利率低，相对稳定。在所有条件相同的情况下，存款的期限越短，利率就越低。就劳伦森银行而言，2016 年年度报告的脚注提供了贷款和计息负债的细分。这是关于到期错配的有用信息，因此，对于评估利率风险很有帮助。

资本、资本充足性评估以及资本充足率（CAR）在 CAMEL 框架中占据了显著位置。在我们对资本比率的定义中，应清楚地了解我们所说的资本是什么意思。对于银行和非银行机构而言，资本指的是股东的权益。我们可将其称为会计资本，以区别于监管资本和经济资本。监管资本已经等同于巴塞尔银行监管委员会（BCBS）。其资本充足性指南被称为《巴塞尔协议》。[1]

经济资本

1. 风险的一种衡量方法（损失分布的某个给定百分位数与预期损失之间的差异），来源于经济资本模型。

2. 与财务报表中报告的会计和监管资本不同。

3. 模型输出表示为吸收意外损失所需的资金金额。银行实际上没有义务留出这笔资产，但谨慎的银行使用这些计算结果来确定它们是否拥有足够的风险资本。

银行的经济资本来源于一个不需要资产作为输入的经济资本模型（参见

---

[1] 有关巴塞尔的更多信息，参见 Golin. J, & Delhaise P. (2013). ibid., 第 9 章。

第 1 章的方程式）。图 7.1 描述了经济资本的概念，其中，平滑曲线代表损失分布。预定的置信水平（垂直线）[1]划分了未被经济资本覆盖的意外损失（UL）与被准备金覆盖的预期损失加上被经济资本覆盖的意外损失。置信水平越高，破产的概率就越低。这是曲线尾部在所选置信水平下的区域。如你所见，将垂直线向右拖动会提高置信水平，使得尾部区域变得越来越小。

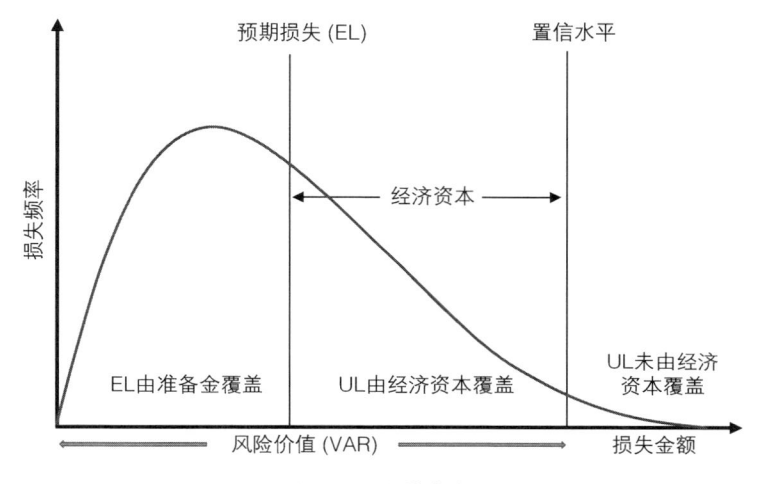

图 7.1　经济资本

以一年的 0.01 违约率（99.99％等同于"AAA"评级）为例。大多数谨慎的银行使用经济资本（模型）计算结果来确定留出多少风险资本。[2] EL 和 UL 的总和称为风险价值（VAR），这是在曲线分布的 X 百分位数可能发生的损失，在这种情况下，置信水平 $X=99.99$。图 7.1 中的 99.99 百分位数在其下方持有 99.99％的损失，在其尾部上方持有 0.01％的损失。这意味着银行接受，在未来 12 个月内有 1/10 000 的可能性会破产。J. C. Hull（2015）以及 P. Embrechts 和 R. Wang（2015）探讨了一种更好或更连贯的风险衡量方法，被称为预期短缺

---

[1] 银行是如何计算 VAR 的？举例来说，它会根据历史市场数据（如股票价格、波动性、利率、汇率）计算其投资组合在大约 350 个场景下的价值（使用前一年的 350 个交易日）。结果从最好到最坏排序。倒数第三个值是 99 百分位损失[(350×0.99)=346.5，四舍五入至 347]。99％作为预定的置信水平。

[2] FDIC (2004). Economic Capital and the Assessment of Capital Adequacy, Winter 2004.

(ES)或预期尾部损失,以确定金融机构的资本要求。[1] ES 是图 7.1 曲线分布尾部之外的区域(参见 Hull)。

我们之前看到,银行主要通过零售存款来融资,此外还通过借来的资金(批发资金)和银行资本,即通过出售股份或通过经营业务赚取的资金。我们在第 2 章讨论过,在资产融资方面,债务而不是股东权益的使用越高,杠杆率就越高。在这个意义上,特别是银行,是高度杠杆化的。因此,在银行分析中,杠杆率是资本实力的一个重要指标,通过银行资本与总资产(包括表外资产)的比率来衡量。与非金融企业相比,以负债与股东权益的比率衡量的杠杆率对于银行群体来说更高。

例如,看一下这些实际比率:零售业的沃尔玛(1∶5)、制造业的森科尔(1∶1)以及富国银行(9∶1)和加拿大皇家银行(20∶1)。注意,银行的杠杆比率较高。由于银行的杠杆率非常高,如果资产遭受重大损失,它们会很快倒闭。看这个例子:A 银行的资产负债表显示有 100 美元的资产,由 3 美元的资本和 97 美元的借款(储蓄存款和批发资金)组成。如果由于某些意外原因,银行资产的价值下跌超过 3%,资产的价值将低于负债,使得银行破产。银行缺乏足够的资本来减记因冲击造成的损失。因此,在其他条件相同的情况下,银行的资本比率越强,它就越能吸收意外损失,从而其客户的置信水平就越高。但雷曼兄弟公司不是这种情况。它曾是美国第四大投资银行,在 2008 年因金融危机导致其抵押贷款支撑的证券组合遭受重大损失而申请破产。

最低 SLR(补充杠杆率):非基于风险

SLR(补充杠杆率)是一级资本与总资产的比率,一级资本定义为股东权益(包括普通股、留存收益和非可赎回优先股),总资产包括未加权的资产负债表内

---

[1] Hull, John. C. (2015). *Risk Management and Financial Institutions*, Wiley, 4th Edition, Chapter 12; Paul Embrechts and Ruodu Wang. Seven Proofs for the Subadditivity of Expected Shortfall, https://people.math.ethz.ch/~embrecht/ftp/Seven_Proofs.pdf. VAR 回答的问题是,给定投资组合的风险价值是多少? 或者情况会变得多么糟糕? 它无法回答,如果事情真的变糟,预期损失是多少? 回答第二个问题的度量是预期损失(ES)或预期尾部损失。任何风险度量必须具备四个属性:单调性、平移不变性、同质性和次可加性。然而,第四个条件是区分任何一致风险度量的关键属性。次可加性条件指出,在两个投资组合合并后,如在投资组合多样化中,风险度量应不大于它们合并前风险度量的总和(见 Hull)。更准确地说,一个次可加风险度量 ρ 满足对于任何两个风险 X 和 Y,$\rho(X+Y) \leqslant \rho(X)+\rho(Y)$ 始终成立(见 Embrechts and Wang)。Hull 通过数值例子说明 VAR 不满足第四个条件,而 ES 满足所有四个条件。Embrechts 和 Wang 提供了正式的数学证明。

资产和资产负债表外承付款项、衍生品以及证券融资交易。根据《巴塞尔协议Ⅲ》，所有银行的最低补充杠杆率(SLR)为3%。[1] 这个例子说明了，为什么美国银行监管机构把最大美国银行控股公司的比率收紧为5%，正式称为增强的最低杠杆率(e-SLR)。这些大银行被巴塞尔界定为具有全球系统性重要性的银行(G-SIB)。3个百分点是所有银行的最低杠杆率限制标准。美国的全球系统性重要的银行一直在寻求监管机构的资本减免。

从这些银行的有利角度来看，任何低于5%的比率都表示减少了为资金增长而需要筹集资本的需求。要理解这一点，看一下5%的杠杆率意味着什么：对于20美元的风险加权资产，银行会留出1美元的一级资本支持。降低到4%意味着，25美元的风险加权资产由相同的1美元一级资本支持。显然，在其他条件不变的情况下，更高的最低资本比率限制了贷款。超过最低要求的比率是资本实力的一个标志。查看一下2016财年末劳伦森银行的财务报告，我们观察到该比率为4.1，基于一级资本18亿美元和总资产431亿美元(见表7.5)。

表7.5　劳伦森银行，2014—2016年监管资本　　　　　　　　　　　单位：千加元

截至10月31日的前三个年度	2016年	2015年	2014年
普通股	696 493	466 336	465 854
基于股份的支付储备	—	36	91
留存收益	924 861	886 656	848 905
其他综合收入累计，不包括现金流量对冲储备	203	−11 391	13 337
普通股权一级资本扣除	−182 181	−166 399	−240 963
普通股权一级资本	1 439 376	1 175 238	1 087 224
非合格优先股	97 562	97 562	97 562
合格优先股	244 038	122 071	122 071
附加一级资本	341 600	219 633	219 633

---

[1] 参见美国联邦储备委员会2018年2月2日的新闻发布会。美联储主席在2018年2月27日星期二首次出席国会时表示，补充杠杆比率是当前巴塞尔风险基础资本框架的重要后盾。一些国会议员担心该比率对贷款过于苛刻。

续 表

截至10月31日的前三个年度	2016年	2015年	2014年
一级资本	1 780 976	1 394 871	1 306 857
次级债务	199 824	199 641	355 048
集体拨备	75 380	73 904	87 546
二级资本扣除	—	—	−1 925
二级资本	275 204	273 545	440 669
总资本	2 056 180	1 668 416	1 747 526
备注			
普通股权一级资本比率(%)	8.0	7.6	7.9
一级资本比率(%)	9.9	9.0	9.4
总资本比率(%)	11.5	10.8	12.6
一级资本/总计(%)	86.6	83.6	74.8

资料来源：公司报告。

杠杆比率：基于风险

第二个杠杆比率是基于风险的杠杆比率，其界定维度如下：

(1) 普通股权一级资本比率(CET1)。普通股权一级资本/风险加权资产(RWA)。

(2) 一级资本比率。一级监管资本/RWA。

(3) 总资本比率。总监管资本/RWA。

从表7.5报告的数据中，我们看到，劳伦森银行在2016财年末的相应比率分别为8.0%、9.9%和11.5%，而监管要求则为7.0%、8.5%和10.5%。它们于2019年1月1日生效。在其他条件相同的情况下，常规审慎要求的超额完成量越大，风险评级就越高。

7.6 创建描述符

在本章的剩余部分，我们将使用之前讨论的材料来创建描述符。回顾一下，

BRR 记分卡结合了这四个加权风险标准：
- 运营环境(10%)；
- 商业风险(15%)；
- 管理风险(25%)；
- 财务风险(50%)。

对于每个标准,我们采用在第 3 章解释过的方法。

7.6.1 运营环境

重要预测指标

我们探讨构成一个国家的监管框架和经济的关键特征。你会注意到,运营环境和国家风险/主权风险分析在某种程度上是重叠的,这是预期之中的。我们关注以下预测指标：

(1) 经济的强度和稳定性。虽然有许多经济强度和稳定性的指标,但只需要几个就足以提供一个相当全面的画面：

① 经济中的生产结构。这些信息是通过研究一个国家为国内消费和出口(包括旅游)所生产的商品和提供的服务得出。一个国家在经济上对有限数量的经济活动和出口的依赖越大,它就越容易受到内部和外部经济冲击的影响。价格易波动的商品出口受到的影响则更大。

② 经济增长率。相对较高的人均实际国内生产总值(GDP)或国民总收入(GNI)增长率表明,生活标准的提高体现在更高的收入上。GDP/GNI 增长只是经济增长的一个衡量标准；它未解释收入分配的问题,而收入分配也是经济增长的一个衡量标准。

③ 宏观经济稳定性。这种情况归根结底就是评估一个国家是否在实行稳健的宏观经济政策——货币、财政和国际收支政策,以保持低通胀、可持续的经济增长和稳定的汇率。一些有用的宏观经济失衡指标包括：

A. 外债/GDP 比率。研究表明,外债超过 50% GDP 的国家更有可能违约。[1]

---

[1] Manasse, P., Roubini, N., Schimmelpfennig, A. (2003). Predicting Sovereign Debt Crises, IMF Working Paper, WP/03/221.

B. 通货膨胀率、公共部门总债务/GDP比率(偿债能力的一个关键指标)、外部活期账户余额/GDP比率(外部融资需求的一个衡量标准)、总体财政平衡/GDP比率(衡量政府部门融资需求的指标)。以往债务违约的证据表明,这些指标的高读数以及上升的高外债/GDP比率与更高的违约概率有关。

a. 作为流动性关键衡量指标的每月外汇储备。在流动性紧缩时,政府可能别无选择,只能违约,而不是耗尽其储备来偿还外债。国家通常试图至少维持3个月的进口覆盖率,12个月及以上表明流动性强,但趋势同样重要。

b. 引入外汇管制或收紧现有管制,以及平行汇率市场的出现,都是债务偿还问题的红色预警。

(2) 银行业的实力与稳定性。常见指标如下:

① 银行业的规模。对于经济体而言,无论是绝对规模还是相对规模,银行系统越大,其对经济冲击的抵御能力就越强。衡量银行业规模的一个有用指标是银行存款与GDP的比率。在大量关于经济发展的文献中[1],我们了解到,金融体系的发展和更广泛经济的发展,在一个被称为"金融深化"的过程中紧密交织。这一过程通过商业银行、信用合作社和信托公司的金融中介发生。

图7.2中的散点大致呈现人均GDP(代表经济发展水平)与不同经济成熟阶段国家的银行存款同GDP的比率之间的正相关关系。曲线向上倾斜,但随着金融深化的扎根和扩散,开始变得平缓。

这个模式体现了经济从不发达过渡到完全成熟时期的特征。随着经济成熟和资本市场的出现,出现了金融去中介化。与其投资于银行存款,储户现在可以通过证券交易所直接购买证券。在图7.2中,我们看到法国、德国、丹麦和美国的存款比率相对下降的证据。相比之下,像巴巴多斯(97%)、泰国(116%)和马来西亚(123%)这样的新兴经济体的比率(括号中显示)更高,这是因为金融去中

---

[1] 关于金融发展与经济发展之间关系的观点可以追溯到: Adam Smith (1776). *The Wealth of Nations*。这些观点已经发展成为一套理论体系,其起源于: Raymond R. Goldsmith 的早期作品, *Financial Structure and Development* (Yale University Press, 1969); Ronald L. McKinnon, *Money and Capital in Economic Development* (Washington, DC: Brookings Institution, 1973); Edward S. Shaw, *Financial Deepening in Economic Development* (New York: Oxford University Press, 1973)。

介化的水平较低，这也是在意料之中。尽管日本(216%)[1]是成熟经济体，但并不因为它是一个独特的案例——储户极大地偏好银行存款或现金而不是证券——就否定这一模式。其原因与保持旧的文化习惯有关。

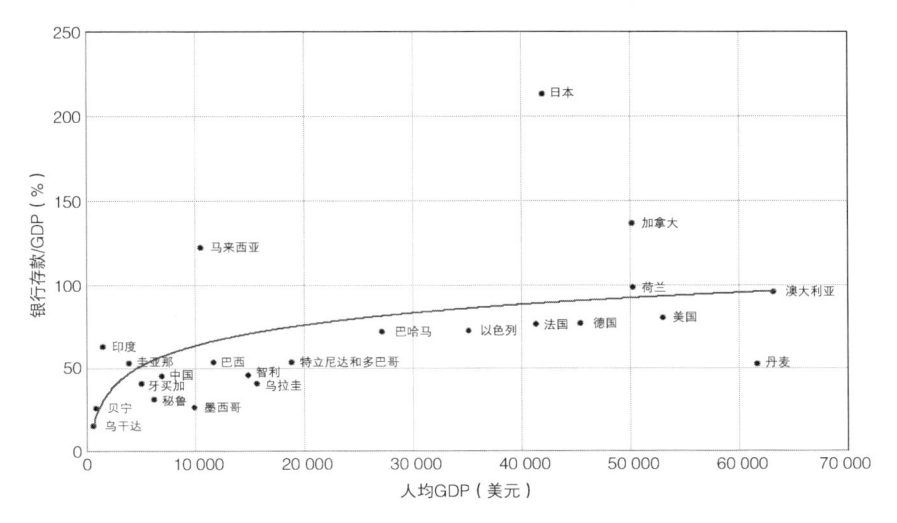

图 7.2　银行存款占 GDP 的百分比(2011—2015 年平均值)

② 银行业的财务健全性。主要预测指标如下：

A. 偿债风险。常用的指标是资本充足率，比如监管资本／风险加权资产以及监管一级资本／风险加权资产。

B. 流动性风险。关键指标是客户存款／总贷款以及流动资产／总存款。

C. 信用风险指标。常用的指标包括不良贷款／总贷款，以及拨备／不良贷款(NPL)。不良贷款是指违约一段特定时间的贷款，这个时间根据贷款期限而定。典型的期限有 60 天、90 天和 180 天。

D. 集中风险。行业集中风险是通过银行业信贷敞口在各行业的分布来衡量的。贷款组合集中是银行风险分析中的一个负面因素。为了确定集中度，人们会查看银行业信贷敞口在各行业的分布。资产集中风险是通过最大银行的总资产份额占银行业总资产的比例来衡量的。

E. 竞争程度。一个由许多小银行在有限市场竞争的分散银行系统，如美国

---

[1] 日本人是强迫性储蓄者，部分原因在于文化。年轻时，孩子们学会了储蓄。日本的一个独特特征是，公众更喜欢使用现金而不是信用卡进行交易。与其他工业化西方经济体相比，在日本使用借记卡而不是信用卡的比例要高得多。这在一定程度上解释了银行存款的突出地位。

储蓄和贷款行业,就像一个高度集中的银行结构一样,构成审慎风险。

F. 盈利能力。从银行风险分析师的角度来看,重点是对行业整体资产回报率、股本回报率和利息差的趋势进行分析,以获得一个总体的情况。

信息来源包括中央银行数据、国际货币基金组织(IMF)国家报告、评级机构的国家报告以及报纸。

③ 监管体制结构。对银行业法律、监管和监督框架的评估包括以下内容:

A. 政府和私营部门的腐败。主要指标是《腐败控制》(世界银行)、《腐败感知指数》(透明国际)以及 WGI 项目(世界银行)。

B. 一个国家机构的实力和可靠性。这一属性包括银行财务报告的质量和及时性。

C. 银行监管机构的能力、独立性和权威。

D. 对规定的执行。

信息来源包括前面提到的那些内容。

7.6.2 描述符

前面的讨论为描述符提供了理论和实证基础。对于定性描述符,一种合理的方法是尝试定义中等级别的规模,前提是,数据是存在的。按照这种方法并使用前面章节中呈现的实证和理论信息,我们为三个组成部分"中""+／高""—／低"定义了描述符。

描述符:运营环境

我们从运营环境开始,并使用一些 BRR 评级进行说明。表 7.6 给出了描述符。在构建 BRR 记分卡方面,棘手的部分是通过观察到的特征创建定义,以有效区分不同的 BRR 等级。例如,"AA"等级是由表 7.6 中显示的属性定义的。我们遵循相同的原则完成记分卡的其余部分,该程序结果显示在表 7.7 和表 7.8 中。

描述符:商业风险

表 7.7 报告了商业风险的描述符。

描述符:管理风险

表 7.8 报告了管理风险的描述符。我们在讨论"5C"时探讨了"诚信"和"行为"概念。在这张表中,我们为这些属性创建描述符,以区分不同的风险等级。

表 7.6　运营环境的描述符

风险评级	描述符：每个风险评级类别包含一个或多个
AA	● 经济基本面强劲,中期增长和通胀展望稳定。存在一些内部和外部风险,但已实施强有力的经济政策。 ● 金融体系稳定,拥有强大的安全网络,如危机管理、提供紧急流动性、存款保险等。 ● 政府支持的可能性高。 ● 法律、监管和监督框架强大：独立的银行监管、有效的法规执行等。银行遵守国际通用会计准则。
A	● 政府支持的可能性高。 ● 经济基本面状况良好,中期增长和通胀展望相当稳定。 ● 金融体系稳定,但在各个领域需要改进,如多个监管机构的整合、紧急流动性支持、存款保险覆盖等。 ● 法律、监管和监督框架强大。银行监管机构独立且有权执行法规。银行遵守国际通用会计准则。
BBB	● 经济基本面总体上是健全的,但薄弱点威胁到中期展望。 ● 金融体系相对稳定,但在多个领域存在弱点,如需要银行整合、紧急流动性支持、存款保险等。 ● 有一定的政府支持可能性。 ● 法律、监管和监督框架薄弱。银行监管机构缺乏独立性和执行规定的权力。 ● 银行大部分遵守国际通用会计准则。报告的及时性是个问题。
BB	● 经济基本面总体上是薄弱的。经济改革已经迫在眉睫。该国容易受到国内外经济冲击。 ● 不稳定的银行业。经济要么过度银行化且竞争过于激烈,要么不够银行化且竞争不足以维持稳定。 ● 没有政府支持的可能性 ● 由于缺乏运营独立性和充足的资金,金融体系缺乏有效的审慎和监督监管。 ● 财务披露薄弱。 ● 法律体系因贿赂和腐败而受损。
B	● 经济基本面要么极度薄弱,要么恶化,体现在高通胀、汇率贬值、增长停滞等方面。 ● 银行业非常不稳定。经济要么过度银行化且竞争过于激烈,要么不够银行化且竞争不足以维持稳定。 ● 没有政府支持的可能性 ● 金融体系缺乏审慎和监管框架。 ● 法律体系功能失调。 ● 腐败是普遍存在的。
D	● 经济未能满足基本需求。 ● 脆弱的银行体系,缺乏审慎和监管框架,并且容易受到内部和外部冲击触发的系统性风险。 ● 没有政府支持的可能性。 ● 法律体系功能失调。 ● 腐败是普遍存在的。

表 7.7　商业风险的描述符

风险评级	描述符：每个风险评级类别包含一个或多个
AA	● 在许多业务线中处于领导地位。 ● 银行的品牌或特许经营在全国或区域内拥有超高人气。顾客忠诚度强。
A	● 在重要的业务线中是市场领导者之一。 ● 银行的品牌或特许经营在全国或区域内拥有强大人气。顾客忠诚度强。
BBB	● 在其具有定价权的少数业务线中领先。 ● 提供差异化产品的有竞争力的区域银行。 ● 保卫其品牌或特许经营的能力毋庸置疑。
BB	● 在许多业务线中不具竞争力(国家或区域银行)。 ● 面临激烈竞争,失去市场份额,但仍具有生存能力。
B	● 不具竞争力的国家或区域银行。 ● 最小的特许经营价值。
D	● 不可行。

表 7.8　管理风险的描述符

风险评级	描述符：每个风险评级类别包含一个或多个
AA	● 一个规划良好的商业计划,具有可行的目标、适当的策略、风险和风险缓解措施的分析,以及为所有利益相关者包括董事会定期监控和审查设定的可衡量目标。 ● 已建立有效的风险管理框架,由能干的人员负责,并由一套完整的政策和程序加以指导。自上次审查以来,没有负面报告表明有其他情况。 ● 有效的公司治理似乎存在。自上次审查以来,没有负面影响声誉、运营、信贷、人员和其他风险的报告表明有其他情况。
A	● 一个有明确目标、策略、实现目标的风险分析的健全商业计划,可衡量并定期监控。 ● 已建立有效的风险管理框架,由能干的人员负责。自上次审查以来,没有负面报告表明情况有所不同。 ● 似乎存在有效的公司治理。自上次审查以来,没有负面报告表明情况有所不同。
BBB	● 一个合理的商业计划,有明确的目标和策略,可衡量并定期监控。 ● 对实现目标的风险分析不足。 ● 已建立风险管理框架。自上次审查以来,没有负面报告表明情况有所不同。 ● 存在公司治理框架。自上次审查以来,没有负面报告表明情况有所不同。
BB	● 可能是一家国家或地区银行。 ● 通常不具有竞争力。 ● 面临激烈的竞争,继续失去市场份额,但仍然可生存。

续表

风险评级	描述符：每个风险评级类别包含一个或多个
B	● 可能是一家国家或地区银行。 ● 缺乏竞争力。 ● 最小的特许经营价值。
D	● 不可行。

描述符：财务风险

① 全球银行数据与比率分析。

在本书中，我们全球性地分析银行，这意味着综合以比率形式呈现了数千家银行的财务信息，以识别和确认模式。分析师的首要任务是收集数字数据并整理统计数据。评级机构，如标准普尔和穆迪，以及 Bureau Van Dijk，是最佳信息来源，因为它们拥有庞大的数据库。我们使用世界银行数据[1]，并且就我们的目的而言，这些信息已经足够。同样的数据在 FRED(圣路易斯联邦储备银行)网站上可获得：https://fred.stlouisfed.org。表 7.9 给出了用于 CAMEL 分析的预测因子。

第二个任务是确定是否"一刀切"，以便用一个记分卡就足以评估各种规模的银行。我们认为，规模对银行风险评级很重要。众多原因中的一个是"大到不能倒"的观念。因此，从分析角度来看，为小型、中型和大型银行设计不同的记分卡以考虑它们的独特属性是有意义的。基于标准的方法很容易适应这种细化，并且可以使用资产规模来创建三个组。在本书中，我们更感兴趣的是技术，所以我们可能忽略概念上的细化，并假装我们正在为一个"大众"银行设计 BRR 记分卡。第三个任务是将数据分桶或分段，以有效区分评级系统的 BRR。

让我们转向世界银行的银行数据，回顾一些重点。银行业是周期性的，因此我们预期比率也会以同样的方式表现。为了平滑数据中的周期性，我们将 2008—2015 年这个长周期的每个预测指标的比率平均化，该周期接近全球经济扩张期。2015 年后的数据在全球范围内不可用。表 7.9 根据周期给出了统计

---

[1] World Bank. Financial Soundness Indicators (Bank Non-Performing Loans to Gross Loans; Bank Regulatory Capital to Risk-Weighted Assets; Bank Deposits to GDP; Bank's Net Interest Margin; Bank's Return on Equity; Bank's Return on Assets; Liquid Assets to Deposits and Short Term Funding) retrieved from FRED (Federal Reserve Bank of St. Louis): https://fred.stlouisfed.org/series/DDSI02CNA156NWDB, March 25, 2018.

摘要。正如你从均值和中位数之间的差异可以看出,关键预测因子的观察结果是偏斜的。只有股本回报率(ROE)和资产回报率(ROA)显示出正偏态。我们使用一种统计技术,将观察结果拟合到正态分布(见附录7.2中的解释)。

表7.9 全球银行的财务比率(2008—2015年平均值)

比率	平均值	中位数	标准偏差	国家数量
监管资本与风险加权资产比率(RWA)	16.69	16.04	4.29	110
银行资本与总资产比率	9.94	9.56	3.80	89
贷款损失准备金与不良贷款(NPL)比率	69.48	59.38	40.92	109
不良贷款与总贷款比率	6.52	4.14	6.57	70
流动资产与存款及短期融资比率	32.67	27.63	17.68	132
净利息差(NIM)	3.93	3.41	2.45	95
成本收入比	61.80	61.16	7.30	187
股本回报率(ROE)	11.44	12.40	15.23	154
资产回报率(ROA)	1.04	1.10	1.29	109

资料来源:圣路易斯联邦储备银行,https://fred.stlouisfed.org。

② 银行比率分析。

关于财务比率和分析,有几个初步的观察结果和预先声明值得记住,具体如下:

● 通用基准。没有通用的基准或标准,而是根据最佳实践得出的经验法则。

● 跨境和市场内部的一致性。定义并测量分子和分母的不同方法严重限制了比较分析。分析师需要深入挖掘原因。通常来说,它们是会计政策和应用的差异,以及国家银行法规的差异。

● 银行业务的周期性。银行比率对商业周期的阶段很敏感。由于当前和未来的商业条件会发生变化,这就要求在全球银行的比较分析中更加谨慎。

● 银行比率对公司商业计划和战略很敏感。例如,不良贷款比率相对于总毛贷款的比率(NPL比率)可能并不一定是贷款质量差的指标。

● "其他条件相同"论。这一条款是不可或缺且有用的分析工具。当试图隔离原因并理解现实世界的复杂性时,它类似于长方程的偏导数。[1] 我们在本书中虽然使用了这个历史悠久的工具,但在现实生活中,事物总是在变化或运动且不平等。

7.6.3 定义财务风险的描述符

资本化:资本充足性

让我们从CAMEL的"C",即我们之前讨论过的一个关键偿债能力指标"资本化",以及表7.10中报告的巴塞尔资本化比率开始。监管资本充足率(CAR)是根据风险加权资产(RWA)来定义的。这些是任何给定类别(表内和表外)的资产的价值,乘以其风险权重。

表 7.10 《巴塞尔协议Ⅲ》最低资本比率

资本化比率	组成部分	2018年要求	2019年1月1日起要求,带有强制性资本保留缓冲	2019年1月1日起要求,带有可选的逆周期缓冲
CET1比率	● 股东权益 ● 保留收益	4.5%	6.0%(4.5%+2.5%强制性资本保留缓冲的缓冲)	7.0%~9.5%=4.5%+2.5%强制性资本保留缓冲的缓冲+最多2.5%自由裁量逆周期缓冲
一级资本比率	● 股东权益 ● 保留收益 ● 非累积,非可赎回优先股	6.5%	8.5%(6.5%+2.5%强制性资本保留缓冲的缓冲)	8.5%~11.0%(6.5%+2.5%强制性资本保留缓冲的缓冲+最多2.5%自由裁量逆周期缓冲)
总资本比率	一级资本+二级资本[a]	8.0%	10.5%(8%+2.5%强制性资本保留缓冲的缓冲)	10.5%~12.5%(8%+2.5%强制性资本保留缓冲的缓冲+最多2.5%自由裁量逆周期缓冲)
最低杠杆比率[b]	CET1 + AT1(附加一级资本)	≥3.0%	≥3.0%	

注:[a] 也称为补充资本,包括未公开储备、重估储备、一般准备、混合工具和次级债务。
[b] 非风险基础衡量标准(一级资本/平均总合并资产)于2013年引入并延长至2019年3月。
资料来源:BCBS:《一个更具韧性的银行和银行系统的全球监管框架》,2010年12月,附件4。

---

[1] Stanford Encyclopedia of Philosophy, Ceteris Paribus Laws,可在网站上查看:https://plato.stanford.edu/entries/ceteris-paribus。偏导数是一种精确的数学方法,用于描述 Ceteris Paribus 方法在科学中(主要是经济学)的应用。

将所有类别的加权值相加，可得出银行的总风险加权资产（RWA），这作为风险基础资本比率的分母。在评估银行的资本实力或充足性时，一个重要的提醒是，巴塞尔比率是最低要求。国家监管机构确定标准，在大多数情况下，这些标准更高。值得注意的是，自 2015 年以来，银行已经超过了最低比率，正如我们之前所示的劳伦森银行的信息。美国大银行在 CET1 方面领先。根据最近的数据[1]，六大银行报告的 CET1 比率超过 10%，而最低要求是 9.5%，其中包括 2.5% 逆周期缓冲。与报告更高比率的竞争对手相比，仅仅满足最低要求的银行在借贷方面处于严重不利地位。评级机构基于银行的资本充足性（及其他因素）来评定其信用等级，因此对于规模相似的银行来说，在强大的市场动力驱使下，它们至少要做得比监管最低要求好，并超过平均水平。

银行分析师需要从不同角度评估资本充足性：

(1) 在吸收损失方面。银行的主营收入资产、资产质量的潜在风险，以及资本基础的充足性（其绝对规模）。

(2) 资本比率的趋势。

(3) 监管资本的质量。将一级资本与二级资本区分开来。前者被称为核心资本，包括公开储备，由普通股权、留存收益和不可赎回的非累积优先股组成。一级资本排除了国库股和无形资产，如商誉，这对许多银行来说可以是一个重要的资产组成部分。由收入减值费用造成的商誉减值导致商誉账面价值下降，从而直接减少了资本。二级资本补充不是一级资本的替代品，因此被称为补充资本。它包括重估储备、未公开储备、次级定期债务和具有次级特征的混合工具。一级资本的质量高于二级资本，因为一级资本类型的流动性更高、赎回优先级的程度更低。一级资本代表银行能够覆盖损失的资本金额，以便银行存款人可以回收他们的存款。用于评估资本充足性的关键资本充足率（CAR）如下：

- 一级资本比率。一级监管资本[2]与风险加权资产（RWA）的比率。一级

---

[1] Khan, M. (2018). Capital and RWA for Tier 1 US Banks—2Q 2018, *Clarus Financial Technology*. 这六大银行分别是摩根大通、美国银行、花旗集团、富国银行、高盛集团和摩根士丹利。https://www.clarusft.com/capital-and-rwa-for-tier-1-us-banks-2q-2018.

[2] 监管资本是国家银行监管机构确定的用于覆盖意外信贷、市场和运营风险或损失的最低资本额，以便存款人能够取回他们的资金；而经济资本是基于银行自身的经验和业务目标，并由银行内部计算。与监管资本不同，巴塞尔并未定义经济资本。虽然每家银行对资本的定义各不相同，但 2006 年修订框架的第 528 段指出，"银行的整体风险管理实践，用于管理其银行账簿股权投资，预期将与委员会和国家监管机构发布的不断发展的健全实践指南保持一致"。

资本包括普通股一级资本(CET1),正如我们在劳伦森银行看到的,这个比率不能仅仅通过查找银行资产负债表中的相关项目来计算,因为该比率的分子是根据监管指导方针由银行内部计算的。根据2019年1月生效的《巴塞尔协议Ⅲ》规则,最低比率从2007—2008年全球金融危机后的4%增加到了8.5%。在2019年1月起生效的《巴塞尔协议Ⅲ》规则下,最低比率从2007—2008年全球金融危机后的4%提高到了8.5%。

- 总监管资本比率。依照监管指南的总监管资本与风险加权资产的比率。与之前提到的原因相同,该比率也无法从资产负债表和年报的脚注中计算得出。根据2019年1月1日生效的《巴塞尔协议Ⅲ》规则,最低比率从2008—2009年全球金融危机后的8%增加到了10.5%(见表7.10)。

- 有形普通股权比率。这是另一种资本化衡量方法,定义为普通股权(最高质量的有形资本)与总有形资产(总资产减去无形资产)的比率。我们在分析资本充足性时只考虑股权的有形部分,有两个原因。首先,无形资产不能用来偿还债权人。其次,无形资产的存在意味着资本的账面价值几乎无法说明在不破产的情况下银行吸收其资产(表内和表外)意外损失的能力。TCE(总普通股权)指标将所有资产视为风险相同,尽管实际上风险各不相同。然而,这个指标之所以常用,是因为:第一,它通过资产负债表进行简单计算,这是其他涉及风险加权资产的巴塞尔指标无法做到的;第二,它用来检测是否不正当计算风险加权资产,以使比率高于实际值。记住,监管风险权重是一个内部计算。

表7.11给出了三个关键杠杆比率的定量定义示例:一级资本比率、总监管资本比率和有形普通股权比率。此外,该表还展示了资本质量的定性定义示例。基于外部评级机构报告以及全球成熟和新兴市场的一些银行的2017年度报告,一级比率从土耳其Burgan Bank A. S.的最低8.15%到美国摩根士丹利的最高17.4%不等。作为银行业中位数和标准差的近似值,我们分别使用12.50%和3.46%来构建表7.11中报告的离散区间。定性预测因子为定量预测因子增加了必要的互补性。它们进一步定义了资本的构成及其质量。

表 7.11 资本化的描述符

风险评级	一级比率	TRC 比率	TEQ 比率	资本质量
AA+	≥22.2	≥28.1	≥20.3	● 资本几乎全部是普通股和优先股（股权）。
AA	20.8—22.1	26.4—28.0	18.7—20.2	
AA—	19.4—20.7	24.7—26.3	17.2—18.6	● 总资本中商誉和其他无形资产的比例非常低。 ● 重估储备、未披露储备、混合工具和次级定期债务在补充资本中的比例非常低。
A+	18.0—19.3	22.9—24.6	15.7—17.1	● 资本几乎全部是普通股和优先股（股权）。
A	16.7—17.9	21.2—22.8	14.1—15.6	
A—	15.3—16.6	19.5—21.1	12.6—14.0	● 总资本中商誉和其他无形资产的比例相对较低。 ● 重估储备、未披露储备、混合工具和次级定期债务在补充资本中的比例相对较低。
BBB+	13.9—15.2	17.7—19.4	11.1—12.5	● 资本主要是普通股和优先股（股权）。
BBB	12.5—13.8	16.0—17.6	9.6—11.0	
BBB—	11.1—12.4	14.3—15.9	8.0—9.5	● 总资本中商誉和其他无形资产的比例适中。 ● 重估储备、未披露储备、混合工具和次级定期债务在补充资本中的比例适中。
BB+	9.7—11.1	12.5—14.2	6.5—7.9	● 混合资本占比高（具有债务和股权特征）。
BB	8.3—9.6	10.8—12.4	5.0—6.4	
BB—	7.0—8.2	9.1—10.7	3.4—4.9	● 商誉和无形资产在总资本中占比相对较高。 ● 重估储备、未披露储备、混合工具和次级定期债务在补充资本中占比相对较高。 ● 可能资本不足。
B+	5.6—6.9	7.3—9.0	1.9—3.3	● 商誉及其他无形资产在总资本中占比高。
B	4.2—5.5	5.6—7.2	0.4—1.8	
B—	2.8—4.1	3.9—5.5	−1.1—0.3	● 重估储备、未披露储备、混合工具和次级定期债务在补充资占比高。 ● 低于监管要求；需要增资。
D	≤2.7	≤3.8	≤−1.0	● 负资本。

资产质量

我们关注以下三个指标,因为它们从不同角度衡量资产质量:

- 不良贷款占总贷款的比例(不良贷款比率);
- 贷款损失准备金占拨备前收入的比例;
- 贷款损失准备金占不良贷款的比例(不良贷款或准备金覆盖率)。

让我们按照它们被提出的顺序逐一探讨。不良贷款比率是一个基本指标,通常用于评估资产质量。它易于解释和计算:

$$不良贷款比率 = \frac{总不良贷款}{总贷款或毛贷款}$$

比率越高,资产质量越差,受到之前提到的所有预先声明的限制,特别是:有许多对于不良贷款的定义,但不存在通用或普遍的定义;银行内部决定贷款是否可以被正式分类为监管审慎报告和监控的不良贷款。不出所料,减值贷款、拖欠贷款、违约贷款、非计息贷款以及特别提及的贷款,都属于问题贷款的范畴。巴塞尔银行监管委员会(BCBS)提供了一个关于不良敞口的协调定义。[1]

评估银行资产质量是银行风险评估中最困难的部分,问题的根源在于缺乏贷款账簿上的信息。例如,常见的做法是展期,通过向拖欠借款人提供新贷款来帮助他们偿还旧贷款,这掩盖了实际的贷款违约。信用分析师必须找到一种有效的方法将风险纳入综合 BRR 中。他们可以在运营环境中的银行监管质量、管理风险中的风险管理和内部控制质量,或在记分卡中的信息不对称覆盖中说明这一点。在基于标准的方法中没有固定的做法,只有在实际情况中最有效的做法。

以下敞口被视为不良资产:

---

[1] Bank for International Settlements, Basel Committee on Banking Supervision (2016). Prudential Treatment of Problem Assets — Definitions of Non-performing Exposures and Forbearance, July 15, 2016. 减值是一个会计概念,而不良是一个监管审慎概念,两者不可互换。从第 24 段来看,减值贷款是不良的,但反之则不一定成立。贷款可能未被减值(在会计上意味着银行在资产负债表上认可了潜在损失),但在监管意义上,由于债务人不太可能支付所有利息(和本金),贷款仍被视为不良。

(1) 所有在巴塞尔框架下被判定为"违约"的敞口(例如,《巴塞尔协议Ⅱ》中规则文本的第 452 段及其后续修订)。

(2) 根据适用的会计框架,所有受损的敞口(指由于信用状况恶化而经历了估值下调的敞口)。

(3) 所有其他未违约或未减值,但仍然是逾期超过 90 天的重大敞口;或者即使没有变现抵押品,也有证据表明全额偿还本金和利息是不太可能的,无论逾期天数多少。

公认的不良贷款(NPL)的分析定义满足以下两个标准:

● 贷款被认为违约,意味着借款方逾期支付利息(或本金)90 天,并且/或者不太可能偿还所有相关的本金和利息支付。

● 贷款受损(意味着很可能无法收回所有本金和利息支付,因此根据会计框架,贷款的原始价值被降低)。

所有这些都意味着,NPL 是实际违约或预期将违约。如果基于当前信息和事件,银行确定无法收回所有合同规定的金额,包括预定的利息支付,那么贷款就被认为受损。受损贷款包括非计息贷款。

第二个指标从另一个角度审视资产质量:银行的能力,由拨备前所产生的收入代表,以吸收可能的坏账。该指标定义如下:

$$贷款损失准备金与拨备前收入比率 = \frac{贷款损失准备金(LLP)}{拨备前收入}$$

为贷款损失提供准备金会侵蚀银行的利润。分子包括贷款损失准备金和证券减值费用。后者对于持有大量证券投资组合的银行来说是一个重要数字。让我们以苏格兰皇家银行(RBS)为例[1],它在 2008—2009 年金融危机的余波中成为头条新闻,这场危机从美国蔓延到欧洲。RBS 在债务和股权衍生品、商业抵押贷款支撑的证券(CMBS)、住宅抵押贷款支持证券(RMBS)和抵押债务义务(CDO)方面风险敞口高,其因证券减值费用而遭受巨大损失。

---

[1] 苏格兰皇家银行(RBS)是最古老的银行之一,成立于 1727 年,比第一任美国总统乔治·华盛顿出生早 5 年。RBS 从一家地方性的苏格兰银行成长为世界第五大银行,这一过程伴随着快速的收购和在一系列高风险的美国证券上的进一步投资。由于 2008—2009 年源于美国的金融危机,RBC 自成立以来首次在 2008 年报告亏损。英国政府介入并救助了这家银行。

表7.12显示了RBS在2008年10月危机前后两年的该比率。我们看到,在2006年和2007年,当银行没有预见一场重大金融危机即将来临时,比率保持稳定。RBS在2008年报告了345亿英镑的亏损,这在很大程度上是由于将近10亿英镑的减值费用所致,这些费用是为受损证券支付的。总的减值费用从2007年的拨备前收入的6%跃升到2008年的29%,并在2009年继续增加,连续两年侵蚀利润。

表7.12 苏格兰皇家银行减值损失——2008年金融危机 单位:百万英镑

	2006年	2007年	2008年	2009年	2010年
减值前总收入	28 002	30 366	25 868	38 690	31 868
计入损益表的总减值损失	1 878	1 968	7 439	13 908	9 256
贷款及垫款	1 877	1 946	6 478	13 099	9 144
证券	1	22	961	809	112
年度(损失)/利润	6 497	7 712	-34 542	-2 323	-1 666
总减值/减值前总收入(%)	7	6	29	36	29

资料来源:RBS年度报告。

资产质量的第三个指标,即不良贷款或准备金覆盖率,评估的是银行通过资产负债表中的对冲账户(贷款损失准备金)所建立的保护的程度。该储备保护了银行的净值或股本免受包括实际违约在内的不良贷款的影响。该指标的计算方式如下:

$$不良贷款覆盖率 = \frac{贷款损失准备金}{总不良贷款}$$

该指标的分子包括租赁。这个不良贷款覆盖率传达的直观信息比不良贷款比率更多。首先,它将一个好的数字(ALL),也称为坏账准备金,与一个坏的数字(NPL)进行比较。其次,与总贷款不同,总贷款是一种不区分好坏的度量,不良贷款覆盖率的分母是具体的。最后,一个银行如果有100%的覆盖率,则储备充足,在其他条件相同的情况下,更高的比率甚至更好。不良贷款覆盖率补充了不良贷款比率。以A和B两家银行为例，A的不良贷款比率低于银行B，然而，银行B的不良贷款覆盖率更高。显然，银行A的较低不良贷款比率并不一定意味着比银行B有更高的资产质量。但同时，如果银行B的覆盖率低于银行A的覆盖率，情况就会如此。另一个有用的比率是衡量在收取费用前的营业收入上的减值费用负担。该指标是贷款损失准备金(PLL)除以拨备前营业收入/利润(PPI)。在其他条件不变的情况下，比率越高，资产质量越低。

表7.13给出了预测资产质量的定量描述符的例子。我们用定性描述符补充比率，以获得更全面的资产质量概况。例如，不良贷款比率的一个弱点是，它不提供有关贷款组合抵押品强度的信息。定量描述符的另一个弱点是，它们无法体现敞口对市场风险的敏感性(从标记到市场的潜在损失，由资产价格的重新估值引起，例如，雷曼兄弟公司在2008年因金融危机而破产)。例如，在2007—2008年金融危机中，受影响最严重的本地和外国金融机构持有大量的资产支持证券(ABS)，也称为衍生证券。[1]这些金融工具出现在美国抵押贷款市场，特别是次级贷款部分。当次级抵押贷款随着2007年美国房地产市场的崩溃而出现问题时，大量投资于ABS并从单一保险公司购买"保护"的银行[2]遭受了重大损失。所有这些都归结为银行的信用文化和冒险的胆魄。强大的信用文化是好事，因为它可以控制过度的冒险行为。

---

〔1〕 在金融领域，衍生品是一种金融工具，它来源于基础实物资产，在这个案例中，是住宅和商业抵押贷款。

〔2〕 衍生证券被债券保险公司保险(或用金融术语说，"包装")，这些保险公司称为单一保险公司，其业务是在债务证券发行人违约时保证本金和利息的支付。银行为像美国国际集团(AIG)、安邦财务和MBIA(市政债券保险协会)等单一保险公司购买了保险。这些合同称为CDS(信用违约互换)。这些保险公司没有为2008年美国住房泡沫的崩溃做计划，它们遭受了重大损失，基本上减记了它们提供的支持最初"AAA"评级的资本。2008年的降级迅速波及单一保险公司所保险的衍生证券。金融纸牌屋崩塌了，因为其结构建立在两个错误的假设上：(1)评级机构分配的"AAA"评级是有效的(或能抵御经济衰退)；(2)由于金融系统中的相互联系和相互依赖，相继倒闭的风险为零或可以忽略不计。安邦财务和MBIA公司破产，而AIG接受了救助。购买CDS的银行"浪费"了数亿美元的保费，这是银行在事情进展顺利时所购，以保持"AAA"信用评级。此外，在单一保险公司申请破产后，"被保险人"持有的保险变得一文不值，因此他们不得不对资本基础进行数十亿资产的减记，这被证明是不充分的。苏格兰皇家银行由英国纳税人救助。没有类似的救生索被抛给雷曼兄弟公司，雷曼兄弟公司是美国次级抵押贷款起源以及抵押贷款证券化的主导者。雷曼兄弟公司于2008年9月15日申请破产。

表 7.13 资产质量描述符

风险评级	不良贷款占总毛贷款比率	贷款损失补助占不良贷款比率	贷款损失准备金占拨备前营业收入/利润比率	资产质量
AA+	≤0.9	≥161.2	≤1.3	● 强大的信用文化。
AA	1.0—1.7	150.7—161.1	1.4—3.2	● 在几乎所有情况下,银行要求借款方提供抵押品作为担保,然后才提供信贷。 ● 超过90%的非贷款资产是高质量的存款和证券。 ● 收益性资产在行业和产品上分布良好。 ● 贷款在全球范围内分布良好。 ● 贷款按客户(企业和公共部门)良好分布。
AA−	1.8—2.5	140.1—150.6	3.3—5.2	
A+	2.6—3.3	118.9—140.0	5.3—7.2	● 在大多数情况下,银行要求借款方提供抵押品作为担保,然后才提供信贷。 ● 超过75%的非贷款资产是高质量的存款和证券。 ● 收益性资产按行业和产品分布。 ● 贷款在全球范围内分布。 ● 贷款按客户(企业和公共部门)分布。
A	3.4—4.1	108.4—118.8	7.3—9.1	
A−	4.2—4.9	97.8—108.3	9.2—11.1	
BBB+	5.0—5.7	87.2—97.7	11.2—13.0	● 银行经常要求借款方提供抵押品作为担保以获得信贷。 ● 中等信用损失。 ● 超过50%的非贷款资产是高质量的存款和证券。 ● 按行业、产品、地理位置和客户配置的适度多样化的收益性资产。
BBB	5.8—6.6	76.6—87.1	13.1—15.0	
BBB−	6.7—7.4	66.0—76.5	15.1—17.0	
BB+	7.4—8.2	55.5—65.9	17.1—18.9	● 高于平均的信用损失。
BB	8.3—9.0	44.8—55.4	19.0—20.9	● 大量无担保贷款。 ● 非贷款资产中不到50%是高质量存款和证券。 ● 按行业、产品、地理位置和客户配置的资产高度集中。
BB−	9.1—9.8	34.2—44.7	21.0—22.8	

续表

风险评级	不良贷款占总毛贷款比率	贷款损失补助占不良贷款比率	贷款损失准备金占拨备前营业收入/利润比率	资产质量
B+	9.9—10.5	23.6—34.1	22.9—24.8	● 薄弱的信用文化。 ● 高信用损失。 ● 大多数贷款质量差（低于投资级）。 ● 按行业、产品、地理位置和客户配置的资产相对集中。 ● 贷款组合的显著低抵押。 ● 非贷款资产的质量差。
B	10.6—11.3	13.0—23.5	24.9—26.8	
B−	11.4—12.2	7.7—12.9	26.9—28.7	
D	≥12.3	≤7.6	≥28.8	● 非常薄弱的信用文化。 ● 极差的贷款账簿，由大量注销和低回收率证明。 ● 非贷款资产的质量极差。

收益：利润、盈利能力和收益质量

在 CAMEL 框架中，收益包括银行的利润和盈利能力。利润度量，如净收入和毛利率，是绝对值；而盈利能力的度量，如 ROE 和 ROA，是比率/百分比或增长率。尽管利润与盈利能力相关，但它们在含义上并不相同：如果银行 A 的利润与银行 B 相同，但银行 B 的 NIM、ROE 和 ROA 更高，则银行 B 更具盈利能力。让我们探讨以下预测因子并为记分卡定义描述符：净利息差（NIM）、资产回报率（ROA）、股本回报率（ROE）、成本收入比、收益质量。

净利息差

让我们按照列出的顺序探讨回报类的比率。NIM 是特定业务线盈利能力的指标。对于一个传统银行，贷款和证券是主要的利息收入来源，这占总收入的一半以上，如图 7.3 所示。在成熟市场中，利息收入平均约占总利息和非利息收入的 60%。在新兴市场中，利息收入的份额略高。NIM 是把净利息收入除以盈利性资产均值计算出来的。如果使用历史数据（与预测相反），则三年平均值（当前年份加上前两年）比一年的比率更可取。

$$净利息收益率(NIM)(\%) = \frac{净利息收入}{盈利性资产均值}$$

$$盈利性资产均值(AEA) = \frac{AEA(第一年) + AEA(第二年)}{2}$$

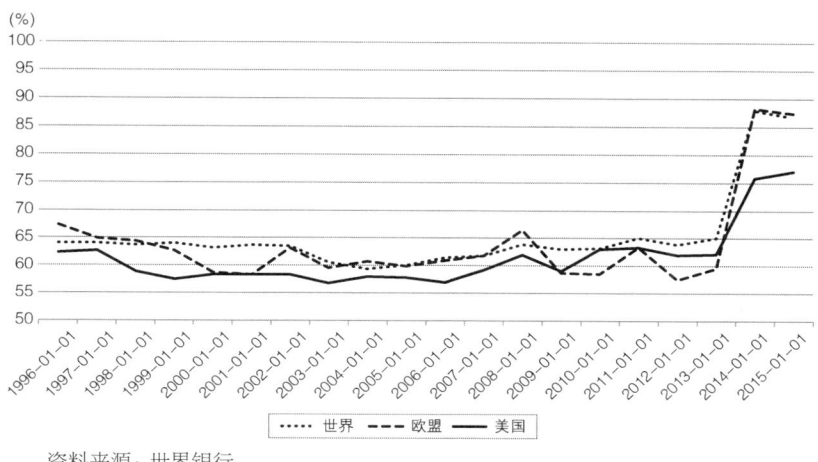

资料来源：世界银行。

图 7.3　1996—2015 年利息收入占总收入的百分比

盈利性资产占银行资产负债表的最大部分，包括贷款、回购协议下购买的资产、证券（包括借入的证券）以及在其他银行的存款。银行通常在财务报表的脚注中提供其盈利性资产的细分项。这个比率的分母是当前年份和前一年的平均值，因为按照定义，资产负债表项目的一年数据只是在某一时间点的概况。取平均值的另一个原因是可以消除年与年之间的波动。

在美国，所有银行的平均净利息收益率在 2017 年第四季度为 3.12%，从 1994 年第二季度的 4.91% 的高点下降（见图 7.4）。在同一时期，平均净利息收益率在最小值 2.95%（2015 年第一季度）和最大值 4.91%（1994 年第一季度）之间波动。2018 年的数据（图中未显示）显示平均值为 3.3%，这是在 2015 年 2.95%（30 年来最低点）的基础上的轻微反弹。尽管如此，NIM 均值几乎一直在稳步下降，当前 NIM 均值仍远低于 1994 年的峰值。该图表明，在过去十年中，低利率挤压了息差，贷款利率的下降超过了资金成本。

十多年来，我们目睹了历史性的长期低利率，令人困惑的问题是：它们会保持低位吗？[1] 目前没有令人满意的理论，但有一些合理的论断。[2] 我们确切

---

[1] Claessens, Stijn, Nicholas Coleman, and Michael Donnelly (2017). "Low-For-Long" Interest Rates and Banks' Interest Margins and Profitability: Cross-country Evidence. International Finance Discussion Papers, 117.

[2] 概述请参阅 Ben Bernanke 的三部曲系列，Why Are Interest Rates So Low? In the Brookings Institution, Monday, March 30, 2015。

资料来源：Federal Reserve Economic Data (FRED)。

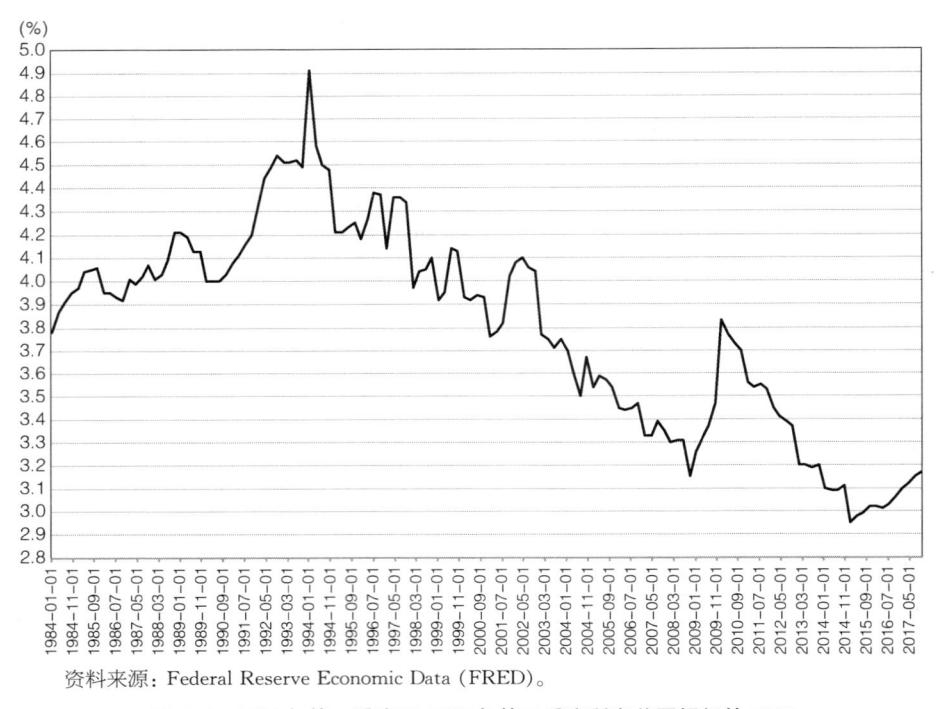

图 7.4　1984 年第一季度至 2017 年第二季度所有美国银行的 NIM

知道的一件事是，通货膨胀是市场利率的主要决定因素。自 20 世纪 80 年代中期以来，工业化世界的通货膨胀率急剧下降，并且在十多年来一直保持低位。但是，温和的通货膨胀只是部分解释了"长期低息"利率之谜，因为这是一个全球现象。要解释长期利率的行为，来看一只长期债券。我们知道它有三个组成部分：预期通货膨胀、预期的实际（未来）短期利率路径，以及期限溢价——这是债权方要求的额外回报，以补偿他们承担的与长期债券相关的风险。换句话说，期限溢价是持有较长期限债券而非投资于一系列短期债券的额外回报。在撰写本书时，所有三个组成部分都在使长期利率保持低位，特别是期限溢价的急剧下降加剧了这一趋势。图 7.5 显示 2019 年第一季度的负溢价。这可能是由于：第一，长期证券的风险感知降低（因为通胀预期保持温和）；第二，相对于供应，对长期证券的需求增加。后一种解释的问题在于，美联储和欧盟中央银行已经结束了量化宽松（QE），并开始了通过回购先前出售的长期政府债券而直接从经济中抽走资金的逆过程。

然而，我们很难去争辩下降的 NIM 不是利率环境以及来自提供贷款和抵

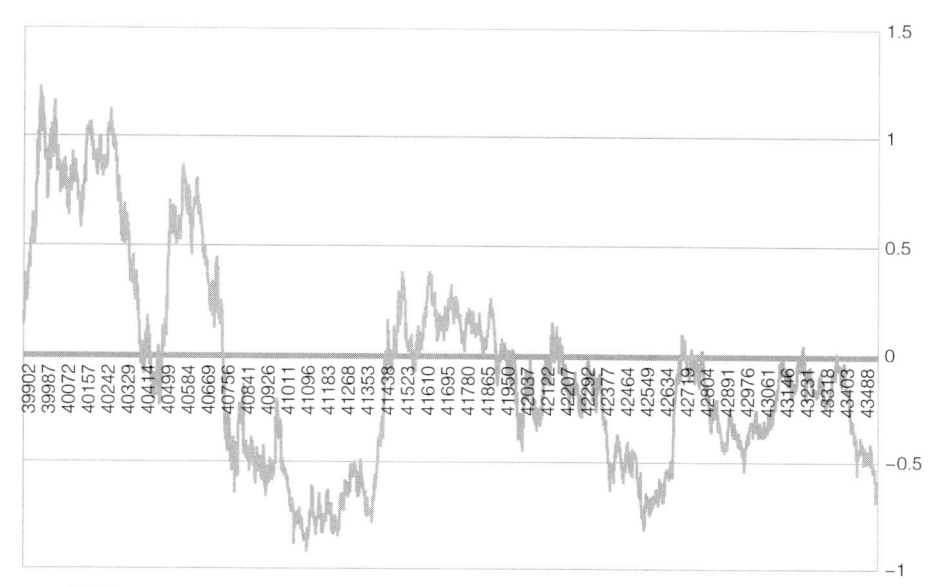

资料来源：Federal Reserve Economic Data (FRED)。

图 7.5　10 年期零息债券的期限溢价

押贷款的非银行金融中介的竞争显著增强的结果。欧盟地区的数据显示，2%似乎是上限，而 NIM 均值约为 1% 是相当常见的。对于中国、印度、巴西和南非等新兴市场而言，NIM 往往更高，超过 4%，并且一如既往地持续高于成熟经济体，因为在发展中市场，银行是主要的融资提供者，而银行间的竞争较弱。

资产回报率

作为财务绩效的指标，资产回报率（ROA）衡量了银行对所用总资产的回报。ROA 的计算方式为：

$$资产回报率(ROA) = \frac{净收入}{平均总资产}$$

股本回报率

股东权益回报率（ROE）是另一种绩效衡量方式，计算如下：

$$股本回报率(ROE) = \frac{净收入}{平均普通股本}$$

这两个比率的分母就像盈利性资产均值一样，是以平均值计算的，原因也相同。值得记住的是，正的股本回报率可能是由负的净收入和负的股本造成的——在使用电子表格计算面值比率或接受电子表格计算的面值比率时，要意识到这一点。一些银行更喜欢报告股本回报率而不是资产回报率来作为它们的盈利能力或绩效衡量最佳标准，但银行分析师会评估两者，因为它们包含不同的信息。为了说明这一点，让我们将注意力转向应用杜邦模型的资产回报率和股本回报率的组成部分。

$$股本回报率(ROE) = \frac{收入}{总收入} \times \frac{总收入}{资产} \times \frac{资产}{股本}$$

股本回报率是盈利能力、效率和杠杆作用(表示为资产与股本的比率)的结果，或者是所有这三者的相互作用。请注意，杠杆比率总是大于1，因此，在资产回报率不变的情况下，银行可以仅通过增加资产——通过批发融资或借款增加贷款——来提高其股本回报率，而无须增加股本或资本。因此，上升的高股本回报率并不是信用度的无条件正面指标，因为它没有考虑到银行资本不足的可能性。这是一个完美的例子，在其他条件不变的情况下证明了其分析的有用性。资产回报率是银行有效使用所有资产(由总收入与资产的比率表示)及其推动盈利能力(由收入与总收入比率表示)的结果，或者是两者相互作用。

$$ROA = \frac{收入}{资产} \times \frac{收入}{总收入}$$

根据定义，ROA比率在计算中不直接涉及银行的资本结构或其杠杆作用，其结果是相对于基数的更纯粹的回报度量。

值得重复的是，我们讨论的所有财务比率，包括银行业绩的比率，对于弱、正常和强业绩没有绝对标准。尽管如此，基于观察和经验，信贷从业者通常在一些宽泛的范围内达成共识，本质上是用来分类这些比率的经验法则。例如，Golin和Delhaise(2013)[1]为ROE建议了以下这些范围：

- 强：超过20%。

---

[1] Golin, J., and P. Delhaise (2013). ibid., Chapter 6.

- 正常：在10%～20%之间。
- 弱：低于10%。

对于ROA，切分点是：

- 强：超过2%。
- 健康：在1%～2%之间。
- 一般：在0.5%～1%之间。
- 弱：低于0.5%。

我们使用这些范围来为记分卡创建描述符。

成本收入比

成本收入比(CIR)经常在银行年度报告的管理讨论部分被吹捧为银行效率或银行生产力的一个指标。问题是：效率／生产力对于服务供应商来说究竟意味着什么？而且，我们能否跨国家比较这一度量？明确地说，效率／生产力是一个输入输出的操作关系，生产力是以数量来衡量的[1]，但这并不是CIR在银行分析中所衡量的，或打算衡量的。即便是这样，要量化服务中的生产力仍然是一项挑战，更不用说跨全球的银行进行比较了。生产力也不等同于效率，效率没有精确的定义也没有基准。将其称为效率／生产力度量的动机，大概是因为非利息支出与总收入的比率越高，银行从其贷款操作中生成相同一美元的利息收入就越昂贵。因此，更准确地说，CIR从分类账的支出方面衡量盈利能力。

面板数据(一个国家的银行及跨国银行在一段时期内的横截面数据)显示CIR的显著变化。由于跨国因素，比较CIR——以及几乎所有的财务比率——总是一个棘手的任务。在图7.6中，数据是1996—2014年期间的，更近期的数据无法从同一来源获得。数据显示，变化范围从新加坡的37%到德国的77%。中位数比率是60%，加拿大和美国紧密相连。通过查看来自Statistica的更近期在线数据，我们看到模式的延续，法国和德国的比率最高。[2] 后者很好地示例

---

[1] Daraio, C., and L. Simar (2007). *Advanced Robust and Nonparametric Methods in Efficiency Analysis*, *Methodology and Applications*, *Springer*. See Chapter 2, The Measurement of Efficiency.

[2] *Statistica*. Average Cost-to-Income Ratios for Banks in Selected European Countries as of December 2018, https://www.statista.com/statistics/728483/cost-to-income-ratios-for-banks-in-europe-by-country.

了行业结构对 CIR 及行业盈利能力的影响。[1] 德国的高 CIR 反映了,与欧洲其他地区和北美相比,其盈利能力较低。这个业绩是由其银行系统三个状况导致:分散化、银行过多以及网点过多。该国拥有大约 1 800 家银行(没有最新的数字),来自私人银行、储蓄银行和信用合作社的三级银行体系。除了这三个层级之外,还有专业银行(建筑协会、房地产和发展)。[2]

一般来说,成熟市场的大型商业银行的目标是将成本收入比(CIR)控制在 60% 或更低。实际上,一些银行的目标更低,并且也实现了更低的比率。基于对美国 13 家最大银行的样本分析,2017 年的比率在 Capital One Financial Corp. 的 52% 和 Morgan Stanley 的 73% 之间变动。中位数比率是 63.3%。过去 7 年里,5 家大型加拿大银行一直报告比率的中位数为百分之五十多。

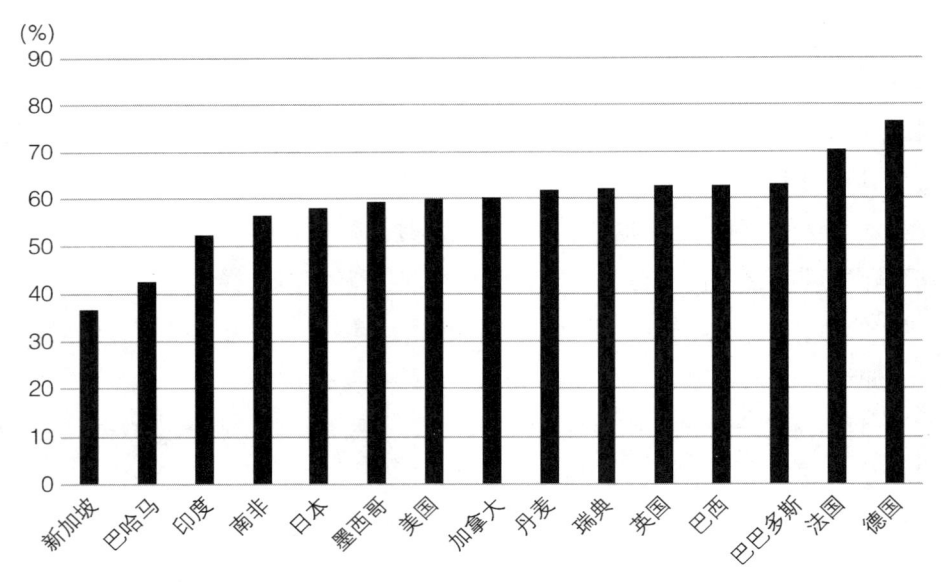

资料来源:Federal Reserve Economic Data (FRED)。

图 7.6　1996—2014 年的成本收入比

---

〔1〕《经济学人》在其 2018 年 4 月 14—20 日的文章《德意志银行的解体》中,使用了"德国零售业的结构性亏损"这一短语。

〔2〕 McKinsey and Company. The Road ahead Perspectives on German banking, authored by: Philipp Koch, Max Flötotto, Ursula Weigl, Gerhard Schröck German Banking Practice, March 2016.

CIR 是一个常用的比率，如果作为盈利能力的衡量标准（从分类账的费用方面看）被正确解读，它是富有洞察力的。从信用分析师的角度来看，这个衡量标准直观易懂，因为比率的分子代表一个"不好"的数字，而分母代表一个"好"的数字。这个衡量标准考察的是运营成本相对于收入的情况。较低的比率意味着银行运营更具盈利性，而较高的 CIR 则表明相反的情况。CIR 的计算公式如下：

$$成本收入比(CIR) = \frac{非利息支出}{净利息收入 + 非利息收入}$$

非利息支出主要包括员工的薪酬福利以及一些其他的一般管理费用。由于非利息支出的大部分是员工薪酬，银行可以通过减少劳动力使用、增加资本投入——如采用节省劳动力的技术（例如，自助取款机和网上银行）——和节省劳动力的处理系统，从而变得更加"高效"。事实上，这已经成为全球的趋势。

收益质量

正如我们在资本方面看到的，定性预测因子为定量预测因子增强了必要的互补性。盈利质量关注的是决定银行总收入的可持续性和稳定性以及其增长率的市场因素。盈利质量是一个结构属性，它源于银行的特许经营优势。银行收入的多样化程度，进而盈利的稳定性，是一个重要因素。收入多样化是银行业务地理覆盖范围（足迹）和多元化资产负债表的结果。政府证券是一类重要资产，在新兴市场中，银行往往持有这些资产的不成比例的份额，这使它们暴露于主权债务违约的风险。也就是说，这种风险敞口对银行有利，因为在有经济压力的时候，它们可以依靠政府的流动性支持。

然而，要吸取的教训是，当有利条件结束或逆转时，收入和运营高度集中在一两个业务或活动中的银行会面临失败的严重风险。近期的例子是 2007—2008 年的银行危机，之前是美国的储蓄和贷款危机。这些定性描述符，连同定量标注，都显示在表 7.14 中。

流动性与流动性质量

流动性和融资风险，或简称流动性风险，是指银行可能无法以及时、高性价比的方式产生足够的现金或其等价物来满足其承诺的风险。成本包括：为了流动性而放弃收益和利润；管理和融资的直接成本。首先，让我们看看流动性风险

表 7.14　收益描述符：利润、盈利能力和收益质量

风险评级	净利息差(NIM)	资产回报率(ROA)	股本回报率(ROE)	成本收入比	收益质量
AA+	≥4.0	≥2.9	≥25.0	≤32.0	● 在其大多数业务中是行业领导者。 ● 高度多元化的商业模式。 ● 收益稳健、非常稳定，且通过地理位置、经济领域、商业特许经营权和客户实现多元化。
AA	3.4—3.9	2.6—2.8	23.3—24.9	33.0—36.0	
AA−	3.1—3.3	2.4—2.5	21.3—23.2	37.0—40.0	
A+	2.8—3.0	2.1—2.3	19.8—21.2	41.0—44.0	● 商业模式多元化。
A	2.6—2.7	1.9—2.0	18.0—19.7	45.0—48.0	
A−	2.3—2.5	1.6—1.8	16.2—17.9	49.0—52.0	● 收益通过地理位置、经济领域、商业特许经营权和客户实现多元化。 ● 收益稳定且可靠。
BBB+	2.0—2.2	1.4—1.5	14.4—16.1	53.0—56.0	● 收益容易受到一个或多个方面的中等集中风险影响：地理位置、经济领域、商业特许经营权和客户。 ● 收益相对稳定且可靠。
BBB	1.7—1.9	1.1—1.3	12.6—14.3	57.0—60.0	
BBB−	1.7—1.6	0.8—1.0	10.8—12.5	61.0—64.0	
BB+	1.4—1.6	0.6—0.7	9.0—10.7	65.0—68.0	● 收益概况显示，在一个或多个方面显著集中：地理位置、经济部门、商业特许经营权和客户。 ● 收益相当不稳定。 ● 收入和盈利能力比率有时体现寻机性会计。
BB	1.2—1.3	0.3—0.5	7.2—8.9	69.0—72.0	
BB−	0.9—1.1	0.1—0.2	5.4—7.1	73.0—76.0	
B+	0.6—0.8	−0.2—0.0	3.7—5.3	75.0—80.0	● 收益在一个或多个领域高度集中：地理位置、经济部门、商业特许经营权和客户。 ● 收益不稳定。 ● 收入和盈利能力比率经常体现寻机性会计。 ● 不盈利。
B	0.3—0.5	−4.0—−3.0	1.9—3.6	81.0—84.0	
B−	0.0—0.2	−7.0—−5.0	−0.02—1.8	85.0—88.0	
D	≤−0.1	≤−8.0	≤−0.03	≥89.0	● 收益对经济冲击高度敏感。 ● 收入和盈利能力比率经常体现寻机性会计。 ● 收益和利润不稳定，银行正在或可能会亏损。

的根源可能是什么。正如我们之前讨论的,其中一个原因可能是银行挤兑。如果存款人失去对银行的信任和信心,并且取走他们的钱,而银行别无选择,只能以抛售价格卖掉不流动的贷款,结果导致破产。资产价值的下降意味着等额的权益减少,而负债保持不变。资本实力、流动性实力和偿债能力是相互交织的。让我们进一步探讨这个问题。首先,更强的资本化增强了贷款方的信心并降低了银行挤兑的风险。其次,账面上更多的流动性资产结合良好的流动性获取能力有助于确保偿债能力,因为在融资问题发生时,银行不太可能赔本卖出不流动资产。

融资问题很容易变成银行危机,因此中央银行在这方面扮演着极其重要的角色。作为一个例子,让我们简要地看一下美联储为应对2008年金融危机所采取的一系列措施,这在美国历史上是前所未有的。

美联储最初使用传统的贴现窗口贷款和降低联邦基金利率的工具,但这些措施证明不足以稳定金融机构和金融市场。美联储不得不采用一系列系统性政策的组合,包括:通过美联储购买国债的量化宽松(QE);商业票据融资机制(CPFF);定期证券贷款工具(TSLF);定期资产支持证券贷款工具(TALF)。QE的效果是直接向经济注入资金,而其他措施的效果是在美联储的支持下防止短期和长期流动性枯竭(见下面关于飞向质量的注释)。此外,其他政府机构与美联储协同工作。这些机构包括财政部、联邦存款保险公司(FDIC)、房利美和房地美。最后,扩张性财政政策(复苏法案)帮助经济恢复。

除了权威机构能够或不能做什么之外,信用分析师还需要了解银行减轻风险的策略。年度报告通常提供有关流动性管理实践的信息。银行信用分析师还需要评估流动性的质量。评估资产流动性质量的终极测试是,它能否在冲击或市场压力期间,轻松迅速地转换成现金,且价值损失最小。巴塞尔委员会概述了高质量流动性资产(HQLA)的"基本特征"。[1] 它们包括:

(1) 低风险。发行人的信用等级越高、次级化程度越低,资产的流动性就越高。

(2) 估值的便捷性和确定性。

(3) 与风险资产的低相关性。

---

[1] Basel Committee on Banking Supervision (2013). Basel Ⅲ: The Liquidity Coverage Ratio and Liquidity Risk Monitoring Tools, January 2013.

(4) 在发达且公认的交易所上市。

(5) 活跃且规模较大的市场。

(6) 低波动性。

(7) 质量飞跃。在系统性冲击时期,市场倾向于转向最高质量的资产。因此,质量或流动性的衡量至关重要。有许多流动性指标和基准。(衡量这些指标并确定哪些是最佳的,是一个足以填满一本书的主题。)

在评估流动性时,另一个重要的考虑因素是,获取足够的现金来源来填补银行的资金缺口,这是在从客户存款和股本或资本的总和中减去银行期望的资产价值后的剩余部分。像任何借款方一样,银行的信用状况是其以有利条件进入货币市场的重要因素。[1] 那些获得外部评级且具有投资及以上级别的银行,可能比那些没有这种地位的私人银行更容易和更快地进入。在一个成熟的金融体系中,商业银行常规购买货币的市场包括以下全部或其中一些:

- 银行间市场或欧洲市场;
- 联邦基金市场(在美国);
- CD 市场;
- 回购市场。

我们使用这些背景信息来创建表 7.15 中显示的流动性描述符。记分卡由三个定量因素和两个定性因素组成。

表 7.15　流动性描述符

评级风险	流动性资产与存款和短期融资比率	贷款与存款比率	客户存款占总融资的比例	流动性获取	流动性质量
AA+	≥48.9	≤13.4	≥91.5	● 能够在资本市场上随时筹集超过需求的资金。 ● 大型且不断增长的零售存款基础。 ● 外部评级(最低风险、最高质量)。	● 持有大量的 HQLA(高质量流动性资产)。 ● 到期日错配最小。 ● 资产可以以最小的折扣出售,或用于回购交易。
AA	46.1—48.8	13.5—21.3	87.4—91.8		
AA−	43.2—44.0	21.4—31.0	82.8—87.3		

---

[1] Marcia Stigum. *The Money Market*, McGraw-Hill, 3rd edition (Dec. 11, 1989), ibid.

续　表

评级风险	流动性资产与存款和短期融资比率	贷款与存款比率	客户存款占总融资的比例	流动性获取	流动性质量
A+	40.4—43.1	31.1—40.8	78.2—82.7	● 能够在资本市场上随时筹集所需的全部资金。 ● 大型零售存款基础。 ● 外部评级（高于中等级别评级）。	● 证券投资组合主要由 HQLA 组成。 ● 大部分证券可以以最小的折扣出售，或用于回购。
A	37.6—40.3	40.9—50.6	73.7—78.1		
A−	34.8—37.5	50.7—60.5	69.1—73.6		
BBB+	31.9—34.7	60.6—70.2	64.6—69.0	● 便利的资本市场准入。 ● 适度的存款基础。 ● 外部评级（高于中等级别评级）。	● 充足的 HQLA 投资组合。 ● 超过一半的证券可以以最小的折扣出售，或用于回购。
BBB	29.8—31.8	70.3—80.0	60.0—64.5		
BBB−	26.2—29.7	80.1—89.8	59.4—59.9		
BB+	23.3—26.1	89.9—99.6	50.9—59.3	● 有限的资本市场准入。 ● 狭窄的存款基础。 ● 外部评级（低于投资级别评级）。	● 不充足的 HQLA 投资组合。 ● 只有一小部分投资组合可以以最小的折扣出售，或用于回购。
BB	20.5—23.2	99.7—109.5	46.3—50.8		
BB−−	17.7—20.4	109.6—119.2	41.8—46.2		
B+	14.9—17.6	119.3—129.0	37.2—41.7	● 主要依赖批发存款。 ● 未评级，私人拥有。	● 大部分是小型且不流动的证券投资组合。 ● 流动资产少于短期存款。 ● 显著的到期日不匹配。
B	12.0—14.8	129.1—138.8	32.6—37.1		
B−	9.2—11.9	138.9—148.6	28.1—32.5		
D	≤9.1	≥148.7	≤28.0	● 无法获得融资。	● 无证券可供出售或回购。

(1) 流动资产占总资产比率或流动资产比率。这个基本比率是非金融企业当前比率的对应项。对于银行和非银行企业而言，这个比率回答了相同的问题：当前负债（客户存款和短期融资）的哪一部分由当前资产（现金和等同现金资产）覆盖，不会因为不得不以清仓价格出售不流动的长期资产而冒着破产的风险？正如我们之前讨论的这种出售造成的损失意味着资本的减少。如果资本基础薄弱，流动性不足可能导致银行失败。

(2) 贷款与客户存款＋短期融资的比率。这个指标也称为贷存比（LDR），是资产和负债不匹配的指标。与相对稳定的融资相比,贷款(扣除贷款损失准备金后)相对来说是不太流动的。比率越高,银行对不稳定融资的依赖就越大。然而,我们注意到,在成熟的经济体中,拥有流动资本市场的银行可以并且确实管理着比新兴经济体中的同行更高的比率,在那里短期融资有限或不可用。100%的比率表明,银行借出的每一美元都是以它接收的存款为基础的,银行缺乏足够的现金来满足预防性需求。什么被认为是一个谨慎的比率,还是一个未解决的问题。在美国,大型和小型银行的 LTD 比率在过去 30 年里一直呈上升趋势。这种上升趋势反映了:自 1990 年以来核心存款与资产的比率下降;小银行从联邦住房贷款银行(FHLB)获得融资的能力增强。审慎银行业、银行监管以及获得资金的途径共同表明,对于美国的大小银行而言,"新常态"的贷款存款比率(LDR)大约为 80%。小银行的中位数长期债务(LTD)在 20 世纪 80 年代初期大约为 60%。[1]

(3) 客户存款占总资金比。这一指标是衡量银行客户存款基础的强度和稳定性的指标。比率越高,银行对商业融资的依赖就越小,而商业融资比零售存款更不稳定。拥有强大零售特许经营权和全国分行网络的大银行,其比率往往高于小型、地方性银行。

(4) 获取流动性。银行获取流动性的程度从零到几乎无限不等,这取决于银行是私有且未评级还是被个人广泛持有且已评级、银行客户基础的相对规模和稳定性,以及银行依赖货币市场来填补其资金缺口的程度。

(5) 流动性质量。见 HQLA 特性。

定性预测因子进一步定义了定量预测因子。定性属性是我们稍后在流动性和流动性质量下检查的 HQLA 属性。定性描述符突出了银行零售存款基础的规模,以及批发市场中低成本资金和高成本资金的相对重要性。

7.7 综合全部内容

让我们使用表 7.16 中显示的记分卡作为分析商业银行并确定其 BRR 的模

---

[1] Federal Deposit Insurance Corporation (FDIC), Industry Analysis, Failed Banks, Failures and Assistance Transactions — Historical Statistics on Banking. website: https://www.fdic.gov.

板。记分卡包括四个构建块,每个构建块由风险标准、风险因素、风险要素和权重定义。请注意,权重显示在一列中以节省空间,但这对计算没有影响。例如,财务风险的权重为50%,流动性因素的权重为35%,流动性质量风险要素的权重为25%。综合权重为4.38%(0.50×0.35×0.25)。记分卡的单元格内将填入我们在前几节讨论的描述符。我们在下面列出了四个构建块:风险标准、风险因素、风险要素以及完整记分卡的权重。

7.7.1 运营环境风险(10%)

(1) 经济(50%);

(2) 监管(50%)。

7.7.2 企业风险(15%)

竞争力与市场地位(100%)。

7.7.3 管理风险(25%)

(1) 商业计划与运营(34%);

(2) 风险管理与内部控制(33%);

(3) 公司治理(33%)。

7.7.4 财务风险(50%)

(1) 资本化(25%)。

- 一级资本比率(30%);
- 总资本比率(30%);
- 资本质量(40%)。

(2) 资产质量(25%)。

- NPL/总贷款(15%);
- 贷款损失准备金/PPI(15%);
- ALL/NPL(20%);
- 贷款质量(50%)。

表 7.16　银行分析风险评级记分卡模板

风险标准	风险因素	风险要素	权重	AA+	AA	AA−	A+	A	A−	BBB+	BBB	BBB−	BB+	BB	BB−	D
运营环境风险	●经济监管	●经济监管	5.00%											x		
商业风险	●竞争力与市场地位	●竞争力与市场地位	5.00%											x		
			15.00%								x					
管理风险	●商业计划与运营	●商业计划与运营	8.50%					x								
	●风险管理与内部控制	●风险管理与内部控制	8.50%					x	x							
	●公司治理	●公司治理	8.50%					x								
金融风险	●资本化	●一级资本比率	3.75%						x							
		●总资本比率	3.75%						x							
		●资本质量	5.00%						x							
	●资产质量	●不良贷款/总贷款	1.88%				x									
		●贷款损失准备/PPL	1.88%					x								
		●拨备覆盖率/NPL	2.50%						x							
		●贷款质量	6.25%					x								

续表

风险标准	风险因素	风险要素	权重	AA+	AA	AA−	A+	A	A−	BBB+	BBB	BBB−	BB+	BB	BB−	D
	收益：利润与盈利能力	● 净利差(NIM)	1.50%					x								
		● 平均资产回报率(ROA)	1.50%						x							
		● 平均股本回报率(ROE)	1.50%					x								
		● 成本收入比	1.13%													
		● 收益质量	1.88%				x									
	流动性	● 流动资产/总资产	2.63%							x						
		● 客户存款/总资金	3.50%							x						
		● 贷款/(客户存款+短期资金)	2.63%						x							
		● 获取流动性的能力	4.38%							x						
		● 流动性质量	4.38%							x						

基于标准的 BRR： 10.5("B+")
CRR/SRR 覆盖： BBB
信息不对称覆盖(是/否)： 否
最终 BRR： B+

(3) 收益：利润与盈利能力(15％)。

- 净利息差(20％)；
- 平均资产回报率(20％)；
- ROE(平均股本回报率)(20％)；
- 成本收入比(15％)；
- 收益质量(25％)。

(4) 流动性(35％)。

- 流动资产／总资产(15％)；
- 客户存款／总融资(20％)；
- 贷款／客户存款＋短期融资(15％)；
- 流动性获取(25％)；
- 流动性质量(25％)。

记分卡中突出显示了描述符的位置。基于描述符的位置，记分卡计算出的综合得分为10.48，对应于"A－"。国家风险覆盖可能适用，也可能不适用。如果适用，假设我们评级的银行是一家外国银行，并且该国家和主权风险评级为"B+"。此外，如果我们假设没有信息不对称覆盖，最终的BRR是基于标准的风险评级和国家／主权风险评级中较低的一个，即"B+"。

附录7.1　关于银行规模的说明

银行规模是设计记分卡时的一个重要考虑因素。小型银行由于资金基础有限且不稳定，并严重依赖净利差收入作为底线利润，因此，在经济逆境来袭时，比大型银行更有可能倒闭。较大的多元化银行，由于其更多样化的业务，通常在从外部冲击中恢复时处于更强的位置。来自美国联邦存款保险公司(FDIC)的数据[1]提供了高失败率的支持证据，如表7.17所示。

---

〔1〕 Disalvo, J., and Ryan Johnston (2017). The Rise in Loan-to-Deposit Ratios: Is 80 the New 60? Federal Reserve Bank of Philadelphia, Q3-2017. 文章讨论了从20世纪80年代初期及以后美国小型和大型银行的LDR趋势。该研究指出："在过去的30年中，小型银行的中位数LTD比率从大约60%增加到2016年底的接近80%。虽然大型银行的LTD已经较高，但它们增长较慢，从大约80%增加到同一时期的85%以上。"小型银行包括资产少于10亿美元的独立商业银行和储蓄机构，以及总银行资产少于10亿美元的控股公司的子银行和储蓄机构。大型银行包括所有其他商业银行和储蓄机构。

表 7.17　1984—2017 年美国银行倒闭和援助

交易	资产≤10BN	10BN≤资产<25BN	25BN≤资产<50BN	资产≥50BN	所有资产规模
倒闭	2 822	12	1	1	2 836
援助	400	6	3	3	412
总计	3 222	18	4	4	3 248

资料来源：联邦存款保险公司。

银行业是顺周期的,该时期覆盖了四次经济衰退或经济活动低迷期,以观察银行的行为。数据支持以下趋势：

● 小型银行比大型银行更有可能倒闭。在 2 835 家倒闭的银行中,95.5% 是资产少于 10 亿美元的小型、本地或社区银行。这个数字中包含 1986—1995 年间倒闭的 1 000 多家储蓄与贷款协会。在此期间,只有一家大型银行——华盛顿互助银行,其总资产为 3 070 亿美元,在 2008 年 9 月 25 日金融危机和大衰退的余波中倒闭。

● 大萧条后期小型银行失败的高比率是显而易见的。银行倒闭总数量从 2008 年的 25 家跃升至 2009 年的 147 家,并在 2010 年继续攀升至 157 家。然而,很少有大型银行倒闭。2008 年倒闭的最大银行是华盛顿互助银行（上面提到过）;2009 年倒闭的是亚拉巴马州蒙哥马利的殖民银行,资产约 250 亿美元;2010 年倒闭的是波多黎各西部银行,资产约 120 亿美元。[1]

● 银行越大,越有可能寻求并获得政府援助而不是倒闭。[2] 我们观察到,在资产≤10 亿美元的 3 222 家小型银行中,14.2% 的银行（400 家）接受了援助,而对于较大的银行,接受援助而不是倒闭的情况更为普遍。18 家银行中,有 6 家属于 10 亿～25 亿美元类别;而 4 家较大银行中,有 3 家属于援助组。

关于资产负债表规模,银行规模的分类是任意的。美国联邦储备系统将"大型银行"定义为那些综合资产达到或超过 3 亿美元的银行。[3] 相比之下,一个

---

[1] FDIC, Deposit Insurance, Bank Failures in Brief, ibid.

[2] 例如,在 2008 年美国金融危机之后,许多实力薄弱的银行转向 TARP（问题资产救助计划）寻求帮助,该计划涉及联邦政府购买他们的有毒资产和股权以加强他们的资产负债表。

[3] 联邦储备系统董事会,大型商业银行列表网站,https：//www.federalreserve.gov/releases/lbr。

大型银行的审慎定义是基于500亿美元的门槛,这一定义是在2008—2009年金融危机和2010年《多德—弗兰克法案》(也称为《系统性风险指定改进法案》)之后形成的。该法律要求,资产超过500亿美元的银行控股公司必须遵守加强的审慎监管规定。2018年5月,国会批准了一项法案,拆除了2010年《多德—弗兰克法案》的关键部分,该法案决定了哪些银行被指定为"太大而不能倒闭"。根据新规则,如果银行的资产达到或超过2 500亿美元,则被视为系统性重要银行。这涵盖了13家全球系统性重要的银行(G-SIB),相比之下,2008年金融危机后有44家这种银行。这些银行面临最严格的银行监管。正如我们之前所说,我们忽略了银行规模的问题,尽管这是拥有不同记分卡的一个重要理由。

第二个考虑因素是,巴塞尔资本比率仅仅是不考虑银行规模的最低国际要求。在国家层面上,监管机构使用自己的判断,并通常比巴塞尔规则更严格。如图7.7所示,G-7国家和中国的数据显示平均资本比率超过了巴塞尔的最低要求10.5%。对全球银行的这种行为的一个解释是,更高的资本要求的成本被较低的融资风险溢价所抵消。资本缓冲更大的银行更强大,更能吸引更便宜的资本,从而使其能够维持贷款水平。因为市场驱动资本缓冲,我们预期银行的平均

资料来源:Federal Reserve Economic Data (FRED)。

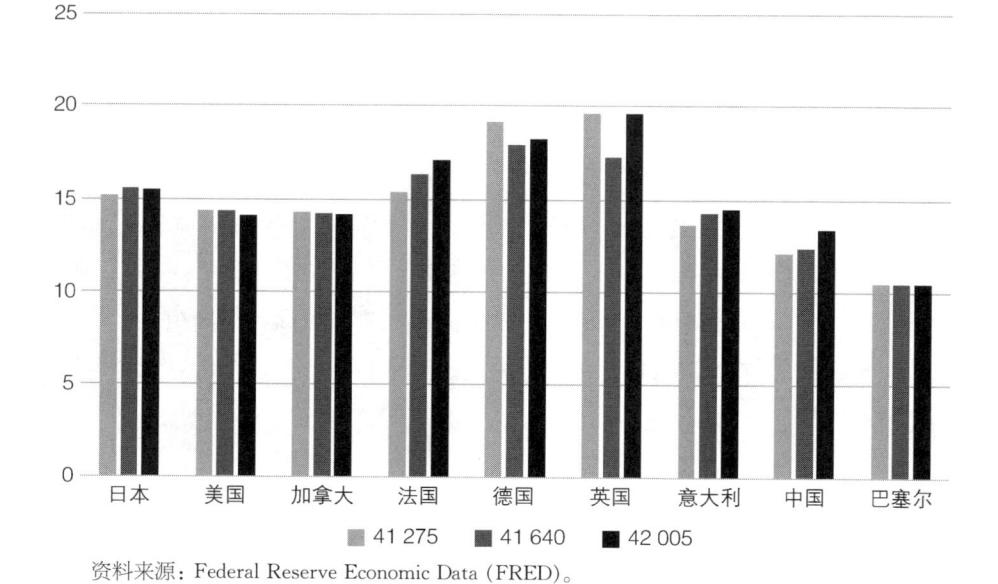

图7.7 风险加权资产的监管资本

资本比率会超过监管最低要求,并且会更接近评级量表的中间点。换句话说,银行必须做得比最低要求还要好,才能进入上端的50百分位。我们在创建表7.11中的资本化范围时考虑到了第二个因素。

附录7.2 均值三个标准差的贝尔曲线

曲线评分从这个假设开始,即财务比率来自一个均值(μ)和标准差(σ)未知的正态分布群体。正态分布/高斯分布/拉普拉斯分布在域 $x\in(-\infty,+\infty)$ 上,是一个均值(μ)和方差(σ^2)的概率密度函数:

$$P(x) = \frac{1}{\sigma\sqrt{2\pi}} e^{-(x-\mu)^2/2\sigma^2}$$

我们想要使用样本均值和样本标准差创建一个正态分布。按照以下步骤在Excel中操作:

(1) 下载数据到电子表格。样本大小(N)越大越好。

(2) 找到中位数(代表均值),并使用适当的Excel函数计算样本数据的标准差。

(3) 将范围$-3\sim+3$划分为更小的偏差,这个过程使曲线更平滑。例如,使用0.1的增量从范围的一端开始直到另一端。因此,有±3.00, ±2.90, ±2.80, $\cdots$, 0, $\cdots$, ±2.80, ±2.90, ±3.00。(但是,请记住,两端分别延伸到$-\infty$和$+\infty$。)将后面的系列称为 y_i。

(4) 将每个 y_i 乘以实际序列的标准差并加上实际序列的均值。将结果称为 x_i。

(5) 通过应用Excel的"NORM. DIST"(x、平均值、标准差、累积)应用于每个值(x_i)。将函数中的"cumulative"替换为"false"。

(6) 将评级量表的每个评级映射到 x_i 以创建离散范围。注意,映射是定义性的,更多是一种设计特征,这取决于构成评级量表的点数。

我们将这些程序应用于一个由66家小银行的资本比率构成的虚构样本,中位数为12.10,标准差为2.03。第(5)步和第(6)步的结果产生了如图7.8所示的钟形曲线。曲线关于12.10对称,这被定义为BBB,即评级量表的中间。下面的累积相对频率是另一种展示分布的方式(见表7.18)。

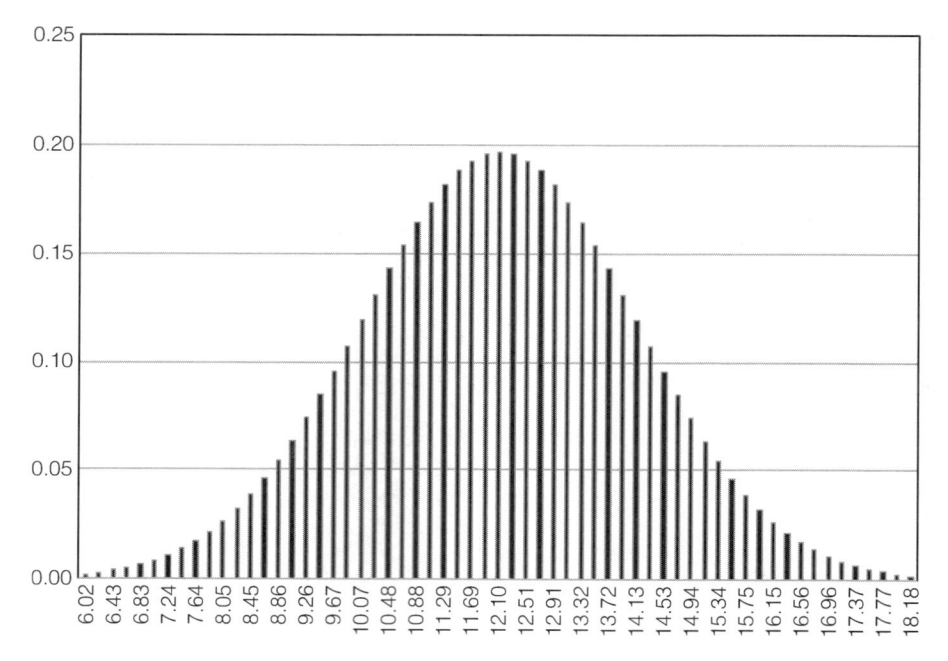

图7.8 全球所有银行的总资本比率正态曲线

表7.18 累积正态频率

BRR	总资本比率(%)	累积相对频率(%)	BRR	总资本比率(%)	累积相对频率(%)
D	6.0	0.1	BBB	12.1	50.0
B−	6.4	0.3	BBB+	12.9	65.5
B	7.2	0.8	A−	13.7	78.8
B+	8.0	2.3	A	14.5	88.5
BB−	8.9	5.5	A+	15.3	94.5
BB	9.7	11.5	AA−	16.2	97.7
BB+	10.5	21.2	AA	17.0	99.2
BBB−	11.3	34.5	AA+	17.8	99.7

注：第100百分位包括18.2%（AA+范围的上端）。

我们看到,大约99.4%(99.7%−0.3%)的观测值位于均值的三个标准差之内,这与正态概率在这方面接近。累积正态频率为BRR提供百分位数。例如,"BBB"评级在第50百分位,意味着50%的总资本比率为12.1%("BBB")及以下,正如预期的中位数。

第二部分
信用评分的统计方法

第 8 章　信用风险分析的统计方法[*]

章节目标

1. 呈现概率模型：线性和非线性(Probit 和 Logit)。
2. 应用估计策略以获得模型的最佳统计拟合。
3. 学习模型应用(使用真实数据)。
4. 学习使用 Logit 分析计算概率。
5. 理解三种计量经济学方法的差异和相似之处,以决定使用哪种模型。
6. 简要探讨信用记分卡,以及逻辑模型的适用位置。
7. 了解信用记分卡的局限性。

8.1　引　　言

在本书的第一部分,我们查看了基于标准的信用评估方法的各种示例,并通

---

[*] 电子补充材料：本章的在线版本(https://doi.org/10.1007/978-3-030-32197-0_8)包含补充材料,该材料可供授权用户使用。

© The Author(s) 2020. T. M. Yhip, B. M. D. Alagheband, *The Practice of Lending*, https://doi.org/10.1007/978-3-030-32197-0_8.

过将其应用于三个不同的行业——客运航空、商业地产和商业银行——来说明其多功能性。回想一下,这种混合模型主观地确定了对任何数量的定量和定性因素通过分配权重的隐含违约概率。相比之下,本章介绍的一类统计模型明确地根据经验数据集确定违约概率。贷款人不仅依赖混合/专家判断模型,也依赖统计模型来区分优质贷款和劣质贷款。

本章扩展了对信用评估的统计方法的覆盖范围,每位信用分析师的工具箱都应该包含这些方法,原因有几个。首先,正如我们之前注意到的,统计模型是客观的。其次,统计模型往往具有相对更大的区分能力,因此可以补充专家判断和混合模型。我们将会研究概率模型并对真实公司的数据进行案例研究。为了简单起见,我们先在线性概率模型的背景下描述基本思想,然后我们将演示扩展到Pindyck和Rubinfeld(1976)解释的Probit和Logit模型。[1]在讨论了模型之后,我们进行一个案例研究,其主要目的是阐明违约概率与一组财务比率或预测指标之间的联系。我们也讨论从不同方法获得的结果之间的差异。

8.2 概率模型

8.2.1 线性概率模型

在不失普遍性的前提下,考虑一个单变量或简单线性概率模型,该术语用来指代一个回归模型,在该模型中,依赖变量 y 在事件(例如,违约)发生时取二进制值1,否则取0:

$$y_i = \alpha + \beta x_i + \varepsilon_i \tag{8.1}$$

其中,x_i 是属性的值,例如,第 i 家公司去年的流动比率。

$$y_i = \begin{cases} 1, \text{如果公司在当前年份违约} \\ 0, \text{如果公司在当前年份运营} \end{cases}$$

---

[1] Pindyck, Robert, Rubinfeld, Daniel (1976). *Econometric Models and Economic Forecasts*, 4th Edition, Irwin/McGraw-Hill. 参考第11章以全面讨论这些概率模型。对于更理论性的讨论,感兴趣的读者也可以从咨询中受益。G. S. Maddala (1983). *Limited-dependent and Qualitative Variables in Econometrics*, Cambridge University Press, 第1章和第2章。

随机性 ε_i 在误差项中被捕获。

我们根据 y_i 的取值来定义违约的概率分布。具体如下：

$$p_i = 概率(y_i=1), \quad 1-p_i = 概率(y_i=0)$$

因此，因变量 y_i 的期望值是：

$$E(y_i \mid x_i) = 1(p_i) + 0(1-p_i) = p_i \tag{8.2}$$

如果 $E(\varepsilon_i) = 0$，我们得出：

$$E(y_i \mid x_i) = \alpha + \beta x_i + E(\varepsilon_i) = \alpha + \beta x_i \tag{8.3}$$

根据方程(8.2)和方程(8.3)，我们可以得出结论：

$$p_i = \alpha + \beta x_i \tag{8.4}$$

问题 1：概率值不受限于(0，1)范围

概率的范围被限制在[0，1]内。因此，线性概率模型最重要的弱点是无法保证 $\alpha + \beta x_i$ 会被限制在[0，1]的允许范围内。然而，我们可以对线性概率函数(8.4)施加一些规则，以限制其范围不低于 0 或超过 1。分段公式如下：

$$p_i = \begin{cases} \alpha + \beta x_i, & \text{当 } 0 < \alpha + \beta x_i < 1 \\ 1, & \text{当 } \alpha + \beta x_i \geqslant 1 \\ 0, & \text{当 } \alpha + \beta x_i \leqslant 0 \end{cases}$$

我们将 p_i 解释为概率，因此我们限制 p_i 的值在 0 和 1 之间。至于误差项 ε_i，当 $y_i = 1$ 时，方程(8.1)意味着 $\varepsilon_i = 1 - \alpha - \beta x_i$ 的概率为 p_i；而当 $y_i = 0$ 时，$\varepsilon_i = -\alpha - \beta x_i$ 的概率为 $1 - p_i$。这对误差项的方差有重要的含义，如下一节所讨论。

问题 2：误差项的非恒定方差

异方差性是模型的另一个严重缺陷。可以证明误差项 ε_i 的均值为零，方差为 $p_i(1-p_i)$。[1]因此，误差项的方差不是恒定的，而是随着公司的不同而变

---

[1] 有关证据，请参见 Pindyck and Rubinfeld(1976)。

化。相应地，误差项随着每个 i^{th} 独立变量的值而变化，因此，预测值也会变化，这就是"异方差性"一词的含义。这是一个主要问题，因为模型将不会产生有效的估计和预测。换句话说，如果没有异方差性，估计和预测将不会像可能的那样精确。

为了纠正异方差性，我们可以采用以下程序：

首先，使用普通最小二乘法（OLS）估计原始模型，这将产生模型系数的无偏估计。

其次，计算预测的因变量 $\hat{y}_i$，以及估计的方差 $w_i = \hat{y}_i(1-\hat{y}_i)$，因为 $\hat{y}_i$ 是估计的概率 p_i。估计的标准误差是 $\sqrt{w_i}$。

最后，使用估计标准误差的倒数作为权重，应用加权最小二乘估计来缩放模型常数 $\hat{y}_i$ 和 x_i。按照这个步骤，我们再对加权模型应用最小二乘法。

然而，这个程序有三个缺点：

第一，方差不能为零或负数，所以 $\hat{y}_i$ 必须不小于或等于零，也不大于或等于 1。然而，在实践中，$\hat{y}_i(1-\hat{y}_i)$ 可以是负数或零。例如，对于 $\hat{y}_i=1$，方差为 0。为了避免这个问题，我们可以排除这样的观测值，或者将零或负的预测设置为 0.01，将大于或等于 1 的预测设置为 0.99。在任何情况下，加权最小二乘法都不会有效。此外，加权最小二乘法对规范误差敏感。因此，不推荐使用加权最小二乘法。

第二，如果对于 X 有太多极端（小）值，我们会低估（高估）由 β 代表的斜率系数。

第三，即使线性关系是正确的，线性概率模型预测的概率值也可能超出允许的[0，1]范围。第三个缺点受到更多的批评。正如我们之前看到的，一种解决方案是在[0，1]范围内施加规则，以限制预测值——函数——的输出：负值设为0，而大于1的值设为1。然而，这种程序的缺点是限制将导致预测偏差。本章稍后将讨论线性概率模型的一个例子。

有了对线性概率模型弱点的背景理解，让我们探索用于模拟违约概率的替代公式，这与一个或多个数值预测变量包括分类变量相关。具体来说，我们将使用实际数据估计 Probit 模型和 Logit 模型，这些数据是关于可以被分类为活跃（编码为 0）或破产（编码为 1）的公司的随机样本。

8.2.2 另一种表述：Probit 模型

我们需要以这样一种方式转换线性模型,使其预测被限制在 0～1 之间。一种解决方案是使用所谓的连接函数。[1] 一种常用的连接函数是累积正态概率函数[2]：

$$p_i = F(\alpha + \beta x_i) = F(z_i) = \frac{1}{\sqrt{2\pi}} \int_{-\infty}^{z_i} \exp\left[-\frac{s^2}{2}\right] ds \quad (8.5)$$

函数 $F(z_i)$ 的作用

简单来说,这个 Probit 模型基于一个定量度量(x_i),例如当前比率,给公司 i 分配一个违约概率(p_i)。

累积正态分布接受任何实数并返回在 0～1 之间的概率。定义一个截止点 Z^*,在其下 Y 为 0(例如,公司不会违约),而在其上 Y 为 1(公司会违约)。在这方面,一个自然的选择是 0.5。然后 p_i 是对给定公司当前比率为 x_i 时,公司将违约的条件概率或期望的估计,即 $E(y_i \mid x_i) = 1$。这种条件概率等同于标准正态变量会小于或等于 $\alpha + \beta x_i$ 的概率。

与线性概率模型相比,Probit 模型的主要优势在于,预测的概率永远不会超出允许的概率范围[0,1]。正如我们之前提到的,线性概率模型的情况并非如此。因此,预测值超过 1 的,手动设置等于 1;那些低于 0 的,设置为 0。图 8.1 中呈现了两个模型的累积概率曲线的图形比较。如你所见,Probit 曲线表示的概率在[0,1]范围内,而线性曲线在没有前面提到的手动调整的情况下则不是这样,所以我们可以有超出范围的值。

---

[1] 还有其他候选的连接函数,但正态概率函数是最常见的。
[2] 回想一下,函数是一种机制,它接受输入(或多个输入)并产生一个唯一输出。举我们每天在公路旅行中不假思索就会做的一个实际例子,$Y = f(x) = 100X$。其中,X 是小时,100 是以公里/小时计的速度限制,而 Y 是以公里计的行驶距离。这个函数中的输入是 X 的各种值,输出是距离。例如,2 小时后,行驶距离是 200 公里。然而,有时我们想知道覆盖 200 公里需要多长时间,所以在这种情况下,输入是距离,输出是时间,以小时计。因此,我们需要一个规则来反向计算,这就是逆函数。由于我们用 100 乘以 X,我们现在必须进行反向计算,即 Y 除以 100,我们得到逆函数: $f^{-1}(Y) = \frac{Y}{100}$。将 $Y = 200$ 公里代入逆函数(由右上标符号"-1"表示),答案是 2 小时。

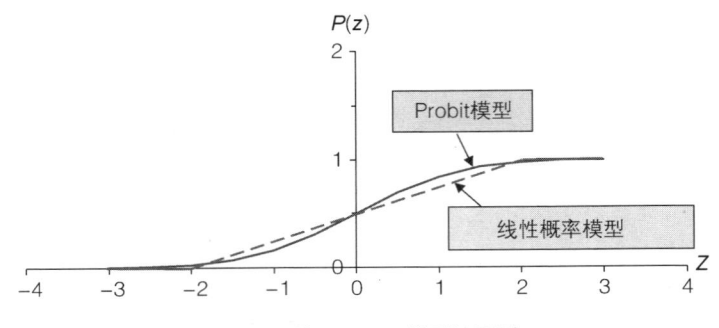

图 8.1 使用 Probit 模型的预测

尽管很明显，Probit 模型比线性模型更有吸引力，但曲线的估计并不像 OLS 那样简单，它涉及非线性的最大似然估计。[1] 但是，有了今天可用的回归软件和高速计算机，估计不再是多年前那样令人望而却步的任务，那时还没有硬件和软件技术。一个更为根本的问题是，使用累积正态分布来限制概率落在 0～1 之间的做法，理论上的合理性有限。在接下来的章节，我们将考虑基于累积逻辑概率函数的另一种做法。

8.2.3　替代公式：Logit 模型

在 Probit 回归中，连接函数是累积正态分布。Logit 回归使用 Logit 连接函数，即累积逻辑概率函数，也限制在[0，1]范围内：

$$p_i = F(z_i) = F(\alpha + \beta x_i) = \frac{1}{[1 + \exp(-z_i)]} \tag{8.6}$$

同样地，有：

$$p_i = \frac{1}{[1 + \exp(-\alpha - \beta x_i)]} \tag{8.7}$$

与对数线性模型，即上面的方程(8.4)相比，有：

$$p_i = \alpha + \beta x_i$$

逻辑模型使用的是概率的自然对数，即 Y 等于其中一个类别的概率：

---

[1] 最大似然估计是找到使似然函数达到最大似然的参数值。它涉及对似然函数的 log 相对于 p_i 进行求导，并将方程设为零。对数转换通过将似然函数(一个项的乘积)转换为更简单的线性形式，从而简化了微积分，这种形式更容易进行微分。

$$\ln\frac{p_i}{1-p_i} = \alpha + \beta x_i \tag{8.8}$$

Logit 模型(8.8)的含义

简单来说，这个 Logit 模型基于一个量化测量(x_i)，如流动比率 $\frac{p_i}{1-p_i}$ 给公司 i 分配了违约的对数赔率。

其中，$\frac{p_i}{1-p_i}$ 是违约的概率比。正如我们稍后将讨论的，该函数取估计的线性方程的值，并将其转换为来自非线性函数的概率。[1] 显然逻辑连接导致的系数比 Probit 回归的系数更直观。每个单位或 x_i 的边际变化导致对数概率中 β_i 的变化，我们可以重新表述为大多数人能理解的概率比。边际效应可以像线性回归系数一样被解释，但正如我们将看到的，使用 Probit 连接并非如此。

与正态分布相比，逻辑函数具有更厚的尾部，如图 8.2 所示。这意味着，它可以处理比正态分布更极端的值的情况。

---

[1] 逻辑函数写为：

$$F(z) = \frac{\exp(z)}{1+\exp(z)}$$

其中，输入 z 是任何实数，而 $F(z)$ 产生一个在(0, 1)范围内的值。我们知道这是范围，因为如果我们检查 $F(z)$ 的极限性质，当 z 趋向于 $-\infty$，分子接近 0，而分母接近 1，因此，$F(z)$ 接近 0。当 z 趋向于 $+\infty$，分子和分母变得越来越大(所以分母中的 1 可以忽略)，因此，$F(z)$ 接近 1。我们可以将上述表达式重述为：

$$p = \frac{\exp(z)}{1+\exp(z)}$$

$$1-p = \frac{1+\exp(z)-\exp(z)}{1+\exp(z)} = \frac{1}{1+\exp(z)}$$

因此，赔率比是：

$$\left(\frac{p}{1-p}\right) = \exp(z)$$

对两边同时取自然对数，结果是：

$$\ln\left(\frac{p}{1-p}\right) = z$$

在我们的案例中，Z_i 是从方程式 $\alpha+\beta_j x_{ij}$ 中得到的第 i 个估计值。给定 Z_i 的值，概率和赔率比很容易计算出来。

累积逻辑和正态分布的斜率在 $p_i = 0.5$ 时最大。这意味着，X 的变化在分布的中点对赔率的影响最大，在其尾部的影响最小。换句话说，在中点，X 的小变化就足以改变赔率，而在尾部，需要相对较大的 X 变化才能以同样的数量改变赔率。例如，假设一家公司的当前比率接近于表明有 50% 破产概率的值，那么对它稍加改善就可以防止公司破产，而稍加减少则会使公司陷入破产。

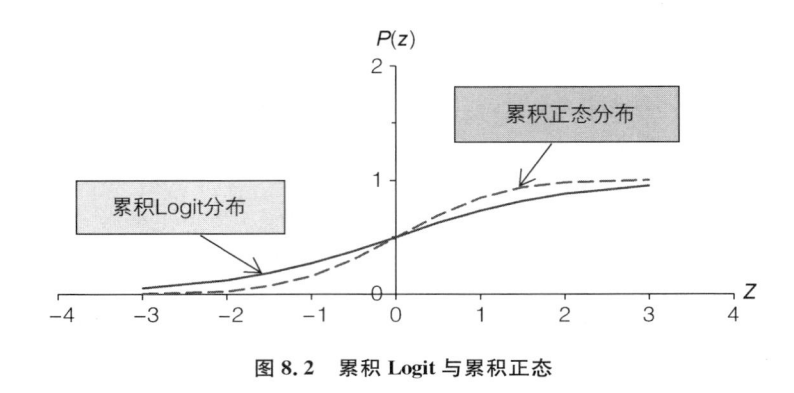

图 8.2　累积 Logit 与累积正态

线性近似也可以用来估计 Logit 模型。然而，大多数回归软件提供了 Logit 模型的直接估计方法。在接下来的两个章节中，我们使用 EViews 软件来估计之前提到的概率模型。

8.3　案例研究：Probit 模型预测违约

到目前为止，我们通过使用单一解释变量，即当前比率，探讨了不同的概率模型来预测违约的可能性。在实践中，向个人和公司贷款的决定需要不止一个解释变量。例如，为了估计违约或破产的概率，至少需要几个理想情况下不是多重共线性的财务比率。从信用分析师的角度来看，困难的问题是回归中财务比率的一个优先选择。不幸的是，没有理论基础可用来选择一组解释变量而不选择另一组，或者包括和排除变量。这个决定本质上是一个实用的决定，主要基于信用实践中的经验，而且结果是选择的变量与违约之间的统计关联的有力证据。在本节中，我们从 Probit 分析开始，来模拟违约的概率。相关文献的回顾显示，许多作者在使用财务比率的违约预测领域做了大量工作，这些统计模型采用二元因变量。[1]

我们研究了一个初始样本,该样本包括在 2009—2015 年期间违约的 37 家随机选择的公司的财务数据。数据来源是沃顿研究数据服务公司。要测试模型,需要一套完整的数据集。因此,我们排除了那些财务比率观测值无法获得的公司,留下 19 家拥有一套完整观测值的公司。同样,从同一时期活跃的公司中,随机选择了 19 家拥有一套完整财务比率的公司,使得完整样本达到 38 家公司。

在本研究中,我们将因变量的值设定如下:

$$y = \begin{cases} 0, \text{如果公司在 2009—2015 年间没有违约} \\ 1, \text{如果公司在 2009—2015 年间违约} \end{cases}$$

违约公司的财务比率指的是最后一个季度的比率,而违约发生前,所有财务比率都可获得,在任何情况下,这些比率都在公司进入违约状态之前的四个季度内。违约公司的"公开日期"范围在 2009—2015 年之间,其中间年份为 2012 年。对于业务活跃的公司,没有违约日期(按定义)。为了让公司拥有相似的系统性(经济)风险,选择了 2012 财年末最后一个完整季度的结果,这与违约公司的中间年份相吻合。

我们在表 8.1 中展示了本研究选定的完整财务比率集。这些比率代表五个风险类别:流动性、效率、偿债能力、杠杆作用、盈利能力。

从每个风险类别中,我们选择一个财务比率作为预测或解释变量。为了演示在此背景下的模型构建,我们讨论了达到此案例最佳 Probit 模型所需的不同尝试,如下所述。第一个模型将违约概率与流动比率、销售额/营运资本、现金比率、总债务/股本和毛利率联系起来。我们使用 EViews 这个专有的 Windows 统计软件包来估计方程。回归结果中,以"C"代表模型常数(或截距),在表 8.2 中呈现。

---

[1] 回顾过去半个世纪。在这一领域的先驱者是:William Beaver(1967),他应用 t 检验来评估个别会计比率的重要性;以及 Edward I. Altman(1968),他在一对匹配的样本中应用了多重判别分析。实际上,被广为人知并使用的 Altman Z 分数是以这篇有影响力的论文的作者命名的:"Financial Ratios and Discriminant Analysis and Prediction of Corporate Bankruptcy", *Journal of Finance*, 23, pp. 189-209。自 Altman 研究以来,许多其他作者在过去半个世纪里对这一领域进行了深入挖掘和扩展。

表8.1　回归中使用的变量

财 务 比 率	预期符号	风险类别
流动比率($X1$)	—ve	流动性
速动比率(酸性测试)($X2$)	—ve	流动性
现金比率($X3$)	—ve	流动性
销售额/营运资本($X4$)	—ve	效率
利息保障倍数(税后)($X5$)	—ve	偿债能力
利息保障倍数($X6$)	—ve	偿债能力
总债务/股本($X7$)	+ve	杠杆
总债务/EBITDA($X8$)	+ve	杠杆
净利润率($X9$)	—ve	盈利能力
经营利润率(折旧前)($X10$)	—ve	盈利能力
经营利润率(折旧后)($X11$)	—ve	盈利能力
毛利率($X12$)	—ve	盈利能力
利润率(税前)($X13$)	—ve	盈利能力

资料来源：沃顿研究数据服务公司。

表8.2　方程(P1)的结果

变　　量	系　数	标准误差	Z统计量	概　率
C	−0.078 75	1.300 614	−0.060 548	0.951 7
流动比率	−0.588 85	0.613 808	−0.959 341	0.337 4
销售额/营运资本	0.056 851	0.030 545	1.861 23	0.062 7
现金比率	1.133 275	0.709 049	1.598 304	0.11
总债务/股本	−0.012 23	0.013 971	−0.875 586	0.381 3
毛利率	−0.667 64	1.331 795	−0.501 306	0.616 2
麦克法登R-平方	0.315 614	平均因变量方差		0.5

续 表

变　　量	系　　数	标准误差	Z 统计量	概　　率
S.D. 因变量	0.506 712	回归的 S.E.		0.441 141
赤池信息准则	1.264 551	残差平方和		6.227 368
施瓦茨准则	1.523 117	对数似然		−18.026 5
汉南—奎因准则	1.356 546	偏差		36.052 92
限制性偏差	52.679 19	限制性对数似然		−26.339 6
LR 统计量	16.626 26	平均对数似然		−0.474 38
LR 统计量的概率	0.005 266			
模型预测				
实际	活跃		破产	
活跃	17		2	
破产	6		13	

该软件产生以下拟合的 Probit 方程：

$$\text{Probit}(Y) = -0.08 - 0.59X_1 + 1.13X_3 + 0.06X_4 - 0.01X_7 - 0.67X_{12}$$

(P1)

其中，X_1 表示流动比率；X_3 表示现金比率；X_4 表示销售额/营运资本；X_7 表示总债务/股本；X_{12} 表示毛利率。

解释拟合方程

在讨论 Probit 模型的估计方程之前，重要的是我们要理解如何解释一个拟合方程。在 Probit 模型的情况下，对特定变量的变化的边际影响是其系数乘以一个因子，这个因子取决于方程中所有其他回归变量的值，原因在于模型的非线性形式（见方程 8.5）。[1] 然而，变量 X_{ij} 变化的影响方向仅取决于其系数的符

---

[1] 由方程式(8.1)给出的线性概率模型的导数是常数，即：

$$\frac{\partial y_i}{\partial x_i} = \beta$$

该模型为多个解释变量 X_{ij} 的泛化。相比之下，在 Probit 模型和 Logit 模型中，导数不是常数，也不能被解释为对因变量的边际效应。X_{i1} 变化的边际影响不仅仅是一个线性模型中的常数 β_{i1}，但 β_{i1} 被一个函数的值加权，该函数的值取决于 X_{i1} 及函数中的所有其他变量。

号 β_i：β_j 的正（负）值意味着，增加 X_{ij} 将增加（减少）响应或违约的概率。

结果分析

从方程式（P1）我们可以看出，流动比率和毛利率的系数具有预期的负号。现金比率、销售/营运资本比率和债务/权益比率的符号是违反直觉的。例如，债务/权益比率的负号意味着，公司的违约概率会随着负债的增加而降低。Z 统计量表明，没有一个回归量是统计上显著的。Z 统计量是系数与标准误差的比率，绝对值 2 或更高是显著性的大致标准。我们将"麦克法登 R-平方"简称为"R-平方"，是线性回归模型中报告的 R^2 的类似物，它的特性是介于 0～1 之间。R-平方值 0.31 是低的，表明数据与拟合回归不接近。

现在，让我们转向方程（P1）的预测能力。在表 8.2 中，我们看到模型预测 2 个实际上活跃的公司为违约；它还预测 6 个公司是活跃的，而实际上它们已经违约。

测试其他变量

使用速动比率代替流动比率在方程式（P1）中，拟合回归为：

$$\text{Probit}(Y) = -1.59 + 0.37X_2 + 0.39X_3 + 0.08X_4 - 0.01X_7 - 0.24X_{12}$$

(P2)

其中，X_2 表示速动比率；X_3 表示现金比率；X_4 表示销售额/营运资本；X_7 表示总债务/股本；X_{12} 表示毛利率。

结果分析

速动比率（不同于流动比率）具有正系数，这是违反直觉的，而且整体拟合优度并没有因为 R-平方值为 0.31（见表 8.3）而提高。该模型在预测能力方面表现更差。它错误地预测了 5 个实际活跃公司将违约，相比之下在方程式（P1）中为 2 个。

表 8.3 方程（P2）的结果

变 量	系 数	标准误差	Z 统计量	概 率
C	−1.591 9	1.004 237	−1.585 188	0.112 9
速动比率	0.372 396	0.566 044	0.657 893	0.510 6

续　表

变　　　量	系　数	标准误差	Z 统计量	概　率
销售额/营运资本	0.075 783	0.032 619	2.323 281	0.020 2
现金比率	0.390 421	0.715 597	0.545 588	0.585 3
总债务/股本	−0.011 21	0.012 989	−0.863 139	0.388 1
毛利率	−0.236 98	1.289 847	−0.183 728	0.854 2
麦克法登 R-平方	0.305 472	平均因变量		0.5
S.D. 依赖变量	0.506 712	回归的 S.E.		0.446 492
赤池信息准则	1.278 61	残差平方和		6.379 363
施瓦茨准则	1.537 176	对数似然		−18.293 6
汉南—奎因准则	1.370 606	偏差		36.587 19
限制性偏差	52.679 19	限制性对数似然		−26.339 6
LR 统计量	16.092	平均对数似然		−0.481 41
LR 统计量的概率	0.006 586			

模型预测

实际	活跃	破产
活跃	14	5
破产	6	13

鉴于速动比率削弱了我们试图建模的性能,我们在接下来的回归中继续使用流动比率,并尝试用利息保障倍数代替现金比率。我们得到以下估计方程:

$$\text{Probit}(Y) = -0.92 + 0.63X_1 + 0.05X_4 - 0.26X_6 - 0.02X_7 + 0.82X_{12}$$
(P3)

其中,X_1 表示流动比率;X_4 表示销售额/营运资本;X_6 表示利息保障倍数;X_7 表示总债务/股本;X_{12} 表示毛利率。

注意,在方程式(P1)、(P2)和(P3)中,每个风险类别都由其风险度量表示。

正如表 8.4 所示,新模型改善了结果。首先,R-平方增加了一倍多,达到 0.70。其次,模型预测有了显著改进。然而,符号测试显示了混合结果。与我们的预期相反,流动比率、毛利率和销售额超过营运资本的估计系数是正的,而总债务/股本的估计系数则是负的。用总债务/EBITDA 替换总债务/股本,后者的估计系数如预期的正值(见表 8.5)。估计的回归是:

$$\text{Probit}(Y) = -2.78 + 1.31X_1 + 0.07X_4 - 0.31X_6 + 0.03X_8 + 1.40X_{12}$$

(P4)

其中,X_1 表示流动比率;X_4 表示销售额/营运资本;X_6 表示利息保障倍数;X_8 表示总债务/EBITDA;X_{12} 表示毛利率。

表 8.4 方程(P3)的结果

变 量	系 数	标准误差	Z 统计量	概 率
C	−0.923 9	1.802 81	−0.512 476	0.608 3
流动比率	0.631 391	0.812 945	0.776 671	0.437 4
销售额/营运资本	0.045 355	0.035 787	1.267 348	0.205
利息保障倍数	−0.265 42	0.116 392	−2.280 354	0.022 6
总债务/股本	−0.016 13	0.027 332	−0.590 094	0.555 1
毛利率	0.825 586	2.729 105	0.302 512	0.762 3
麦克法登 R-平方	0.701 439	平均因变量		0.5
S.D. 依赖变量	0.506 712	回归的 S.E.		0.261 766
赤池信息准则	0.729 683	平方和残差		2.192 686
施瓦茨准则	0.988 249	对数似然		−7.863 98
汉南—奎因准则	0.821 679	偏差		15.727 95
限制性偏差	52.679 19	限制性对数似然		−26.339 6
LR 统计量	36.951 23	平均对数似然		−0.206 95
LR 统计量的概率	0.000 001			

续表

变 量	系 数	标准误差	Z 统计量	概 率
模型预测				
实际	活跃		破产	
活跃	18		1	
破产	1		18	

表 8.5 方程(P4)的结果

变 量	系 数	标准误差	Z 统计量	概 率
C	−2.784 17	2.409 922	−1.155 293	0.248
流动比率	1.310 579	1.111 383	1.179 232	0.238 3
销售额/营运资本	0.071 604	0.041 887	1.709 433	0.087 4
利息保障倍数	−0.316 4	0.148 879	−2.125 24	0.033 6
总债务超过 EBITDA	0.032 951	0.032 569	1.011 724	0.311 7
毛利率	1.402 656	3.089 722	0.453 975	0.649 8
麦克法登 R-平方	0.676 699	平均因变量		0.5
S.D.依赖变量	0.506 712	回归的 S.E.		0.275 239
赤池信息准则	0.763 98	残差平方和		2.424 209
施瓦茨准则	1.022 546	对数似然		−8.515 61
汉南—奎因准则	0.855 975	偏差		17.031 22
限制性偏差	52.679 19	限制性对数似然		−26.339 6
LR 统计量	35.647 96	平均对数似然		−0.224 1
LR 统计量的概率	0.000 001			
模型预测				
实际	活跃		破产	
活跃	18		1	
破产	1		18	

显然,相比方程式(P4)有改进的空间。我们保留总债务/EBITDA作为杠杆率衡量标准,因为这个标志与先验期望一致。接下来,我们排除 X_{12}(毛利率),因为在方程式(P4)中符号错误,并用 X_{11}(折旧后的经营利润率)替换。估计的回归是:

$$\text{Probit}(Y) = -2.15 + 1.12X_1 + 0.07X_4 - 0.25X_6 + 0.04X_8 - 2.90X_{11}$$
(P5)

其中,X_1 表示流动比率;X_4 表示销售额/营运资本;X_6 表示利息保障倍数;X_8 表示总债务/EBITDA;X_{11} 表示折旧后的经营利润率。

如表8.6所示,结果有所改善。现在,只有两个系数(流动比率和销售额对营运资本的比率)有违直觉的符号。在寻找解决这个问题的方法时,我们尝试了两种公式。在第一种公式中,我们删除了销售额对营运资本的比率。在第二种公式中,我们保留了销售额对营运资本的效率指标,但采用了其倒数形式。系数将具有预期的正符号。这两种方法都得到了所有估计系数预期的符号,如表8.7所示。

表8.6 方程(P5)的结果

变 量	系 数	标准误差	Z 统计量	概 率
C	-2.154 118	2.026 616	-1.062 914	0.287 8
流动比率	1.122 895	1.007 409	1.114 637	0.265
销售额超过营运资本	0.069 464	0.045 024	1.542 811	0.122 9
利息保障倍数	-0.248 218	0.129 142	-1.922 055	0.054 6
总债务超过 EBITDA	0.038 899	0.046 976	0.828 076	0.407 6
折旧后经营利润率	-2.899 273	6.367 493	-0.455 324	0.648 9
麦克法登 R-平方	0.677 32	平均因变量		0.5
S.D. 依赖变量	0.506 712	回归的 S.E.		0.281 1
赤池信息准则	0.763 118	平方和残差		2.528 543
施瓦茨准则	1.021 685	对数似然		-8.499 25

续 表

变量	系数	标准误差	Z 统计量	概率
汉南—奎因准则	0.855 114	偏差		16.998 49
限制性偏差	52.679 19	限制性对数似然		−26.339 6
LR 统计量	35.680 69	平均对数似然		−0.223 66
LR 统计量的概率	0.000 001			

模型预测

实际	活跃	破产
活跃	18	1
破产	1	18

表 8.7 方程(P6)的结果

变量	系数	标准误差	Z 统计量	概率
C	0.628 065	1.082 676	0.580 104	0.561 8
流动比率	−0.020 095	0.700 019	−0.028 707	0.977 1
利息保障倍数	−0.201 009	0.107 215	−1.874 812	0.060 8
总债务超过 EBITDA	0.070 399	0.069 87	1.007 573	0.313 7
折旧后经营利润率	−8.361 114	8.006 761	−1.044 257	0.296 4
麦克法登 R-平方	0.626 296	平均因变量		0.5
S.D. 依赖变量	0.506 712	回归的标准误		0.312 994
赤池信息准则	0.781 222	残差平方和		3.232 846
施瓦茨准则	0.996 694	对数似然		−9.843 21
汉南—奎因准则	0.857 885	偏差		19.686 42
限制性偏差	52.679 19	限制性对数似然		−26.339 6
LR 统计量	32.992 76	平均对数似然		−0.259 03
LR 统计量的概率	0.000 001			

续表

变 量	系 数	标准误差	Z 统计量	概 率
模型预测				
实际	活跃		破产	
活跃	16		3	
破产	1		18	

排除 X_4 的模型（销售额对工作资本）

$$\text{Probit}(Y) = 0.63 - 0.02X_1 - 0.20X_6 + 0.07X_8 - 8.36X_{11} \quad (P6)$$

其中，X_1 表示流动比率；X_6 表示利息保障倍数；X_8 表示总债务/EBITDA；X_{11} 表示折旧后的经营利润率。

包含 X_4^{-1} 的模型（倒置的销售额/营运资本）

如表 8.8 所示，使用倒置的销售额/营运资本的拟合方程式为：

$$\text{Probit}(Y) = 1.16 - 0.73X_1 + 5.08X_4^{-1} - 0.17X_6 + 0.09X_8 - 12.11X_{11} \quad (P7)$$

表 8.8 方程(P7)的结果

变 量	系 数	标准误差	Z 统计量	概 率
C	1.157 065	1.392 854	0.830 715	0.406 1
流动比率	−0.730 489	1.321 368	−0.552 828	0.850 4
销售额/营运资本	5.078 403	7.943 507	0.639 315	0.522 6
利息保障倍数	−0.172 974	0.111 862	−1.546 313	0.122
总债务超过 EBITDA	0.085 067	0.078 372	1.085 429	0.277 7
折旧后经营利润率	−12.119 29	10.449 74	−1.159 77	0.246 1
麦克法登 R-平方	0.634 041	平均因变量		0.5
S.D. 依赖变量	0.506 712	回归的 S.E.		0.315 879

续 表

变 量	系 数	标准误差	Z 统计量	概 率
赤池信息准则	0.823 116	平方和残差		3.192 943
施瓦茨准则	1.081 682	对数似然		−9.639 21
汉南—奎因准则	0.915 112	偏差		19.278 42
限制性偏差	52.679 19	限制对数似然		−26.339 6
LR 统计量	33.400 77	平均对数似然		−0.253 66
LR 统计量的概率	0			
模型预测				
实际	活跃		破产	
活跃	16		3	
破产	2		17	

其中，X_1 表示流动比率；X_4^{-1} 表示倒置的销售额/营运资本；X_6 表示利息保障倍数；X_8 表示总债务/EBITDA；X_{11} 表示折旧后的经营利润率。

对方程(P6)和方程(P7)结果的分析

最后两个方程式(P6)和(P7)产生了相似的 R-平方值和几乎相同的预测。从理论角度来看，第二个模型更为丰富。问题在于，基于统计学基础，信用分析师会选择两者中的哪一个？诊断测试是施瓦茨准则和密切相关的赤池信息准则。因此，例如，可以使用施瓦茨准则或施瓦茨贝叶斯信息准则(简称 SBIC 或 BIC)在有限的模型集合中选择或偏好特定模型。简单来说，给定任何两个估计模型，SBIC 值较低的模型都是首选的。我们看到，方程(P6)的施瓦茨准则小于方程(P7)，因此偏好较小的模型。在两种情况下，似然比(LR)统计的概率接近 0，表明并非所有解释变量的系数都为 0。

我们观察到 Z 统计量非常低，这是因为，我们用来预测违约的解释变量彼此之间高度相关。当解释变量之间存在高度相关性时，其中一部分变量可以捕捉到其他变量的影响。因此，我们可能会从模型中删除一个或多个解释变量，而不会显著改变拟合的优度(如 R-平方)。

省略统计上不显著的变量

如果我们一次删除最不具有统计意义的变量,最终会得到以下模型:

$$\text{Probit}(Y) = 0.82 - 0.30X_6 \tag{P8}$$

其中,X_6 表示利息保障倍数。

我们最终得到一个统计上显著的解释变量。也请注意,预测是合理的。19家活跃公司中,有 3 家被错误地分类为违约;而 19 家违约公司中,有 1 家被分类为活跃。施瓦茨准则明显支持方程(P8)。R-平方下降到 0.58(从 0.63 开始),但与方程(P7)相比,模型对破产案例的预测能力提高了,方程(P7)是"丰富模型",代表了所有 5 个违约风险类别及其相应的比率(见表 8.9)。

表 8.9 方程(P8)的结果

变 量	系 数	标准误差	Z 统计量	概 率
C	0.820 081	0.333 936	2.455 807	0.014 1
利息保障倍数	−0.300 13	0.106 831	−2.809 409	0.005
麦克法登 R-平方	0.579 492	平均因变量		0.5
S.D. 依赖变量	0.506 712	回归的标准误		0.309 818
赤池信息准则	0.688 212	残差平方和		3.455 547
施瓦茨准则	0.774 4	对数似然		−11.076
汉南—奎因准则	0.718 877	偏差		22.152 04
限制性偏差	52.679 19	限制性对数似然		−26.339 6
LR 统计量	30.527 14	平均对数似然		−0.291 47
LR 统计量的概率	0			
模型预测				
实际	活跃		破产	
活跃	16		3	
破产	1		18	

8.4 线性概率(LP)和 Logit 模型示例

现在让我们转向线性概率模型。正如我们之前提到的,我们可以使用普通最小二乘法来估计线性概率模型,估计将是无偏的。如表 8.10 所示,估计的线性概率方程是:

$$LP(Y) = 0.84 - 0.25X_1 + 0.72X_4^{-1} - 0.007X_6 + 0.004X_8 - 1.09X_{11}$$

(LP1)

表 8.10 LP1 的结果

变量	系数	标准误差	Z 统计量	概率
C	0.849 822	0.260 793	3.258 607	0.002 7
流动比率	−0.250 068	0.201 887	−1.238 656	0.224 5
销售额/营运资本	0.718 692	0.701 636	1.024 308	0.313 4
利息保障倍数	−0.006 72	0.003 089	−2.175 761	0.037 1
总债务超过 EBITDA	0.004 469	0.004 285	1.042 863	0.304 8
折旧后经营利润率	−1.085 663	0.503 357	−2.156 846	0.038 6
R-平方	0.441 574	平均因变量		0.5
调整后的 R-平方	0.354 32	S.D. 依赖变量		0.506 712
回归的标准误	0.407 164	赤池信息量准则		1.184 739
残差平方和	5.305 048	施瓦茨准则		1.443 305
对数似然	−16.510 04	汉南—奎因准则		1.276 735
F 统计量	5.060 782	杜宾—沃森统计量		1.097 114
Prob(F 统计量)	0.001 577			
模型预测				
实际	活跃		破产	
活跃	17		2	
破产	3		16	

其中，X_1 表示流动比率；X_4^{-1} 表示倒置的销售额/营运资本；X_6 表示利息保障倍数；X_8 表示总债务/EBITDA；X_{11} 表示折旧后的经营利润率。

可以观察到，所有估计的系数都有正确的符号，并且至少有三个系数在 96% 的概率水平上统计显著（概率<0.04）。然而，线性概率模型的预测与相应的 Probit 模型略有不同。相比之下，Logit 模型的结果与 Probit 模型的结果非常相似。对于 Logit 函数，我们使用与方程(P7)相同的解释变量（见表 8.11）。

$$\ln\left(\frac{p}{1-p}\right) = 2.09 - 1.23X_1 + 7.85X_4^{-1} - 0.31X_6 + 0.14X_8 - 19.85X_{11}$$

(L1)

其中，X_1 表示流动比率；X_4^{-1} 表示倒置的销售额/营运资本；X_6 表示利息保障倍数；X_8 表示总债务/EBITDA；X_{11} 表示折旧后的经营利润率。

让我们重新审视系数的解释，现在关注估计的 Logit 模型(L1)。在 Probit 模型中，系数不能解释为边际效应，因为后者不是一个常数，而是取决于函数中的所有其他变量。在逻辑模型中，系数反映了解释变量单位变化对破产相对概率对数的影响。三个模型的性能比较显示在表 8.12 中。

表 8.11　方程(L1)的结果

变　　量	系　数	标准误差	Z 统计量	概　率
C	2.096 466	2.388 986	0.877 555	0.380 2
流动比率	−1.232 748	2.218 996	−0.555 543	0.578 5
销售额/营运资本	7.851 344	13.462 57	0.583 198	0.559 8
利息保障倍数	−0.311 4	0.212 904	−1.462 633	0.143 6
总债务超过 EBITDA	0.143 902	0.137 802	1.044 266	0.296 4
折旧后经营利润率	−19.852 52	18.541 47	−1.070 709	0.284 3
麦克法登 R-平方	0.631 3	平均因变量		0.5
S.D. 依赖变量	0.506 712	回归的 S.E.		0.314 641
赤池信息准则	0.826 916	平方和残差		3.167 973
施瓦茨准则	1.085 482	对数似然		−9.711 41

续表

变 量	系 数	标准误差	Z 统计量	概 率
汉南—奎因准则	0.918 912	偏差		19.422 81
限制性偏差	52.679 19	限制性对数似然		−26.339 6
LR 统计量	33.256 38	平均对数似然		0.255 56
LR 统计量的概率	0.000 033			

模型预测

实际	活跃	破产
活跃	16	3
破产	2	17

表 8.12 线性概率模型、Probit 模型和 Logit 模型

解释变量	线性概率模型[a]	Probit 模型[b]	Logit 模型[b]
流动比率	−0.25(−1.24)	−0.73(−0.55)	−1.23(−0.56)
倒置的销售额/营运资本	0.72(1.02)	5.08(0.64)	7.85(0.58)
利息保障倍数	−0.007(−2.18)	−0.17(−1.55)	−0.31(1.46)
总债务/EBITDA	0.004(1.04)	0.09(1.09)	0.14(1.04)
折旧后的经营利润率	−1.09(−2.16)	−12.11(−1.16)	−19.85(−1.07)
常数	0.84	1.16	2.09
预测性能比较			
正确预测的活跃公司比例	15/19	16/19	16/19
正确预测的违约公司比例	16/19	17/19	17/19

注：[a]括号内为 t 比率；[b]括号内为 Z 统计量。
公司总数为 38。其中一半(19)实际上违约了，其余的是活跃公司。

8.5 Probit 与 Logit 模型的选择

正如你从表 8.12 和早期结果中看到的，Logit 模型与 Probit 模型之间的差

异在实际层面上要么非常微小,要么不存在。这意味着 Logit 和 Probit 模型倾向于产生相似的预测。选择主要取决于解释。在直观层面上,Logit 模型比 Probit 模型更容易理解。大多数人,尤其是那些喜欢赌博的人都熟悉赔率的概念,赔率指的是某一事件发生的次数与该事件不发生的次数的比例。因此,理解 Log-odds 函数相对容易,该函数可转换为赔率比。

在 Probit 模型的情况下,我们是从一个 S 形的累积正态分布(或概率值)反向计算到钟形概率曲线(或概率密度函数)上相应的 Z 值。因此,Probit 模型的系数是指每增加一个单位的预测因子所关联的 Z 分数的差异,但其解释不如 Logit 模型那样直观。

选择也可能由学科惯例决定,因此观众在选择中扮演重要角色。在经济学中,经常使用 Probit 分析。然而,在一些社会科学,如心理学中,Logit 似乎是模拟二元响应变量的首选方法。最后,在理论层面,一些研究者可能更喜欢使用 Logit 模型,因为与我们之前注意到的正态分布相比,Logistic 函数有一个更厚的尾部。这意味着,Logit 可以处理比正态分布更极端值的情况。

8.6　估计系数的解释

在前几节中,我们涉足了很多内容,因此在这个结尾部分,我们呈现概率模型的主要元素。我们从金融中经常遇到的一个问题开始,那就是分析分类变量的问题。在信用分析和贷款中,我们必须决定是批准贷款还是拒绝贷款。一个有用的决策工具是应用概率模型,以此来预测违约的可能性。根据经验,信用分析师知道有一些可靠的违约预测指标,他或她希望将变量放入一个方程中,估计预定方程形式的参数,并使用估计的回归。正如我们所展示的,所有这些步骤听起来都相对简单直接,直到我们开始估算程序并分析拟合优度和模型的预测能力的生产力。最终模型通常不是我们一开始所想的那个。我们介绍了三个概率模型:线性概率模型、Probit 模型、Logit 模型。

简单线性概率模型

我们提出了一个简单的模型,即方程(8.1),带有一个预测变量:

$$y_i = \alpha + \beta x_i + \varepsilon_i \tag{8.9}$$

在有许多独立变量的一般情况下，方程采取以下这种形式：

$$y_i = \alpha + \beta_1 X_{1i} + \beta_2 X_{2i} + \beta_3 X_{3i} + \cdots + \beta_k X_{ki} + \varepsilon_i \tag{8.10}$$

其中，二元特征有以下几种：$y=$公司违约($y=1$)，或不违约($y=0$)；$y=$国家违约($y=1$)，或不违约($y=0$)；$y=$抵押贷款被批准($y=1$)，或不被批准($y=0$)。

方程的系数被解释为与单位变化相关的 y 的变化，如 X_{ki} 的变化。在微积分语言中，我们将偏导数写为：

$$\frac{\partial y_i}{\partial x_{ki}} = \beta_k \tag{8.11}$$

注意，这些边际效应是常数，与非线性模型的系数不同，后者取决于 $X_{1i}, \cdots, X_{ki}$ 的值。我们展示了线性概率模型不令人满意的原因有两个：

(1) 预测的概率可以高于 1 或低于 0，但概率必须限定在(0，1)范围内。

(2) 误差项的方差不是常数，而是随解释变量的值变化，导致估计的系数不精确。我们说误差项是异方差的。

因此，我们考察了两个替代模型，在这两种非线性模型中，我们引入了所谓的连接函数，它的作用有两方面：第一，它将概率转换为一个从 $-\infty$ 到 $+\infty$ 的值；第二，它与解释变量有一个线性关系，这些变量与概率有一个非线性或 S 形的关系。Probit 和 Logit 函数都做到了这两点。

Probit 模型

我们在方程(8.5)中引入连接函数 $F(Z)$，这里针对 k 个变量陈述：

$$Z_i = \alpha + \beta_1 X_{1i} + \beta_2 X_{2i} + \beta_3 X_{3i} + \cdots + \beta_k X_{ki} + \varepsilon_i \tag{8.12}$$

线性 Z 函数的输入是 X 的值，输出是 Z 值。累积正态分布函数，即非线性连接函数 $F(Z)$，接受这些值并返回介于 0~1 之间的预测概率值。

Logit 模型

我们在方程(8.6)中引入连接函数 $F(Z)$，累积标准逻辑分布函数，并为超过一个解释变量的一般情况推导出方程(8.8)。

$$\ln \frac{p_i}{1-p_i} = \alpha + \beta_1 X_{1i} + \beta_2 X_{2i} + \beta_3 X_{3i} + \cdots + \beta_k X_{ki} + \varepsilon_i \tag{8.13}$$

我们在 $Z(x)$ 处评估,并使用方程(8.7),我们得到了对数概率比。取对数概率的指数,得到概率比 $\frac{p}{1-p}$。概率(p)是根据方程(8.6)计算得出的,或者通过概率比计算得出。

边际效应不是常数——以 Logit 模型为例

系数是预测所需的。假设我们有以下两个估计的 Probit 和 Logit 方程:

$$Z = -3.50 + 1.16X$$

$$\ln\left(\frac{p}{1-p}\right) = -6.44 + 1.86X$$

其中,Z 越高,违约概率越高;X 代表债务／EBITDA。预测的概率显示在图 8.3 中。如预期,预测值非常接近。

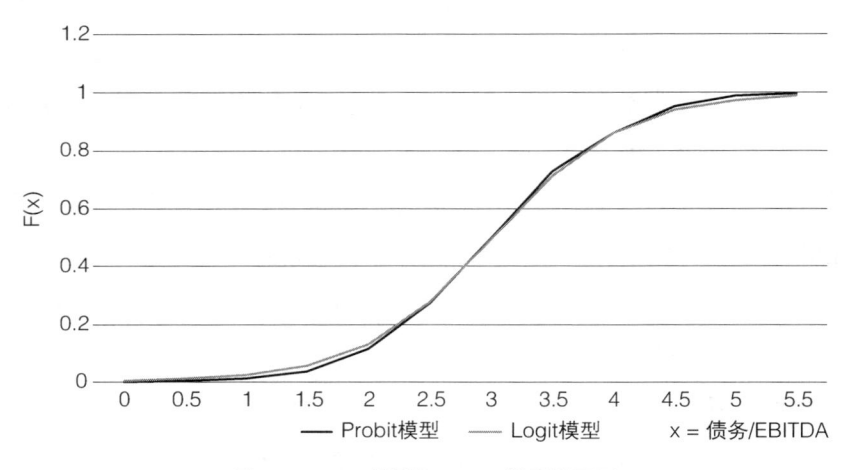

图 8.3　Logit 模型和 Probit 模型的预测

现在让我们来说明概率变化的效果,即 $y=1$ 与 $\frac{债务}{EBITDA}$ 比率单位变化的相关性。Probit 模型和 Logit 模型的结果在表 8.13 中进行了汇总。

注意以下重要结果:

(1) $\frac{债务}{EBITDA}$ 比率单位变化的边际效应不是恒定的,但随着自变量的值而变化。这个结果对于多个解释变量都是成立的,反映了非线性(见下文)。从 1.5 到 2.5 的单位变化,对于 Probit 模型增加了 0.235 的违约概率,对于 Logit 模型增加了 0.222 的违约概率;而从 3.0 到 4.0 的单位变化,对于 Probit 模型增加了更大的违约概率 0.381，对于 Logit 模型增加了 0.368 的违约概率。

(2) $\dfrac{债务}{EBITDA}$ 比率的变化在分布的中点比在尾部对赔率的影响更大。

(3) 如果 $\dfrac{债务}{EBITDA}$ 比率接近意味着有 50% 的破产概率值，即便是小幅度的恶化，也会增加公司的破产概率。我们在第 8.2 节讨论了这个问题，这个结果是相互印证的。

表 8.13 债务/EBITDA 单位变化对概率 $y=1$ 的影响

	概率(Probit)	概率(Logit)	赔率(Logit)
从 1.5	0.039	0.057	0.060
至 2.5	0.274	0.279	0.387
概率/赔率变化	0.235	0.222	0.327
从 3.0	0.492	0.495	0.980
至 4.0	0.873	0.863	6.297
概率/赔率变化	0.381	0.368	5.316

多变量 Probit 和 Logit 模型

在拟合的多变量 Logit 模型和 Probit 模型的背景下(见表 8.13)，让我们考虑在其他变量保持不变的情况下，解释变量变化对概率的影响。为了演示这一过程，我们从 Probit 模型开始，使用一个活跃公司的实际数据。让我们称之为基础预测。基础值集合如表 8.14 所示。

表 8.14 基础预测

解释变量	价值
流动比率	1.654
倒置销售额/营运资本	1/9.573
利息保障倍数	1.749
总债务/EBITDA	5.138
折旧后的经营利润率	0.144

现在我们想计算利息保障倍数每增加一个单位对违约概率的影响,同时保持其他解释变量不变。使用模型估计的系数,我们计算 Z,从而使用基础数据为 Probit 模型计算概率。然后我们在将利息保障倍数改为 2.749(即增加 1 个单位)后做同样的计算。两个概率之间的差异衡量了将利息保障倍数增加 1 个单位的影响。结果在表 8.15 中呈现。

表 8.15 利息保障倍数从 1.749 增加 1 个单位的影响(使用 Probit 模型)

	变更前	变更后
Z	−1.131	−1.304
概率(Z)	0.129	0.096
概率变化		−0.033

因此,将利息保障倍数增加 1 个单位的影响是降低违约概率 3.3%。在这里,为了计算概率(Z),我们找到 Z 的正态分布的累积概率。在 Excel 表格中,可以通过使用函数 NORM.DIST(Z,0,1,TRUE)轻松获得此结果,其中 TRUE 代表累积概率选项,数字 0 和 1 分别表示标准正态分布的均值和标准差。

当然,概率的变化取决于一开始测量的所有解释变量的值集。这就是我们所说的基本情况。例如,如果一开始的利息保障倍数是 0.1,我们将其增加 1 个单位至 1.1,概率降低了 4.5%,如表 8.16 所示。

表 8.16 利息保障倍数从 0.1 增加 1 个单位的影响(使用 Probit 模型)

	变更前	变更后
Z	−0.846	−1.019
概率(Z)	0.199	0.154
概率变化		−0.045

现在,让我们转向 Logit 模型,在这里我们评估赔率的对数,在 $\ln \dfrac{P}{(1-p)}$ 中,使用估计的系数乘以相应的解释变量的值。接下来,我们取结果的指数得到

赔率比 $\frac{p}{(1-p)}$。假设后面的比率的值为 b，那么概率 $p = \frac{b}{(1+b)}$。遵循用于 Probit 模型的程序，我们得到 Logit 模型的以下结果(见表 8.17)。

表 8.17　利息保障倍数从 1.749 增加 1 个单位的影响(使用 Logit 模型)

	变更前	变更后
$\ln[p/(1-p)]$	−1.786	−2.098
赔率比 $[p/(1-p)]$	0.168	0.123
赔率比变化		−0.045
概率 p	0.144	0.109
概率变化		−0.034

我们再次观察到，概率的变化取决于基本情况下所有解释变量的值。我们遵循用于 Probit 模型的程序：假设利息保障倍数的基础值为 0.1，并将其增加 1，那么违约概率从之前表格中显示的 3.4% 降低到表 8.18 中显示的 4.9%。在之前考虑的情况中，利息保障倍数单位增加对违约概率的变化，对于 Logit 模型相比于 Probit 模型略高。这不是关于 Probit 和 Logit 模型的普遍结果，所以在不同的情况下可能出现相反的情况，例如在表 8.13 中考虑的情况。

表 8.18　利息保障倍数从 0.1 增加 1 个单位的影响(使用 Logit 模型)

	变更前	变更后
$\ln[p/(1-p)]$	−1.273	−1.584
赔率比 $[p/(1-p)]$	0.28	0.205
赔率比的变化		−0.075
概率 p	0.219	0.17
概率变化		−0.049

我们已经表明，一般情况下，对于多变量情况，边际变化并不是恒定的，而是取决于所有变量的基础值。

8.7 Logit 函数的实际应用

8.7.1 预测违约概率

假设我们选择在表 8.11 中呈现的 Logit 模型（L1），并且我们想要使用它来预测一个不在样本中的新公司的违约概率。为此，我们需要为新公司测量当前比率和该模型中的其他解释变量的值，并简单地将值输入等式的右侧。这样的输入值乘以相应的估计系数，将得出新公司的违约概率。如果这个概率大于 0.5，那么我们可以得出新公司经历违约的机会超过 50% 的结论。

8.7.2 缩放对数概率比

估计的 Logit 函数非常适合使用混合模型来补充信用评估，我们在第 3 章提出了这一点。但是，对于商业应用来说，可能重要的是不使用 Logit 函数的自然输出，即对数概率，而是使用一种对客户、用户和销售人员来说直观的离散数字度量，他们大多数往往是专家。那么问题就变成了，我们如何创建一个应用记分卡来预测借款方将会违约还是不违约的概率？

让我们重新审视 Logit 方程(8.6)。

$$p_i = \frac{1}{1+e^{-z_i}}$$

其中，$z_i = \alpha + \beta x_i$ 为估计的线性 Logit 回归。假设我们在 0.35 和 3.70 处评估 z_i 函数。有人可能问，从 0.35 到 3.70，或者，如果我们将原始 Z 值乘以 100，从 35 到 370，在心理上哪个更显著？非专家更可能选择第二个。更令人困惑的将是负 Z 分数。显然，修改 Logit 分数的一个主要原因是为了更容易理解。一个量表的三个属性如下：

(1) 总分是正的；

(2) 有一个参考或锚定分数；

(3) 分数的差异在整个量表中具有恒定的含义。

8.7.3 缩放计算

在本节中,我们根据 N. Siddiqi(2006)和 L. Thomas(2009)的著作[1],介绍了缩放计算的基础知识。重新缩放的过程涉及对对数赔率分数应用线性变换,以获得这种通用公式:

$$\text{缩放分数} = \alpha + \beta \times \ln(\text{赔率}) \tag{8.14}$$

在方程(8.14)中,我们必须确定截距(α)的值(称为偏移量)和斜率(β)的值(称为因子)。赔率来自估计的逻辑函数。注意,我们不是在估计一个线性回归,因为这是一个精确的方程,类似于将华氏温度标度重新调整为摄氏度,反之亦然。

在信用评分中,人们会选择一条基线或一个居中分数。假设我们想要或决定,当好坏赔率为 15∶1 时,600 将成为基线分数。这意味着得分为 600 的申请中有 6.7%(1/15)会在贷款上变成拖欠。我们还希望赔率随着缩放分数的增加 20 而翻倍。使赔率翻倍的缩放分数增加称为 pdo(翻倍赔率点数),在信用评分业务中通常使用 20。

$$600 = \alpha + \beta \times \ln 15 \tag{8.15}$$

$$620 = \alpha + \beta \times \ln 30 \tag{8.16}$$

将方程(8.16)减去方程(8.15),得到:

$$20 = \beta \times \ln 2 \tag{8.17}$$

因此,通用公式对于 β[使用方程(8.17)]和 α[使用方程(8.15)]是:

$$\beta = \frac{pdo}{\ln 2} \tag{8.18}$$

$$\alpha = \text{缩放分数} - (pdo / \ln 2) \times \ln 15 \tag{8.19}$$

将值 $pdo = 20$ 和缩放分数 $= 600$ 代入公式(8.19)来计算截距的值:

---

[1] Siddiqi, N. (2006). *Credit Risk Scorecards*, *Developing and Implementing Intelligent Credit Scoring*, John Wiley & Sons; Lyn. C. Thomas (2009). *Consumer Credit Models*, *Pricing*, *Profit*, *Portfolios*, Oxford University Press, Oxford, UK.

$$\alpha = 600 - 28.85 \times \ln(15) = 521.86。 \tag{8.20}$$

因此，对数概率分数的线性转换是：

$$缩放分数 = 521.85 + 28.85 \times \ln(赔率) \tag{8.21}$$

注意，当赔率为 15∶1 时，缩放分数是 600。将赔率加倍到 30∶1 和 60∶1，缩放分数分别增加到 620 和 640。公式(8.21)分数的增加保持在 20 不变。因此，20 点的增加在整个刻度中具有一致的赔率加倍的含义，从而更容易理解。

8.7.4 关于在信用决策中依赖信用记分卡的警示

关于记分卡的以下三个要点值得记住：

- 由缩放得出的分数用于排名对象(例如，借款方)。
- 记分卡的预测能力源于 Logit 模型的强度和最初的对数概率得分的准确性，而不是反过来。如果对数概率比率不准确，那么概率和——因此记分卡——也会不准确。
- 记分卡的截止点的可靠性对概率分布的稳定性以及对数概率非常敏感。这一观测在为所有定义截止点或决策阈值的模型中都成立。

从上述内容可以清楚地看出，验证或测试记分卡的预测能力对于做出准确的信用决策至关重要。底层分析模型(如 Logit 模型)的估计参数可能由于申请人风险概况的变化而变得不稳定。例如，经过 2008 年金融危机后，分数的概率分布可能已经向左移动，反映了结构性变化，如图 8.4 所示。

可以应用各种计量经济学程序来测试偏移。[1]

举例来说，假设分数是按正态分布来评级的，预期分布的平均分数是 629。银行已将最低分数设定为 475，此时的批准率约为 84%，拒绝率为 16%，即 475 左侧的预期分布曲线下的区域。同时，假设在 475 的阈值下，预期的目标坏账率为 2%。如果分布保持稳定，银行将实现目标坏账率和批准率。但如果在遭遇严重的经济危机后，分布变得不稳定，导致金融行为发生重大变化，情况又将如何呢？这可以通过分布向左移动到平均值为 603 来表示。如果贷款政策不变，

---

〔1〕 测试可能包括：t 测试，用于比较两个群体的均值差异；或者 F 测试，用于比较两个群体的方差差异。

在相同的最低分数下,信用申请的批准将会下降。这通过危机后新分布下的更大拒绝区域来描绘。同时,目标坏账率将会上升,因为信用申请的质量恶化了。

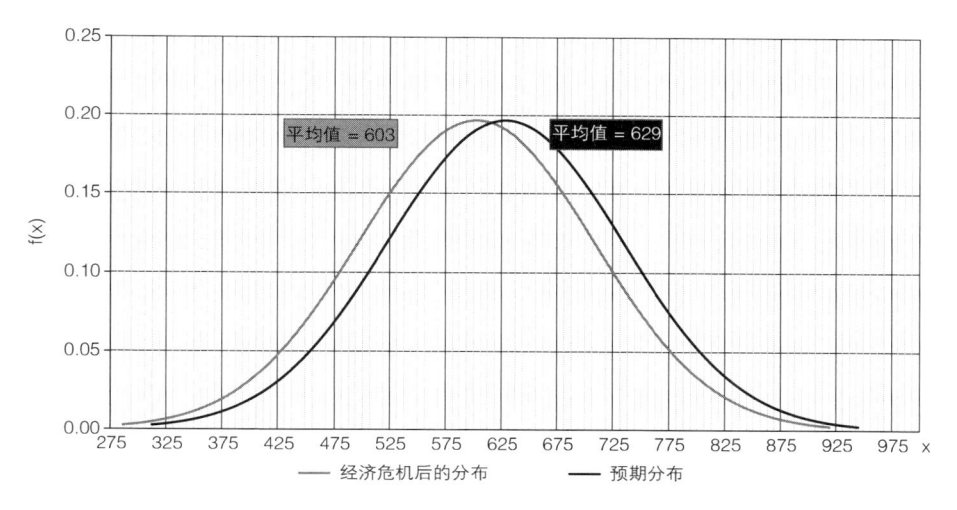

图 8.4　信用评分分布的变化

如果数据样本来源的群体风险特征发生变化,就需要重新开发模型并更新[1]生成对数概率输出的逻辑模型的估计参数,因为函数的参数已经改变。回想一下,信用记分卡的输入是逻辑模型的输出[见方程(8.16)]。如果由于缺乏数据而无法重新开发,则必须调整信用政策。例如,若目标坏账率为2%,则最低分数必须提高。在无法重新开发的情况下,Siddiqi(2006)讨论了各种"解决方法"。[2]

---

[1] 参数是函数最重要的特征。简单来说,这些是模型中的数字(如书中介绍的计量经济模型),这些数字需要被估计。它们不是作为输入量(像解释变量的值那样)被输入模型的。参数很重要,因为它们决定了给定预测变量值的输出。

[2] Siddiqi, N. (2006). Chapter 8, ibid.

第 9 章　预测国家债务危机的统计方法[*]

章节目标

1. 理解逻辑回归分析和判别分析。
2. 学会应用模型预测主权债务危机。
3. 比较两种统计方法。

9.1 引　　言

图 9.1 显示了跨境贷款的迅速增长。跨境债权的体量从 1983 年第四季度的 1 万亿美元增长到 2018 年第四季度的 17 万亿美元。非银行私营部门,包括投资基金在内的增长最快的部门,占了 10 万亿美元。跨境贷款的总存量大约与 2018 年年末所有美国商业银行的合并资产 17.1 万亿美元相当。跨境或国际贷款涉及所有国内贷款涉及的风险,加上属于国家风险和主权风险的

---

[*] 电子补充材料：本章的在线版本(https://doi.org/10.1007/978-3-030-32197-0_9)包含了补充材料,该材料仅对授权用户开放。

© The Author(s) 2020. T. M. Yhip, B. M. D. Alagheband, *The Practice of Lending*, https://doi.org/10.1007/978-3-030-32197-0_9.

额外风险。尽管如此,我们在前面的章节中学到,有三个基本原则支撑着贷款:

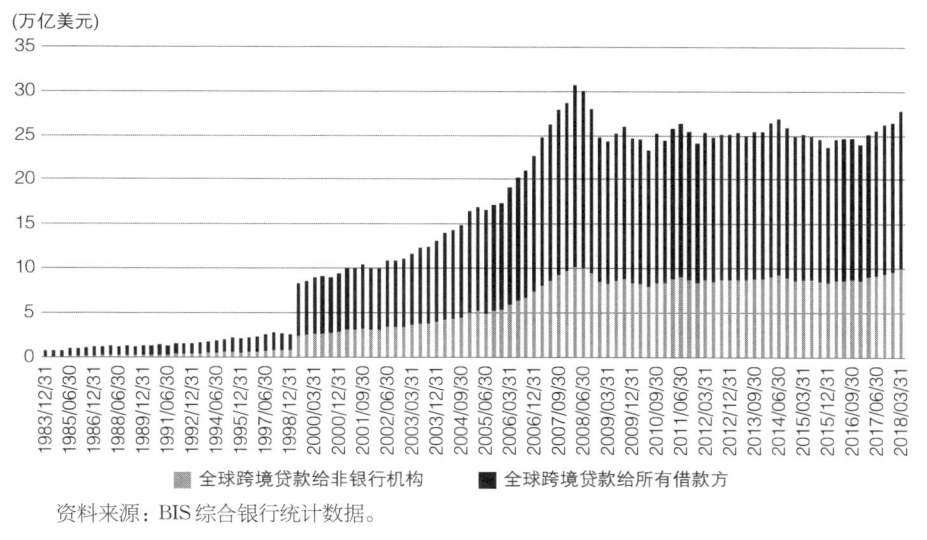

(万亿美元)

资料来源:BIS 综合银行统计数据。

图 9.1　跨境贷款

- 安全性。借款方按时偿还利息和本金的能力和意愿。
- 盈利性。对投资的足够回报。
- 适宜性。贷款的期限和结构最适合:贷款的目的;借款方的需求;借款方的偿还能力。

在 20 世纪七八十年代,商业银行通过提供银团期限贷款(由一组贷方提供的贷款)和对主权借款方的贸易融资,在回收石油输出国组织(OPEC)的经常账户盈余方面发挥了引领作用。20 世纪 70 年代,LDC(欠发达国家)银团贷款非常有利可图。但是随后 10 年里,在新兴市场出现了一波债务危机,以及在 20 世纪 90 年代,拉丁美洲和非洲反复出现了危机。正如图 9.2 中对多边(包括政府、世界银行和国际货币基金组织)和私人债权方(主要包括商业银行)的线条所描绘的。LDC 贷款的实际崩溃,加上银行信用度的恶化和更严格的审慎银行规定,导致了对主权借款方的银团银行贷款实际上的终结。主权违约在整个 20 世纪 80 年代主导了西方银行的贷款困境,并在银行完全退出新兴市场后消退。尽管如此,新兴市场债券的市场仍然活跃并且在增长,以抵消银团贷款的下降。

(百万美元)

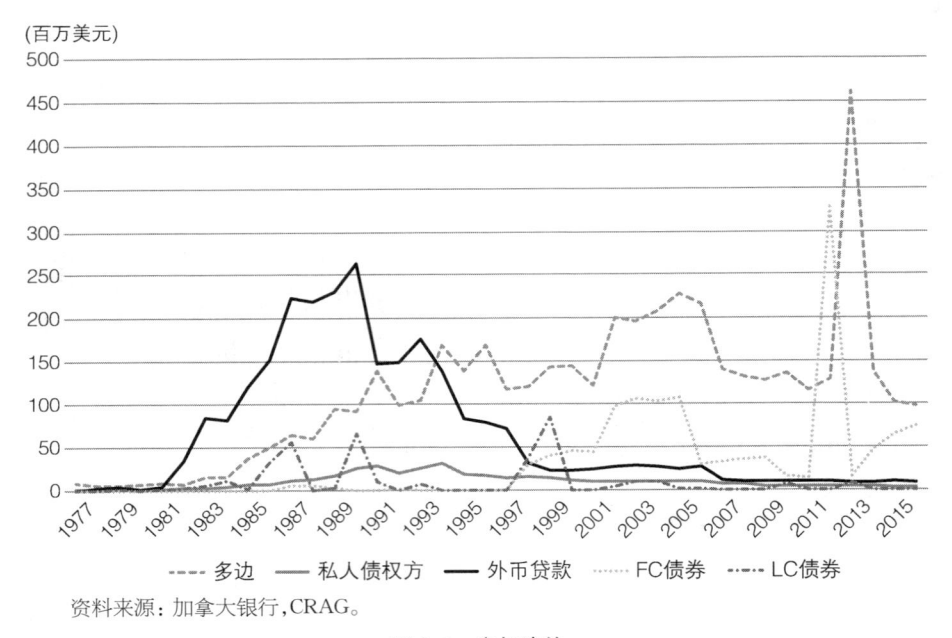

资料来源：加拿大银行，CRAG。

图 9.2　主权违约

新兴市场的主权债券回报率比成熟市场的普通政府债券高出几个百分点，以补偿违约和重组风险。[1] 根据穆迪关于主权违约和重组的定期报告，在 1983—2016 年，共有 24 次债券违约。2017 年，违约评级激增 4 次（伯利兹、莫桑比克、刚果共和国和委内瑞拉）。2018 年 6 月，巴巴多斯对其外债违约。表 9.1 显示，所有违约时的评级都低于 BBB 的投资级别。这种相关性并非巧合。尽管国家评级并不能完美预测主权违约，但在长时间内，它们在警告哪些国家处于风险中或相比其他国家更加风险方面相当成功。表 9.1 中另一个值得注意的观察数据是，连续或重复违约的频率相对高。阿根廷、伯利兹、希腊、牙买加和委内瑞拉自 1980 年以来至少违约 2 次。

债务重组包括延长到期日、降低利息和减记。它们是应对暂时流动性问题的手段，但是，如果诊断为破产，那么问题是结构性的且更为严重。在这种情况下，国家通常会寻求国际货币基金组织的长期财政支持，并且为了获得援助，它们同意遵循国际货币基金组织的经济稳定计划并实现某些宏观经济目标，以持

---

〔1〕 在 2008 年金融危机期间，新兴市场本地信用指数与美国通用政府 5 年期指数之间的收益差距超过了 5.50%。恢复后，该差距已缩小至 2018 年 7 月的大约 2.85%。

续获得财政支持。正如我们之前提到的,主权违约的历史充满了连续违约的案例。根据穆迪的数据,2017年债券回收率的平均值为57%,与1983—2017年的55%相符。然而,回收率的波动范围很广,在18%~95%之间。主权违约的另一个有趣的特点是,与名义本金削减相比,延长期限的特征更为常见。自1997年以来,"除了一次主权重组外,其他所有重组都涉及期限延长,81%涉及票息减少,48%涉及名义本金削减"[1]。

表 9.1　1983—2018 年穆迪评级的主权债券违约

国　家	违约日期	违约时评级	国　家	违约日期	违约时评级
阿根廷	1989 年 12 月	B3	厄瓜多尔	2012 年 3 月	Caa1
委内瑞拉	1998 年 7 月	Ba2	牙买加	2010 年 2 月	Caa1
俄罗斯	1998 年 8 月	Caa1	希腊	2012 年 3 月	C
乌克兰	1998 年 9 月	B3	伯利兹	2012 年 9 月	Ca
巴基斯坦	1999 年 7 月	Caa1	希腊	2012 年 12 月	C
厄瓜多尔	1999 年 8 月	B3	牙买加	2013 年 2 月	B3
乌克兰	2000 年 1 月	Caa3	塞浦路斯	2013 年 7 月	Caa3
秘鲁	2000 年 9 月	Ba3	阿根廷	2014 年 7 月	Caa2
阿根廷	2001 年 11 月	Caa3	乌克兰	2015 年 10 月	Ca
摩尔多瓦	2002 年 6 月	Caa1	莫桑比克	2016 年 10 月	B3
乌拉圭	2003 年 3 月	B3	刚果共和国	2017 年 7 月	Caa2
尼加拉瓜	2003 年 7 月	Caa1	莫桑比克	2017 年 7 月	Caa3
多米尼加共和国	2005 年 5 月	B3	委内瑞拉	2017 年 7 月	C
伯利兹	2008 年 12 月	Caa3	伯利兹	2017 年 7 月	B3
尼加拉瓜	2010 年 2 月	Caa1	巴巴多斯	2018 年 6 月	Caa3

资料来源:穆迪投资者服务。

[1] 参考 Moody's Investors Services. Sovereign Default and Recovery Rates, 1983-2016, June 30, 2017; and Moody's Investors Service. Sovereign Defaults and Restructurings, October 2013.

9.2 国家与主权风险

不要混淆国家信用风险与主权信用风险

前者描述一个国家的经济和社会政治前景；后者仅仅描述政府变得不愿或无法履行其贷款义务的风险。主权风险评级通常被用作 CRR 的代理，但这并不严格正确。在 2009—2015 年希腊债务危机的高峰期，主权信用风险的崩溃并没有伴随着国家风险的同等崩溃，从而这一差距扩大了。因此，当两种风险表现出显著差异时，使用主权风险评级作为模拟企业违约的 CRR 代理是不合适的。

正如我们在前几章所见，CRR（国家风险评级）是对手方风险评级的上限。主权风险是政府无法或不愿履行其债务义务的风险。此外，还有一种更广泛的风险，称为国家风险。潘克拉斯·纳吉(1984)[1]是 20 世纪 80 年代开发国家风险分析的先驱之一，他提供了这个国家风险的定义：

> 国家风险是跨境贷款（强调）中的损失敞口，由特定国家的事件引起。这些事件至少在某种程度上必须受到该国政府的控制，它们绝对不受私人企业或个人的控制。

风险是获益和损失的可能性，但在日常用语中，我们通常关注下行风险。这个广泛的国家风险定义来自 Investopedia，并且包括主权风险、经济风险和政治风险：

> 国家风险指的是与在特定国家投资相关的一系列风险。国家风险因国

---

[1] 参见 Nagy, Pancras. J. (1984). *Country Risk: How to Assess, Quantify, and Monitor It*, London：Euromoney Publications. 国家风险分析和预测国家违约是一个相对较新的研究领域，它源于 20 世纪 70 年代商业银行对 OPEC 国家流动账户盈余的再循环。参见 M. H. Bouchet, Ephraim Clark and Bertrand Groslambert (2002). *Country Risk Assessment, A guide to Global Investment Strategy*, Wiley Finance, 2002. 在这本书中，你会发现对国家风险分析的定性和定量方法的全面概述。

而异，可能包括政治风险、汇率风险、经济风险和转移风险。特别是，国家风险表示外国政府违约其债券或其他财务承诺的风险。更广泛地说，国家风险是政治和经济动荡影响在特定国家经营的发行人证券的程度。

特别是，CRR 或 SRR(主权风险评级)的覆盖只在信用评级中相关，只要被评估的实体符合以下条件之一：首先，该实体是一个外国借款方，如一个政府、一个私人公司或一个银行；其次，CRR/SRR 的覆盖也可能与评级一个国内借款方相关，其偿还来源仅为其在外国的运营。在这种情况下，该公司面临一系列风险，如国家风险、主权风险、经济风险和政治风险。例如，利润的汇回可能容易受到国有化的影响。

9.2.1 国家风险评估方法

并不存在一个全面的国家风险定量模型，但有各种方法来分析、量化和预测其某些特征。对于缺乏一个通用理论的简单而直接的回答是，国家风险是多维的且过于复杂，无法用数学描述。我们并不是说，数学是唯一使想法精确的语言。在某些情况下，使用技术性词汇可以达到相同的结果或最小化不精确性。但是，正如你从定义中看到的，国家风险的解释不仅限于经济和金融因素，还包括社会和政治因素。

关于国家风险分析，有各种不同层次的公式化和量化的方法论，具体包括专家意见、统计/数学模型、记分卡与专家意见相结合等。

专家意见

在一个从最低级别的公式化到最高级别的公式化的量表上，定性方法将占据最底端。定性方法的本质是专家知识和意见，但即使与国家相关的专业知识在国家风险分析中至关重要，其最大的缺点是固有的主观性。因此，它面临着定性分析只是另一种形式的意见的批评。尽管如此，对国家风险的强有力的定性方法仍然会产生对经济、金融、监管和社会政治框架及其相互联系的评估。分析仍将提供对外国贷款的盈利性和偿还能力或对外国资本投资的回报前景的评估。

统计/数学模型

随着向量表的另一端开始移动，公式化程度增加，直到对立端，那里是主要由学者完成的高度理论化的工作。在两个极端之间,我们有各种计量经济学和数学方法。我们将详细查看判别分析和逻辑分析。这些是参数模型的例子,在这些模型中,我们将因变量和自变量之间的关系限制为特定形式,并通过某种估计程序估计回归系数——模型的参数。对函数形式的限制本身就是对使用这些模型的一种批评。因此,具有非恒定(异方差)方差的参数方法,以及用于模拟复杂和非线性系统的非线性特性的非参数方法,已成为信用分析师工具箱的一部分。[1]

虽然这些方法超出了本书的范围,但提及其中一些就足够了。它们包括自回归条件异方差(ARCH)模型、广义自回归条件异方差(GARCH)模型、分形分析和马尔可夫转换模型。自从2007—2008年严重的全球金融危机以来,各种"前沿"的非线性或非参数模型已被适用于金融风险分析。它们包括将图论和混沌理论应用于社会网络分析、神经网络和非线性动力学。

尽管所有这些方法都很有用,但用户必须注意它们的局限性。首先,从方法论上讲,关于单方程和方程系统的统计/计量模型,有一个老问题是因果关系。我们假设的外生变量可能是内生的,或者系统真正外生的变量可能只有少数。其次,即便是基于混沌理论(非线性动力系统)的尖端模型,也几乎不可能准确预测金融结果。问题在于,这种系统的行为对初始条件很敏感,预测的时间范围越长,预测(想象一下进行一次很长的旅行并依赖长期天气预报)就越不精确。

记分卡与专家意见相结合

这是一个具有定性和定量特征的混合模型,本质上与基准标准方法相同。因此,人们可以将此类模型产生的国家风险评级映射到主权违约概率,正如我们在表9.2中看到的,该表总结了标准普尔估计[2]的1981—2018年间其评级量表每一点的债券累计违约率。3A级评级的国家违约概率在接下来的5年内为0.4,而一个3B级评级的国家在第5年的累计平均违约概率为1.4%。投机级与违约——而不是投资级——的相关性更高。

---

[1] 复杂系统没有简洁的定义,因此列出系统的基本特征更有指导意义。复杂系统包括许多日常例子,如卡车、运动队、银行、经济和人体。它们的共同点是都有目标,这些目标驱动着它们的行为。一个复杂系统包含许多单独的部分,但重要的不是单独部分的数量,而是它们如何相互连接。因此,连接是所有复杂系统的必要特征。复杂系统在其行为中表现出非线性(输入的变化导致输出的不成比例变化)、反馈循环和适应性。

[2] Standard and Poor's (2017). 2016 Annual Sovereign Default Study and Rating Transitions, April 2017.

表 9.2　标准普尔违约率摘要(1981—2018 年)

评　级	第 1 年	第 5 年	第 10 年	第 15 年
AAA	0.0	0.4	0.7	0.9
AA+	0.0	0.2	0.4	0.8
AA	0.0	0.4	0.9	1.3
AA−	0.0	0.3	0.7	0.9
A+	0.1	0.4	1.0	1.8
A	0.1	0.5	1.4	2.1
A−	0.1	0.5	1.3	1.9
BBB+	0.1	1.0	2.2	3.4
BBB	0.2	1.4	3.1	4.3
BBB−	0.2	2.8	5.4	7.4
BB+	0.3	3.7	7.0	9.3
BB	0.5	6.2	11.0	13.5
BB−	1.0	9.3	16.5	20.2
B+	2.0	14.2	21.5	25.1
B	3.4	17.1	23.7	26.9
B−	6.8	25.4	31.4	33.5
CCC/C	26.9	46.1	50.4	52.8
投资级	0.1	0.9	2.0	2.8
投机级	3.7	14.6	20.6	23.7
所有评级	1.5	6.1	8.9	10.4

资料来源：标准普尔，"2018 年全球企业违约率及评级转换研究年度报表 26：全球企业平均累计违约率按评级修正(1981—2018 年)"。

9.3　国家风险评级和主权风险评级提供者

自 20 世纪 90 年代以来，许多银行已经不再依赖内部的国家风险评级(和行业风险评级)，而是将这些信息外包给专门从事这些领域的外部提供者。例如，经济学家情报所(EIU)为 131 个国家提供 0~100 的国家风险评分,这些评分基于主权风险、货币风险和银行业风险的简单平均值。EIU 模型每年更新三次。欧洲货币[1]提供国家风险评分,评分标准也是 0~100,这些评分是基于 400 位经济学家的调查得出的。这些评分会定期更新。另一家服务机构——"政治风险服务"[2],为 140 个国家提供 0~100 的国家风险评分预测,这些评分是基于代表政治、财务和经济三大风险类别的 22 个组成部分得出的。其中,政治风险包括 12 个组成部分(和 15 个子组成部分);财务风险和经济风险各包括 5 个组成部分。然后将这些评分分组到不同的范围内:

- 非常高风险:0.0~49.9 分。
- 高风险:50.0~59.9 分。
- 中等风险:60.0~69.9 分。
- 低风险:70.0~79.9 分。
- 非常低风险:80.0~100 分。

评级机构穆迪、标准普尔和惠誉拥有自己的国家/主权风险分析版本,每个版本超过 100 个评级。它们为每个国家提供两个评级:一个是本币评级(针对国内货币债务或债券);另一个是外币评级(针对外币政府借款)。它们的国家列表如今包括新兴经济体,因为主权债券市场多年来已经扩大。标准普尔的方法论[3]包括对 5 个风险类别的评估:制度性、经济性、外部性、财政性和货币性。穆迪的方法论[4]基于 4 个"广泛风险因素":经济实力、制度实力、财政实力和对事件风险的敏感性。

根据开发和调整其模型的评级服务,风险类别的分类、其子因素以及变量数量存在差异。尽管如此,它们遵循基于标准的方法论,因此它们有一些共同的特征:

(1) 将整体国家风险分解为其广泛的风险类别。

(2) 应用理论和实践来决定使用哪些定量和定性预测因子。

(3) 指定定量和定性描述符以区分风险评级。

---

[1] Euromoney. Currency Risk Methodology. https://www.euromoney.com.

[2] The PRS Group Inc. International Country Risk Guide Methodology.

[3] Standard and Poor's (2017). Sovereign Rating Methodology, December 18, 2017.

[4] Moody's Investors' Service (2016). Ratings Methodology — Sovereign Bond Ratings, December 22, 2016.

(4) 是否对预测因子进行加权。

(5) 在记分卡中提供一个覆盖功能。

(6) 基于简单平均数(未分配权重)或加权平均数计算综合得分。

(7) 得分提供一个序数或相对排名或评级。例如,取两个得分:国家 A,80 分;国家 B,20 分。序数排名意味着 A 比 B 好,但不是比 B 好四倍(这是一个基数评级)。

此外,根据服务供应商的不同,模型提供"时点"和"周期内"评级。表 9.3 总结了穆迪主权评级方法论的 4 个类别的指标。其他外部评级机构与经济学家情报所(EIU)的方法论并没有显著不同。

其他服务使用相同的预测因子,但测量方式有所不同。例如,外部脆弱性指标(EVI)是流动性强度的指标,通过当前年度到期的剩余期限短期债务(包括原始期限短期债务和长期债务的本金偿还)与上一年末官方外汇储备的比率来衡量。这个比率将一个"坏"数字与一个"好"数字进行比较。因此,高比率表明脆弱性,原因在于,短期债务高或长期债务偿还集中到期,相对于可能从一开始就低的储备水平而言。比率越高,脆弱性越大。

9.4 应用 Logit 分析预测主权债务危机

CRR 和 SRR 都有助于比较不同国家之间的风险。此外,因为这些评级与主权债务危机有相当的相关性(见表 9.2),它们是主权违约的有用综合指标,可预测未来 12 个月。然而,假设我们需要一个更及时的预警,这就是内部早期预警模型对主权债务危机的优势所在,因为正如我们稍后将详细讨论的,许多预测主权债务危机的指标与 CRR 和 SRR 在理论构建及测量上是不同的。

表 9.3 主权评级方法的指标

广泛的评级因素	指　　标
经济实力	● 平均实际 GDP 增长($t-4$ 至 $t+5$) ● 实际 GDP 增长波动性($t-9$ 至 t) ● WEF 全球竞争力指数 ● 名义 GDP_t(亿美元) ● 人均 GDP_t(购买力平价,美元)

续 表

广泛的评级因素	指 标
制度实力	● 全球政府效能指数 ● 全球法治指数 ● 全球反腐败指数 ● 通胀水平($t-4$ 至 $t+5$) ● 通胀波动性($t-9$ 至 t)
财政实力	● 一般政府债务/GDP(%) ● 一般政府债务/收入(%) ● 一般政府利息支付/收入(%) ● 一般政府利息支付/GDP(%) ● 债务趋势($t-4$ 至 $t+1$) ● 一般政府外币债务/一般政府债务(%) ● 其他公共部门债务
对事件风险的敏感性	● 国内政治风险 ● 地缘政治风险 ● 市场融资压力 ● 银行系统的实力和规模 ● 融资脆弱性 ● (经常账户余额+外国直接投资流入)/GDP ● 外部脆弱性指标(EVI) ● 国际净投资头寸

资料来源：《穆迪评级方法论：主权债券评级》，2016 年 12 月。

在本节中，我们的目标是展示 Logit 模型的方法论如何应用于预测主权债务危机的概率，这一过程类似于我们在第 8 章展示的预测企业破产的程序。我们将"主权"和"国家"互换使用，因为主权债务危机是一个国家无法支付欠外国债权人的账单的情况。首先定义我们所说的债务危机国家，并选择一个简单但可行的定义来描述这种情况：外债危机中的国家是指违约其外债或无法满足其外债合同支付并正在寻求国际货币基金组织救助的国家。

本章的全部目的是对实际国家数据的应用。作为学习与练习的一部分，我们将介绍在 Logit 模型中使用虚拟独立变量或二元变量。当你浏览各种我们呈现的模型构建时将会明白，估算并不像遵循一个魔法配方。在实践中，人们经常基于某些重要标准估算和测试函数的多种形式，而这些标准并不都能令人心满意足。最终模型的选择涉及理论和统计上的权衡，正如你即将从下文出现的例子中看到的。

关于主权债务危机的文献涵盖 4 个广泛领域：

(1) 主权违约的理论；

(2) 支付危机决定因素的实证研究；

(3) 信用评级预测能力的实证研究；

(4) 新兴市场债务利差决定因素的实证研究。

尽管没有全面的债务危机理论，但综合来看，文献表明，经历过主权违约和支付危机的国家存在某些经济和非经济规律。如表 9.3 所示，许多指标已经开发。我们使用其中一些示例来说明如何应用统计模型分析二元和分类响应变量。

我们将 Logit 模型应用于一个样本，包括 40 个欠发达国家(LDC)，其中 24 个在 1980—1985 年期间违约。这一时期即为著名的 20 世纪 80 年代"债务危机"，紧接着是 20 世纪 70 年代"石油美元"的循环利用。在这一时期，油价飙升，OPEC 国家将过剩的石油收入存入外国商业银行(顺便说一下，这是批发存款的一个例子)。直到 20 世纪 80 年代初债务危机开始之前，银团银行向 LDC 的贷款比国内贷款更有利可图。在第一波债务危机中违约的大多数国家来自拉丁美洲，这些国家受到经济停滞、恶性通胀和政治危机的困扰。然而，这一地区在这些方面并不独特，因为土耳其、菲律宾和非洲的一些国家也发生了违约。该样本是发展中国家的横截面。

为了说明 Logit 模型的应用，我们查看了上述 40 个欠发达国家(LDC)的 6 个主要因素及其子因素(关于国家列表和债务危机事件，参见附录 9.1)。这些是用来描述风险类别的指标。不出所料，一些关于破产、流动性不足和债务结构的测量，类似于我们在第 8 章中用作公司破产风向标的财务比率。其他指标描述宏观经济失衡、经济开放度和政治不确定性。表 9.4 显示了变量对违约概率(PD)影响的预期符号。

表 9.4 主权债务违约的预测因子

风险类别/子因素	Logit 系数符号	助 记 符
1. 宏观经济失衡		
实际 GDP 增长(%)	−ve	GDP
基于 CPI 的通胀率(%)	+ve	INF
经常账户余额/GDP(%)	+ve	CABpGDP

续 表

风险类别/子因素	Logit 系数符号	助 记 符
2. 无力偿债		
总外债/GDP(%)	+ve	ExtDpGDP
总债务服务/外汇储备(%)	+ve	DSpFR
总债务服务/出口商品与服务及初级收入(%)	+ve	DSpE
3. 流动性不足		
短期债务/外汇储备(%)	+ve	STDpFR
总外汇储备(月进口覆盖)	−ve	RMICov
4. 债务结构		
优惠债务/总外债(%)	−ve	CDpExtD
短期债务/总外债(%)	+ve	STDpTED
5. 开放性		
(出口+进口商品与服务)/GDP	−ve	EpIpGDP
6. 政治不确定性		
违约前的政治冲击或干扰(如军事政变、大选)	+ve	PI

在 Logit 分析中,独立变量不能取任何符号,而预期的符号才有意义。相反,在判别分析中(我们稍后会讨论),独立变量的线性组合比系数的符号更重要。记住这一区别很重要。例如,更高的"总外债/GDP"会增加违约的概率,所以如果我们正在估计一个 Logit 模型,它必须对那个概率有一个正面(+ve)的影响。从每个风险类别中,选择一个度量作为解释性变量。另外也测试了同一风险类别的其他度量,以获得最佳可能的拟合。

9.4.1 预测因子预期符号的基本原理

名义 GDP 增长的倒数[1/(GDP+INF)]

生产下降与上升的高通胀表明宏观经济失衡。根据经验文献,实际增长在危机发生前的几年会减弱或下降,而通胀则会激增。因此,在经济增长的情况下,支付和债务危机的可能性较小;相反,在通胀的情况下,可能性加大,这会导致名义汇率的高估。在我们尝试的各种规范中,由于解释变量之间的相关性,逻辑方程无法以合理的方式分别测量各个效应。然而,综合效应或名义 GDP,被证明是一个具有预期符号的统计上显著的预测因子。就好像模型不需要区分 INF 和 GDP,而是它们的综合效应。我们发现,宏观经济失衡的最佳衡量标准是名义 GDP 增长的倒数。根据它的哪一个组成部分(INF 或 GDP)占主导地位,该指标取该因素的相反符号。我们发现,对于样本中的国家,通货膨胀压倒了名义 GDP 增长。对于那些违约的国家,中位数 GDP 增长率为 -1.0%,中位数通货膨胀率为 21.5%;而在同一时期未违约的国家,相应的比率为 5.3% 和 10.7%。

总债务服务占外汇储备的百分比(DSpFR)

主权违约是由于无力偿还利息和本金而导致的破产。我们预计这个变量的系数将是正的。

短期债务占外汇储备的百分比(STDpFR)

主权违约是由于外汇的急剧短缺,即流动性不足造成的。短期债务是指一年内到期的债务。如果结构设计得当,一个国家可以避免到期日集中导致短期债务增加,但情况往往并非如此。此外,大量借款用于贸易融资的国家会积累高额的短期债务。当所有这些短期付款同时到期,而该国的外汇储备几乎只能勉强覆盖必需的商品进口,如食品、药品、机械和农业用品时,债务危机就会爆发。该国要么采取预防性债务重组,通常是通过国际货币基金组织支持的计划来避免拖欠并尽量减少净资本流入的减少;要么停止偿还其外债。[1] 例如,巴巴多斯在 2018 年 6 月宣布,它不会支付 2035 年到期的欧洲债券的第 26 期息票,其主权风险评级急剧下降。该国的外汇储备已减少到不足 2 个月的进口覆盖。巴巴多斯的储备不足问题不仅仅是流动性问题,还是一个需要结构性或长期解决

---

[1] 当违约风险高 ex ante,并且在未对债权人错过任何付款的情况下,采取预防性地重组债务时,就会发生严格的预防性(主权)债务重组。实践中,预防性债务重组涉及一些错过的付款,但只是暂时的。相比之下,在违约后债务重组中,借款方在开始重新谈判其债务之前单方面违约。大多数债务重新安排是预防性的,因为外国信贷的停止对国家造成的成本在实际 GDP 的降低方面是高的。各种国际货币基金组织研究表明:"在违约后重组中比在弱预防性或严格预防性重组中,更可能发生信贷和净资本流入的严重下降。" IMF (2019). *Costs of Sovereign Defaults: Restructuring Strategies* by Tamon Asonuma, Marcos Chamon, Aitor Erce, and Akira Sasahara, WP/19/69. Bank Distress and the Capital InflowCredit Channel.

方案的偿债能力问题。就概率模型而言,我们预计短期债务/外债总额的系数将是正的。

优惠债务占总外债的百分比(CDpExtD)

根据定义,优惠贷款具有更长的期限、更低的利率和更长的宽限期,因此债务偿还更易于管理。我们预期这个变量的系数为负,因为优惠融资的比例越高,违约或支付危机的可能性就越低。

贸易开放度(EpIpGDP)

一个国家对国际贸易的开放程度,通过出口和进口之和占GDP的百分比来衡量,会影响违约。国家的开放程度或对外贸易的依赖度越高,违约的成本就越高,该国选择违约的可能性也就越低。因此,我们预期贸易开放度的系数为负。

政治不确定性/不稳定性(PI)

经济不确定性和政治不确定性在恶性循环中相互促进,确定原因并不容易,但可以根据历史论证,经济不确定性源于政治不确定性。许多欠发达国家,特别是20世纪70年代末和80年代初的拉丁美洲国家,在军事政变和大选之前出现了违约。我们通过一个虚拟变量来捕捉不稳定性或政治冲击,该变量对于稳定国家取值为0,对于处于跨境和国内政治紧张局势的国家取值为0.5,对于经历政治动荡如军事政变的国家取值为1。我们预期虚拟变量的符号为正。

9.4.2 估计的逻辑函数:选择最佳拟合的关键标准

模型选择基于标准回归准则,包括高(调整后的)R-平方、高似然比(LR),以及估计系数具有预期的符号和合理的大小。为了证明这一点,我们接下来展示两个估计模型。这里,因变量是违约概率(PD)。对于历史时期,如果国家违约,则PD等于1;否则为0。第一个模型包括如表9.4所示的每个风险类别的一个测量值。我们可以将这种公式化视为"完整模型"。下面是SAS输出(见表9.5)。

表9.5 估计的逻辑函数——模型A(完整模型)

变 量	系 数	标准误差	Z 统计量	概 率
常数	6.992 616	7.290 4	0.959 154	0.337 5
1/(GDP+INF)	−82.226 69	65.300 02	−1.259 214	0.208

续 表

变　　量	系　　数	标准误差	Z统计量	概　率
DSpFR	0.025 015	0.016 608	1.163 097	0.244 8
STDpTED	0.019 192	0.014 347	1.337 741	0.181
CDpExtD	−0.069 354	0.062 439	−1.110 753	0.266 7
EPIpGDP	−0.147 352	0.167 257	−0.880 991	0.378 3
PI	1.485 4	2.319 566	0.640 379	0.521 9
麦克法登R-平方	0.818 52	平均因变量		0.6
S.D.因变量	0.496 139	回归的标准误		0.224 169
赤池信息准则	0.594 277	残差平方和		1.658 304
施瓦茨准则	0.889 83	对数似然		−4.885 53
汉南—奎因准则	0.701 139	偏差		9.771 061
限制性偏差	53.840 93	限制性对数似然		−26.920 5
LR统计量	44.069 87	平均对数似然		−0.122 14
LR统计量的概率	0			

模型预测

实际	活跃	破产
活跃	14	2
破产	1	23

　　R-平方很高,所有估计系数都具有预期的符号。该模型还预测了23个(共24个)违约国家(简称破产)的违约,反映了在这方面96%的准确率。然而,请注意,标准误差与系数大致相同,因此Z统计量过低,无法说明统计显著性。

　　与"完整模型"相比,下面的模型在没有宏观经济失衡变量的情况下,R-平方较低,预测违约的性能略有下降,但预测非违约的性能略有提高。所有预测因子的符号都符合预期,然而,与完整模型一样,Z统计量太低,不足以支持统计显著性(见表9.6)。如果我们想针对每个风险类别考虑一个因素,第一个模型将是我们选择的模型。然而,尽管 R-平方很高并且似然比统计显著,但在完整模型中的 Z 统计量(具有渐近标准正态分布)并不统计显著。结果反映了包含的解释变量之间存在多重共线性,而不是这些变量缺乏理论重要性。

表 9.6 估计的逻辑函数——模型 B

变 量	系 数	标准误差	Z 统计量	概 率
常数	1.017 12	2.394 268	0.424 815	0.671
DSpFR	0.016 281	0.016 644	0.978 139	0.328
STDFR	0.005 612	0.004 98	1.126 844	0.259 8
CDpExtD	−0.051 374	0.035 611	−1.442 662	0.149 1
EPIpGDP	−0.075 007	0.079 773	−0.940 264	0.347 1
PI	2.337 528	1.847 536	1.265 214	0.205 8
麦克法登 R-平方	0.752 152	平均因变量		0.6
S.D. 因变量	0.496 139	回归的标准误		0.258 215
赤池信息准则	0.633 609	残差平方和		2.266 957
施瓦茨准则	0.886 941	对数似然		−6.672 179
汉南—奎因准则	0.646 838	偏差		13.344 36
限制性偏差	53.840 93	限制性对数似然		−26.920 47
LR 统计量	40.496 58	平均对数似然		−0.166 804
LR 统计量的概率	0			
模型预测				
实际		活跃		破产
活跃		15		1
破产		2		22

为了获得一个所有变量都统计显著的函数规范,常见的做法是,一次删除一个统计上不显著的变量。这样,在每一步中,删除 Z 统计量最低的解释变量。这样做,就得到了模型 C(见表 9.7)。

表 9.7 估计的逻辑函数——模型 C

变　　量	系　　数	标准误差	Z 统计量	概　　率
常数	−0.089 413	0.894 124	−0.100 001	0.920 3
1/(GDP+INF)	−55.273 49	23.873 94	−2.315 223	0.020 6
STDpTED	0.025 523	0.009 434	2.705 391	0.006 8
麦克法登 R-平方	0.684 796	平均因变量		0.6
S.D. 因变量	0.496 139	回归的标准误		0.276 108
赤池信息准则	0.574 272	残差平方和		2.820 714
施瓦茨准则	0.700 938	对数似然		−8.485 448
汉南—奎因准则	0.620 071	偏差		16.970 9
限制性偏差	36.870 04	限制性对数似然		−26.920 47
LR 统计量	40.496 58	平均对数似然		−0.212 136
LR 统计量的概率	0			
模型预测				
实际		活跃		破产
活跃		14		2
破产		2		22

　　模型 C 更简单,只有两个解释变量,这些变量在统计上是显著的。不出所料,与完整模型相比,简单模型的 R-平方较低。R-平方倾向于随着一个或多个解释变量从模型中删除而减少,不论它们的理论上的相关性如何。从完整模型中删除三个变量以得到小模型的渐近似然比(LR)在 5% 的水平上并不是统计上显著的。下面使用模型 A 和模型 C 的回归结果呈现相关计算:

$$LR = -2 \times 非限制性(更大)模型对数似然 - 限制性(更小)模型对数似然$$
$$= 2 \times [(-4.885\,531) - (-8.485\,448)]$$
$$= 7.199\,834$$

　　我们将后者的数值与自由度为 3(即删除变量的数量)的卡方值在 5% 的显

著性水平下进行比较,该值为 9.488。由于 7.199 8＜9.488,因此我们不能拒绝被删除变量的系数为 0。然而,较小模型的预测性能与早期模型相比略有下降。

在实践中,回归模型通常包括截距。这确保了误差项将具有零均值。然而,由于估计的系数在统计上不显著,我们可能会删除截距。没有截距的预测结果保持不变。应该注意,在没有截距的线性模型中,R-平方被认为不是介于 0~1 之间(并且不会被用来估计它的 EViews 软件显示)。后一种情况的回归结果如表 9.8 所示。对于模型 C(截距除外)和模型 D,Z 统计量均大于 2,表明变量估计的精度更高。

表 9.8　估计的逻辑函数——模型 D

变量	系数	标准误差	Z 统计量	概率
1/(GDP+INF)	−33.184 7	11.374 29	−2.917 517	0.003 5
STDpFR	0.015 229	0.004 98	3.057 881	0.002 2
平均因变量	0.6	S.D. 因变量		0.496 139
回归的标准误	0.271 41	赤池信息准则		0.516 309
残差平方和	2.799 217	施瓦茨准则		0.600 753
对数似然	−8.326 173	汉南—奎因准则		0.546 841
偏差	16.652 35	限制性偏差		53.840 93
平均对数似然	−0.208 154			
模型预测				
实际	活跃		破产	
活跃	14		2	
破产	2		22	

Logit 模型的实际应用

假设我们选择了模型 D,并且我们想用它来预测一个样本之外的新国家的违约可能性。为此,我们需要测量新国家的 1/(GDP+INF)和 STDpFR 的值,并简单地将这些值作为方程右侧的输入值。这些值乘以相应的估计系数,得出新国家的违约概率。如果这个概率大于 0.5,那么我们可以得出结论,新国家经历违约的机会超过 50%。

9.5 判别分析简介

像 Logit 分析一样,判别分析是处理分类问题的统计方法(W. W. Cooley and P. R. Lohnes, 1971; B. Efron, 1975; D. J. Hand, 1981)。[1] 它用于将一个或多个新案例分类到已知特征的群组之一。这个程序是通过将新案例的特征与群组的特征匹配来执行的。最佳匹配是基于概率分析来选择的。例如,Altman(1968)和 Altman 等(1977)[2] 使用这种技术来预测公司破产。在主权风险分析的情况下,他们的观点是,根据国家是否可能违约来对国家进行分类。判别分析在信用分析以及许多其他领域都有应用(W. R. Klecka, 1980)。[3]

9.5.1 形成群组

多元回归方法用于群组的测量特征与代表组标签的分类变量之间建立联系,以便每个类别对应一个群组。一般而言,误差项假设为正态分布。如果所有组的误差项共享相同的方差—协方差矩阵,则使用线性判别模型将新案例分配给其中一个组。相比之下,如果方差—协方差矩阵在组间不同,则使用二次判别模型。无论哪种情况,模型都是通过考虑误差项的方差—协方差矩阵,并使用计算机软件,如统计分析系统(SAS)、MINITAB 和 R 来进行估计的。该过程为每个组建立一个估计的判别模型,也称为判别函数,最大似然法被用于估计模型。

为了简化,考虑一个案例,其中使用 5 个变量(见表 9.9)来区分两种类型的公司——表现不佳的公司和表现强劲的公司。了解公司的财务状况将有助于探索判

---

[1] 参见: W. W. Cooley, and P. R. Lohnes (1971). *Multivariate Data Analysis*, New York: John Wiley & Sons; B. Efron (1975). The Efficiency of Logistic Regression Compared to Normal Discriminant Analysis, *Journal of the American Statistical Association*, 70, 892-898; D. J. Hand (1981). *Discrimination and Classification*, New York: John Wiley & Sons; and D. J. Hand (1982). *Kernel Discriminant Analysis*, New York: Research Studies Press.

[2] Altman, E. I. (1968). Financial Ratios, Discriminant Analysis, and the Prediction of Corporate Bankruptcy, *Journal of Finance*, 22 (September), pp. 589-609.

[3] Klecka, W. R. (1980). Discriminant Analysis, *Sage University Paper Series on Quantitative Applications in the Social Sciences*, 07-019, Beverly Hills and London: Sage Publications.

别分析方法是否能按预期操作。这5个独立变量反映了公司财务实力的特定方面。

表9.9 模型中使用的变量定义

变 量	作为一种度量	助 记 符
当前比率	流动性	LIQ
应收账款净销售天数	效率	EFF
息税前利润/利息	现金流	CSH
总负债/有形净值	杠杆	LEV
税前净收入/有形净值(%)	盈利能力	PRO

注：TNW表示总净值；EBIT表示息税前利润。

表9.10报告的数据代表了两组公司的模拟财务比率,第一组的表现优于另一组。

表9.10 两组的模拟比率

组	LIQ	EFF	CSH	LEV	PRO
1	1.8	78.0	17.0	1.1	43.6
1	3.0	51.3	50.3	0.5	90.5
1	2.3	77.0	34.0	0.8	84.0
1	1.9	72.0	23.0	0.6	78.0
1	2.1	77.0	30.0	0.8	87.0
1	2.4	66.0	49.0	0.7	80.0
1	2.1	62.0	44.0	0.7	57.0
1	1.9	76.0	26.0	1.0	46.0
1	2.4	59.0	39.0	0.8	77.0
1	2.4	57.0	50.0	1.1	87.0
1	2.0	56.0	27.0	0.5	46.0
1	2.0	74.0	24.0	0.6	79.0
1	3.0	78.0	46.0	0.9	79.0

续 表

组	LIQ	EFF	CSH	LEV	PRO
1	2.2	54.0	47.0	0.8	75.0
1	2.9	65.0	35.0	0.6	72.0
1	2.3	63.0	47.0	0.7	59.0
2	1.7	82.2	14.7	1.2	0.4
2	1.1	113.4	3.8	2.3	0.1
2	1.6	85.0	7.1	1.2	0.2
2	1.2	102.0	9.2	1.4	0.3
2	1.6	101.0	10.6	2.0	0.1
2	1.2	110.0	13.2	1.6	0.2
2	1.5	95.0	11.8	1.4	0.3
2	1.7	91.0	6.8	2.0	0.2
2	1.4	113.0	7.8	1.8	0.3
2	1.6	85.0	7.1	1.4	0.2
2	1.2	108.0	13.6	2.2	0.3
2	1.2	89.0	14.4	2.3	0.3
2	1.5	106.0	10.5	1.6	0.2
2	1.6	91.0	4.0	1.6	0.3
2	1.6	93.0	4.8	1.5	0.1
2	1.4	91.0	14.3	1.6	0.1

9.5.2 分类测试

为了检查新案例将属于哪个组,使用新案例的测量特征来确定新的观测结果属于每个组的概率。因此,每个组的似然函数被用于此目的。相应地,新案例被认为属于对应于最高似然的组。关于这方面的一些细节如下。

令 Σ_j 成为群组 j 的方差—协方差矩阵。我们可以使用群组 j 的信息来估计

Σ_j，表示为 $\hat{\Sigma}_j$，或者如果它们被认为是相同的，由 $\hat{\Sigma}_p$ 使用所有样本信息。我们将前者称为组内方差—协方差矩阵，后者称为合并方差—协方差矩阵，并且其计算如下：

$$\hat{\Sigma}_p = \frac{\sum_{j=1}^{g}(n_j-1)\hat{\Sigma}_j}{\sum_{j=1}^{g}(n_j-1)} \tag{9.1}$$

其中，n_j 是群组 j 中的观察数，g 是总的群组数。因此 $\hat{\Sigma}_p$ 估计一个共同的方差—协方差矩阵，比如，Σ_p。通常，我们用粗体字来表示向量和矩阵（例如，Σ 是一个方阵），用普通字体来表示标量和整数。我们可以使用卡方检验来测试是应该使用组内方差—协方差矩阵，还是应该使用合并方差—协方差矩阵（D. F. Morrison, 1976）。[1] 使用 SAS 处理当前问题，SAS 软件所产生输出如表 9.10 所示。方差—协方差矩阵的同质性假设被拒绝，因此应使用组内方差—协方差矩阵来进行分析（见表 9.11）。

表 9.11 方差—协方差矩阵同质性的测试结果

χ^2	自由度	概　率
141.169 421	15	<0.000 1

现在，让 x 代表一个新案例或公司的测量值。从 x 到群组 j 的平方马氏广义距离由下式给出：

$$d_j^2(x) = (x-m_j)'\Sigma_j(x-m_j) \tag{9.2}$$

其中，m_j 代表由样本均值估计的群组 j 的群体均值向量，表示为 $\hat{m}_j$。此外，如果假设所有群组具有共同的方差—协方差矩阵，有 $\Sigma_j = \Sigma_p$。然后给出相应的特定于群组的概率密度：

$$f_j(x) = (2\pi)^{-1/n_j} \mid \Sigma_j^{-1} \mid^{-1/2} \exp\left(-\frac{1}{2}d_j^2(x)\right) \tag{9.3}$$

其中，$\mid \Sigma_j^{-1} \mid$ 是 Σ_j^{-1} 的行列式。如果使用 Σ_p 代替 Σ_j，并且所有群组的观察数量相等，那么只有 $d_j^2(x)$ 是组间的一个变量项。在这种情况下，从 x 到群组 j 的马氏距离越大，$f_j(x)$ 就越小，因此，新案例属于群组 j 的可能性就越低。

---

[1] Morrison, D. F. (2005). *Multivariate Statistical Methods*, Thomson/Brooks/Cole.

考虑两个群组的简单情况。马氏距离测量从 x 到两个群组的均值的距离的平方。在两个群组的情况下(例如,群组 1 违约、群组 2 无违约),方程(9.2)可简化为:

对于群组 1,有:

$$d_1^2(x) = (x - m_1)' \Sigma_1 (x - m_1)$$

对于群组 2,有:

$$d_2^2(x) = (x - m_2)' \Sigma_2 (x - m_2)$$

相应的可能性值分别是:

$$f_1(x) = (2\pi)^{-1/n_1} |\Sigma_1^{-1}|^{-1/2} \exp\left(-\frac{1}{2} d_1^2(x)\right)$$

$$f_2(x) = (2\pi)^{-1/n_2} |\Sigma_2^{-1}|^{-1/2} \exp\left(-\frac{1}{2} d_2^2(x)\right)$$

判别分析中的基本理念相当简单:新案例测量值 x 与群组 j 的测量值[通过马氏距离 $d_j^2(x)$ 测量]之间的差异越大,新案例属于群组 j 的可能性越低[通过 $f_j(x)$ 测量],这里,$j = 1, 2$。

因此,对于一个新案例或样本内观察,如果 $f_1(x) > f_2(x)$,我们可以得出这个特定案例属于群组 1 的结论。实际上,人们不需要进行这些计算和比较,因为这些工作将由软件完成,比如 SAS。

9.5.3 考虑先前信息

有时,每个群组可能发生的相对频率或概率是已知的。例如,在两个群组的分析中,如果群组 1 发生的概率是群组 2 的倍数,我们可能想要考虑这个信息。因此,这些概率意味着一个新案例属于群组 1 的可能性是三倍。在这种情况下我们可能会给第一个群组分配 0.75 的先前概率,给第二个群组分配 0.25 的先前概率。更宏观地,有三个选项可以将先前概率纳入分析,具体如下:

(1) 等概率。为所有类别分配相等的概率(在 SAS 中,对应的先验语句是"PRIORS equal";这是默认的先验)。

(2) 比例分配。根据样本大小比例分配概率(在 SAS 中,对应的先验语句是"PRIORS prportional")。

(3) 分配概率。在这里,会为每个群组分配一个概率,例如群组 1 为 0.6,群组 2 为 0.4(在 SAS 中,对应的先验语句是"priors 1=0.6, 2=0.4")。

假设 p_j 是新观测值属于群组 j 的先验概率,而 $f_j(\boldsymbol{x})$ 是其无条件概率。应用贝叶斯定理,新观测值属于群组 j 的后验概率是:

$$p(j \mid \boldsymbol{x}) = \frac{p_j f_j(\boldsymbol{x})}{\sum_{j=1}^{g} p_j f_j(\boldsymbol{x})} \tag{9.4}$$

其中, $\boldsymbol{x}$ 代表新案例的测量值。这些后验概率由 SAS 软件计算,使用计算器处理将会太复杂。由于分母在各组之间是常数,人们会将新案例分配给 $p_j f_j(\boldsymbol{x})$ 或其对数最高的群组。在对数形式下,我们得到:

$$\ln p_j f_j(\boldsymbol{x}) = \ln p_j + \ln f_j(\boldsymbol{x}). \tag{9.5}$$

$\ln f_j(\boldsymbol{x})$ 是可以为新案例测量值($\boldsymbol{x}$)计算的对数似然值,适用于群组 j。将 $f_j(\boldsymbol{x})$ 用方程式(9.3)替换,我们得到:

$$\ln p_j f_j(\boldsymbol{x}) = \ln p_j + \ln \left[(2\pi)^{-\frac{1}{n_j}} \mid \Sigma_j^{-1} \mid^{-\frac{1}{2}} \exp\left(-\frac{1}{2} d_j^2(\boldsymbol{x})\right) \right]$$

得到二次判别函数:

$$\ln p_j f_j(\boldsymbol{x}) = \ln p_j - \frac{1}{n_j} \ln 2\pi - \frac{1}{2} \ln \mid \Sigma_j^{-1} \mid - \frac{1}{2} d_j^2(\boldsymbol{x})$$

相应地,有:

$$\ln p_j f_j(\boldsymbol{x}) = c_j - \frac{1}{2} d_j^2(\boldsymbol{x}) + \ln p_j \tag{9.6}$$

其中, $c_j = -\frac{1}{n_j} \ln 2\pi - \frac{1}{2} \ln \mid \Sigma_j^{-1} \mid$。

如果先验概率相等,那么 $\ln p_j$ 的值对所有 j 来说是常数,实际上我们在对数似然函数中加了一个常数。因此,在这种情况下,所有案例的结果似然会增加相同的量。这意味着,无论是否考虑先验概率,新案例都会被分配到同一个群组。然而,如果不同群组的先验概率有所不同,那么分配就会受到影响。

在之前使用的例子中,先验被选择为与每个案例的样本大小成比例。然而,由于两组的样本大小都是 16,这简化为等概率。如前所述,等概率不影响新案例被分配到某个群组。当使用一个共同的方差—协方差矩阵时,上述方程可以被简化。用 Σ_p^{-1} 替换 Σ_j^{-1},并使用方程式(9.2)可得:

$$d_j^2(\boldsymbol{x}) = \boldsymbol{x}'\Sigma_p^{-1}\boldsymbol{x} - 2\boldsymbol{m}_j'\Sigma_p^{-1}\boldsymbol{x} + \boldsymbol{m}_j'\Sigma_p^{-1}\boldsymbol{m}_j$$

现在,$\boldsymbol{x}'\Sigma_p^{-1}\boldsymbol{x}$ 在方程式中保持不变,因此它不影响将新案例分配给其中一个群组。在方程式(9.6)中使用其余的 $d_j^2(\boldsymbol{x})$,产生:

$$s_j^L = c' - \frac{1}{2}\left[-2\boldsymbol{m}_j'\Sigma_p^{-1}\boldsymbol{x} + \boldsymbol{m}_j'\Sigma_p^{-1}\boldsymbol{m}_j\right] + \ln p_j$$

或者,相应有:

$$s_j^L = c'_j - \frac{1}{2}\boldsymbol{m}_j'\Sigma_p^{-1}\boldsymbol{m}_j + \boldsymbol{m}_j'\Sigma_p^{-1}\boldsymbol{x} + \ln p_j \tag{9.7}$$

后一个方程式是线性判别函数,也称为线性得分函数。标量 $c'_j - \frac{1}{2}\boldsymbol{m}_j'\Sigma_p^{-1}\boldsymbol{m}_j$ 被认为是线性模型的截距(c_{j0})和 1 乘以 q 向量,$\boldsymbol{m}_j'\Sigma_p^{-1}$ 代表 $\boldsymbol{x}$ 中 q 测量的系数,以便方程式被写为:

$$s_j^L = c_{j0} + \sum_{i=1}^{q} c_{ji}x_i + \ln p_j \tag{9.8}$$

所有的计算和比较也都是通过软件完成的,例如 SAS。在 SAS 输出中,如果识别出先验概率,它们将会反映在每个群组的结果对数似然的截距中,因为它们不依赖于 $\boldsymbol{x}$。此外,即使在使用二次版本进行判别分析的情况下,SAS 也提供估计的线性判别函数(见表 9.12)。

对于新案例,之前定义的 5 个变量的测量值(即 $\boldsymbol{x}$ 值)呈现在表 9.13 中。表 9.12 和表 9.13 中使用的缩写定义在表 9.9 中可见。将测量值代入每个二次判别函数,得出的最高值属于群组 1,因此我们可以得出结论,新案例属于群组 1(见表 9.14)。

表 9.12 估计的线性判别函数

变 量	1	2
常数	−89.294 18	−108.639 69
LIQ	32.408 16	39.983 98
EFF	1.183 41	1.406 26
CSH	0.421 29	0.365 16
LEV	2.310 02	11.017 98
PRO	0.098 77	−0.525 87

表 9.13 与新案例相关的测量

LIQ	EFF	CSH	LEV	PRO
2.4	57	24	1.1	68

表 9.14 观测数和群组的百分比

	1	2	总 计
总 计	1	0	1
	100	0	100
先 验	0.5	0.5	

9.5.4 误分类

将观测结果分配到一个已知群组的判别规则是一个统计过程,因此随机因素可能对分类产生不利影响。为了测量误分类的概率,我们可以使用以下方法。

混淆表

在这种方法中,已经从完整样本中估计出的判别函数用于将每个样本观测结果分类到一个群组。然后,计算并报告将观测结果正确或错误地映射到已知群组的次数,同时以表格形式呈现。这张表将反映分类规则的有效性,并将误分类的概率作为相应的相对频率计算。然而，我们始终需要记住，基于错误分类的群体的判别函数结果可能有偏差。SAS输出显示在表9.15中，其中"群组的百分比"反映了正确分类的后验概率。对于错误分类，后验概率是1(正确分类的概率)。结果表明，所有观察的分类都是正确的(见表9.16)。

表 9.15　混淆表：观测值的数量和群组的百分比

来自组	1	2	总　计
1	16	0	16
	100	0	100
2	0	16	16
	0	100	100
总　计	16	16	32
	50	50	100
先　验	0.5	0.5	

表 9.16　群组的错误计数估计

	1	2	总　计
利　率	0	0	0
先　验	0.5	0.5	

留出法

在这种方法中，一半的观测值随机留出，其余的用于估计每个群组的判别函数。然后，使用这些函数对剩余的观测值进行分类，并因此计算误分类的比例。这种方法的优点是，它提供了无偏的误分类概率估计，即估计值与相应真实参数之间没有系统性偏差。缺点在于，没有使用所有可用信息，因此估计值不是高效的；即由于与估计值相关的大方差，它们可能与真实参数有很大的偏差。简言之，尽管没有系统性地低估或高估参数，实际估计值可能在高端或低端与真实参数显著偏离。

交叉验证

在这种方法中，从样本中删除一个观测值，剩余的观测值用于估计判别函数。然后，使用这些函数对被删除的观测值进行分类。这个过程对所有观测值逐一重复。最后，计算被错误分类的观测值的比例，以估计误分类的概率。

当新案例不属于研究中包含的任何群组时，会出现另一个误分类的来源。显然，如果群组是穷尽的（例如，默认或无默认），则后一种情况不会发生。判别规则将把这种新案例分配到产生最高概率的其中一个群组。换句话说，判别规则假设新案例将属于研究中包含的某个群组。在这里，需要寻找可能从研究中遗漏的群体。在接下来的部分将进一步讨论验证这些群体。

9.5.5 相关统计数据

到目前为止，假设这些群体已经被很好地识别。在实践中，我们可能想在执行判别分析之前检查这一点。以下统计数据可在这方面使用。

单变量测试统计

使用 F 统计量，一次针对一个变量，我们可以测试测量的均值在各个群体间是否有差异（参见 William H. Greene, 2012）。[1] 继续之前提到的例子，这些测试的 SAS 输出稍后呈现，表明每个变量在两个群体中的均值是不同的（见表 9.17）。

多变量统计

在多变量方差分析（MANOVA）中，以下 4 种度量也用于验证分组的统计显著性（Gregory Carey, 1998）[2]：

- 威尔克斯统计量（Wilks' lambda）；
- 皮莱轨迹（Pillai's trace）；
- 霍特林轨迹（Hotelling's trace）；
- 罗伊最大根（Roy's largest root）。

这些统计数据用于测试不同群组中变量的均值是否彼此不同。对于之前提到的例子，这些测试的 SAS 输出结果如上所示，表明各组之间存在显著差异（见表 9.18）。

---

[1] Greene, W. H. (2012). *Econometric Analysis*, 7th edition, Prentice Hall.
[2] Carey, G. (1998). Multivariate Analysis of Variance (MANOVA): I. Theory, pdf file.

表 9.17 单变量测试统计量

变量	F 统计量 分子自由度=1 分母自由度=30					
	总标准差	合并标准差	组间标准差	R^2	$R^2/(1-R^2)$	F 值	Pr>F
LIQ	0.53	0.307 4	0.605 9	0.674 5	2.072 1	62.16	<0.000 1
EFF	18.392 1	9.958 1	21.667 1	0.716 3	2.524 9	75.75	<0.000 1
CSH	16.056 2	8.344 5	19.207 7	0.738 6	2.825 9	84.78	<0.000 1
LEV	0.548 9	0.284 1	0.657 6	0.740 7	2.856 9	85.71	<0.000 1
PRO	37.706 2	11.120 8	50.227 1	0.915 8	10.879 4	326.38	<0.000 1
R^2 均值						
未加权				0.757 191 2			
按方差加权				0.859 691			

表 9.18 多变量统计和精确 F 统计

统计量	$S=1, M=1.5, N=12$				
	价值	F 值	分子自由度	分母自由度	Pr>F
威尔克斯统计量	0.064 566 53	75.34	5	26	<0.000 1
皮莱轨迹	0.935 433 47	75.34	5	26	<0.000 1
霍特林轨迹	14.487 900 81	75.34	5	26	<0.000 1
罗伊最大根	14.487 900 81	75.34	5	26	<0.000 1

组间成对广义平方距离

这是一种衡量变量均值在各组之间差异大小的度量,考虑了方差—协方差矩阵(见表 9.19)。

表 9.19 对群组的广义平方距离

来自组	1	2
1	1.386 29	55.715 92
2	55.715 92	1.386 29

阿特曼的 Z 分数

阿特曼(1968年)[1]使用多重判别分析开发了一个预测破产可能性的指标。这个预测指标称为阿特曼的 Z 分数,是以下 5 个财务比率的线性函数:

$$Z = 0.717x_1 + 0.847x_2 + 3.107x_3 + 0.42x_4 + 0.998x_5$$

其中,x_1 表示流动资本/总资产;x_2 表示留存收益/总资产;x_3 表示税前利润和利息/总资产;x_4 表示股东权益/总负债;x_5 表示销售额/总资产。

我们可以将 $x_1 \sim x_5$ 分别解释为反映流动性、公司年龄和累积盈利能力、盈利能力、财务结构和资本周转率。如前所述,判别函数仅仅是独立预测因子的线性组合,这些预测因子区分了因变量的类别;此外,估计系数的符号不是必须符合假设(尽管如果它们这样做会更直观)。相比之下,Probit 和 Logit 模型必须有正确的符号估计系数,才能与经济理论一致。

这就是阿特曼的 Z 分数在实践中如何用来识别公司违约的可能性。用户将预测变量的值输入到 Z 方程中,给出一个相应的 Z 分数。接下来,将这个分数与表 9.20 中呈现的不同案例(范围)进行比较。目前,在不同的应用中有不同版本的 Z 分数(Burt Edwards, 2004)。[2] 经验表明,Z 分数是一个有用的筛选、监控和引起注意的工具(Leopold A. Bernstein and John J. Wild, 1993)。[3]

表 9.20 阿特曼的 Z 分数预测

Z 分数	预 测
小于 1.20	破产概率高
大于 2.90	破产概率低
在 1.20~2.90 之间	灰色或不确定区域

---

[1] Altman, E. I. (1968). Financial Ratios, Discriminant Analysis, and the Prediction of Corporate Bankruptcy, *Journal of Finance*, 22 (September), pp. 589-609; Edward I. Altman (1993). *Corporate Financial Distress and Bankruptcy: A Complete Guide to Predicting & Avoiding Distress and Profiting from Bankruptcy*, Wiley.

[2] Edwards, B. (2004). *Credit Management Handbook*, fifth edition, Gower.

[3] Bernstein, L. A., and John J. Wild (1993). ibid.

9.6 应用判别分析预测主权债务危机

在这部分,我们将判别分析应用于在第9.4节介绍的国家数据。目标是,根据一组预测因子(例如,政治冲击)对国家的违约风险进行分类。所使用的预测因子或特征与我们在之前的逻辑概率分析中使用的相同,并且为了方便参考,下面进行了总结(见表9.21)。

表 9.21　用于判别分析的预测因子

特　征	测　量	助记符
宏观经济失衡	1/(实际 GDP 增长率＋通胀率)	1/(GDP+INF)
资不抵债	总债务服务/外汇储备	DSpFR
流动性不足	短期债务/外汇储备	STDpFR
债务结构	优惠债务/总外债	CDpExtD
贸易开放度(违约成本指标)	(出口＋进口商品与服务)/GDP	EpIpGDP
政治不稳定性	政治冲击(分类变量)	PI

我们还探讨,判别分析如何根据新案例的特征与已经检查的群体特征相匹配来分类一个新案例。为此,我们保留一个违约国家的数据作为新案例,并使用其余数据(23个违约国和16个活跃国)来估计模型。SAS软件执行概率分析并选择最佳匹配。

线性判别结果

如前一节所述,可以使用线性或二次形式的判别函数。虽然我们打算使用二次判别模型,但默认情况下 SAS 程序也会估计线性模型,我们将其称为稍后介绍的模型 A。它是预测因子的线性函数,类似于之前展示的 Altman Z 分数。然而,重要的是要意识到,Altman Z 分数并不是模型 A 的统计对应物。区别在于,模型 A 是最终输出,而 Z 分数包括 Altman 认为为了得出最终线性公式所必需的某些细化。为了分类新案例属于哪个组,其测量特征用于似然函数,例如模型 A(见表9.22)。分类在第9.5.2节中已做详细解释。例如,在模型 A 的情况下,如果新案例的似然值在群组 1 下更大,则新案例属于群组 1。

表 9.22 判别模型 A

变　量	0	1
常数	−5.917 72	−6.139 69
1/(GDP+INF)	3.482 32	−11.625 81
DSpFR	−0.000 820 2	0.010 34
STDpFR	−0.001 25	−0.000 351 2
CDpExtD	0.103 59	0.067 76
EpIpGDP	0.071 09	0.043 96
PI	3.056 54	6.753 57

9.6.1 分类测试

正如我们在前几节展示的,判别分析是一种强大的技术,在给定一组预测因子测量值的情况下,可用于区分因变量的类别。在本节中,我们将探讨一个新案例的实际应用,我们的兴趣是,确定新案例属于两个组中的哪一个。我们在这里使用的程序是将新案例的测量特征与总体进行比较,从而确定新观测结果属于每个组的概率。在第 9.5.3 节中,我们介绍了先验概率的概念,这是观测结果来自特定组的概率或在简单随机样本中替换的相对频率,我们探讨了用于分配先验的 3 个选项概率。在本书中,为了简化,我们使用等概率选项,即 SAS 默认选项"PRIORS equal"。下面显示的结果基于前一节描述的二次判别模型。对于新的国家,测量的特征在表 9.23 中呈现。

表 9.23 新国家的测量特征

测　量	价　值
1/(实际 GDP 增长+通胀率)	0.088
总债务服务/外汇储备	90.396
短期债务/外汇储备	223.582
优惠债务/总外债	0.289

续 表

测　　量	价　　值
(出口＋进口的商品与服务)/GDP	48.769
政治冲击(分类变量)	1

将这些值代入每个似然函数,得出第 1 群组的最高值,因此我们可以得出新案例属于第 1 群组的结论(见表 9.24 和见表 9.25)。

表 9.24　测试数据的观测概况

读取的观测数	1
使用的观测数	1

表 9.25　观测数和群组的百分比——新案例

	0	1	总　计
总　计	0	1	1
	100	0	100
先　验	0.5	0.5	

结果表明,新案例已正确地映射到第 1 组。

9.6.2　检查组假设

我们还可以使用上一节描述的广义平方距离函数来检验群组是否正确形成(见表 9.26 和表 9.27)。

结果表明,第 1 群组的国家被错误分类到第 0 群组的概率小于 5%。

表 9.26　观测数量和群组的百分比

来自组	0	1	总　计
0	16	0	16
	100	0	100

续 表

来自组	0	1	总 计
1	1	22	23
	4.35	95.65	100
总 计	17	22	39
	43.59	56.41	100
先 验	0.5	0.5	

表 9.27 群组的错误计数估计

	0	1	总 计
利 率	0	0.043 5	0.021 7
先 验	0.5	0.5	

9.7 在 Probit、Logit 和判别分析之间选择

我们已经展示了 Probit 和 Logit 是用于建模二元变量的替代方法,这些变量的取值为 1 或 0。此外,我们讨论了判别分析,这是一个基于其特征对实体(例如,公司、国家)进行分类的有用工具。作为一种实际考虑,了解哪种方法应该用于分类问题会很有帮助。正如我们在上一章看到的,Probit 模型与 Logit 模型非常相似,除了它假设误差项是正态分布的。在 Logit 模型中,误差的分布比正态分布有更厚的尾部,以便它可以容纳与 Logit 相比更极端的值。判别模型假设每个类别(或组)的误差是正态分布的,或者可能在类别之间有一个联合正态分布。G. S. Maddala(1983)[1]指出:

如果独立变量呈正态分布,判别分析估计量是真正的最大似然估计量,并且比逻辑最大似然估计量(MLE)更渐进有效。然而,如果自变量不是正

---

[1] G. S. Maddala, ibid.

态分布的,判别分析估计量甚至不是一致的,而逻辑 MLE 是一致的,因此就更稳健。

回想一下,线性判别模型需要假设在所讨论的群体中方差—协方差矩阵是同质的。然而,这个假设并不适用于所有情况。正如我们之前解释的,对于异质的方差—协方差矩阵,必须使用二次判别分析。

9.7.1　判别分析在信用评估中的实际应用

假设模型 A 是银行 ABC 的内部判别模型,并且银行正在考虑向 D 国贷款 2 500 万美元。为了看看 D 国在贷款期间是否统计上可能违约或重新安排还款,D 国的分析师使用银行的模型对这个新国家进行分类。他发现,该模型将 D 国分类为违约组。从信用分析师的角度来看,判别分析的结果是有用的,因为它是对混合模型如标准模型分配的 BRR 的一次检查。如果判别(统计)模型在标示债务危机方面做得相当好,那么这个结果迫使分析师重新审视混合模型的 BRR 评级。

判别分析的另一个实际用途在于对公司进行信用评分。判别模型的输出也可以用来检验基于标准的评级的可靠性。

附录　国家和债务危机事件

国　　家	外债危机事件
阿根廷	1982 年
伯利兹	无债务危机
玻利维亚	1980—1981 年
博茨瓦纳	无债务危机
巴西	1983 年
喀麦隆	1985 年
中国	无债务危机

续 表

国　　家	外债危机事件
哥伦比亚	1982年、1983年
哥斯达黎加	1981年、1984年
多米尼加共和国	1982年、1983年
厄瓜多尔	1982年、1983年
萨尔瓦多	1981年
埃塞俄比亚	无债务危机
加蓬	无债务危机
加纳	1981年、1982年
圭亚那	1982年
印度	无债务危机
印度尼西亚	无债务危机
牙买加	1981年
约旦	无债务危机
肯尼亚	无债务危机
马来西亚	无债务危机
莱索托	无债务危机
墨西哥	1982年
摩洛哥	1983年
尼泊尔	无债务危机
尼加拉瓜	1979年
尼日利亚	1983年
巴拿马	1983年
秘鲁	1984年
巴基斯坦	无债务危机

续　表

国　　家	外债危机事件
菲律宾	1983年、1984年
塞内加尔	1981年
塞拉利昂	1980年
斯里兰卡	无债务危机
苏丹	1981年
泰国	无债务危机
突尼斯	无债务危机
土耳其	1980年、1981年
委内瑞拉	1983年

第三部分
信 用 管 理

第 10 章 信用监控与合规*

章节目标

1. 理解为什么监控在贷款生命周期中和发放信贷一样重要。
2. 探讨信用监控的最佳实践。
3. 识别强大监控系统的要求。
4. 探索自动化在信用监控中的好处。

10.1 引　　言

在第一部分和第二部分,我们专注于信贷发放,本质上是将贷款记入账簿的过程。在最后的第三部分,我们在贷款监控和问题贷款管理的框架下讨论信用管理。信用管理没有发放/承销光鲜,大概是因为,它主要是关于银行的后台功能,但它在贷款的盈利能力和全额偿还中同样重要。贷款支付后,银行必须确保债务方偿还贷款,等待期可能是多年。在此期间,由于管理决策、市场竞争条件、

---

* 电子补充材料:本章的在线版本(https://doi.org/10.1007/978-3-030-32197-0_10)包含了补充材料,该材料仅对授权用户开放。

© The Author(s) 2020. T. M. Yhip, B. M. D. Alagheband, *The Practice of Lending*, https://doi.org/10.1007/978-3-030-32197-0_10.

行业趋势和经济环境等一系列原因,债务方的风险概况预期会发生变化。在大多数情况下,借款方会偿还他们的债务,但正如我们在第 1 章指出的,根据贷款方的盈利模型,最初被认为期望值高并承诺巨额回报的许多交易最终会变得糟糕,这是一种统计上的确定性。

10.2 贷款监控的原因

贷款方定期监控贷款质量的最明显原因是,它希望避免贷款损失。这些损失可能源于借款方信用价值的恶化、风险缓解措施(如抵押品价值)的不足,以及"异常"的贷款文件。如果最后这种失误没有得到纠正,可能会负面影响贷款方在债务人违约时实现抵押品安全的能力。监控过程也涉及监管监督方面。银行面临着需要建立强大的信用数据管理过程的监管压力。包括中央银行在内的监管机构要求商业银行提供更及时、更详细的报告,并希望确保它们能够胜任此项任务。系统能力包括数据的可用性、聚合、计算、校准、对账和质量控制。更为严格的报告要求的目的是,确保银行系统的健全性。因此,监管机构已经开始密切监控银行在减少不良贷款和保持高标准承销方面所做的努力。

报告要求对贷方意味着什么?

在接下来的几年里,银行将在其数据基础设施上投入巨额资金,以确保它们能及时获取信贷承销和监控数据,并具有足够的质量和细致度。

要成为一个符合《巴塞尔协议Ⅱ》的机构,银行必须实施一套法规,这套法规采用的是 AIRB 方法,其中包含风险评级系统操作。以下来自 BCBS, International Convergence of Capital Measurement and Capital Standards (June 2006)的三段内容,详细说明了这一点[1]:

> 424. 评级分配和定期评级审查,必须由一个不直接从信贷扩展中获益的第三方完成或批准。通过一系列受监管者仔细审查的实践,可以实现评

---

[1] Basel Committee on Banking Supervision, June 2006, p. 95, ibid.

级分配过程的独立性。这些操作过程必须记录在银行的程序中,并纳入银行政策。信贷政策和承销程序必须加强并促进评级过程的独立性。

425. 借款方和设施必须至少每年更新一次评级。某些信贷,尤其是高风险借款方或问题敞口,必须接受更频繁的审查。此外,如果与借款方或设施相关的重要信息曝光,银行必须启动新的评级。

426. 银行必须有一个有效的过程来获取和更新有关借款方财务状况,以及影响违约损失率(LGD)和预期敞口额(EAD)的信用便利特征(如抵押品的状况)的相关重要信息。收到信息后,银行需要有一个程序及时更新借款方的评级。

10.3 贷款监控的最佳实践

10.3.1 契约监控

我们在第1章介绍的交易请求(TR)是信用监控过程的主要组织文件。银行在两个方面采用各种政策和程序进行监控:信用质量;贷款文件和抵押品。首先,让我们看看信用质量。为了有效进行监控,贷方在贷款协议中设置了契约和其他保护性要求。银行的商业贷款协议包含了许多条款或条件。以下是监控中重要条款:

- 借款方的陈述和保证。这一条款确保银行在每次根据设施提供资金时,借款方的法律、财务和监管要求都得到满足。

- 重大不利变更。如果贷方认为借款方的状况使其无法履行贷款协议下的义务,则会触发违约事件。

- 契约。契约可以是肯定的(承诺去做)或否定的(承诺不去做)。

- 违约事件。包括支付违约、违反契约、违反陈述或保证、交叉违约、重大不利变更、借款方财务状况的重大不利变更、抵押品短缺以及未提交财务报表。贷方包含违约事件,是为了迫使借款方重新协商贷款,以试图加强抵押品和借款方的现金流。

- 跨违约。当借款方在与同一银行或另一家贷方签订的另一份协议下违约时,该条款赋予贷方触发违约的能力。这一条款对于拥有多个信用便利的借款方来说有严重后果,因为它可能导致借款方同时面临所有贷款的偿还。银行偏好这种安排而不是跨加速,因为这使银行能够提升它们在借款方对于其他债权人当中的顺位。

- 跨加速。跨加速赋予银行宣布违约事件的能力,但只有在另一债权人加速其贷款后才能这样做。这对债权人来说不太友好。
- 违约事件的补救措施。该条款规定了银行在存在违约事件时可以采取的权利和措施。

除了贷款协议外,我们在第1章讨论的交易请求还包含一个关于监控和合规的部分。贷款协议是贷方的主要监控工具,因为它包含了借款方必须履行的所有承诺——包括负面的和肯定性的契约,直到贷款完全偿还。监控的三种重要契约是:财务契约;肯定性契约;负面契约。通过这些契约或承诺,贷方可以监控借款方的运营表现,识别运营风险,并及时提出警告。有许多财务契约,下面列出了贷款管理员在大多数商业贷款协议中看到的一些内容。

(1) 年度特定时间的最低流动比率(流动资产除以流动负债)。

(2) 用于信用额度提款的最大借款基数(合格应收账款的 $X\%$)。

(3) 任何时候的最低有形净值为 X 美元。

(4) 任一财政年度的最大资本支出为 X 美元。

(5) 在年度的特定时间测量的最大债务服务比率[如(本金+利息)/EBITDA]为 $X\%$。

(6) 任何时候的最大总负债对有形净值比率为 $X\%$。

这些值在贷款结构阶段确定,它们取决于借款方的业务、资产负债表、信用便利的类型以及持有的抵押品。

除了财务契约外,还有肯定契约和否定契约。肯定贷款契约要求借款方做某些事情,如支付所有税款、维持足够的保险单、保持最新的财务记录,并交付给贷方进行审查。财务披露对于监控财务契约至关重要。贷方通常要求一定期限内的季度(未经审计)和年度(经审计)财务报表。对于某些类型的设施,需要及时每月报告符合条件的应收账款和库存。

负面贷款契约要求借款方避免某些行为,并获得贷方的批准。负面契约包括:

(1) 财务契约。例如,限制企业和/或股东的总债务额(如特定的总负债/

有形净值比率,或特定的债务服务覆盖率)。

(2) 限制或禁止向私人公司的所有者和上市公司的股东分配及支付股息。

(3) 未经贷方批准,防止资产出售。

(4) 未经贷方许可,防止合并或收购。

(5) 限制或禁止向关联方支付管理费。

正如你在浏览这个列表时可能注意到的,所有的契约都朝着同一个方向努力:确保运营产生的现金流始终可用于偿还贷方。在一些贷款协议中,贷方可能要求一个"现金扫荡"条款,该条款使贷方能够使用多余的自由现金流来偿还未偿还的债务,而不是分配给公司的所有者和股东。

违反贷款契约

银行在借款方违反一个或多个贷款契约的情况下使用各种补救措施。违约的严重程度是贷方响应的关键考虑因素。例如,第一次未能按时提交财务报表是轻微违约,银行可能仅仅通过延长截止日期来放弃执行违约事件的权利。严重违规行为,如超过债务或分配额,或未经贷方许可收购公司,可能导致银行要求提前偿还债务,无论债务的到期日如何,停止任何额外贷款,并采取法律行动。如你所见,有效的监控和及时报告违约行为是避免延迟行动的关键因素。

10.3.2 定期信用审查流程

银行至少每年审查一次借款方,如果他们的 BRR 下滑,甚至会持续审查。评级下降至或跌破某一特定界限评级(在等级尺度的低端)的弱势借款方,通常是持续风险评估的候选对象。年度审查是一次全面的信用风险评估,使用的工具是我们在前面章节讨论过的 BRR 记分卡和可能需要的统计模型。信贷官员实质上是根据新信息在刷新 BRR,并且正在寻找可能预示着在接下来的一年或三年时间范围内还款问题的信用质量变化,这取决于 BRR 是一个时间点还是贯穿周期。

此外,信贷官员还会审查信用便利和抵押品安全。在审查信用便利时,信贷官员会检查关于交易请求的某些必需信息的准确性,例如第 1 章中的模板,其中包括:

(1) 信用便利类型。例如,承诺或非承诺。

(2) 信用便利风险评级(FRR)。

(3) 承诺到期日(CED)。即贷方被要求支付资金的最后付款日期。

(4) 最终到期日(FMD)。即最后支付日期,在此日期,贷款或其他信用便利的本金和所有剩余利息应付清。注意,贷款期限和摊销期并不相同。例如,一个抵押贷款可能有5年的期限和25年的摊销期。支付整个抵押贷款需要25年,但在5年期限内,借款方承诺遵守抵押协议。在期限结束时,借款方可能决定与同一贷款方重新协商抵押贷款。

10.3.3 观察名单流程

所有银行的一种常见做法是,将需要增加或更频繁监控的账户放在观察名单上。这些借款方通常在年度审查过程中被识别,或者通过监控过程在获得重要信息时被识别:

- 财务状况恶化(通过逾期付款和拖欠证明)。
- 违反财务契约。
- 违反负面契约(例如,资产销售、合并/收购、重组)。
- 违反肯定契约(未提交财务信息和延迟报告)。

观察名单流程因贷方而异,但有一些共同点。该过程要求定期召开涉及业务单位和风险管理的会议,及时准确地获取观察名单账户的信息,并制订处理每个账户和监控进展的计划。

10.3.4 监控贷款文件和抵押品

不准确、不完整和异常的贷款文件及抵押品可能导致抵押品价值受损,并导致贷款损失。值得注意的是,安全性损害通常被列为贷款协议中的违约事件。破产借款方的一种常见策略是,攻击信贷文件。[1] 对于监控贷款文件,一份典型的职责清单会包含许多看似平凡的细节,但未能执行正确任务的代价可能非常高昂。问题清单包括以下内容:

(1) 借款方和担保人的姓名是否准确无误?

(2) 如果您的借款方是一个实体,它是否注册为公司、有限责任公司?还是

---

[1] Johnson, S. L. (2014). Proactive Steps for the Secured Lender in the World of Bankruptcy, *Illinois Banker*, October 2014.

一个虚构的名称?

（3）如果它是一个公司或有限责任公司,您是否有一份包含最新的签字官或成员及其个人地址(收集债务的相关信息)和他们的签字的清单?

（4）如果交易中包括个人担保人、保证人或任何其他类型的债务人,他们在以个人身份执行文件时的个人地址(而不是公司债务人的地址)是否可在文件中找到?

（5）贷款文件是否准确描述了抵押品?

（6）是否有适当的文件确认贷款的持有者?

有效管理贷款文件

贷款文件是贷款方和债务人之间交易的法律证据。文件中的缺陷可能导致贷款方承担不必要的损失,或在如抵押品赎回等情况下阻止贷款方回收贷款。

对于抵押品,清单将包括以下内容:

（1）您是否有所需抵押品的文件化列表?以简单的住宅抵押贷款为例:您是否有两份清晰的关键文件——信托契约和本票?

（2）您有抵押品类型的描述吗?

（3）您有抵押品位置的地址吗?

（4）谁拥有这个抵押品?（永远不要假设借款方拥有它。）

（5）有没有抵押品所有权的证明?

（6）有没有包括序列号或其他标识符以及抵押品位置的抵押品扫描副本?

（7）抵押品价值是否已刷新且充足(根据政策)?

（8）房地产评估是否由专业人士执行?他们是否在当前的"批准列表"上?

（9）什么是留置权位置?正如我们在第 1 章提到的,贷款方需要意识到结构性次级化,并找到途径来减轻向控股公司贷款的风险。

（10）抵押是否准确地登记到正确的抵押品?注意:错误的登记会以两种方式影响贷款方:回收抵押品和被起诉。[1]

---

〔1〕 加拿大温哥华有一起案例,一名男子因加拿大皇家银行扣押了他的车而起诉该银行。银行承认这是一个错误,并解释说,留置权被错误地登记在了不正确的车辆上。加拿大广播公司(加拿大广播公司的乔安·马歇尔)于 2018 年 10 月 25 日报道了这一新闻:"我简直不敢相信,男子在高性能汽车被扣押后起诉 RBC。"

(11) 是否准确地记录并在系统中详细描述抵押？

(12) 抵押品在公共记录中是如何记录的？（贷款方需要知道这一点以确保一致性或更正。）

10.4 合规状态

在年度审查过程中，准备年度 TR(提交给风险管理部门)的信用官员通常会报告借款方的合规状态。通常来说，TR 的这一部分会包含一个表格，列出借款方必须满足的要求和贷款方必须采取的其他行动。在列表旁边，信用官员会检查关于合规状态的相应的框："是""否"或"不适用"。对于"否"的勾选，官员在另一列提供细节和金额。在另一列，官员说明解决问题的日期。项目示例包括：契约、担保、利差、本金偿还、利息支付、环境、不良贷款、贷款损失准备、逾期债务核销。

10.5 有效监控系统的要求

从前面的讨论中可以清楚地看出，为了使监控系统在识别和解决还款问题方面有效，理想情况下借助新技术的优势，它应具备以下 5 项能力：

(1) 集中化数据。企业级数据库是管理信息系统(MIS)的一个关键组成部分。这样的数据库提供更准确、更及时的信息，加快信息收集和处理速度，并有助于降低成本。集中化数据库与新技术完美契合，允许人们在任何地方工作。例如，远程而非现场审计现已在许多银行成为常规做法，因为成本是主要因素。现场审计的成本很容易达到数十万美元，具体取决于地点、团队规模和现场花费的时间。

(2) 跟踪能力。一个健全的系统必须能够监控和测试契约，并跟踪异常文件。

(3) 报告能力。系统必须能够生成一份关于异常文件和契约违规的详细的报告。

(4) 及时性。及时性在解决贷款问题时至关重要，例如，立即采取行动以防止损失或进一步损失。及时监控以确保银行遵守审慎规制并量化其风险，准确计算其资本,并创建准备金。

(5)准确性能力。自动化系统比依赖手动输入信息的手动系统和使用个别电子表格或文字文档来测试财务契约和报告违规行为更可靠、更准确。

10.5.1 监控过程的自动化

尽管银行使用手动系统来监控贷款,但在过去 10 年中,越来越多的银行已经转向自动化过程。主要原因是,自动化系统更快、更高效、更准确。从管理信息的角度来看,自动化监控系统在检测个体借款方和投资组合级别的信贷趋势恶化方面更有效。自动化最适合上市公司,其中所需的财务数据可以轻松地从供应商那里下载,监控系统完成其余的功能。然而,对于那些数据不易获取的私营公司借款方来说,自动化的范围更为有限。尽管仍然需要手动输入原始数据到系统中,但一旦完成,系统就会自动完成剩余的功能。

现场银行审计的优势

传统上,内部审计一直是一项手动程度高、面对面的活动,其核心包括基于样本的测试和与被审计者的密集访谈。通过应用大数据和数据分析,分析师可以从高比例的群体中,或者全部在非现场(例如,在家工作)收集证据。因此,传统的测试方法、审计员的角色和所需技能正在发生变化。内部审计的保证角色当然会保持不变,但是内部审计员用来收集违规或不一致证据的方法正在变得更加复杂和自动化。例如,人工智能或机器学习正在应用于实时检测会计交易中的欺诈。所有这些都意味着,随着银行越来越多地依赖大数据应用和系统,各种操作的现场银行审计很快就会成为过去。显然,这是一种成本效益较高的管理内部审计部门的方式,然而,仍有不少坚定的传统审计的捍卫者,持续实践传统审计的理由包含了在大数据分析中找不到的一些优势:

(1)可以现场轻松获得额外文件;

(2)可以直接观察实践;

(3)与员工和高级管理人员进行面对面访谈;

(4)对工作条件和员工士气的洞察。

第 11 章　问题贷款管理[*]

章节目标

1. 了解问题贷款对贷方来说成本高昂的原因。
2. 描述管理问题贷款的组织结构。
3. 讨论贷款损失准备金的类型。
4. 回顾贷款恢复策略的利弊。

11.1　引　　言

在第 3 章,我们研究了商业或经济周期(见表 3.1)及其对借款方风险评级(BRR)的直接影响。不出所料,银行的问题贷款与周期紧密相连,周期的测量从低谷到高峰,经历了一个完整的扩张期。我们在图 11.1 中观察到一个清晰的模式:所有美国银行的不良贷款(NPL)占总贷款的百分比在恢复和扩张阶段(1990—2007 年和 2009—2019 年)往往下降,然后在收缩阶段(例如,2008—2009

---

[*] 电子补充材料:本章的在线版本(https://doi.org/10.1007/978-3-030-32197-0_11)包含了补充材料,授权用户可获取。

© The Author(s) 2020. T. M. Yhip, B. M. D. Alagheband, *The Practice of Lending*, https://doi.org/10.1007/978-3-030-32197-0_11.

年)急剧上升。美国经济在 20 世纪 80 年代并未处于衰退状态,但图 11.1 中显示 NPL 比率上升。这并非异常,而是反映了储蓄和贷款危机时成千上万的小型美国银行破产的情况。毫无疑问,2008—2009 年衰退期间 NPL/总贷款比率的恶化是自大萧条以来最糟糕的,当时破产和违约激增,导致大量银行破产,1930—1933 年,每年有超过 1 000 家美国银行关闭。[1]

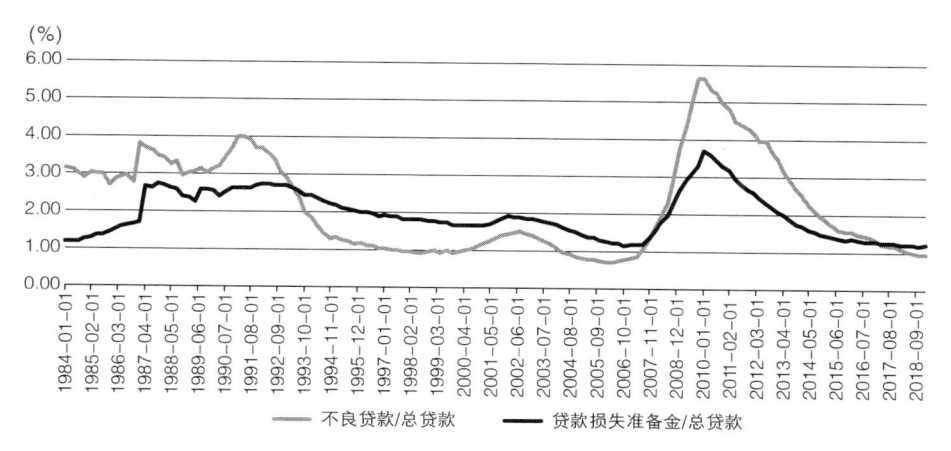

图 11.1 所有美国银行的不良贷款和贷款损失准备金占总贷款的比率

不良贷款比率几乎回到了上一次扩张高峰时的水平,鉴于这一经济周期的长度,市场观察者最关心的问题是:它何时会逆转?一个相关的担忧是,恶化程度会是中等还是严重?我们还注意到,在图 11.1 中,这两个比率在商业周期的晚期往往会趋于一致,因为银行增加的拨备速度快于它们新增贷款的速度。结果是,拨备/总贷款比率开始超过不良贷款/总贷款比率。然而,这一差距并没有上一次扩张时那么大,鉴于当前经济周期的时间段,这并不令人安心。我们从历史中获知,所有的扩张最终都会结束。

银行不喜欢注销贷款,毕竟,正如我们在第 7 章看到的,贷款是银行资产负债表上的主要收入来源。问题贷款对贷款机构来说成本很高,主要出于这个原因,例如,商业银行就密切监控其借款方的信用质量,并尝试识别问题贷款以避免违约。这是一个非常花精力但不可或缺的银行操作。毫无疑问,与从投资服务和财富管理赚取费用相比,贷款是一种赚取收入的昂贵方式,前者使机构几乎

---

[1] Wheelock, David. C. (2007). An Overview of the Great Depression, Federal Reserve Bank of St. Louis, Sept. 20, 2007.

不承担或根本不承担信用风险。问题贷款的直接成本包括以下内容：

- 丢失的本金。
- 丢失的利息收入。
- 行政费用，如专门小组及其管理和收回问题贷款的资源。
- 收回费用，如法律和交易费用。
- 利息费用。
- 在收集本金和／或利息时因时间延迟而产生的成本（见下文，了解更多详情）。

坏账核销并非债务免除／遗忘

坏账核销只是一个会计程序，用于从账目中移除一个坏账资产，即未偿还的贷款；否则，银行的财务状况将是误导性的。但债务很少被免除，除非债务人收到贷方确认债务已被免除的信函；否则，违约者仍然在法律上欠着这笔钱。还要注意的是，债务的诉讼时效到期并不抹除债务义务。有些债务没有诉讼时效。

此外，对于贷方来说，还有间接成本，具体包括：

- 机会。银行放弃了其稀缺资本的另一种有利可图的使用方式。
- 声誉。不良的管理和解决方案可能会玷污银行的企业形象。

采取正确的策略对于收回任何损失，或在理想情况下，使借款方恢复盈利并自给自足至关重要。我们之前提到，银行并不喜欢核销贷款，然而一旦这样做，债务仍然未付，并且贷方通常会尽一切可能手段来回收贷款。

11.2　管 理 结 构

在第 10 章，我们探讨了银行为识别财务困难的借款方而早期建立的流程。一旦借款方违约或即将违约，谨慎的贷方会立即处理该账户，因为时间的延迟可能导致更大的损失。银行通常会有一个专门的小组来管理拖欠或违约的借款方。这种设置是劳动分工原则的直接应用，该原则是以效率为前提。这也是职责分离原则的一种应用，以防止因利益冲突而导致的欺诈。想象一下，如果负责发放贷款的业务部门也负责管理信用风险，包括 BRR 评估，并处理契约违约，结果会怎样。然而,一旦贷款转移到不良贷款组合,业务部门就将账户控制权移交给问题贷款部门。

这种专门的结构通常是银行整体风险管理框架的一部分。记住,风险管理的功能是支持业务部门、平衡风险与回报,但它应该保持对业务的独立。这意味着,风险管理没有要管理的资产负债表。值得注意的是,这种专门的结构在商业银行的历史上相对较新。它始于20世纪80年代初期欠发达国家(LDC)债务危机和能源坏账之后,当时银行被债务重组压垮。这些发展论证了管理贷款的专门单位的必要性。

在坚持适当风险管理实践的银行中,问题贷款单位在严格的信用政策和指导方针下运作,而且,该小组还要定期接受内部审计师的审计(如同组织中的所有操作一样)。问题贷款单位有权修改贷款条款,以改善贷款回收并避免止赎、回收或其他法律补救措施。不良债务的重组通常涉及让步,如降低利率、免除本金或延长期限。因此,贷款协议或合同的原始条款必须被修改,需要更改原始契约。尽管银行采取的回收途径和它应用的技术取决于内部信用政策和借款方的财务状况,但客户的合作对策略的成功或失败至关重要。

11.3　为问题贷款创建准备金

在第10章关于信用监控中,我们看到金融机构采用各种方式来评估和跟踪信用质量。主要的方式包括:年度和更频繁的信用审查、观察名单和早期警告系统。银行为受损贷款做出以下三种类型的准备:特定准备、一般准备、坏账核销(或冲销)。

贷款协议中的交叉违约和交叉加速条款使银行能够宣布一个账户违约。正如我们之前注意到的,银行更倾向于交叉违约而不是交叉加速。交叉违约赋予贷方在借款方在另一协议下违约时,触发在一项贷款协议下违约的能力;而交叉加速则赋予贷方在另一个贷方加速贷款后才能宣布违约事件的能力。此外,监管机构认为,如果借款方有多个融资渠道且其中一个出现问题,则所有融资渠道都被视为出现问题。

11.3.1　特定准备金

当银行确定某个贷款出现问题时,它通过记录特定的信用损失准备(PCL),

将账面或携带价值降低到估计的可实现价值。这项准备包括两个组成部分：(1) 预计将无法收回的贷款金额；(2) 收集本金和/或利息的时间延迟成本，称为可收回部分贷款的货币的时间价值(TVM)部分。TVM 是特定期间预估的未来现金流量的估值与同一时间范围内现金流量现值之间的差异，即：

$$\mathrm{TVM} = \sum_{t=1}^{N} \mathrm{EV}_t - \mathrm{PV}_t \qquad (11.1)$$

其中，TVM 表示货币的时间价值；EV 表示第 N 期未来现金流量的估计值；PV 表示估计现金流量的现值。

驱动 EV 的因素包括贷款损失准备金、总不良贷款金额和核销。在其他条件相同的情况下，不良贷款金额越高，EV 就越高；而核销和贷款损失准备金越高，EV 就越低。折现率通常是在减值时预期损失最大的细分市场的利率。从方程(11.1)可以看出，利率越高，PV 就越低，TVM 就越大；或者说，收款延迟的成本就越高。我们还看到，如果贷方核销了全部不良贷款金额，EV 将变为零，因为没有未来的还款现金流量来充当"现值"；同样，TVM 也变为零。

在创建特定准备金时，贷款机构借记费用账户并贷记贷款损失准备金(LLR)或贷款损失准备金(ALL)，这是对冲资产账户。这些会计分录导致 LLR 账户的(贷方)余额增加，从而减少净贷款金额(总贷款减去 LLR)。作为一项费用的特定准备金，是损益表账户。

11.3.2 一般准备金

与特定准备金不同，一般准备金是针对未来、未识别损失而设立的，贷方在批准贷款时就创建了准备金。这种方法符合监管要求。在创建一般准备金时，银行借记坏账费用并贷记 LLR。就像特定准备金一样，这些分录增加了 LLR 账户的(贷方)余额并减少了净贷款金额(总贷款减去 LLR)。正如我们在第 1 章提到的，一般准备金被视为银行的第二级或补充资本。

11.3.3 坏账核销

与通过损益表的特定和一般准备金不同，坏账核销是通过资产负债表进行的。这意味着贷方会贷记贷款(从而将其从表现良好的贷款账簿中移除)并借记 LLR(从而减少信用余额)。由于 LLR 是一种"对冲资产"，因此针对 LLR 的核销会以相同的金额减少净贷款金额。

认为借款方在贷方核销债务时自动获得债务减免是一种误解。计提和核销满足会计和监管要求,但就银行而言,未偿还的债务仍然可以收回,并且银行聘请收账机构或采取其他法律手段追回贷款并不罕见。然而,在适用《时效法规》(Statute of Limitations)的司法管辖区,借款方可能受到对旧债务收集的保护。该通用法规设定了事件发生后启动法律程序的最长时间。

11.4 问题贷款管理流程和政策

在大多数银行中,问题贷款管理被整合到整体风险管理过程中。以下是一些银行间问题贷款管理结构的共性:

- 银行设有专门的部门来管理问题贷款。我们称之为问题贷款部门。
- 银行有正式的问题贷款管理计划。它们的集中程度在银行间有所不同,但大多数银行更倾向于集中的总部结构。
- 银行已采纳信用政策和程序来管理问题贷款,这是整体风险管理结构的一部分。内部银行政策规定了最低风险评级,用于将一个账户视为问题贷款,并由问题贷款部门而不是业务部门来管理。
- 对于日常运营,银行有正式的内部机制进行监控和报告,涉及问题贷款官员、各级高级管理层及其对董事会的共同责任。
- 问题贷款管理者负责推荐特定的贷款收回策略和风险容忍度。特殊贷款经理执行关系管理者和风险管理者的双重角色。
- 问题贷款部门的高级管理层根据其授权的贷款限额,批准交易和策略。

将不良账户和受损账户转移到问题贷款部门,并非突然发生。这些账户已经在观察名单上一段时间了,而且观察名单过程涉及问题贷款部门,因此在过渡时几乎没有什么意外。对于大多数银行,贷款回收的途径包括以下3个主要策略:

(1) 重新市场化(寻找另一个贷方);

(2) 修复(继续与借款方合作);

(3) 强制清算(实现抵押品)。

11.4.1　问题贷款文件

正如我们在第 10 章所见，无论贷款是正常的还是不良的，适当的贷款文件对于贷款的偿还至关重要。考虑像修复这样的策略。它通常需要很多年才能见效，长达 5 年或更久，并且它耗费贷款方大量资源。一项关键决策是，哪种策略是最优的？解决不良账户的路径几乎从来不是直线的，这样银行的策略就可以在途中改变。对于每一种策略，高级管理层的授权对于各种目的都是必需的，包括计提、核销和信贷交易。贷款方可能达到一个点，此时法律补救措施，如清算或强制执行，可能是在耗尽合作策略后唯一可行的恢复途径。所有这些都必须遵循一个正式的文件化过程。组织文件是您在第 1 章看到的交易请求的对应物，用于表现良好的账户。该文件包含所有相关信息，如不良贷款总额、计提、当前和预计的贷款损失准备金、核销、契约违约历史、工作计划的描述以及相关授权。该文件充当了定期信用审查、批准信贷交易请求、监控进展以及记录所有讨论和行动的主要工具，以便在成功修复后将账户返回给业务单位，或者进行重新市场化或清算。

11.4.2　贷款再营销

根据这一策略，银行鼓励或迫使借款方寻找另一个贷款方。这种方法只有在贷款机构通过其监控过程，在贷款变得拖欠之前的早期阶段发现财务问题时才有效。我们在第 1 章讨论过的信息不对称问题在这里很容易发生，因为借款方比贷款方更了解公司，并且可能隐瞒有关其当前和未来绩效的不良信息。早期发现使贷款方有时间通过提高贷款的利率、施加更多限制性条款并加强监控要求来加大对借款方的压力，使其转向其他银行。然而，大多数问题贷款并不是通过重新营销这么快就解决了，因为银行可能不愿采取"压力策略"，担心玷污其形象，所以它必须在修复借款方和启动清算之间做出选择。

11.4.3　修复

贷方评估通过协助公司重新盈利以偿还贷款，从而修复借款方的可行性。评估需要以下几个步骤，包括与借款方特别是在制订工作计划时的讨论：

- 识别问题的原因。

- 制定替代方案。
- 为关键变量及其结果的敏感性分析模拟替代方案。
- 比较各种替代方案。
- 决定最可行和最实际的替代方案。
- 制订并实施计划。
- 监控结果。

修复的好处包括：第一，银行保持了客户关系；第二，预期回报很可能高于清算，因为借款方能够全额偿还贷款，而强制性清算则取决于一开始的资产并且是部分回收。如果修复成功，账户将以更新的风险评级返回业务。贷款协议通常会有新的契约。

11.4.4　困境债务重组(TDR)

因为修复经常涉及债务重组，它可能导致会计(财务会计准则15)和监管分类，称为困境债务重组(TDR)。要被视为TDR，必须满足以下三个条件：第一，重组前后的债权人必须是相同的；第二，债务人正经历财务困境——通过经营亏损、拖欠、透支和违约证明；第三，债权人必须给予优惠。具体优惠包括：降低利率、减少应付本金、延长到期日、宽限、为了换取资产或债务人的股权利益而免除部分债务等。

贷款作为TDR继续存在，直到它被完全偿还，或者直到它表现变得良好。被分类为TDR的贷款必须使用未来现金流的现值(PV)进行减值测试。折现率是合同利率，即在贷款生命周期内将支付在本金余额上的利率。减值测试衡量的是，负债是否值得其在资产负债表上报告的金额。如果减值测试表明价值较低，则资产负债表金额将减少。

11.4.5　强制性抵押品清算

有时候，修复可能不是最优或成本最低的收回途径。另一种选择是，由债权人发起的法院执行的清算，这是银行对未能偿还债务的公司采取的最终也是最极端的措施。公司的清算给予贷方从资产销售中回收部分贷款的最佳机会。清算相对于修复的优势有：

- 资金回收更快；

- 涉及时间更短；

- 执行更容易(假设没有破产)；

- 由于延长额外信贷、减少利息和拉长摊销期以减少本金支付,不会有进一步的信用风险。

然而,与修复相比,清算的法律成本要高得多,贷方最初支付这些成本,希望能从无力偿债公司的资产销售中收回成本。

在清算中,贷方有多种选择,包括：

(1) 作为一个持续经营的实体出售。

(2) 出售主要部分。

(3) 出售资产(全部或部分)。

(4) 拍卖。

(5) 赎回权丧失后的回收。赎回权丧失的过程可能拖延数年,之后贷方可能回收资产。

在一家公司被强制清算时,按照法律设定的债权人等级分配收益。如果我们谈论的是西方法律,在最顶端的是担保债权人,如银行和基于资产的贷款方；而在最底端的,则是股东。在他们之上是无担保债权人,如供应商和承包商。债权人等级意味着,一个无担保债权人只有在确信公司拥有重大价值的资产时,才可能发起清算。